LA JEUNESSE

DU

GRAND FRÉDÉRIC

OUVRAGES DU MÊME AUTEUR

Étude sur l'une des origines de la Monarchie prussienne, ou la Marche de Brandebourg sous la dynastie ascanienne. (Hachette et Cie.) 1 vol. in-8°, broché. *Ce volume est épuisé.*
   Ouvrage couronné par l'Académie française.

Études sur l'Histoire de Prusse, 3e édition. (Hachette et Cie.) 1 vol. in-16, broché. . . . . 3 fr. 50
   Ouvrage couronné par l'Académie française.

Essais sur l'Allemagne impériale, 2e édition. (Hachette et Cie.) 1 vol. in-18 jésus. . . . . 3 fr. 50

Questions d'enseignement national. (Armand Colin et Cie.) 1 vol. in-18 jésus . . . . 3 fr. 50

Études et Étudiants. (Armand Colin et Cie.) 1 vol. in-18 jésus.
   3 fr. 50

Vue générale de l'histoire politique de l'Europe, 3e édition. (Armand Colin et Cie.) 1 vol. in-18 jésus. . . . . 3 fr. 50

Trois empereurs d'Allemagne : GUILLAUME Ier, FRÉDÉRIC III, GUILLAUME II ; 3e édition. (Armand Colin et Cie.) 1 vol. in-18 jésus.
   3 fr. 50

Sully, 2e édition. (Hachette et Cie.) 1 vol. in-16, broché.

LA JEUNESSE

DU

GRAND FRÉDÉRIC

PAR

Ernest LAVISSE

PARIS

LIBRAIRIE HACHETTE ET Cⁱᵉ

79, BOULEVARD SAINT-GERMAIN, 79

—

1891

Droits de traduction et de reproduction réservés.

PRÉFACE

La nature, qui a préparé certaines patries et construit des berceaux pour des peuples, n'a pas prévu la Prusse. Il n'existe en effet ni race ni région géographique prussienne : l'Allemagne est fille de la nature, mais la Prusse a été faite par des hommes.

En 1713, un homme a commencé à régner à Berlin, qui était né avec la monomanie militaire. Il a plu à ce souverain de dix-huit cent mille sujets pauvres de se donner une armée aussi forte que celle de l'Autriche, c'est-à-dire d'un empire de plus de vingt millions d'hommes. Cette passion a réglé les pensées, les habitudes, la vie de Frédéric-Guillaume Ier; comme elle était maladive et confinait à la folie, elle se suffisait à elle-même, et n'avait pas besoin de manifestations extérieures. Le roi sergent aimait son armée, comme Harpagon, son trésor ; ses yeux se délectaient à la vue de ses bataillons, comme les mains de l'avare au contact fluide des pièces d'or. Harpagon ne tire son or de ses coffres que pour le contempler; quand les régiments de Frédéric-Guillaume sortaient de leurs garnisons, c'était pour la parade des grandes revues; ils y rentraient ensuite. Ce roi avait, il est vrai, de bonnes raisons pour ne point risquer dans des entreprises son capital militaire; il avait en outre une religion, peur de Dieu et peur du Diable. L'envie de gagner des « pelletées de sable », lui faisait commettre des péchés de concupiscence, mais sa conscience de chrétien et des scrupules d'honnête homme l'auraient gêné, si l'occasion de quelque infamie audacieuse s'était offerte à lui.

Ce roi est mort en 1740. Un autre lui a succédé, à la fois différent et semblable[1]; semblable par la façon de gouverner, de produire et d'encaisser la pièce d'or, de régler le progrès de son armée sur le progrès de ses finances, et par l'attention prodigieuse au détail des choses; différent par la faculté qu'il avait de se décider à agir, par la puissance et le génie qu'il manifestait dans l'action, par le mépris de toute loi divine ou humaine, par la tranquillité de ce mépris.

En 1740, s'est opérée la conjonction d'une force, l'armée prussienne, d'un homme résolu à s'en servir, Frédéric II, et d'un accident qui a donné carrière à cette force et à cet homme : l'ouverture de la succession d'Autriche. Cette rencontre a déterminé toute la destinée de la Prusse.

---

1. Duc de Broglie, *Frédéric II et Marie-Thérèse*, t. I, pp. 30 et 43.

A la place de Frédéric-Guillaume Ier, qui a créé la force, mettez un roi comme Frédéric Ier, un jouisseur de dignité royale, qui la dépense en fêtes de magnificence et en formules d'orgueil : vous supprimez la Prusse probablement ; à coup sûr, vous l'ajournez. Mettez, après le roi sergent, un honnête homme médiocre, ou, tout simplement, un honnête homme : Marie-Thérèse recueille la succession paternelle, garantie par un faisceau de traités authentiques et clairs, et la Prusse ne monte pas du troisième rang au premier. Tout le cours de l'histoire est changé.

Frédéric-Guillaume Ier et Frédéric II ont collaboré pour une part égale à composer le caractère et la physionomie de la Prusse. Le père est un autocrate de droit divin, un prêtre en même temps qu'un soldat et qu'un roi, l'homme de la consigne et de la prière. Il a donné un pli aux corps et aux âmes de ses sujets ; il les a moulés, corps et âme, dans une attitude et dans un uniforme. Le fils est un des esprits les plus libres qui furent jamais, soldat lui aussi, mais en même temps homme de lettres ; autocrate, mais philosophe. La Prusse militaire et savante, le Berlin des casernes et des écoles, où l'université voisine avec l'arsenal, où la statue de Humboldt fait face à celle de Blücher, procèdent de Frédéric-Guillaume, le roi sergent, et du grand Frédéric, le roi philosophe ; et les casernes, et l'université, et l'arsenal, et les statues de philosophes et de maréchaux s'élèvent autour et à l'ombre du palais du roi.

Force singulière, faite de liberté dans la pensée et de discipline dans l'action, où les plus hardies conceptions naissent dans l'alignement, et y demeurent.

Le principal intérêt de l'histoire de la jeunesse de Frédéric, est qu'elle nous montre la lutte des éléments contraires, dont la fusion constituera la Prusse. Depuis que Frédéric est sorti de l'enfance, jusqu'au jour où, marié malgré lui, il commence à vivre chez lui, « loin de Jupiter et de la foudre, » le père et le fils sont en lutte continue. Ils ne sentent que leurs dissemblances. A de rares moments près, où ils entrevoient la justice qu'ils se devaient, ils se haïssent et se méprisent ; le fils désire la mort de son père ; le père promet une belle récompense au messager qui lui apportera la nouvelle de la mort de son fils. Ils ne savent pas ce qu'ils valent l'un et l'autre, ni qu'ils travaillent, chacun à sa façon, aussi nécessaires l'un que l'autre, à « décider », comme dira Frédéric, l'être indécis de la Prusse.

J'ai raconté en détail l'histoire de la jeunesse de Frédéric jusqu'au mariage, qui l'a émancipé [1]. J'étais

---

1. Je me propose de publier une histoire de Frédéric, depuis son mariage jusqu'à son avènement. Cette seconde période de sa vie est très différente de la première : Frédéric, à peu près libre, mêle à l'étude des lettres et de la philosophie celle de la politique. Il arrête des idées et des plans. C'est la veillée du règne.

invité à m'étendre par la lecture de travaux qui ont précédé celui-ci [1], mais surtout par l'étude de documents de premier ordre, lettres et rescrits du roi, lettres du prince, correspondances officielles ou secrètes, mémoires, récits authentiques par témoins oculaires des événements principaux, procès-verbaux de justice, qui permettent de reconstituer jour par jour, et, dans les moments les plus pathétiques, heure par heure, les incidents de la lutte entre le père et le fils. J'ai consulté aussi d'autres documents, les lieux qui ont été les témoins du drame; j'ai cru le voir revivre dans le palais de Berlin, dans la maison de Wüsterhausen et au pied du rempart de Cüstrin.

Dans la foule des détails, j'ai peur de m'être trompé sur quelques-uns; mais ma conscience me dit que j'ai cherché la vérité, et j'espère l'avoir trouvée sur les points essentiels, c'est-à-dire le caractère des deux personnages principaux, et les mobiles de leur conduite. J'ai pris à ma tâche un grand plaisir. A chaque instant, je rencontrais des mots, des phrases, des gestes, des actions que nous entendons ou voyons se répéter sous nos yeux. J'aurais pu marquer au passage que tel rescrit de Guillaume II à l'adresse des officiers de son armée, telle parole prononcée par lui à Königsberg et qui a été relevée en Russie comme une pro-

---

[1]. Parmi ces travaux, le plus remarquable est celui de M. Reinhold Koser, *Friedrich der Grosse als Kronprinz*.

vocation, étaient des réminiscences de Frédéric-Guillaume; mais il faut laisser au lecteur une part de collaboration dans le livre qu'on écrit pour lui.

En voyant se révéler dans cent anecdotes, l'esprit et les mœurs des deux souverains qui ont fait du petit royaume de Prusse un si grand État militaire, aujourd'hui maître de l'Allemagne et puissance prépondérante en Europe, peut-être le lecteur se demandera-t-il si cet esprit et ces mœurs, dont les effets se sont développés en cercles concentriques, domineront longtemps la Prusse agrandie, l'Allemagne et l'Europe. Le premier cercle dessiné dans l'eau par la pierre qu'on y jette a la netteté d'un relief; le relief diminue, à mesure que les cercles se multiplient et s'étendent; à quelques pas plus loin, l'eau a son tranquille aspect naturel. En histoire, toute force a ses limites plus ou moins proches; la plus intense est souvent la plus courte dans ses effets, et la plus exposée, quand elle dépasse sa sphère primitive, aux réactions qui la détruisent.

Ernest Lavisse.

BIBLIOGRAPHIE

DOCUMENTS CONSULTÉS

Correspondance politique, aux archives du ministère des affaires étrangères de France, fonds de Prusse, années 1725 à 1733, tomes LXXXIII à XCVI.

Beitrag zur Lebensgeschichte Friedrichs des Grossen, welcher einen merkwürdigen Briefwechsel über den ehemaligen Aufenthalt des gedachten Königs zu Cüstrin enthält, Berlin, 1788.

Briefe Friedrich des Grossen und seiner erlauchter Brüder Prinzen August Wilhelm und Heinrich von Preussen aus der Zeit von 1727 bis 1762 an die Gebrüder Friedrich Wilhelm und Friedrich Ludwig Felix von Borcke, Potsdam, 1881 [1].

Urkundenbuch zu der Lebensgeschichte Friedrich Wilhelms I, au tome II, 2ᵉ partie, du livre du Dʳ Friedrich Förster, *Friedrich Wilhelm I. König v. Preussen,* 3 vol., Potsdam, 1734-35. Le troisième volume de cet ouvrage comprend les *Nachträge zum ersten Bande,* et les *Nachträge zum zweiten Bande,* où se trouve un très grand nombre des documents cités dans notre livre.

Œuvres de Frédéric le Grand, 30 volumes, Berlin, 1846-1857, les tomes XVI et XXVII.

Urkundenbuch zu der Lebensgeschichte Friedrichs des Grossen, par J. D. E. Preuss, 5 parties, Berlin, 1832-4. Au supplément de la pre-

---

[1]. Cette brochure n'est pas en librairie. J'exprime ici mes remerciements à S. Exc. Mᵐᵉ la générale de Borcke, qui a bien voulu m'en envoyer un exemplaire.

mière partie, qui est inséré dans la seconde, se trouve le *Briefwechsel Friedrichs des Grossen mit seinem Vater* (1730-1734).

Mémoires de Frédérique Sophie *Wilhelmine*, margrave de Bareith, 3ᵉ édit., Paris [1].

Vollständige Protocolle des Köpenicker Kriegsgerichts über Kronprinz Friedrich, Lieutenant von Katte, von Kait u. s. w., Berlin, 1861.

AUTEURS CONSULTÉS

Bratuscheck, *Die Erziehung Friedrichs des Grossen*, Berlin, 1885.

Duc de Broglie, *Frédéric II et Marie-Thérèse*, 2 vol., Paris, 1883.

Carlyle, *History of Friedrich II of Prussia*, 6 vol., Londres, 1858-65, traduction allemande de Neuberg et Althaus, 6 vol., Berlin, 1858-69.

Cramer, *Zur Geschichte Friedrich Wilhelms I und Friedrichs II*, 2ᵉ édition, Leipzig, 1833.

Droysen (J.-G.), *Friedrich Wilhelm I, König von Preussen*, 2 vol., Leipzig, 1869; dans la *Geschichte der preussischen Politik*, du même auteur.

Fassmann, *Leben und Thaten des Allerdurchlauchtigsten und Grossmächtigsten Königs von Preussen Friederici-Wilhelmi*, Hambourg et Breslau, 1735.

Förster (cité plus haut, à la mention de l'*Urkundenbuch zu der Lebensgeschichte* Fr. W. I).

Fontane, la seconde partie des *Wanderungen durch die Mark Brandenburg (Das Oderland Barnim-Lebus)*, 4ᵉ édition, Berlin, 1889.

---

[1]. Je cite d'après cette édition, la plus aisée à se procurer. J'ai dit, au cours du volume, dans quelle mesure et avec quelles précautions ces mémoires peuvent être employés. Je me propose de reprendre ce sujet en une dissertation critique.

Koser, *Friedrich der Grosse als Kronprinz*, Stuttgart, 1886.

Kramer, *Neue Beiträge zur Geschichte August Hermann Francke's;* Halle, 1875.

Pierson, *König Friedrich Wilhelm I in den Denkwürdigkeiten der Markgräfin von Baireuth*, Halle, 1890.

Preuss, *Friedrichs des Grossen Jugend und Thronbesteigung*, Berlin, 1840, et *Friedrich der Grosse mit seinen Verwandten und Freunden*, Berlin, 1836.

Ranke, *Zwölf Bücher preussischer Geschichte*, 5 vol., 2ᵉ édition, Leipzig, 1878-79, t. XXV-XXIX des *Sämmtliche Werke*.

Raumer, *Preussen vom Jahre 1730 bis 1740, Friedrichs II Jugendzeit*, au 1ᵉʳ vol. de la 3ᵉ partie, Leipzig, 1839, des *Beiträge zur neueren Geschichte, aus dem britischen und französischen Reichsarchive*.

Waddington (Albert), *L'acquisition de la couronne royale de Prusse par les Hohenzollern*, Paris, 1888.

Weber (von), *Vom berliner Hofe unter König Friedrich Wilhelm I*, dans *Aus vier Jahrhunderten, Mittheilungen aus dem Haupt-Staats-Archive zu Dresden, Neue Folge*, 2 vol., Leipzig, 1861.

ERRATA

Page 24, ligne 23, deuxième mot, lire : *einzige*.

Page 49, note 1, ligne 6, troisième mot, lire : *Landeskunde*.

Page 117, ligne 23, neuvième mot, lire : *Wusterhausen* [1].

Page 150, note 1, ligne 2, dixième mot, lire : *preussischer*.

Page 150, note 1, ligne 3, sixième mot, lire : *Sämmtliche*.

Page 164, ligne 17, quatrième mot, lire : *Händen*.

Page 189, ligne 22, effacer les sept premiers mots.

Page 249, ligne 6, quatrième mot, lire : *das*.

Page 268, note 2, ligne 2, dixième mot, lire : *Urkundenbuch*.

Page 297, note 1, ligne 2, huitième mot, lire : *Lebensgeschichte*.

Page 317, note 1, ligne 2, dixième mot, lire : *Geschichte*.

Page 403, note 1, ligne 2, quatrième mot, lire : *mit*.

Page 419, ligne 12, sixième et septième mots, lire : *son cœur*.

---

1. Rectification faite une fois pour toutes pour ce mot.

LA JEUNESSE
DU GRAND FRÉDÉRIC

CHAPITRE PREMIER

LES PREMIÈRES ANNÉES

LA NAISSANCE
LE GRAND-PÈRE. L'AVÈNEMENT DU PÈRE

Le grand Frédéric est né à Berlin, le 24 janvier 1712, de Frédéric-Guillaume, prince royal de Prusse et de Sophie-Dorothée de Hanovre, sous le règne de son grand-père, Frédéric, le premier Hohenzollern qui ait porté la couronne royale. Son grand-père maternel, Georges, électeur de Hanovre, était l'héritier de la reine d'Angleterre, Anne, à laquelle il succéda en 1714.

Au moment où naissait Frédéric, les maisons de Brandebourg et de Hanovre étaient dans la joie de la haute fortune qui venait d'échoir à l'une, et que l'autre attendait. Depuis onze ans qu'il était roi, Frédéric Ier ne s'était pas lassé une minute d'admirer et de célébrer sa dignité royale. Il se levait de grand matin, comme pour jouir plus longtemps du plaisir d'être roi. Jusqu'au soir, il officiait. Il avait de la majesté au conseil, à table, au fumoir ; de la majesté, chez la reine. Ses vêtements étaient boutonnés d'or et de diamants et il faisait venir de Paris ses perruques. Quand il se déplaçait, c'était en grande pompe. Ses voyages par terre étaient des processions de carrosses, longues, lentes et splendides. Un bateau de Hollande ou une gondole le portait sur l'onde. Il parlait de lui et de la reine son épouse avec des circonlocutions d'étiquette, enveloppant de solennité son nom comme sa personne. Point méchant homme, d'ailleurs, bon mari, — il n'avait pris une maîtresse que pour imiter Louis XIV, par point d'honneur professionnel, — et bon père de famille[1].

La naissance de Frédéric le réjouit d'autant plus qu'il avait pleuré déjà deux petits-fils, morts en très bas âge. Le bruit avait couru à Berlin qu'ils avaient été victimes d'accidents de majesté, n'ayant pu supporter, le jour de leur baptême ni le tapage des canons et des pétards, ni le poids du manteau de soie, des insignes en diamant de l'Aigle noir et de la couronne d'or, dont ils avaient été parés. En réalité, ils étaient morts de la mort vulgaire des pauvres petits êtres, qui ne savent pas faire leurs dents. Aussi le roi Frédéric attendait-il avec anxiété les premières dents du petit Fritz. Cet enfant lui paraissait appelé à une destinée glorieuse, parce qu'il était né en janvier, c'est-à-dire dans le mois où lui-même avait pris la couronne, à Königsberg, onze ans plus tôt. Il voulut

1. Albert Waddington, *L'acquisition de la couronne de Prusse par les Hohenzollern*, pp. 272 et suivantes.

que le baptême fût célébré avant que ne finît le « mois du couronnement », et que son petit-fils s'appelât Frédéric, « le nom de Frédéric ayant toujours porté bonheur à la maison. »

Le 31 janvier, l'enfant, couronne en tête, vêtu d'une robe tissée d'argent et piquée de diamants, dont la queue était tenue par six comtesses, fut porté à la chapelle du château, sous un ciel que soutenaient une princesse et deux princes. Le roi l'attendait sous un baldaquin dont les quatre bâtons étaient tenus par quatre chambellans, et les pendants de soie par quatre chevaliers de l'ordre de l'Aigle noir. Les parrains et marraines, qui s'étaient fait représenter, étaient l'empereur, le tsar Pierre, les États généraux de Hollande, le canton de Berne et l'électeur de Hanovre, l'impératrice douairière, l'électrice et l'électrice-mère de Hanovre, la duchesse de Brunswick et la duchesse douairière de Mecklembourg. Les États généraux avaient envoyé, entre autres cadeaux de baptême, une boîte en or, contenant un titre de rente de quatre mille florins. Toutes les cloches de la ville, trois salves de tous les canons, et les tambours et les trompettes annoncèrent au peuple de Berlin que le monde comptait un chrétien de plus. Les cortèges rentrèrent en procession dans les appartements, entre les haies des Suisses et des gardes du corps [1].

Fritz annonçait l'envie de vivre. Son grand-père le voyait avec plaisir « téter bravement sa nourrice ». Les dents vinrent très vite, six au bout de six mois, et sans

---

1. Preuss, *Friedrichs des Grossen Jugend und Thronbesteigung*, pp. 4 et 5.

causer la moindre incommodité. « On peut voir là, écrivit Frédéric, une sorte de prédestination. Que Dieu nous le garde longtemps encore ! [1] »

Ce fut le grand-père que Dieu ne garda pas longtemps au petit-fils. Frédéric Ier mourut le 27 février 1713. L'enfant, qui avait reçu en naissant les titres de prince de Prusse et d'Orange, devint prince royal.

Le nouveau roi Frédéric-Guillaume avait manifesté, dès l'enfance, une aversion violente pour les cérémonies et le luxe. Il était tout petit quand, un jour, frisé, poudré, vêtu en gala, il se cacha dans une cheminée, d'où il fallut le tirer, noir comme un ramoneur. Il jeta au feu une robe de nuit de brocard, aussitôt après qu'on la lui eut essayée. La vue des grandes perruques le mettait en fureur. Trouvant dans l'antichambre de son père des courtisans qui se chauffaient, la tête rejetée en arrière, pour ne pas roussir leurs belles perruques, qui coûtaient 200 thalers, il les força à les jeter au feu. Une autre fois, il fallut ramasser au bas d'un escalier un « maître de la cour » qu'il y avait précipité. Il était extrêmement économe, et dressait le compte exact de ses petites recettes et de ses petites dépenses, sur un registre tenu dans la perfection, à la première page duquel il avait écrit : « *Rechnung über meine Ducaten*, Compte de mes ducats. » « Avare, s'écriait sa mère, dans un âge si tendre ! » Mais aucune remontrance ne le corrigeait. La magni-

---

[1] Lettres de Frédéric Ier du 30 janvier 1712, dans les *Miscellaneen zur Geschichte König Friedrichs des Grossen*, p. 435, et des 8 février et 31 mai 1712 dans Preuss, *Friedrich der Grosse, mit seinen Verwandten und Freunden*, p. 380.

ficence lui donnait des nausées, et la prodigalité, des accès de rage[1].

Après avoir recueilli le dernier soupir de son père, Frédéric-Guillaume sortit de la chambre mortuaire, traversa la foule des chambellans, pages et gens de cour, qui pleuraient, et alla s'enfermer chez lui. Il s'y recueillit un moment, et pria le grand-maréchal, M. de Printzen, de lui apporter « l'état de la cour ». Il parcourut la liste des dignitaires, serviteurs et pensionnaires, saisit une plume, et fit une grande barre du haut jusqu'en bas, disant qu'il supprimait tout, mais qu'il voulait que chacun demeurât à son poste, jusqu'aux funérailles de son père. Printzen sortit, sans mot dire, avec une figure si troublée, qu'un des courtisans les mieux pourvus en titres et en fonctions, le lieutenant général de Tettau, chambellan, chef des gardes du corps, gouverneur de Spandau, chevalier de l'Aigle noir, l'arrêta et lui prit le papier des mains. Il vit la grande rature : « Messieurs, dit-il, le roi notre bon maître est mort, et le nouveau roi nous envoie tous au diable. »

Tous les chamarrés à longue perruque se revirent, le 2 mai 1713, aux obsèques de Frédéric I⁰ʳ. Le fils avait voulu que son père fût enterré, comme il avait vécu, en grand cérémonial. Les préparatifs durèrent plus de deux mois. Le corps demeura, huit jours, sur un lit de parade de velours rouge, brodé de perles et rehaussé de couronnes et d'aigles d'or. Sur la tête était la couronne;

---

1. Voir dans Friedrich Förster, *Friedrich Wilhem I König von Preussen*, au tome I, le chapitre *Friedrich Wilhem I als Kronprinz*, pp. 70 et suivantes.

sur les épaules, le manteau de pourpre et d'hermine ; sur la poitrine, la chaîne de l'Aigle noir ; à droite et à gauche, le sceptre et le glaive. La chambre, tendue de velours violet, était éclairée par des cierges à profusion. Le 4 mars, le corps, habillé de drap d'or, fut mis au cercueil, et porté dans la chapelle du château, transformée en *Castrum doloris*. Le 2 mai, entre les haies des régiments, — presque toute l'armée prussienne était là, — le cortège se rendit à la cathédrale. Derrière le général comte Dohna, qui tenait l'étendard, le nouveau roi s'avançait, vêtu d'un long manteau de deuil, dont la queue était portée par le grand écuyer ; la cour suivait, au grand complet. Dans l'église, arrangée en mausolée, les statues en marbre blanc des Hohenzollern électeurs de Brandebourg entouraient le catafalque, comme pour faire une garde d'honneur au premier de leurs descendants parvenu aux honneurs de la royauté. Des images et des inscriptions rappelaient les principales vertus du défunt.

Le service divin terminé, Frédéric-Guillaume commanda lui-même les feux de salve. Puis il rentra chez lui. Il avait donné une rare preuve de piété filiale en prolongeant de deux mois la vie du cérémonial. Ce fut pour lui un vrai soulagement quand il l'eut enterré avec son père, et vit se disperser et les grands officiers, et les chambellans, et les pages, et les vingt-six tambours et trompettes, qui annonçaient tous les mouvements du roi, et les musiciens de la royale chapelle, et les cent Suisses vêtus de soie, de velours et d'or. Ceux des inutiles, qui n'échangèrent pas la clé d'or contre le pistolet, et les escarpins contre les bottes de cuirassiers, allèrent « au diable ». Les perles, les pierres précieuses, les diamants furent vendus pour payer les dettes du feu roi, qui avait été un solennel besogneux. Puis Frédéric-Guillaume se mit à vivre comme un bon bourgeois aisé, économe jusqu'à l'avarice, réglant lui-même l'ordre de la maison, comptant avec son cuisinier et de tout près. Aussi deux mois ne s'étaient pas écoulés qu'il avait levé et armé deux nouveaux bataillons de grenadiers [1].

LA GOUVERNANTE; LES PREMIERS MAITRES
LE GOUVERNEUR ET LE SOUS-GOUVERNEUR

Frédéric-Guillaume voulut que ses fils et ses filles fussent élevés, non comme des princes et des princesses, mais comme des enfants de simples particuliers. Il entendait que l'héritier de sa couronne fût autrement traité que le jeune roi Louis XV, dont les journaux racontaient au monde les moindres faits et gestes, et que l'empereur appelait « l'enfant de l'Europe [2] ». Si simple qu'il fût, le roi de Prusse ne pouvait pourtant pas ne point donner à son fils une gouvernante, et, l'âge venu, un précepteur et un gouverneur.

1. Voir Fassmann, *Leben und Thaten des Allerdurchlauchtigsten und Grossmächtigsten Königs von Preussen Friederici Wilhelmi*, les funérailles de Frédéric Ier, pp. 42 et suivantes, et Förster, *loc. cit.*, pp. 71 et suivantes.
2. Koser, *Friedrich der Grosse als Kronprinz*, t. I, p. 2.

Il avait été élevé par une Française, Mme de Montbail, à laquelle il avait gardé un affectueux souvenir, peut-être à cause des méchants tours qu'il lui avait joués. Il voulut que Mme de Montbail (elle était devenue Mme de Rocoulle), élevât ses enfants, et il la nomma « gouvernante auprès du prince et des princesses royales ». Les princesses royales, c'étaient, à cette date de 1714, Sophie-Frédérique Wilhelmine, de deux ans et demi plus âgée que le prince, et Charlotte-Albertine, d'un an et demi plus jeune. Mme de Rocoulle devait donner aux enfants l'instruction religieuse, et leur apprendre à lire dans la Bible. La même année, comme le roi de Prusse était au siège de Stralsund, il remarqua un jeune cavalier qui paraissait se plaire aux endroits où il y avait du péril. Il se le fit présenter dans une tranchée par le comte de Dohna, qui le connaissait, pour lui avoir confié une partie de l'éducation de son fils ; il le retint pour être, dans deux ans, l'*informator* du prince. Ce jeune homme se nommait Jacques Egide Duhan ; comme Mme de Rocoulle, il était Français. Installé dans sa fonction en 1716, il devait « montrer les cartes à son élève, lui apprendre l'histoire des cent dernières années, pas au delà, puis les histoires de la Bible, mais surtout le calcul ». Enfin, quand le prince fut sur le point d'atteindre sa septième année, le roi lui donna pour gouverneur son ancien gouverneur, le général comte Fink von Finkenstein, et pour sous-gouverneur le colonel von Kalkstein [1].

Le roi de Prusse ne pensa pas qu'il faisait une chose

---

[1]. Koser, *op. cit.*, pp. 2-5 ; Bratuscheck, *Die Erziehung Friedrichs des Grossen*, pp. 20 et suivantes.

grave en confiant l'éducation de son fils à ces deux groupes de personnes, les Français réfugiés et les officiers prussiens, dont l'esprit était fort différent.

« Il est rare, dira plus tard le grand Frédéric, que l'on prenne un précepteur dans une tranchée. » Cela est rare, en effet, et bien prussien. Frédéric-Guillaume avait eu des maîtres de profession, gens très graves ; parmi eux, Frédéric Kramer, savant philologue et jurisconsulte, qui, un jour, offensé par un badinage du Père Bouhours sur ce thème : « S'il est possible qu'un Allemand ait de l'esprit, » avait répliqué par une dissertation intitulée : « Revanche du nom germanique contre certains Gaulois détracteurs des Germains, *Vindiciæ nominis germanici contra quosdam Germanorum obtrectatores Gallos.* » Le roi, qui n'était pas pédant, et qui n'aimait pas les dissertations, s'était empressé de prendre pour *informator* de son fils un cavalier. Il ne savait pas que le cavalier fût un homme plus instruit que son Kramer.

Jacques Egide Duhan de Jandun[1] était né à Jandun, en Champagne, l'année de la révocation de l'édit de Nantes. Son père, ancien secrétaire de Turenne et ancien conseiller d'État, était sorti de France en 1687, et s'était rendu à Berlin, où il était devenu le secrétaire du grand électeur. Il avait voulu faire lui-même l'éducation de son enfant, qu'il n'envoya point au gymnase français, récemment ouvert. Il lui avait enseigné les langues et les littératures classiques, l'histoire et la rhétorique. Les leçons paternelles avaient

---

1. Sur Duhan, voir l'éloge académique que Frédéric a fait de lui, *Œuvres de Frédéric le Grand*, t. VII, pp. 8 et suivantes.

été complétées par celles de la Croze et de Naudé.

Naudé avait quitté Metz en 1685, le jour même où fut fermé le dernier temple protestant de la ville. Arrivé à Berlin en 1687, il y avait gagné sa vie en donnant des leçons de mathématiques. Il enseigna ensuite les mathématiques au collège de Joachimsthal, puis à l'Académie des arts. Mais son étude favorite était celle de la théologie, où il portait la rigueur de son esprit de géomètre. Il a composé deux volumes sur la morale évangélique [1].

La Croze avait été moine au monastère de Saint-Germain-des-Prés. Tourmenté par des scrupules de conscience, il s'était enfui en 1693, pour aller faire à Bâle profession de protestantisme. Berlin attirait nos réfugiés en grand nombre : les nobles étaient assurés de trouver place à l'armée et à la cour; les magistrats, dans les tribunaux; les savants, dans les offices intellectuels, où ils n'avaient guère à redouter la concurrence des indigènes. La Croze alla donc à Berlin où il fut préposé à la bibliothèque électorale, qui devint, trois ans après, royale. Il était lui-même une bibliothèque, « un vrai magasin », dira plus tard Frédéric. Sa mémoire était prodigieuse. Un jour, devant Leibniz, il récita douze vers en douze langues différentes, après les avoir entendus une seule fois. Aucune question ne le surprenait : il avait réponse à tout. Lorsqu'on lui demandait un renseignement, et qu'il renvoyait à un livre, il disait l'édition et la page. Il parlait couramment, outre sa langue natale, l'anglais,

1. Sur Naudé, voir Formey, *Éloge des académiciens de Berlin*, t. I, pp. 270 et suivantes.

l'espagnol, le portugais, l'italien et l'allemand. Il savait le latin, le grec ancien et moderne, l'hébreu. Il apprenait les langues slaves, le basque et des langues orientales, parmi lesquelles, pour faire plaisir à Leibniz, le chinois. Il n'était point un profond philologue; il n'avait ni le goût ni le temps de pénétrer le génie des langues, qu'il étudiait, parce qu'il était curieux, et qu'il apprenait parce qu'il ne pouvait s'empêcher d'apprendre tout ce qu'il voyait. Il savait, de la même façon, la philosophie et l'histoire. Toute sa science s'épandait dans sa conversation : sans arrêt, il parlait, racontait, citait et récitait. Il disait des histoires drôles sur le ton de la psalmodie, car ce défroqué avait gardé le pli du froc [1].

Duhan de Jandun le père, la Croze et Naudé ont été indirectement les maîtres de Frédéric, puisqu'ils ont élevé son maître. Le prince a connu d'ailleurs la Croze et Naudé, qu'il a vus et entendus souvent pendant son enfance. Ces trois hommes étaient des autodidactes, et il n'est pas de culture meilleure pour les esprits nés sérieux et capables d'études, que celle qu'ils se donnent à eux-mêmes ; car l'école, avec ses règles précises et ses habitudes hiératiques, ne laisse pas assez faire l'intelligence. Il est vrai que tous les temps ne sont point propres à la liberté de l'éducation personnelle. Mais le xviiie siècle se prêtait si bien à l'épanouissement du travail libre ! De nos jours, les plus grands esprits seuls possèdent toute une science, la dominent et la mettent

---

[1]. Sur la Croze, voir Formey, *op. cit.*, II, pp. 63 et suivantes, et la lettre de Frédéric à Voltaire, *Œuvres de Frédéric le Grand*, t. XXI, p. 327.

en son lieu dans l'ensemble de la connaissance. Les autres, en foule, peinent sur le détail, qui, sans cesse croissant et multipliant, cache la science à leurs yeux, comme les arbres empêchent de voir la forêt. Des vies laborieuses s'achèvent dans de petits coins du domaine intellectuel. Au xviiie siècle, ce domaine se découvrait tout entier : le regard s'y promenait à l'aise. La curiosité était universelle et vraiment philosophique. Les hommes de ce temps, à qui une lecture immense donnait, avec la grande culture littéraire, historique et scientifique, l'illusion de croire qu'ils savaient tout ce qui peut être su, ont vécu dans une fête intellectuelle que la terre ne reverra plus.

L'enfance de Frédéric a donc été confiée à des Français venus de France. Il est vrai, c'étaient des exilés. L'esprit qu'ils apportaient n'était pas celui de la majorité de la nation, qui avait, hélas ! salué par des *Te Deum* la persécution de ces hérétiques. Le calvinisme les avait marqués de son empreinte grave, qui a effrayé et rebuté un peuple naturellement gai.

Une plus douce influence fut exercée sur l'âme de Frédéric par sa gouvernante. Elle aussi, elle avait fait à sa religion le sacrifice de sa patrie. Veuve de M. de Montbail, et, jeune encore, elle avait conduit sa famille à l'étranger, au lendemain de la révocation de l'édit de Nantes, alors que ces exodes n'allaient pas sans péril. Cette femme de cœur avait aussi de l'esprit. Elle parlait joliment notre langue, et tournait bien les petits vers. Il semble qu'elle ne craignait pas le mot pour rire, même un peu gaillard. Elle savait tenir un salon, chose rare à Berlin [1]. C'est à la cour même qu'elle avait trouvé un asile auprès de Sophie-Charlotte, femme de Frédéric Ier, qui ressemblait si peu à son mari. Les gazettes du temps assurent que la nature s'était épuisée à prodiguer à cette princesse les charmes du corps et ceux de l'esprit. Sophie-Charlotte était gaie, malicieuse, et elle avait des façons exquises de se moquer de son époux solennel. Le jour de son couronnement, dans la pompe des pompes, elle tira sa tabatière et prisa. Mais elle était sérieuse aussi, religieuse avec une inquiétude charmante de femme philosophe et le frisson de l'inconnu. Sa religion et sa philosophie s'éclairaient l'une l'autre, mais ni l'une ni l'autre, ni les deux réunies, ne prétendaient posséder la pleine lumière. Aussi sa curiosité n'était-elle jamais satisfaite; sans cesse, elle demandait le pourquoi des pourquoi à Leibniz, son ami, qui ne savait point le lui dire. Elle aimait les arts, autant que la philosophie, la musique surtout. Elle avait du goût pour la poésie [2].

Sophie-Charlotte avait laissé le souvenir, qui a une grâce particulière, d'une reine qui s'est fait aimer. Son nom rappelait l'éclat de l'ancienne cour, et la vie intel-

---

[1]. Voir au tome XVI des *Œuvres de Frédéric le Grand*, la correspondance de Frédéric avec « la chère bonne maman » Rocoulle, et ce billet en vers écrit par madame de Rocoulle après l'avènement de Frédéric (elle avait alors quatre-vingt-deux ans) :

Sur l'air : Mariez-moi.
Gaudias est un bon soldat,
Mais il hait le célibat.
Il voudrait se marier.
Il vient vous prier
De le lui accorder.
Il voudrait se marier
Pour vous faire un grenadier.

[2]. Waddington, pp. 283 et suivantes.

lectuelle qu'on y menait. Il évoquait un passé tout différent de ce présent rude et bizarre, où il fallait vivre, sous le règne de Frédéric-Guillaume Iᵉʳ. Mᵐᵉ de Rocoulle perpétua auprès des enfants de Prusse la mémoire et l'esprit de la bonne reine[1]. La sœur aînée de Frédéric aurait voulu s'appeler Charlotte et ne désirait rien tant que de ressembler à sa grand-mère. Frédéric a dû entendre souvent sa gouvernante parler de la reine lettrée, philosophe et musicienne.

Enfin, quand on cherche à retrouver tout ce monde vague des influences qui entourent et pénètrent une âme d'enfant, il ne faut pas négliger ce petit fait : depuis près de trente ans qu'elle était en Allemagne, Mᵐᵉ de Rocoulle n'avait pas appris un mot d'allemand. Elle était demeurée une pure Française.

Le général Fink et le colonel Kalkstein[2] étaient des hommes cultivés, le second surtout, qui aura sa part d'enseignement dans l'éducation de Frédéric, mais le roi les avait choisis pour leurs vertus de soldats.

Kalkstein avait trente-six ans, lorsqu'il fut nommé sous-gouverneur du prince. Il avait débuté dans les armes au service de Hesse-Cassel. Frédéric-Guillaume l'avait connu aux Pays-Bas, alors que, prince héritier de Prusse, il faisait son apprentissage militaire sous les ordres du prince Eugène. Kalkstein s'était distingué au feu de Malplaquet. Il s'était joint comme volontaire à

---

1. Bratuscheck, p. 2.
2. Voir, sur Fink et sur Kalkstein, Friedrich Cramer, *Zur Geschichte Friedrich Wilhelms und Friedrichs II*, pp. 39 et suivantes. Je n'ai entre les mains que la seconde édition de cet opuscule (Leipzig, 1833).

l'armée prussienne, pendant la campagne de Poméranie en 1714, et le roi l'avait pris à son service en qualité de lieutenant-colonel.

Le général Fink avait soixante ans. C'était un vétéran des guerres européennes. Né en Prusse d'une très vieille famille, qui s'y était établie aux temps de l'Ordre teutonique, il avait dix-sept ans, quand il entra, comme volontaire, dans l'armée du prince d'Orange. Il fit les campagnes de 1676 et de 1677 contre la France, et fut blessé et pris. Pour recouvrer sa liberté, il accepta l'offre de passer à notre service, et alla combattre les Espagnols à la frontière des Pyrénées. Il est alors un officier en vue dans notre armée, et connu de Louvois. La paix signée, il obtient la permission d'aller faire des recrues en Brandebourg. Le grand électeur l'accueille gracieusement : « Votre père, lui dit-il, a été mon chambellan ; c'était un honnête homme ; il s'est cassé une jambe à cause de moi. Un jour, à Clèves, je voulais entrer au château en passant sur une planche ; il voulut voir si elle était solide, et se cassa la jambe... Conduisez-vous bien, et, si vous voulez entrer à mon service, j'aurai soin de vous. » Fink rentra en France, mais, pour en sortir bientôt comme la plupart de ses compatriotes, lorsque s'ouvrit la guerre de la coalition d'Augsbourg. Il alla s'offrir au grand électeur. Comme il avait été capitaine dans l'armée française, il passa major au service de Brandebourg. Jusqu'à la paix de Ryswick, il combattit dans les campagnes sur le Rhin, se distinguant toujours. Pendant la guerre de la succession d'Espagne, il s'éleva presque à la gloire. A Höchstedt, en août 1704, ce fut peut-être lui qui assura la victoire des coalisés par les dispositions qu'il prit à l'aile droite de leur armée. Il était alors général et gouverneur du prince royal Frédéric-Guillaume. Il conduisit celui-ci aux Pays-Bas, et fut un des héros de Malplaquet. Pour le récompenser de ses services, l'empereur, sur la proposition du prince Eugène, l'avait nommé comte d'empire. Frédéric-Guillaume, à son avènement, lui témoigna toute la bonne grâce dont il était capable. Fink accompagna son nouveau maître dans la campagne de Poméranie.

Gouverneur du prince Frédéric, il représente auprès de cet enfant la guerre, considérée comme la profession des nobles, la guerre, aimée pour elle-même, et que l'on cherche partout, comme jadis les chevaliers couraient à la croisade ou à l'aventure. Cette profession des armes ne connaît pas encore les frontières entre les peuples. Les armées impériales et royales, celles des Provinces Unies, sont pleines d'étrangers. Le soldat du commun est une sorte d'ouvrier de la corporation militaire, qui fait son tour du monde, pour s'arrêter là où le métier va, c'est-à-dire où la guerre, s'abattant sur quelque pays gras, est capable de nourrir son artisan. Sitôt que le pays est épuisé, la nouvelle s'en répand partout, et l'on dit que la guerre est « décriée » en Flandre, ou sur le Rhin, ou en Lombardie. Il faut alors payer le soldat plus cher. Dans la corporation, le gentilhomme exerce une maîtrise ambulante. Il n'a point de scrupule à changer de camp, pourvu qu'il ne combatte pas face à face contre son prince. Pris par les Français en Flandre, où il les combat, il ira les servir aux Pyrénées, contre les Espagnols. Son prince ne lui en veut pas ; tout au contraire, il le loue de sa vaillance, et, si l'officier rentre sous ses ordres, il lui tient compte de ses services dans le camp opposé. Il y avait en Europe un singulier tableau d'avancement international pour les gentilshommes militaires. C'étaient de vrais hommes de guerre, ces officiers qui avaient servi sous tous les chefs illustres, observant les variétés des humeurs et des génies. Fink avait connu le prince d'Orange, Luxembourg, Louvois, le prince Eugène, Marlboroug, pour ne nommer que les plus célèbres. Des plus grandes actions de la lutte gigantesque où s'écroula la fortune de l'ancienne France, il pouvait dire : J'étais là et telle chose m'y advint.

Fink de Finkenstein et Kalkstein avaient été choisis dans la pléiade des hommes de guerre prussiens. La cour, si l'on peut appeler ainsi l'entourage de Frédéric-Guillaume, était pleine d'officiers, sanglés à étouffer dans les vestes courtes qui laissaient voir, comme dira Voltaire, « les gros derrières. » Les chambellans que le roi avait gardés étaient quatre généraux. Sa salle à manger et son fumoir s'ouvraient de préférence aux vétérans des batailles du Rhin et du Danube. Tout un monde très rude, quasi barbare, grossier tout au moins, mangeait, buvait, fumait et bavardait avec lui.

Le principal personnage en était Léopold, prince régnant d'Anhalt-Dessau, noble autant que l'empereur et le roi de Prusse, et même de plus vieille noblesse, car son ancêtre Albert l'Ours, margrave de Brandebourg, joua son rôle dans les grandes affaires de la chrétienté, au temps de Frédéric Barberousse, alors que les Hohenzollern, et même les Habsbourg, n'étaient que de petits grains dans la poussière de petits « dynastes » dont se recouvrait l'empire. La famille de Léopold s'était alliée étroitement à la famille royale de Prusse. Du château de Berlin à son château, il y avait une journée de chevaux de poste. Comme il n'était pas homme à s'endormir sous la perruque dans quelque petit Versailles d'imitation, il entra au service de la Prusse. Lui aussi, il avait appris la guerre par la guerre. Il avait fait ses premières armes avec son cousin, Guillaume d'Orange : sièges, escarmouches, batailles rangées, il aimait tout cela à la passion. Pendant la guerre de la succession d'Espagne, il fut à Blindheim, à l'aile droite, sous les ordres du prince Eugène. Parmi la débandade de la cavalerie autrichienne, il tint ferme, attaquant, reculant, manœuvrant, faisant un feu d'enfer, jusqu'à ce que Marlboroug, vainqueur à l'aile gauche, lui vînt porter secours. Il fut au pont de Cassano, « au feu le plus chaud que j'aie jamais vu, » disait le prince Eugène : des heures, il resta dans le fleuve avec son infanterie, qui fut décimée. A l'attaque des lignes de Turin, en 1706, il sauta le premier sur le retranchement. Comme les nôtres tenaient ferme, et que le combat se prolongeait, Anhalt, mourant de soif et de faim, s'écarte un moment ; il avise un capitaine : « Suis-je blessé ? » — « Non, Votre Altesse. » — « Non ? Alors avez-vous quelque chose à boire ? » Il avale un verre d'eau-de-vie, puis un morceau de pain que lui donne un grenadier, et il retourne à son poste. Lui aussi, il était à Malplaquet et au siège de Stralsund.

Le prince d'Anhalt était un savant en la science de la guerre. C'est lui, dit-on, qui a inventé la marche au pas et la baguette de fusil en fer. Il méditait sans cesse sur la tactique, et il a porté à la perfection l'exercice à la prussienne. Il a été le principal collaborateur et l'inspirateur de Frédéric-Guillaume ; il proposait des réformes, et les essayait ; le roi refaisait l'expérience et décidait. Quand ces deux hommes ne se trouvaient pas ensemble, ils correspondaient, par lettres courtes d'hommes d'affaires. Léopold était, comme le roi, un administrateur autant qu'un soldat ; bon ménager, il savait que c'est avec le « ménage » qu'on paye le soldat. Il a augmenté d'une grosse plus-value les revenus de sa petite principauté. Personnage très particulier, d'ailleurs, aimable, quand il lui plaisait de l'être, avec des bonnes grâces de prince, sachant parler français tout comme un autre, voire même causer, mais, à l'ordinaire, dédaignant d'être gracieux. Sa religion ressemblait à celle des capitaines de routiers du xve siècle. Il chantait les psaumes sur l'air de la marche de Dessau. Sur le terrain, avant l'action, il disait, tête nue, une prière courte. Il appelait le cantique de Luther, « *Eine feste Burg ist unser Gott*, la marche des dragons de notre Seigneur Dieu. »

Contempteur des formes et coutumes établies, ce prince d'empire avait épousé une fille d'apothicaire, au grand scandale de l'empire. Sa gloire et ses victoires obtinrent de l'empereur que cette demoiselle Fos fût reconnue princesse légitime. Toute la personne d'Anhalt était expressive. Il était grand, osseux, chevelu, et portait une moustache drue sur une lèvre nette et forte. Il avait l'œil ouvert, de vision énergique, des gens qui savent regarder. Son visage, couleur bleu de poudre, était assis sur une mâchoire solide. La physionomie est toute de volonté, de résolution, et semble dire : Quand même. Elle est d'un homme fort, serviteur à souhait d'un maître qui s'occupait à fabriquer de la force [1].

Fink, Kalkstein, Anhalt, d'une part ; d'autre part, nos réfugiés : voilà les maîtres de Frédéric, l'entourage et le milieu de son jeune esprit. Ceux-là sont des vétérans de la guerre, ceux-ci sont des témoins de la foi, qui ont sacrifié honneurs, fortune, patrie (et quelle patrie !) au service de Dieu. La vie des uns et des autres est une leçon d'héroïsme, mais les militaires étaient, dans la pensée du roi, les vrais instituteurs de son fils. Auprès d'eux, l'informateur Duhan était un petit personnage, à peine visible. L'objet de l'éducation étant de former un chef d'État et un chef de guerre, les vrais maîtres seraient les généraux et le roi. Le principal mérite de Duhan, c'était sa belle conduite sous le feu des Suédois : la philosophie, les sciences, les lettres ne comptaient pas pour le roi de Prusse. Frédéric-Guillaume ne savait pas qu'il allait mettre en concurrence dans l'esprit de son fils Minerve et Bellone. Ce Spartiate n'a pas brûlé le moindre grain d'encens sur l'autel de la déesse d'Athènes. S'il avait vu derrière Duhan tout ce monde vaste de connaissances, d'idées et de sentiments, il aurait détourné la tête, au lieu de se faire

---

1. Voir, sur Anhalt, l'article de l'*Allgemeine deutsche Biographie*, et Carlyle, *History of Friedrich the second, called Friederick the Great*, livre IV, chapitre II.

présenter ce jeune homme dans la tranchée devant Stralsund.

Sans le savoir ni le vouloir, il a offert à son fils la double éducation qui convenait à sa nature et au génie qui sommeillait en elle.

L'INSTRUCTION AUX GOUVERNEURS

Selon l'usage, Frédéric-Guillaume remit aux gouverneurs une instruction sur l'éducation de son fils. Il se servit de celle qui avait été donnée à son propre gouverneur, en 1695, par le roi son père; mais il y fit des corrections, qui sont bien de sa main.

Frédéric Ier avait parlé la langue majestueuse qui lui était coutumière[1]. Il commençait par remercier Dieu de lui avoir donné, dans sa bonté, un héritier « de tant et de si grands pays », « de tant de pays magnifiques ». Il se déclarait pénétré des devoirs que lui imposait l'éducation d'un prince, de qui dépendaient « le salut et le bonheur de tant de millions d'hommes ». Il disait en parlant de lui : « Nous »; en parlant de sa femme et de son fils « de notre fils bien-aimé, de notre épouse bien-aimée la Dilection ». Frédéric-Guillaume enlève aux mots leurs panaches. Comme ses millions de sujets n'allaient pas à deux, il ne les dénombre pas. Comme ses pays n'étaient

---

1. L'instruction de Frédéric Ier (1695) est dans Förster, pp. 77 et suivantes; l'instruction de Frédéric-Guillaume (août 1718), dans Cramer, pp. 3 et suivantes. Sur la comparaison des deux documents, Förster, pp. 354 et suivantes.

point si magnifiques, il biffe l'épithète, et dit « le pays », « tout le pays. » Il écrit : « Je », « ma femme », « mon fils. »

L'instruction de 1695 pouvait être divisée en cinq parties : éducation morale et religieuse; éducation intellectuelle; éducation de la tenue; éducation physique; prescriptions relatives aux attributions du gouverneur, à la surveillance qu'il doit exercer sur le prince et à l'autorité dont le roi l'investit. Frédéric-Guillaume a conservé ces divisions, mais, dans chacune d'elles, il a retranché ou ajouté.

Le chapitre de l'éducation intellectuelle est abrégé. Frédéric Ier avait voulu que son fils apprît le latin, l'histoire avec la géographie et la généalogie, le français et les mathématiques. Sur chaque point, il déduisait ses raisons. Il craignait il est vrai, que la « Dilection de son fils » ne fut retenue trop longtemps sur des thèmes de règles, l'expérience ayant prouvé « que l'ennui des exercices grammaticaux avait dégoûté de jeunes princes de la belle langue latine »; mais l'étude de cette langue lui paraissait indispensable, parce que la Bulle d'or l'avait prescrite, parce que le latin est employé en diplomatie par plusieurs puissances, parce qu'enfin il est d'un grand secours pour l'éducation historique ou politique. Le roi ordonnait donc que son fils apprît les règles, « autant que possible avec plaisir et en jouant »; que « l'éphore », c'est ainsi qu'il nommait le précepteur de la Dilection, « pratiquât un agréable latin historique » afin que le prince apprît à la fois l'histoire et la langue. Ledit éphore devait donner ses leçons en latin, ne parler que latin « dans les promenades à pied ou en voiture », et faire apprendre par cœur au prince ces aphorismes tirés des meilleurs auteurs, « qui trouvent leur emploi en toutes circonstances ». Sur ce beau passage, comme sur le bel « état de la cour », Frédéric-Guillaume a fait une grande rature : « Pour ce qui est de la langue latine, mon fils ne l'apprendra pas. » De raisons, il n'en donne aucune, mais comme il prévoit qu'on pourrait lui en demander, il ajoute : « Je défends à qui que ce soit de me faire des observations sur ce sujet. »

L'instruction de 1695 parlait sagement du *studium historicum*. Elle recommandait de donner le plus de temps et d'attention à l'histoire des temps modernes, en particulier à celle du Brandebourg et des maisons alliées à la famille de Prusse, mais aussi de commencer par un exposé de l'histoire universelle, depuis le commencement du monde. Elle faisait de beaux compliments à l'histoire, « cette étude préférable à toutes les autres, car elle est à la fois réjouissante et édifiante. » L'instruction de 1718 efface les compliments ; elle défend d'étudier « la vieille histoire » autrement qu'en passant (*überhin*); « mais l'histoire de notre époque, c'est-à-dire depuis cent cinquante années, devra être exposée de la façon la plus exacte, *auf das genaueste*... en particulier celle de la maison »... A cet effet, « la bibliothèque et les archives seront ouvertes au prince. » Frédéric-Guillaume voulait bien que l'histoire servît de matière à réfléchir sur les causes des événements, et à discerner « ce qui avait été bien de ce qui avait été mal fait ». Mais il entendait qu'elle fût avant tout une préparation aux affaires mêmes dont le prince serait un jour occupé. L'écolier en trouverait les antécédents dans les pièces d'archives, témoins exacts d'une histoire vécue. Le roi espérait sans doute que son fils s'arrêterait de préférence sur les parchemins où étaient inscrits les droits de la maison à nombre d'héritages.

L'article des mathématiques était pour plaire à Frédéric-Guillaume ; car c'est de mathématiques militaires qu'il y est question, de celles qui apprennent « les fortifications, la formation d'un camp et les autres sciences de guerre ». Mais, en relisant le passage, il a vu ce considérant qu'un prince « doit être instruit, dès l'enfance, au métier de général » ; il a mis « au métier d'officier et de général », pensant qu'il était peu convenable de faire ainsi tout de suite d'un bambin un général. Puis, comme l'idée principale lui plaît et qu'elle est, à son sens, l'essentielle, il insiste : « Ils doivent inculquer à mon fils le véritable amour du métier de soldat, imprimer en lui l'idée que rien dans le monde n'est capable de donner à un prince la gloire, comme l'épée ; qu'il serait, sur terre, une créature méprisée, s'il n'aimait point cette épée, s'il ne cherchait en elle et par elle la gloire unique, *die cinzige Glorie.* »

L'instruction de 1695 prescrivait l'étude de la langue française par l'exercice et par la lecture de bons livres français. Frédéric-Guillaume ajoute qu'il faudra « voir à ce que son fils soit accoutumé à un style élégant et bref, en français comme en allemand. » De l'allemand, Frédéric Ier avait oublié de parler. Il avait oublié aussi l'économie politique et le droit des gens, que Frédéric-

Guillaume introduit à la place laissée libre par le latin.

Le chapitre des belles manières est écourté aussi, comme on peut s'y attendre. Frédéric-Guillaume consent que son fils soit exercé à bien parler, à tourner une *gratulatio*, ou une harangue à une armée, pour l'animer avant une action vigoureuse, à discuter dans les conseils, à résumer des avis et à conclure. Mais il a supprimé ici le mot « éloquence », car il suffit que son fils apprenne à dire « clairement et purement ». Il a biffé un développement solennel sur le « *decorum* qui convient à un seigneur régnant plus qu'à aucun autre humain », sur les façons propres à gagner l'obéissance et l'amour des sujets, et le mélange qu'il y faut « de majesté et d'humanité ». Il dit simplement : « Que mon fils ait des mœurs et un maintien séants, et de bonnes manières, mais point pédantes. »

L'accord est à peu près complet sur les exercices physiques, qu'il faut graduer avec soin, pour qu'ils n'excèdent jamais les forces de l'enfant; de même sur les « honnêtes récréations » de l'écolier; mais Frédéric-Guillaume ne veut pas que les ménagements aillent jusqu'à l'amollissement, car le corps doit être habitué à la vie rude. Comme il ne haïssait rien tant que la paresse, il ordonne de donner au prince « le plus grand dégoût qui soit au monde pour ce vice, un des plus grands parmi les vices ».

Il prescrit des mesures plus rigoureuses pour la surveillance des fréquentations de son fils. Jamais les gouverneurs ne le laisseront seul; l'un des deux sera toujours auprès de lui, même la nuit. Ils choisiront avec soin les invités pour la table du prince. Ils soumettront au roi la liste des personnes qu'ils proposent d'admettre auprès de son fils. Les dangers qui surviendront à l'âge de la puberté, le roi les dit, appelant les choses par leur nom, qui ne peut être répété. Il ajoute : Prenez garde ! car je vous « fais responsables tous les deux sur vos têtes ».

Pour lui, l'éducation religieuse et morale était de beaucoup la plus importante. Ici, il ajoute, développe et précise en même temps.

Il ne se contente pas d'une phrase banale sur la nécessité d'enseigner à son fils la crainte de Dieu, seul frein capable de retenir les princes, pour qui le monde n'a ni peines, ni récompenses. Il commande que son fils soit élevé dans l'horreur de l'athéisme, de l'arianisme, du socinianisme et du catholicisme, qu'il qualifie brutalement d'absurde. Il définit la confession à laquelle il veut que le prince appartienne. L'église protestante était troublée par les querelles des luthériens et des calvinistes. L'ambition de quelques princes et de penseurs, comme Leibniz, était de réunir les deux sectes ; Frédéric-Guillaume désirait passionnément cette réconciliation. Le principal obstacle était un grave dissentiment dogmatique ; l'église luthérienne enseignait que la grâce est accessible à tous, le Christ étant mort pour tous les hommes, et l'église calviniste que Dieu a prédestiné, dès le premier jour, une partie des hommes au salut, et l'autre à la damnation. Les luthériens étaient « universalistes », et les calvinistes, « particularistes ». Mais il se trouvait des universalistes parmi les calvinistes : Frédéric-Guillaume était du nombre. Il avait ici, comme en toutes choses, des raisons pratiques et simples. Il ne se souciait pas d'être damné à l'avance. Il comprenait que les calvinistes universalistes étaient plus près que les autres de consentir à l'union souhaitée. Enfin le dogme de la prédestination lui paraissait dangereux pour l'État, parce qu'il supprimait la responsabilité des sujets. Il défendait à ses prédicateurs de le prêcher devant ses soldats, de peur que ceux-ci ne se crussent prédestinés à la désertion et ne désertassent, pour ce motif. Il veut donc que le prince soit élevé dans la vraie religion chrétienne, dont « le dogme principal est que le Christ est mort pour tous les hommes ». « Vous ne devez pas faire de lui un particulariste, dit-il ; il doit croire à la grâce universelle. »

Les conseils de morale sont beaucoup plus pratiques aussi dans l'instruction de 1718. Le roi entend que son fils soit prémuni contre certaines vanités qui coûtent cher, les opéras, comédies et autres mondanités : « Donnez-lui en le dégoût. » Il interdit la flatterie, sous peine d'encourir « sa plus grande disgrâce ». Il commande d'employer « tous les moyens imaginables » de combattre l'orgueil et la superbe. Il faut, au contraire, « accoutumer le prince au ménage, à l'économie, à la modestie, et veiller à ce qu'il devienne un bon économe, et apprenne peu à peu tout ce qu'il faut pour cela. »

Les corrections faites par Frédéric-Guillaume à l'instruction de 1695, le rangent parmi les pédagogues qui veulent faire de l'éducation la préparation directe à la vie réelle. Le problème s'est posé devant son esprit en ces termes : étant donné un enfant destiné à la profession de roi, dans un pays déterminé, la Prusse, et à un certain moment de l'histoire de ce pays, que faut-il apprendre à cet enfant? A être roi en Prusse, à ce moment-là. Peut-être bien qu'en d'autres pays, les fils de roi, les dauphins, les princes de Galles, les infants, ont le temps d'étudier des discours sur l'histoire universelle, d'apprendre le latin, et de chercher des aphorismes dans des éditions de classiques à leur usage. Peut-être convient-il qu'ils s'exercent aux belles manières : se bien tenir au petit ou grand lever n'est pas chose si naturelle qu'il n'y faille une préparation, mais, en Prusse, le roi se lève tout seul, au tambour, et se couche sans cérémonie, après avoir fumé sa pipe. Il n'est pas un potentat comme les rois d'Angleterre, de France ou d'Espagne. Étant « un roi guerdin », comme disait Frédéric-Guillaume, il n'habite pas la grande histoire, et n'a rien à voir avec les empereurs ou les rois d'Assyrie, d'Egypte ou de Rome. Hérodote, Thucydide, Tite-Live, Tacite, ne savent pas les noms de la Poméranie, de la Silésie, du Mecklembourg, de Juliers, de Berg, et autres pays sur lesquels « la maison » a des droits. Ils ignorent la maison elle-même : à quoi donc peuvent-ils servir? Et leur langue? Comment l'employer à l'armée ou dans « l'économie »? Un régiment est un régiment, non pas une légion ; un fusil est un fusil, non pas une pique ; un capitaine est un capitaine, non pas un centurion ; il n'y a pas de mot pour dire colonel, et ces Grecs ni ces Romains n'ont pas connu de feldmaréchaux. Tout cet appareil antique est donc encombrant dans sa solennité inutile ; il surcharge et gêne l'esprit, comme la grande perruque gêne les mouvements de la tête qu'elle échauffe et fatigue. Un roi de Prusse a besoin d'avoir l'esprit et la tête libres. Feu Frédéric I s'est donc trompé en voulant que son prince royal fût élevé comme un fils de roi classique. Il n'a pas médité la fable de la grenouille qui a crevé en se voulant enfler. A peine assis dans son fauteuil royal, il s'y est carré : il a eu grand tort, il faut descendre du fauteuil, marcher, chevaucher et peiner dans les vraies besognes, sur le réel. L'honneur d'être roi crée le devoir de posséder un vrai royaume, et c'est une présomption par trop forte de croire que le nom suffise, et qu'on ait le droit, parce qu'on se titre comme Louis XIV, de porter la même perruque que lui. Donc, à bas la perruque, la majesté, la solennité, l'histoire universelle et le discours latin.

La réforme de l'Instruction de 1695 procède de la même intention que la réforme de la cour, et va au même but. Tout ce que le roi juge inutile, il le supprime. Il prescrit pour l'intelligence de son fils la simple tenue de travail, qui doit être celle du roi, de la cour et de toute cette monarchie née d'hier et qui a sa fortune à faire.

Pour les mêmes raisons, le roi a retranché tout cérémonial de la vie de l'écolier. Il avait été, lui, accablé de cérémonies pédagogiques[1]. En 1695, le jour où son gouverneur, le comte de Dohna, fut installé, la cour assemblée avait entendu un très long discours du ministre d'État Fuchs : « Les langes d'un enfant né pour la pourpre, avait-il dit, nous inspirent toujours une secrète vénération, mais parfois ils renferment un Busiris cruel

---

1. Förster, au chapitre cité plus haut, *Friedrich Wilhem I als Kronprinz*.

au lieu d'un Hercule magnanime; un sanguinaire Domitien au lieu d'un Tite humain et clément. » Mais, bien vite, Fuchs s'était rassuré : « Il ne peut sortir du glorieux sang de Brandebourg et de Brunswick qu'un digne successeur de tant de héros illustres, dont les vertus ont rempli tout l'univers de l'éclat de leur gloire ». Puis, montrant le jeune prince: « Ces yeux vifs et pleins de feu, ce port majestueux et agréable ne nous disent-ils point, par avance, qu'un corps si bien formé doit être animé par un esprit meilleur encore? Cette union du corps et de l'esprit rassemblera quelque jour en ce prince la valeur d'un David, la sagesse d'un Salomon, la clémence d'un Auguste, la débonnaireté d'un Tite, pour qu'il soit à son tour les délices du genre humain... » Frédéric-Guillaume avait sans doute bâillé à cette fête d'inauguration de ses études. Il haïssait les métaphores. Ce réaliste a souvent parlé du drap bleu de ses soldats, mais jamais de pourpre.

Il avait été contraint de subir de temps à autre, quand il était écolier, des examens devant la cour assemblée, le roi séant en son trône, comme de raison.

Nous avons le rituel d'une de ces cérémonies, qui dura deux jours. Le premier jour, dit le programme dressé par MM. les éphores, Son Altesse Royale lira de l'allemand imprimé et manuscrit, écrira sous la dictée, fera quelques règles d'arithmétique, lira dans un livre français choisi par Sa Majesté, et dira en français la morale et le sens de quelques fables. Elle traduira, du latin en allemand, des passages de l'*Orbis pictus*, et, de l'allemand en latin, des versets de la Bible. Elle fera voir ce qu'elle sait de géographie, jusqu'à la carte de l'Allemagne exclusivement. Le second jour, le prince récitera des sentences latines, jusqu'à ce que Sa Majesté ordonne de cesser. Il sera interrogé sur un abrégé de l'histoire sainte et profane et de l'histoire de Brandebourg, et sur la géographie de l'Allemagne, en grands détails: longueur et largeur du pays, latitude et longitude, fleuves, provinces, villes principales; États immédiats de l'empire avec l'étendue de leurs territoires; division de l'empire en cercles avec leurs directeurs, etc. Le programme ajoutait qu'il ne serait pas fait mention des prières, passages de l'Écriture sainte, psaumes et chants spirituels, non plus que bien d'autres connaissances dont on a nourri l'âme et formé le cœur de Son Altesse Royale. On laissait également de côté les exercices militaires, l'équitation, la danse, le clavecin, la flûte, tout le monde sachant qu'en ces choses, Son Altesse était fort avancée.

Ces examens avaient été, sans doute, insupportables au prince. Il s'en tirait assez bien, paraît-il, puisque le roi le récompensa plusieurs fois, à beaux ducats comptants; mais il est probable que messieurs les éphores y mettaient du leur, et s'arrangeaient pour faire briller Son Altesse. Ils avaient le souci de leur gloire et de leur intérêt. A la fin du programme, en *post-scriptum*, ils implorent la grâce de Dieu et la gracieuse continuation de la confiance de Leurs Majestés. Ils font valoir le mérite des succès qu'ils ont obtenus, en disant que « Son Altesse Royale, suivant l'ordinaire des esprits qui promettent beaucoup de jugement et de solidité, a de la peine à apprendre ». Tout cela sent fort la comédie de cour. Frédéric-Guillaume remplaça cette solennité par des récapitulations hebdomadaires. Le samedi matin, le prince était interrogé sur le travail de la semaine. S'il avait « profité », il avait congé l'après-midi. Si non, il repassait, pendant une étude de quatre heures, ce qu'il n'avait pas su.

Le roi de Prusse avait l'habitude de ne rien abandonner au hasard, et le don de voir en toute chose le détail, à son exacte place ; son plus grand plaisir était de réglementer. Aussi a-t-il voulu régler minute par minute l'emploi des journées de son fils. Le dimanche[1], le prince devra se lever à sept heures. Aussitôt qu'il aura mis ses pantoufles, il s'agenouillera devant son lit, et il récitera à haute voix cette prière : « Seigneur Dieu, Père sacré, je te remercie de tout cœur de m'avoir donné cette nuit, par un effet de ta grâce. Au nom de Jésus, mon sauveur, fais que je sois docile à ta volonté sainte, et que je ne commette, ni aujourd'hui, ni demain, une action qui me sépare de toi. *Amen.* » La prière dite, le prince, vivement, au galop (*geschwind, hurtig*), se lavera, se poudrera, s'habillera. Pour la prière et la toilette, il n'emploiera qu'un quart d'heure, juste. Il déjeunera en sept minutes. Alors entreront le précepteur et tous les domestiques. Tous se mettront à genoux pour réciter la grande prière ; ils entendront une lecture de la Bible et chante-

---

1. Le règlement qui suit est postérieur à l'instruction. Je le cite ici, parce qu'il achève de donner une idée de la façon dont Frédéric-Guillaume voulait que son fils fût élevé. Il est publié dans Cramer, pp. 20 et suivantes, sous le titre : *Das Reglement, wie Mein ältester Sohn Friedrich seine Studien zu Wüsterhausen halten soll.* La date donnée par Cramer (4 octobre 1720) est rectifiée par Koser (4 octobre 1725), Koser, pp. 6 et 7, et, à l'appendice, p. 223.

ront un cantique. Pour tout cela, vingt-trois minutes. Le précepteur lira ensuite l'évangile du dimanche, le commentera et fera réciter au prince le catéchisme. Le prince sera conduit ensuite auprès du roi, avec lequel il ira à l'église et dînera. Il disposera du reste de la journée. A neuf heures et demie, il dira bonsoir à son père, rentrera chez lui, se déshabillera au galop, *geschwind*, et se lavera les mains. Le précepteur lira la prière et chantera un cantique : le prince devra être au lit à dix heures et demie.

Les jours de semaine, lever à six heures. Le prince ne se retournera pas dans son lit. Il se lèvera tout de suite (*sogleich*), se mettra à genoux, récitera la petite prière; puis, au galop (*geschwind*), il se chaussera, se lavera la figure et les mains, mais sans employer le savon; il vêtira son casaquin et se fera peigner, mais non poudrer. Pendant qu'on le peignera, il boira son thé ou son café. A six heures et demie entreront le précepteur et les domestiques; lecture de la grande prière et d'un chapitre de la Bible; chant d'un cantique. Les leçons se succèdent ensuite de sept heures à onze heures moins le quart. Alors le prince, au galop (*geschwind*), se lave le le visage et les mains, en se servant du savon pour les mains seulement. Il se fait poudrer et met son habit, et se rend chez le roi, pour y rester depuis onze heures jusqu'à deux heures. Après quoi, les leçons reprennent pour durer jusqu'à cinq heures. Le prince dispose de son temps jusqu'au coucher, comme il lui plaît, « pourvu qu'il ne fasse rien qui soit contraire à la volonté de Dieu. » Le programme est terminé par une dernière recommandation de s'habiller vite, et de se tenir toujours propre, « *dass er propre und reinlich werde.* »

Le roi a donc tout prévu, tout ordonné, depuis la façon de se laver les mains, jusqu'à la façon de croire, en passant par la méthode pour cultiver l'intelligence. Il voulait que son fils fût en tout semblable à lui, exact, appliqué, prompt, pratique, dévot et soldat. Il aimait son garçon. Il emploie pour parler de lui des expressions familières : « Le reste de la journée sera pour Fritz, *vor Fritzen.* » Il voulait être aimé par lui. Enfant, il avait souffert sans doute de l'éloignement où l'avait tenu la majesté de son père, qu'il craignait beaucoup. Il défend que l'on inspire à Fritz aucun sentiment de crainte à son égard. Sans doute, ce fils doit être soumis, mais point servilement (*sklavisch*). Ce qui importe surtout, c'est que l'enfant ait confiance en son père, et qu'il le considère comme son meilleur ami. Dans une première rédaction de l'instruction de 1718, le roi avait écrit, pour définir le genre d'affection qu'il souhaitait, les mots « amour fraternel[1]. » Il consent que son fils redoute sa mère, mais non lui : « Vous lui ferez peur de sa mère, mais, de moi jamais. » Et il était convaincu que tout irait pour le mieux, dans la meilleure des éducations possibles. En toute bonne foi, il croyait que l'on manœuvre un esprit comme un régiment, et qu'une âme se laisse exploiter comme un domaine.

1. Ranke, *Zwölf Bücher preussischer Geschichte*, au tome XXVII des *Sämtliche Werke*, p. 80.

LES GERMES DU CONFLIT ENTRE LE PÈRE ET LE FILS

Ceux qui avaient connu Frédéric-Guillaume enfant, Mme de Rocoulle, par exemple, durent admirer combien peu Fritz resssemble à son père. Frédéric-Guillaume était arrivé au monde très robuste. Sa grand'mère, l'électrice de Hanovre, venue à Berlin pour le voir naître, avait admiré la forte structure de ses membres. Dès l'âge de quatre ans, il était un espiègle redoutable. Un jour, il arracha, pendant qu'on l'habillait, une boucle de ses souliers, et la mit dans sa bouche. Comme on voulait la lui enlever, il l'avala. Sa mère poussa des cris qui auraient « attendri des rochers »; son père, si majestueux qu'il fût, faillit perdre le sens, mais les médecins prescrivirent un purgatif : la boucle est exposée dans une vitrine, au musée des Hohenzollern, à Berlin. En grandissant, il prit le goût des méchantes farces. J'en ai déjà dit quelques-unes. Il était extrêmement brutal. On dut le faire revenir de chez les grands-parents de Hanovre, où il avait été envoyé : il y battait comme plâtre son cousin le futur Georges II d'Angleterre, qu'il a détesté toute sa vie. Il fallut un jour lui arracher des mains le prince de Courlande, qu'il tenait par les cheveux. Il n'avait aucune bonne grâce, point la moindre coquetterie d'enfant qui veut plaire. Il fuyait les dames, rougissait, lorsqu'elles lui baisaient les mains par respect, et, quand il fallait leur parler, ne leur disait que

« des sottises » au grand désespoir de Sophie-Charlotte, qui trouvait que « l'amour polit l'esprit et adoucit les mœurs ». C'était un sauvageon grossier[1].

Le petit Fritz était, dit sa sœur Wilhelmine, « d'une constitution très faible. Son humeur taciturne et son peu de vivacité donnaient de justes craintes pour ses jours. » Il eut plusieurs maladies pendant sa petite enfance; il s'affermit, mais demeura très délicat, avec un air de tristesse, pensant longtemps avant que de répondre. C'était, d'ailleurs, un gentil enfant, très aimé de son entourage, et, à quelques colères près, un « esprit angélique ». Wilhelmine assure qu'il apprenait lentement, mais cela signifie sans doute qu'il répugnait à de certaines choses, ou qu'il avait des distractions de jeune esprit qui regarde à côté, par un effet d'indépendance native. D'autres témoins louent ses heureuses qualités, et l'incroyable facilité qu'il avait d'apprendre tout ce qu'il voulait. Il adorait sa sœur Wilhelmine, son aînée de trois ans à peu près, dont tout le monde louait la précocité, car elle avait toutes les façons d'une grande demoiselle; elle était vive, sensible, et elle aimait son frère. « Mon unique récréation était de voir mon frère. Jamais tendresse n'a égalé la nôtre[2]. » Ils étaient jolis tous les deux ; Pesne les a peints ensemble : Fritz (il a environ cinq ans), est en robe de velours, décolleté, avec le grand cordon et la plaque de l'Aigle noir; il est coiffé d'un bonnet à grande plume. La main droite, qui tient une baguette, est levée avec un

---

1. Förster, au chapitre cité, *Friedrich Wilhem I als Kronprinz.*
2. *Mémoires de la margrave de Bareith*, 3ᵉ édition (1888), pp. 6, 7 et 17.

LES PREMIÈRES ANNÉES

geste qui signifie : En avant! Il regarde sa sœur, comme pour l'entraîner. Wilhelmine porte, sur une robe de marquise à la Watteau, un manteau de velours à grande traîne. Elle regarde le public ; une de ses mains soutient une gerbe de fleurs dans un pli du manteau ; l'autre, posée sur le tambour, arrête la main de Fritz, qu'elle empêche de battre la caisse. Elle est bien la grande sœur qui mène le petit frère. Des deux têtes tombent des boucles blondes. Fritz a le menton plus ferme, mais s'ils échangeaient leurs vêtements, on ne saurait dire qui est le garçon et qui est la fille.

Il y a donc en Fritz une délicatesse, une fine distinction de nature, que son père n'avait pas prévue, et qu'il ne voyait peut-être pas. Pourtant le prince royal ne donna d'abord au roi que des sujets de contentement. Il jouait très bien au soldat. Il n'avait pas encore six ans, quand son père organisa pour lui une « compagnie des cadets du prince royal », composée de cent trente et un enfants, choisis dans plusieurs écoles de cadets. L'effectif fut augmenté peu à peu ; la compagnie deviendra le « Royal-Prince-Royal-Bataillon de cadets ». C'était une pépinière de héros futurs pour les guerres du grand règne ; on n'y avait semé que la meilleure graine : hobereaux, fils de hobereaux ; soldats, fils de soldats. Ces pygmées composaient une miniature de troupe modèle. Ils apprenaient l'art de renoncer au mouvement personnel, de s'engrener dans une machine joujou, correcte, exacte, propre, et de fondre leurs petits gestes dans le geste d'ensemble. Fritz s'exerça d'abord dans le rang, commandé par l'instructeur Rentzell, un grand, qui avait dix-sept ans. Puis il commanda lui-même. Il eut l'honneur d'être passé en revue par le tsar Pierre et par son grand-père, le roi d'Angleterre, qui l'admirèrent fort. En 1721, pour son jour de naissance, le roi lui fit cadeau d'un petit arsenal, installé dans une des chambres du château, à Berlin.

Dites que mon berceau fut environné d'armes,

écrira plus tard Frédéric. Le père, en effet, en avait mis partout.

Il semblait que Fritz s'appliquât en toute chose à être agréable à son père. Nous avons les lettres qu'il lui écrivait alors. Pour la première, qui est de 1717, sa main a été conduite; il a écrit la seconde tout seul; aussi prie-t-il le roi de la garder en souvenir de lui. C'est une jolie correspondance de petit officier. Le prince communique « la liste » de sa compagnie de cadets. Il remercie pour un nouveau cadet qui lui a été envoyé; il espère que cette recrue grandira bientôt et prendra place un jour dans le fameux bataillon, où Frédéric-Guillaume n'admettait que des géants. Il fait un rapport sur sa compagnie, qui a fort bien exécuté le maniement d'armes et « si bien tiré, qu'il était impossible de mieux faire »; pour la peine, il lui a donné un tonneau de bière. Cela devait aller au cœur du roi [1]. Le « cher papa » qui était grand chasseur, dut apprendre aussi avec joie que son

---

1. Ranke, *loc. cit.*, p. 82 et note 1. — Lettres de Frédéric à son père, 27 juillet 1717; 25 février, 7, 14, 21 octobre 1719; 11 juin, 8 et 31 octobre 1720; 12 juillet et 25 août 1721, dans les *OEuvres de Frédéric le Grand*, t. XXVII, 3º partie, pp. 3 et suivantes.

fils avait tué un lièvre et tiré son premier perdreau. Mais voici qui dut le transporter d'aise. En 1720, Fritz composa en français un petit morceau sous le titre : *Manière de vivre d'un prince de grande naissance* [1] :

« Il faut avoir le cœur bien placé, la religion réformée, craindre Dieu d'une manière, pas comme les gens, qui le font pour de l'argent, non pas pour la terre. Il faut aimer son père et sa mère; il faut être reconnaissant.

« Il faut aimer Dieu de tout son cœur, car, quand on l'aime, on fait tout pour lui faire plaisir... Il ne faut pas faire de longues prières, comme les pharisiens, un petit. Il faut remercier Jésus-Christ de la bonté qu'il a eu de se faire crucifier pour nous, pauvres pécheurs. Il ne faut jamais renoncer à la religion réformée et dans ses maladies, que Dieu nous les avait envoyé, pour nous ressouvenir, que nous étions des pécheurs et il ne faut pas les aller penser, je ne suis pas malade, je peux vainqure Dieu, il faut toujours penser, je suis un pécheur. Il ne faut pas aimer une chose trop, il faut être obligant, civil, parler avec tous les gens, quand on sait bien faire et que l'on ne le fait pas, c'est un péché. Il faut faire comme il y a dans les dix commandements, point voler, point se souiller, et penser toujours, tout ce que je fais de bien, vient de Dieu. Il faut toujours penser à rien de mal, tout ce qu'il vient dans l'esprit de mal, ça vient du diable. Il faut penser à un passage de l'Écriture, qui s'appelle :

« Soyez à jeun et veillez, car votre ennemi, le diable, rôde autour de vous comme un lion rugissant, cherchant

---

1. Cramer, pp. 25 et 26; la citation de la fin est en allemand.

quelqu'un à dévorer; résistez-lui fermement dans la foi.

« Friedrich. »

Le 4 octobre 1720.

« Il faut bien remarquer, dit Kalkstein, au sujet de cette pièce, dont il a pris copie sur l'original, que S. A. R. Monseigneur le Prince Royal de Prusse, a écrit ceci le 4 d'octobre au matin de son propre mouvement et sans en avoir communiqué ce dessein à qui que ce soit, à l'âge de huit ans, huit mois et onze jours[1]. » Il assure n'avoir « ni ajouté ni ôté la moindre lettre ». Pourtant il a dû, au moins, corriger l'orthographe, car le prince, longtemps après cette date, orthographiait de telle façon qu'il est difficile de comprendre ses phrases à première lecture. Il est clair d'ailleurs que l'enfant n'a fait que répéter des leçons d'instruction religieuse, et probablement mot pour mot. Chose curieuse pourtant, que le premier écrit du grand Frédéric ait été cette « Manière de vivre d'un prince de grande maison ». « Dieu veuille, dit Kalkstein, le confirmer dans ces sentiments pieux et qui sont véritablement au-dessus de son âge! » C'était aussi le plus cher souhait du roi Frédéric-Guillaume.

Cependant, dans les leçons de chaque jour, dans le tête-à-tête avec Duhan, peu à peu, sans que personne s'en aperçût, un travail s'opérait, tout différent de ces exercices du petit soldat et du jeune chrétien. L'éducation

1. Cette note, en français, est dans Cramer, à la suite de la *Manière de vivre d'un prince de grande naissance.*

du prince débordait le cadre que le roi avait tracé. Duhan ne désobéissait pas de propos délibéré aux instructions qu'il avait reçues; mais, malgré lui, il amendait, retranchait, ajoutait. Il corrigeait la lettre par l'esprit. Le roi, lorsqu'il s'en apercevait, essayait de ramener Duhan à la lettre. Il avait ordonné que Fritz apprît l'histoire dans le *Theatrum europæum*, collection de volumes *in-folio*, avec cartes, plans, illustrations, où les faits étaient énumérés année par année, depuis 1617. C'était un répertoire énorme et indigeste. Duhan s'arrangeait pour que le prince ne s'y perdît pas : « Je me propose, dit-il dans une note au roi, pour épargner à Son Altesse Royale la peine de lire ce long ouvrage, de lui en recueillir les événements les *plus remarquables*, selon l'ordre du livre même. » Le roi écrit en marge : *tous les événements*. Duhan ajoute qu'il mettra Monseigneur « en état de raisonner sur les événements toutes les fois qu'on les lui indiquera. Cependant, Monseigneur n'aura pas besoin de rien apprendre par cœur, si ce n'est les noms des personnes illustres, des principales batailles, des principaux sièges et les précis des traités de paix. » Le roi réplique en marge : « Il faut qu'il apprenne par cœur, cela lui fera la mémoire [1]. »

Propositions et réponses montrent le conflit des deux intentions : le roi ne se soucie pas des considérations générales; la philosophie de l'histoire n'est pas de son goût. Il veut des faits, encore des faits, des faits toujours. Mais si le précepteur avait obéi au roi, le prince aurait dû apprendre deux ou trois volumes in-folio,

---

[1]. La note de Duhan et les réponses marginales du roi sont en français. Cramer, pp. 51-3.

chaque année. Duhan ne l'a certainement pas mis à cette torture.

Le précepteur terminait sa note en disant qu'il serait bon de répéter de temps en temps l'abrégé de l'histoire de Brandebourg : « Bon, écrit le roi ; mais l'histoire des Grecs et des Romains doit être abolée ; elle ne sert à rien. » Ici, le maître avait beau ne pas vouloir désobéir au roi : le sacrifice de l'antiquité était au-dessus de ses forces. Aujourd'hui, nous qui avons vécu un siècle de plus, un siècle chargé de choses, d'idées et de sentiments, puissant entre tous, et qui a renouvelé les opinions de l'homme, sur lui-même et sur toutes matières ; nous qui sentons clairement qu'un destin s'achève et qu'un destin commence, et que le présent enfante un avenir, nous n'avons plus le loisir de regarder vers le passé. L'antiquité gardera quelque temps encore pour des initiés les grâces de ses arts et le charme de son éternelle et simple sagesse, puis elle s'évanouira dans la nuit. Il y a cent ans, elle était la lumière. Tous les hommes cultivés y vivaient la vie de leur intelligence. Ils y trouvaient la perfection de la forme et de la pensée, les types des vertus et des vices, l'expression des douleurs et des joies ; la morale de « l'honnête homme », comme ils disaient, était une réminiscence ; leurs maximes, des citations. L'envieux s'appelait Zoïle ; le laid, Thersite ; le héros triomphant, Achille ; le héros malheureux, Hector. Marathon et Zama étaient des combats d'hier ; Pythagore, Solon, Numa, les modèles inimitables des législateurs. La mythologie classique n'était pas réduite à n'être qu'une des mille façons humaines d'exprimer les pensées et les rêves de l'homme, et non la meilleure, ni la plus profonde. Les doctes comme les poètes s'y complaisaient, familiers avec toutes ses imaginations et ses jolis détours.

Ne pas faire connaître à son prince les Grecs et les Romains, c'était donc impossible à Duhan, tout à fait impossible. Les anciens devaient revenir souvent dans la conversation du maître et de l'élève. Le prétexte le plus commode à parler d'eux fut sans doute la lecture du *Télémaque*[1]. Frédéric-Guillaume n'avait ici rien à redire. Enfant, il avait lu ce livre avec sa mère, qui le lui commentait. Sophie-Charlotte avait cru trouver dans l'étude de cette œuvre calme, toute empreinte de sérénité hellénique, le moyen de policer son sauvageon. Elle se promenait avec son fils, dans le parc de Charlottenbourg, le *Télémaque* à la main; elle lisait, expliquait, interrogeait. Elle a même fait rédiger ses demandes et les réponses de Frédéric-Guillaume, qui parlait comme un sage de Sésostris, de Pygmalion, du bon ministre Narbas, du mauvais ministre Métophis, et disait son admiration pour la force d'âme de Télémaque fuyant la belle Eucharis. Ce dialogue édifiant du fils et de la mère était imprimé en tête de l'édition où Duhan et Frédéric lurent ensemble l'œuvre de Fénelon. Or Télémaque est un héros, élevé pour la vertu et pour la gloire, selon les maximes de la sagesse antique. Cette lecture dut transporter l'imagination de Fritz loin de la Sprée et de la Havel, de sa compagnie de cadets, des recrues géantes,

---

[1]. Bratuscheck, p. 27, et la note 46, p. 113.

et de l'histoire du Brandebourg, du Brunswick et de la Hesse.

Il était bien difficile d'apprendre l'antiquité sans savoir les langues anciennes. Duhan essaya, dit-on, de ruser. Un prince royal, héritier d'un électorat, devait avoir lu la Bulle d'or, qui était une des constitutions du saint empire romain de la nation germanique. On y voyait les privilèges des seigneurs électeurs, la place qui leur était assignée dans les cortèges impériaux, dans les séances impériales, dans la salle des festins, où l'empereur dînait, couronne en tête; et, sur ce fond de cérémonies, était peinte en relief l'anarchie de la vieille Allemagne. Duhan imagina de faire expliquer au prince ce document vénérable. Il chargea de ce soin un maître auxiliaire, mais le malheur voulut que le roi entrât chez son fils, au cours d'une des leçons : « Que fais-tu là, maraud, demanda-t-il au maître? » « Majesté, répondit le pauvre homme, j'explique à Son Altesse la Bulle d'or. » « Attends, répliqua Frédéric-Guillaume, je vais te *Bulle dorer,* » et il leva sa canne. Ainsi finit l'enseignement de la langue latine. Fritz en apprit pourtant en cachette quelques éléments, qui lui permirent de faire plus tard quelques citations, étranges, il est vrai; car, à côté de : *O tempora! O mores!* et de *Dominus vobiscum*, qui sont corrects, on trouve, dans sa provision d'aphorismes, un : *Beatus pauperes spiritus*, un : *Compille intrare*, un : *De gustibus non est disputandus*, qui prouvent, comme le pensait Frédéric-Guillaume, que pour apprendre à régner et à vaincre, le latin n'était pas nécessaire.

Frédéric lut dans des traductions les chefs-d'œuvre de

l'antiquité classique, car il était grand liseur. Il a raconté plus tard que, sa sœur Wilhelmine lui ayant fait « honte de négliger ses talents, il s'était mis à la lecture ». Il commença par des romans : « J'avais attrapé *Pierre de Provence* (c'était un roman provençal traduit en français). On ne voulait pas que je le lusse ; je le cachais, et, quand mon gouverneur le général Fink et mon valet de chambre dormaient, je passais dans une autre chambre, où je trouvais une lampe dans la cheminée. Je m'accroupissais, et je lisais [1]. » Voilà une jolie scène d'enfant liseur, où se révèle une des principales passions de Frédéric, qui lui donnera tant de joies, et charmera même les heures terribles de sa vie. Mais l'enfant apprenait ainsi à goûter au fruit défendu. A l'heure où il lisait, la consigne était de dormir. Le roi n'aurait point permis cette infraction à la discipline, même si la lecture en cachette avait été celle du *Theatrum europæum*. Il aurait défendu bien d'autres choses encore, s'il les avait connues. Il ne voyait pas s'élever dans l'esprit de son fils un idéal tout différent du « réel » qu'il prétendait lui imposer, ni croître le plaisir de la désobéissance cachée, de la contradiction et de l'opposition. Un beau jour pourtant, toute sorte d'indices vagues d'une façon d'être, à lui déplaisante, lui ouvriront les yeux. Il se demandera « ce qui peut bien se passer dans cette petite tête ». A mesure qu'il devinera ce qui se passe, il s'inquiétera, s'irritera ; à la fin, il s'affolera.

Avant de conter la querelle du père et du fils, il nous

1. *Tagebuch Heinrichs de Catt (Publicationen aus den K. preussischen Archiven)*, p. 404.

faut faire entière connaissance avec la personne de Frédéric-Guillaume, que nous n'avons fait qu'entrevoir. Voyons-le vivre dans l'État, dans sa famille et dans la familiarité de la vie quotidienne. Nous commencerons ainsi à découvrir les causes et le caractère d'un conflit, où le prince royal, vaincu par son père, apprendra qu'il est né, non pour les lettres, mais pour l'action et le commandement.

CHAPITRE DEUXIÈME

LE PÈRE DU GRAND FRÉDÉRIC

LES IDÉES ET FAÇONS DE GOUVERNEMENT DE FRÉDÉRIC-GUILLAUME

Frédéric-Guillaume n'a eu qu'un petit nombre d'idées, et si simples que des idées ne le peuvent être davantage, à savoir qu'un roi a besoin d'être fort ; que, pour être fort, il faut qu'il ait une bonne armée ; que pour avoir une bonne armée, il faut qu'il la paye ; que, pour la payer, il faut qu'il trouve de l'argent. Il a eu, en outre, une idée rare et originale de sa fonction : il considérait le roi de Prusse comme un être idéal et perpétuel, dont il n'était, lui, Frédéric-Guillaume, que le serviteur : « Je suis, disait-il, le général en chef et le ministre des finances du roi de Prusse. » Cette conception mystique de son office avait cette conséquence toute pratique, qu'il ne se croyait pas autorisé à jouir de la royauté : il la gérait, pour le compte d'un maître. Toute sa vie, il a travaillé sous l'œil de ce maître, qu'il savait redoutable.

La Prusse n'était pas une nation. C'était un composé de territoires, séparés les uns des autres, semés du Rhin à la Vistule, de la Baltique vers les monts de Bohême, n'ayant ni les mêmes souvenirs, ni les mêmes mœurs, réunis par l'effet de quelques mariages et le hasard de quelques morts. Il est vrai, depuis un siècle que cette réunion s'était accomplie, ces pays s'étaient habitués au commun maître. Les prédécesseurs de Frédéric-Guillaume avaient détruit les libertés provinciales dans les pays du Rhin, comme en Brandebourg et en Prusse. Il lui restait peu de chose à faire pour établir sa souveraineté (le mot est de lui), comme un rocher de bronze, *wie einen Rocher von Bronce*. Mais il régnait sur une sorte de matière inerte. Ses sujets n'avaient point de zèle pour une chose publique, dont ils n'avaient pas même l'idée, qui résidait dans le roi seul. Le devenir de la Prusse était dans l'esprit et dans la volonté du souverain.

Frédéric-Guillaume a fait sentir partout cet esprit et cette volonté. Il est toujours en action, en scène, au premier plan. Ce n'est pas une institution qui agit; c'est une personne en chair et en os, faite d'une certaine façon, dont on entend la voix, et dont on sent la main, une main armée du glaive de justice dans les grandes occasions, et, dans les petites, d'un bâton. Cette personne, si personnelle, ne vit pas dans l'abstrait. Pour elle, le ministère, l'administration, l'armée, sont des individus déterminés, des ministres, des conseillers, des officiers, qui s'appellent tel ou tel, et doivent faire telle ou telle chose. Le domaine royal, ce sont des domaines, de telle qualité ou de tel défaut, situés en tel endroit, dont le fermier, Jacques ou Pierre, paie ses termes ou ne les paie pas. Sans interposition d'idées générales, d'habitudes acquises, de rouages qui tournent pour le plaisir de tourner, de moyens qui se prennent pour des fins ; sans obstacle de *decorum*, de majesté, de gants de velours ou de soie, qui empêchent la main de toucher la pâte, Frédéric-Guillaume s'attaque au réel, et manipule le concret.

Son père lui a laissé une armée de trente et quelques mille hommes. C'était un chiffre convenable, élevé même, pour un royaume qui n'avait pas deux millions de sujets. Lui, il veut avoir au moins 80,000 soldats. Son père, son grand-père, tous ses prédécesseurs avaient reçu des subsides de l'étranger ; ils avaient pris de l'argent à toute effigie, louis, sterlings, florins : lui, il mettait son point d'honneur à ne payer ses dépenses qu'en argent bien et dûment gagné par lui. Il fallait donc exploiter le royaume de telle façon qu'il rendît chaque année davantage. Produire « un plus », comme il a dit mille et mille fois, *ein Plus machen*, tout est là : « Quiconque dispose de la pécune, tient le militaire et le civil, et, par surcroît, gagne le respect et l'admiration du monde. »

Tout l'esprit de son gouvernement[1], toute sa façon d'être à lui apparaissent dans une ordonnance, qu'il faut

---

[1]. Le règne de Frédéric-Guillaume Ier attend encore un historien. M. le professeur Schmoller a traité les plus importantes parties de l'administration de ce prince (villes, commerce, industrie, finances, armée, colonisation), dans des articles très approfondis qu'ont publiés plusieurs recueils, notamment les *Preussische Jahrbücher*, la *Zeitschrift für preussische Geschichte und Landeskünde*, la *Deutsche Rundschau*, le *Jahrbuch für Gesetzgebung, Verwaltung und Volkswirthschaft im deutschen Reiche*. Voir, sur l'ensemble de ces travaux, un article signé R. K. (Reinhold Koser), dans l'*Historische Zeitschrift*, t. LVII, p. 488.

placer parmi les grands documents de l'histoire, car elle a produit des faits, ou, si l'on veut, un seul fait, la puissance de la Prusse. Elle a été écrite à la fin de décembre 1722, après une retraite dans une maison de chasse. Depuis longtemps, le roi était mécontent du système général de l'administration. L'État avait alors deux sortes principales de revenus : revenus domaniaux, qui se composaient des fermages des terres appartenant à la couronne, du produit des forêts, des mines, des salines, des postes, des douanes, des droits de transit et de timbre; revenus de guerre, dont les principaux étaient la contribution, impôt direct levé sur le plat pays, et l'accise, impôt indirect, perçu dans les villes. Les revenus de guerre étaient administrés dans les provinces par des collèges appelés commissariats de guerre, qui ressortissaient au commissariat général de guerre; les seconds, par des chambres des domaines, qui ressortissaient au directoire général des finances. Ces deux administrations avaient cent occasions de se contrecarrer, et n'en laissaient pas échapper une seule. Elles plaidaient sans cesse l'une contre l'autre; une foule d'affaires étaient suspendues, et le roi, dans le désordre de ces chicanes, ne pouvait parvenir à savoir au juste l'état de sa finance, sur lequel il voulait régler l'état de son armée. Il résolut de réunir ces deux corps ennemis, et de leur apprendre, en termes clairs, leur métier.

Pendant plusieurs jours, dans sa retraite de Schönebeck, il médita; puis, il prit la plume, et il écrivit un premier projet d'instruction. Il s'y appliqua fort, ayant mis son amour-propre à si bien faire que personne ne pût lui conseiller d'ajouter quoi que ce fût. Il partit pour Potsdam, où il fit appeler un de ses secrétaires, Thulemeier, qu'il chargea de recopier son manuscrit : « Venez demain, lui dit-il, avec du papier fort, et du fil noir mêlé d'argent. Nous en aurons pour deux jours de travail. » Mais les deux jours ne suffirent pas ; le roi dictait, se faisait relire, corrigeait, puis relisait et corrigeait encore. Enfin le 19 janvier 1723, les membres du commissariat général des guerres et ceux du directoire général des finances furent appelés au château.

Aucun d'eux ne savait ce dont il s'agissait. Un ministre, Ilgen, commença par leur lire un ordre royal, où leur étaient reprochés les sottises et les abus qu'ils avaient commis : « Les deux collèges ne savent rien faire que se mettre en collision, comme si le commissariat général et la chambre des domaines n'appartenaient pas également au roi de Prusse. Le commissariat a des avocats payés de ma bourse, pour plaider contre les finances, par conséquent contre moi. Les finances, pour se défendre ont également des avocats, payés de ma bourse. » Il était temps de mettre fin à cette « œuvre de confusion ». En conséquence, ces messieurs des deux collèges étaient informés qu'ils étaient fondus en un seul « le directoire général supérieur des finances, de la guerre et des domaines, *General-ober Finanz-Kriegs-und Domänen-Directorium* ». Ils furent ensuite menés dans une salle préparée ; Ilgen indiqua sa place à chacun, et, debout, devant le portrait de S. M., leur lut l'instruction. Il les conduisit ensuite chez le roi, qui reçut leur serment « de travailler, autant qu'il est humainement possible au service et bien de S. M. Royale, en particulier à l'augmentation et amélioration de toutes les sortes de revenus, et en même temps, à la conservation des sujets, aussi bien dans le plat pays que dans les villes, et, par contre, d'éviter et prévenir tout ce qui peut être nuisible à Sa dite Majesté Royale et à la Maison Royale, aux pays et fidèles sujets[1] ».

Accroissement des revenus, conservation des sujets, voilà deux principes. Le roi y insiste dans l'instruction[2]. « Tout le monde sait les conséquences redoutables de mesures mal prises, et que de trop lourdes charges, énervant les sujets, les mettent hors d'état de fournir intégralement au souverain les prestations ordinaires. » Il faut donc veiller à la conservation et prospérité des villes, villages et du plat pays, et n'établir aucune charge que les habitants ne puissent porter. Troisième principe : les charges publiques seront également réparties entre tous ; la contribution sera taxée « d'après des cadastres qui seront toujours tenus au courant ». De l'accise, personne ne sera exempté : « Nous la voulons payer, nous et notre maison royale. Toutes les voitures, depuis les nôtres, jusqu'à celles du dernier paysan, seront visitées ; » car le poids de l'État « doit peser également sur toutes les épaules ».

Ce sont à peu près les seules idées générales qui se trouvent dans ce document. Elles valaient la peine d'être dites, car elles expriment toute une philosophie d'État. Ce n'est pas une ordonnance fiscale que Frédéric-Guillaume a écrite dans sa maison de chasse : c'est une charte,

1. L'instruction est dans Förster, t. II, pp. 173 et suivantes. Voir Ranke, pp. 168 et suivantes.

la grande charte d'une monarchie, de sorte particulière, où le monarque est confondu dans l'État, comme le Dieu de Spinoza dans la nature. Bien entendu, ce ne sont pas des formules vides qu'écrit Frédéric-Guillaume : ce sont des vérités. Il a horreur des vaines déclarations et des principes « qui se perdent dans le vent et la vapeur bleue ».

Avec une grande clarté, il décrit l'organisation nouvelle. Le directoire est divisé en départements, dont chacun est présidé par un ministre. Les départements n'ont point de spécialités d'affaires : les territoires de la monarchie se distribuent entre eux ; les affaires de ces territoires, de quelque nature qu'elles soient, y ressortissent. Le roi veut que tous les conseillers les connaissent toutes. « Les uns diront : Nous ne sommes compétents que pour le commerce et les manufactures, et nous n'entendons rien à l'économie agricole. Les autres : Nous connaissons l'économie agricole, et nous n'entendons rien au reste... A quoi nous répondrons : Nous avons choisi des gens assez intelligents pour se mettre au courant très vite de toutes les affaires. Ils n'ont qu'à travailler avec zèle, à faire attention à toutes les affaires, à s'informer, à s'éclairer ; les uns feront l'éducation des autres. Un homme habile et zélé, qui, après Dieu, n'estime rien au-dessus de la grâce de son roi, qui le sert par amour et pour l'honneur, non pour la solde, qui a horreur de toute intrigue, se rendra bientôt assez habile pour nous servir en tout. Du reste nous vous mettrons à l'essai. Nous saisirons l'occasion d'envoyer un conseiller, compétent en matière agricole, établir des manufactures et contrôler l'accise : s'il ne se tire pas d'affaire, il passera un mauvais moment... »

Le travail du directoire, la répartition des affaires, le mode des délibérations étaient réglés avec le plus grand soin ; les responsabilités, marquées en termes très forts. Le roi dit qui sera responsable, selon les cas, et, comme il nomme par leurs noms ministres et conseillers, l'avis a le caractère d'une menace très précise : « Par exemple, s'il y a une négligence dans le premier département, seront responsables : von Herold, Manitius et von Thiele. » A bon entendeur, salut. Il n'y a pas moyen de croire qu'il s'agisse d'un autre.

Le premier devoir est l'exactitude. Tout ministre ou conseiller qui, sans une permission écrite du roi, arrivera en retard d'une heure, subira une retenue de 100 ducats ; s'il manque toute une séance, une retenue de six mois de traitement ; en cas de récidive, il sera cassé *cum infamia*, car, « si nous payons nos conseillers, c'est pour qu'ils travaillent. » Les séances commenceront à huit heures en hiver, à sept heures en été. Elles dureront jusqu'à épuisement de l'ordre du jour. Si elles ne sont pas terminées à deux heures, la moitié des membres ira dîner, pendant que l'autre continuera à travailler ; ceux qui auront mangé se remettront au travail tout de suite, et les autres iront les remplacer à table ; car il faut que « notre service soit fait avec zèle et fidélité ». Tous les jours à onze heures, le cuisinier ira demander à l'huissier du directoire si ces messieurs doivent dîner. A deux heures, il servira « une bonne soupe, un bon morceau de bœuf, un bon plat de poisson, un bon rôti de bœuf, de mouton ou de veau, et un quart de bouteille de bon vin du Rhin, par personne. Le menu ne sera pas toujours le même. Il faudra varier, mais veiller à ce qu'il y ait, chaque fois, quatre bons plats, aussi bien préparés que si c'était pour Sa Majesté. Pour le service, il n'y aura qu'un laquais, car il ne faut pas que la chambre soit remplie de laquais. Chaque convive recevra tout de suite quatre assiettes et un verre; il mettra les assiettes sales dans une corbeille placée près de lui.[1] »

Voilà qui donne le sentiment du réel. Ce sont bien des personnes en chair et os, comme le roi, qui sont là, sous l'œil du roi, et qui vont travailler, sans cérémonies ni façons, tout de suite.

Rien de plus simple, d'ailleurs, que ce qu'ils ont à faire : accroître la force de production du royaume, pour augmenter les revenus du roi. Le pays ne donne pas tout ce qu'il peut donner. Il n'a pas réparé toutes les pertes qu'il a faites au temps de la guerre de Trente ans. Le roi a trouvé des noms de villages disparus, dans les vieux registres qu'il a consultés. Depuis, la guerre encore, et d'autres fléaux ont fait d'autres ruines. Dans les dernières années du précédent règne, une peste a enlevé le tiers des habitants de la Prusse et les trois quarts de la population de la Lithuanie. Il faut combler ces places vides, ces *Wüste Stellen* dont la vue faisait mal à Frédéric-Guillaume, refaire les villages du XVIIe siècle, et repeupler les cantons déserts en y plantant des hommes. La paix dont le royaume jouissait assurait un surcroît de

1. Ces prescriptions sur le dîner sont dans un ordre de cabinet, Förster, II, 255.

naissances, mais ce repeuplement naturel était long, et Frédéric-Guillaume, très impatient. Il faisait donc venir des sujets de l'étranger : sa Prusse était la terre d'asile de tous ceux qui fuyaient la persécution religieuse, ou qui venaient chercher fortune en travaillant. Il ne se contentait pas de les recevoir : il les appelait, les établissait, les soignait et les cajolait. Mettre ainsi quelqu'un où il n'y avait personne, c'était créer ; le roi s'appliquait aussi à améliorer. Il ne refusait à ses fermiers aucune « réparation » ; s'il fallait bâtir, il bâtissait ; défricher, il défrichait ; dessécher un marais, il desséchait. Cette œuvre de mise en valeur du royaume, où il a dépensé une incroyable somme d'efforts, il la recommande au directoire, mais il prend ses précautions pour n'être pas trompé. Il ne pouvait supporter l'idée qu'un thaler, même un pfennig, lui fût volé ou fût mal employé.

Il exigeait un ordre absolu dans les comptes, parce que l'argent s'échappait par le moindre désordre. Il ne veut plus que les fermiers, à qui une bâtisse nouvelle a été accordée, l'exécutent eux-mêmes, puis retiennent, sur le prix du fermage, la somme dépensée. « Par exemple, dit-il, — il aime à expliquer et à préciser sa pensée par des exemples, — le fermier Lürsten, de Köpenick, doit un terme de 500 thalers. On lui demande pourquoi il ne paie pas. Il répond que, sa dépense de bâtisse décomptée, c'est la chambre des domaines qui lui redoit. « Des réponses pareilles nous arrivent de tous les pays. » Il faut changer cela : les fermiers ne s'occuperont plus que de leur exploitation. Ils paieront leur terme, sans déduire un liard, « car nous ne voulons pas recevoir, au lieu d'argent, des comptes et du papier. » Chaque chambre des domaines aura un maître architecte qui sera chargé des constructions, et un scribe de la bâtisse qui paiera les ouvriers. Le maître surveillera le scribe ; un des conseillers de la chambre surveillera l'un et l'autre ; la chambre entière surveillera tous les trois. Si, malgré ces précautions, ils s'entendent « pour souffler dans le même cor, c'est qu'ils seront un tas de fripons ».

L'établissement des colons coûtait fort cher ; le roi qui « avalait » cette dépense, comme il disait, « cuiller par cuiller », en sentait l'amertume, mais il en savait aussi la nécessité. Il est donc résolu à la continuer, mais elle a varié jusqu'ici d'année en année ; il y a, de ce côté, de l'imprévu, de l'extraordinaire. Le roi n'aime pas ces « dépenses *Flic-Flac* ». Il veut régler jusqu'à l'extraordinaire. Il fixe donc une certaine somme, qu'il ne dépassera pas d'un liard. Au reste, il n'entend faire que de bons placements ; les propositions d'ouverture de crédits devront être fortement raisonnées : « Ne point bâtir de fermes ou de villages, si nous ne pouvons tirer 10 0/0 du capital employé. »

Frédéric-Guillaume met ses sujets anciens et nouveaux en état de travailler : c'est son devoir. Que les sujets à présent fassent le leur, en travaillant bien, c'est-à-dire en tirant de la terre tout ce qu'elle peut donner par une culture appropriée, sans dépenser un liard en inutilités. Ils n'ont qu'à prendre exemple sur le roi « sur notre petite terre de Schenken, que nous exploitons nous-mêmes, et où nous avons appris les choses par expérience, non dans les livres ».

Ainsi la population du royaume s'accroît de jour en jour ; l'outillage agricole est perfectionné ; de nouveaux territoires sont mis en valeur ; les sujets paysans du roi de Prusse produisent chaque année davantage. Donc, ils paieront les fermages et les contributions. Il faut que les citadins paient tout aussi bien l'accise, et, pour cela, que l'industrie prospère dans les villes, comme l'agriculture dans les campagnes. Ici encore, combler les *Wüste Stellen*, qui sont nombreuses, refaire et faire, reconstruire et construire. « Mes villes de Prusse sont en mauvais état » : le directoire général ne négligera rien pour remédier à ce mal. Il n'y a pas assez de villes en Lithuanie : le directoire général en fera bâtir. Il mènera la chose « avec sérieux et vigueur, *mit Ernst und Vigueur*, de façon que notre désir soit satisfait le plus vite possible ». Il sait « de quelle grande importance est, pour nous et pour nos pays, l'établissement des manufactures. Il s'appliquera donc avec le plus extrême des zèles à faire que tous les genres d'industrie, lainage, cuirs, fer, bois, qui n'existent pas dans nos pays, y soient institués autant que cela est possible. » Il appellera de l'étranger des ouvriers. Le roi lui indique où il trouvera des drapiers et des fabricants de bas. A-t-on besoin d'un compagnon drapier ? Qu'on aille le chercher à Görlitz, à Lissa ou en Hollande. On lui promettra et on lui donnera un métier ; on le mariera « avec une fille d'ici » ; on lui fera des avances de laine : « Et voilà que le compagnon gagne son pain, fonde une famille, et devient son maître. » Rien de plus aisé : « Vous ne me ferez pas croire qu'il faudra beaucoup de peine pour engager de pareilles gens et les attirer dans notre pays. »

La production industrielle s'accroîtra donc, comme la production agricole ; mais il faut assurer la vente et la consommation des produits. Ici, la règle très simple : Ne pas acheter à l'étranger, ou lui acheter le moins possible ; lui vendre le plus possible. A l'entrée du royaume, la prohibition absolue ou le prélèvement de droits considérables ; à la sortie, une légère accise, qui n'empêche pas l'exportation. Seulement il y a des exceptions à cette règle. L'idéal du roi de Prusse est que la Prusse se suffise à elle-même, comme si elle était seule au monde. Il établit entre ses villes et ses campagnes un échange de relations et de services. Il lie l'une à l'autre son agriculture et son industrie, de façon qu'elles se complètent l'une l'autre. Par exemple, un des grands produits de l'agriculture, c'est la laine. Les paysans la veulent exporter ; mais alors, il faudra que les drapiers, qui ne trouveront plus assez de laine dans le pays, en achètent au dehors, et voilà de l'argent de Prusse qui sortira de la Prusse. Le roi défend donc l'exportation de la laine. La conséquence est que toute la laine doit être ouvrée dans le pays. Autrement « nos chambres provinciales ne manqueront pas de dire que nos fermiers ne pourront se défaire de leur laine, qu'elle ne vaudra plus rien, et ainsi de suite... » Aussi le roi prescrit-il aux chambres des domaines et aux commissariats de guerre de faire un relevé exact, d'une part, de la quantité et de la qualité de la laine produite par chaque province ; d'autre part, des manufactures qui travaillent la laine. Le directoire général, dit-il, comparera le total de la laine ouvrée au total de la laine produite. Supposons que le premier total soit inférieur au second, et que 2,000 poids de laine de première qualité et 1,000 de qualité ordinaire ne trouvent pas d'acheteurs. Le directoire général établira dans une ville neuf drapiers, dont chacun emploiera 300 poids de bonne laine, et cent ouvriers fabricants de bas, dont chacun ouvrera au moins 10 poids de laine moyenne. L'écart est comblé : ce sera tout profit pour le royaume, car le paysan prussien vendra sa laine; la Prusse fabriquera le drap et les bas en quantité suffisante pour la consommation du pays et pour l'exportation. Le roi est si assuré d'avoir raison qu'il donne pour sanction à la défense d'exporter la laine, « la strangulation. »

Puisque tout le monde fait ses affaires, le roi fera les siennes. Il n'admettait aucun retard dans le paiement de ses revenus. Pour l'accise, qui était un impôt indirect, point de difficultés, mais les ruraux faisaient attendre les contributions et les fermages. Le roi leur parle clair : « Le versement devra être fait exactement au terme fixé, sans la déduction, même la plus petite, et nous n'admettons aucune excuse, de quelque nom qu'elle s'appelle. » Il savait toutes les ruses des paysans. Ceux-ci ne manqueront pas de dire que les denrées se sont vendues à trop bas prix. « Il faudra leur répondre qu'il ne peut pas y avoir que des denrées chères. S'il en était ainsi, nous aurions affermé trop bas. Le bail a été calculé sur une moyenne, de façon qu'une bonne année couvre une mauvaise. Nous n'avons pas promis à nos fermiers qu'il n'y aurait que des années chères. Ils ont signé les baux sans condition, *ohne zu conditionniren*. Le fermage a été inventé justement pour que le propriétaire tirât profit de ses biens, et en touchât le revenu, argent comptant, sans entrer dans des comptes compliqués. » Donc, point de faiblesse, point d'« humanitaireries ». Si l'argent est en retard, s'il est « accroché » quelque part, c'est au directoire général de savoir où il est accroché, d'employer tous les moyens de le décrocher. Si ces moyens n'apparaissent pas « aussi clairement que le soleil dans le ciel », il enverra « sans perdre le plus petit moment » au lieu où se sont produits le manquement et la confusion, et fera, sur place, appliquer le remède.

Le directoire général exerce son autorité sur toute l'administration de la monarchie. Les commissariats de guerre et les chambres des domaines des provinces relèvent de lui. Quand il s'y produit des vacances, le directoire y pourvoit. Il mettra dans les commissariats de braves gens très appliqués, pourvus d'un sain entendement naturel, au courant de la manufacture, de l'accise, et de toutes les affaires qui sont du ressort des commissariats ; dans les chambres des domaines, des hommes qui ont pratiqué la culture, soit comme officiers des domaines, soit comme fermiers, entendus en comptabilité, vigilants, bien portants. Le roi veut des qualités plus relevées chez les membres du directoire. Les ministres lui proposeront, après les avoir partout cherchés, les gens les plus habiles, luthériens ou calvinistes, fidèles et honnêtes, comprenant l'économie pour l'avoir pratiquée, connaissant le commerce et la manufacture, capables de bien écrire, c'est-à-dire de bien exposer une affaire, ayant des « têtes ouvertes ».

Frédéric-Guillaume faisait dans cette page comme le portrait de cette bureaucratie prussienne qu'il a créée, sorte de noblesse civile, dressée au service, fortement disciplinée, exacte, laborieuse, principal ressort d'un État, où les sujets, qui ont perdu jusqu'aux derniers restes des libertés féodales, obéissent à la consigne royale : *Nicht raisonniren,* ici l'on ne raisonne pas. Le temps viendra où ce corps prendra l'esprit d'une caste ; les « têtes ouvertes » se fermeront ; l'exactitude deviendra manie ; le zèle, pédantisme, et toute cette belle organisation ne sera plus qu'une mécanique. Alors, on s'apercevra qu'une nation ne peut vivre dans un air de bureaux, qu'elle est morte, en effet, et que la machine tourne dans le vide. Mais le danger du lendemain avait été, la veille, une condition même d'existence.

La bureaucratie prussienne a été le premier organe de la nation de Prusse. Le roi, après avoir énuméré les vertus qu'il exige de ses fonctionnaires, ajoute : « Et surtout, qu'ils soient nés nos sujets ! » Il se réserve le droit d'appeler dans les chambres et commissariats un ou deux étrangers, mais il faudra que ceux-ci soient bien habiles pour racheter ce défaut de n'être point nés sujets du roi ; car il veut créer un sentiment, que l'hôte de passage ne peut comprendre, le sentiment d'une patrie. Cette patrie, ce ne sera plus le Brandebourg pour le Brandebourgeois, la Poméranie pour le Poméranien, la Prusse pour le Prussien ; ce sera, sans distinction de territoires, toute l'étendue de sa domination. Il prescrit de recruter les chambres et commissariats d'une province d'hommes nés dans une autre. Par exemple, s'il y a des vacances en Prusse, il faudra nommer des Clévois, des Brandebourgeois, des Poméraniens, non des Prussiens. Ainsi des autres : le roi dépayse ses provinciaux ; il les enlève à la patrie étroite, pour les verser dans la grande patrie. Patrie singulière, qui n'est le produit ni de l'histoire, ni de la nature, et dont la vraie définition était : la patrie prussienne, c'est le service du roi de Prusse.

Entre le directoire et les chambres et commissariats, les relations seront régulières et fréquentes. Des provinces, arrivera chaque semaine un rapport. Pour que ces rapports fussent exacts et circonstanciés, les présidents des chambres devaient inspecter les domaines, villages et fermes avec le plus grand soin ; les présidents des commissariats, visiter les villes de leur ressort, s'informer sur le commerce, sur les manufactures, les bourgeois et les habitants, de façon à connaître les villes de leur département « aussi bien qu'un capitaine de notre armée connaît sa compagnie, lorsqu'il sait toutes les qualités intérieures et extérieures de ses soldats ». Ces rapports résumés étaient transmis au roi, qui savait ainsi régulièrement tout ce qui se passait dans le royaume, et si chacun faisait « son devoir ».

LE GOUVERNEMENT PAR LE ROI

Le roi, pour donner au directoire « plus de lustre et d'autorité, pour montrer l'attention particulière qu'il se propose d'apporter constamment et infatigablement aux affaires ressortissant au directoire, comme le comporte leur extrême importance », s'en est réservé la présidence. Il n'était pas homme à commander une fois pour se reposer ensuite. Chaque soir, le directoire lui envoyait un procès-verbal de la séance du jour, qu'il lisait le lendemain matin. Il n'admettait pas qu'aucune décision fût prise, impliquant quelque nouveauté, sans qu'il l'eût approuvée. Ce grand conseil n'avait guère que voix consultative. Aucune dépense de surcroît n'était autorisée que par le roi lui-même ; aucun bail n'était définitif qu'après avoir reçu sa signature. Le projet lui en était présenté avec une note courte, mais claire, qui lui permît « de voir tout de suite la nature de la chose ». L'autorisation qu'il donne au directoire de lui adresser des questions « toutes les fois qu'il le jugera nécessaire, notamment en tout cas extraordinaire », fut comprise comme un ordre d'en référer à lui à tout propos. C'est bien ainsi qu'il voulait qu'elle fût entendue. « Les questions, dit-il, doivent être brèves et nerveuses (*in wenig Worten und nerveus*)... A chacune sera joint l'avis du directoire général. Par exemple : « Il y a un cheval à vendre pour 100 thalers. « Nous pensons que V. M. fera bien de l'acheter, mais seulement pour 80 thalers ; autrement V. M. y perdrait pour telle raison. »

L'exemple prouvait que le roi voulait être instruit du dernier détail. Par milliers et milliers, il a reçu des questions auxquelles il a répondu par des notes marginales brèves. On a peine à comprendre qu'il ne soit pas noyé dans cette inondation de faits divers, dont la plupart sont sans importance ; et qu'il ait pu donner si nettement et très souvent avec esprit une pareille quantité d'ordres. C'est qu'il aimait à commander. Frédéric, son père, se plaisait à faire voir à tous et partout la majesté du roi de Prusse; Frédéric-Guillaume, à faire sentir l'autorité de ce roi. « Vous devez chaque fois, dit-il au directoire, et pour chaque affaire, ajouter votre avis avec les raisons sur lesquelles vous l'établissez, mais nous demeurons le seigneur et roi et faisons ce que nous voulons. *Wir bleiben doch der Herr und König und thun was wir wollen.* » Quelques lignes plus loin, après avoir déclaré qu'il entend toujours savoir la vérité, qu'il ne veut de flatteries d'aucune sorte, il répète les mêmes mots : « Nous sommes le seigneur et le roi, et faisons ce que nous voulons. »

L'esprit d'un roi qui comprend et pratique ainsi ses devoirs n'a pas une minute de *repos*. Il y avait dans les pays de Frédéric-Guillaume, comme dans tous les États de l'Europe, des rouages administratifs de dates différentes, enchevêtrés les uns dans les autres, et qui ne disparurent pas après la réorganisation des chambres et commissariats. Les conflits d'attributions que le roi supprime dans les finances, persistent entre les autorités judiciaires et administratives. Il y avait aussi les habitudes prises, les résistances de la routine; point de rébellion, mais de l'inertie, de la mauvaise volonté, et, dans toute la société, du paysan au noble, le murmure de gens à qui l'on demande l'effort. Frédéric-Guillaume sentait bien qu'il n'était pleinement obéi que là où il se trouvait. Il ne pouvait être et n'était, en effet, jamais tranquille. Il aurait voulu voir tout le monde à l'œuvre :

fermiers dans la ferme, ouvriers au métier, conseillers dans le conseil. Il recommandait au directoire de surveiller les chambres et les commissariats, de les inspecter et de ne les point croire sur parole. Il lui enjoignait d'employer des espions. Chacun des conseillers doit avoir les siens, qu'il choisira parmi toute sorte de personnes : fermiers, bourgeois et paysans. Il obtiendra ainsi de faux renseignements, mais aussi de vrais ; avec un bon jugement, il discernera le vrai du faux. Cet espionnage éclairera le directoire, même sur les *minutissima*. Le roi prenait la peine de donner un modèle de ces rapports secrets : « Par exemple, en Prusse, il y a eu un bon hiver et une forte gelée. Les denrées arrivent dans les villes. Les bois de construction sont charriés. Le bâtiment va. Il y a apparence de bonne récolte. Le commerce, la navigation et les manufactures commencent à prospérer... Telle ville ou tel village a brûlé. La noblesse complote sous main contre tel impôt. Tel régiment achète son fourrage à l'étranger. La chambre des domaines versera exactement son terme, ou bien elle ne le versera pas. Elle a de bonnes raisons pour ce retard, ou bien elle n'en a pas. Il faut lui tailler des croupières. On a bâti vingt maisons dans la ville... »

Frédéric-Guillaume n'en eût pas fini, s'il avait voulu énumérer tous les objets de sa curiosité et de son inquiétude : il laisse voir dans l'ordonnance qu'il a la tête assiégée à tous moments de doutes sur les matières les plus diverses. — Le directoire lui propose une augmentation sur tel ou tel revenu? Mais n'y aurait-t-il pas une perte égale ou supérieure sur tel ou tel autre revenu?

Alors ce qu'on lui propose, ce n'est pas une amélioration, c'est du vent : *Keine Besserung, ergo Wind.* — Les chambres des domaines et les commissariats de guerre ne continuent-ils pas à se quereller au sujet de l'attribution à telle ou telle caisse de tel ou tel impôt ? « Ils devraient bien trouver une autre façon de s'amuser ; alors ces pauvres diables d'avocats et de juristes deviendraient inutiles, comme la cinquième roue d'un carrosse. » — Les fermiers fument-ils bien leurs terres ? Ils sont capables de les épuiser. Il faut les empêcher de vendre leur paille. — Certains officiers, par exemple, dans la vénerie, sont des voleurs, mais ils ne font après tout que ce qui leur est permis par leurs lettres d'office. Il faut donc changer ces lettres. — N'y a-t-il pas trop d'officiers ? Plusieurs emplois ne peuvent-ils être fondus en un seul ? Voyons donc si un certain nombre d'employés ne peuvent être retranchés (*retrangirt*). — Pourquoi la bière n'est-elle pas aussi bonne partout qu'à Potsdam ? — Pour avoir de la laine, il faut des moutons ; or, en Prusse, il y a presque autant de loups que de moutons. Vite, un règlement sur la chasse aux loups. — Comment se fait-il que l'impôt sur le sel ait rapporté moins cette année que la précédente dans le pays de Halberstadt ? Le nombre des habitants n'y a pas diminué. Ils ont dû manger autant de sel que l'an dernier. Il y a donc des fraudes, du coulage ? Il faut avertir le « facteur supérieur du sel d'administrer autrement qu'il n'a fait jusqu'ici. Peut-être aussi les sujets achètent-ils du sel en Hanovre, en Pologne. Il faut que tous les importateurs du sel soient pendus, etc., etc.

Admettons que par impossible tout le monde, sans

exception, fasse son devoir. Les campagnes et les villes sont bien peuplées ; les premières fournissent au pays sa nourriture et la matière de son industrie, les secondes ouvrent ces matières, de façon qu'aucune parcelle n'en soit perdue. La Prusse est nourrie, habillée, outillée, armée. Non seulement, elle se suffit à elle-même, mais « elle produit un plus, *ein Plus* », qu'elle vend à l'étranger. Le roi sera-t-il tranquille ? Il ne peut l'être, car le moindre accident dérangera cette machine, dont tous les mouvements sont calculés avec une rigueur mathématique. Par exemple, le budget des recettes et des dépenses est dressé pour chaque caisse provinciale. On prévoit que tel régiment consommera tant de vivres par tête d'hommes et de bêtes, et que l'accise prélèvera telle somme sur cette consommation ; mais la guerre éclate, ou bien le régiment est appelé à Potsdam ou ailleurs pour manœuvrer, pour faire un camp. La recette de l'accise baisse ; le paysan ne vend plus ses vivres : « Quand mon armée sort du pays, l'accise ne rapporte plus que le tiers ; le *pretium rerum* diminue ; les domaines ne peuvent plus acquitter exactement les fermages[1]. » — Il est bien difficile d'éviter que le feu ne prenne quelque part. Chaque année, des maisons, des villages, des villes même sont incendiés. Il se fait ainsi de nouvelles « places vides ». Rien de plus douloureux. — Encore peut-on remédier à ces maux divers, déplacer les régiments le moins possible, ordonner que toute ville aura sa pompe et ses pompiers, et que les toits de paille seront partout

1. Ranke, p. 167.

remplacés « avant cinq ans » par des toits de tuile. Mais que faire contre la mauvaise récolte, contre la peste des hommes et des animaux? Frédéric-Guillaume priait Dieu « dans sa grâce » de lui épargner ces fléaux, mais la grâce de Dieu est incertaine. Il fallait au roi de Prusse toute sa religion pour qu'il admît, sans blasphème, que Dieu lui enlevât des têtes d'hommes et de bêtes, dont chacune lui était précieuse, et comptait pour telle ou telle somme dans l'exactitude de ses calculs.

Soumis à la volonté divine, le roi entendait du moins que tous ses sujets obéissent à la sienne. « Nous donnerons notre grâce et notre protection, de toutes nos forces et contre quiconque, à tous ceux qui observeront de tous points cette ordonnance. Quant aux autres, qui retourneront à la vieille routine, nous les châtierons exemplairement, à la russe, *exemplarisch und auf gut russisch*[1]. »

LA CRÉATION DE LA FORCE PRUSSIENNE

Le commentaire de cette ordonnance faite, comme le roi l'a dit, « pour l'affermissement de notre couronne et armée », c'est le progrès de l'armée prussienne. Ceci est la merveille de ce règne, et un des grands événements de l'histoire.

Alors même que Frédéric-Guillaume aurait requis

---

1. Les citations faites dans cette partie du chapitre, à l'exception de celles qui sont empruntées à Ranke, sont prises dans l'ordonnance.

toute la population de son royaume pour le service militaire, il n'aurait pu en tirer cette armée de grande puissance qu'il voulait donner à sa petite Prusse ; mais il n'avait garde de tarir les forces productives de ses pays. Dans le très simple système qu'il avait conçu, il devait, d'abord, faire de l'argent, et ensuite accroître ses troupes en proportion des ressources nouvelles, dont il déduisait une partie pour constituer le fond de réserve de la monarchie. Il fallait donc qu'il laissât des bras à l'industrie et à l'agriculture. Pourtant, il était dans la logique de toute son œuvre de créer une armée nationale. Ce problème difficile était compliqué encore par l'incohérence des institutions militaires, où des usages modernes étaient greffés sur des restes de la féodalité. En cherchant la solution, Frédéric-Guillaume finit par arriver, après beaucoup d'essais et de tâtonnements, à un régime mixte, dont certaines parties sont d'un esprit tout moderne [1].

Du moyen âge procédaient les milices, c'est-à-dire des troupes d'occasion, pour qui le service militaire était une corvée heureusement exceptionnelle. Le roi, vrai troupier comme il était, avait une telle horreur de cette garde nationale, qu'il en voulut abolir jusqu'au nom. Le principal mode de recrutement était l'enrôlement volontaire obtenu par le racolage : Frédéric-Guillaume a été un des plus extraordinaires enrôleurs de soldats que connaisse l'histoire militaire.

Sa manie de grands « hommes » est demeurée célèbre.

---

1. Sur l'armée au temps de Frédéric-Guillaume, voir l'article de Schmoller (*Die Entstehung des preussischen Heeres* (1640-1740), dans le *Deustche Rundschau* (XII, 1877).

Il essaya d'en produire chez lui; il mariait, par ordre, des géants avec des géantes. Quand il apprenait que d'une de ces unions était né un enfant à grandes mains et à grands pieds, il se réjouissait, et demandait qu'on lui expédiât la mère et la progéniture tout de suite, même en pleine rigueur d'hiver, et quand il fallait que l'accouchée fît le voyage de Clèves à Berlin [1]. Cet élevage de grands hommes ne donnant que de maigres résultats, il en chercha dans les pays producteurs de géants, Suède, Ukraine, Irlande, basse Hongrie, et partout où il s'en rencontrait. Lui, si économe, il a dépensé les thalers par millions pour satisfaire sa fantaisie. Ses recruteurs ne savaient pas l'existence du droit des gens, et il essuya plus d'une représentation diplomatique au sujet d'actes de brigandage commis par eux. Il était extrêmement sensible aux incidents de cette sorte, s'emportait et se désolait : « On veut me déshonorer », disait-il, car il croyait de son honneur de n'avoir que des géants, au moins dans son premier régiment des grenadiers à Potsdam. Il fut un jour tout près d'une guerre avec le Hanovre, qui avait sévi contre ses recruteurs. La meilleure façon de lui faire sa cour était de lui fournir des grands hommes; ses ministres et son fils Frédéric vont jusqu'à dire que sa fidèle amitié pour l'Autriche s'explique par le soin qu'avait l'empereur de flatter sa passion. Lui-même disait : « De me procurer la plus belle femme ou fille du monde, me serait indifférent; mais les soldats, c'est là

---

1. Il consentit à attendre jusqu'en mars; il écrivit alors, au bas de l'ordre d'envoyer la femme et l'enfant : « Pressé; maintenant, il fait bon. » Förster, II, p. 300.

pour moi le défaut de la cuirasse, et l'on peut, avec cela, me mener aussi loin qu'on voudra [1]. » Le défaut coûtait si cher en argent, en ennuis et en dangers, que la gigantomanie du roi de Prusse était regardée comme une folie proprement dite, et qui ne serait expliquée, disait un ministre étranger, que « par quelque anatomie future ».

Cette bizarrerie ne doit pas cacher le reste de l'œuvre. Frédéric-Guillaume a recruté hors de ses États et enrôlé plus de quarante mille hommes, et il a tiré de chez lui une égale quantité de soldats. C'est ici qu'il a rencontré une idée d'avenir. Depuis longtemps, chaque régiment avait un district assigné à son recrutement, où les racoleurs du colonel et des capitaines avaient seuls le droit d'exercer leur industrie, mais les régiments empiétaient les uns sur les autres, et l'institution, mal réglée, produisait des conflits et du désordre. Frédéric-Guillaume dessina sur toute l'étendue du territoire ces circonscriptions militaires, qui furent déterminées par le nombre de feux ; 5,000 feux pour un régiment d'infanterie, 1,500 pour un régiment de cavalerie : le district était subdivisé en cantons, un pour chaque compagnie. L'enrôlement volontaire fut aboli. Des catégories de personnes furent exemptées du service militaire et réservées

---

[1]. Conversation à table rapportée par la Chétardie, ministre de France à Berlin, Archives du ministère des affaires étrangères de France, Prusse, 1735, 24 décembre. Je citerai désormais les documents empruntés à ces archives avec cette indication : A.-E., et la date du jour et de l'année. Les volumes de la correspondance diplomatique de nos Archives des affaires étrangères portent au dos la date de l'année. Quand les documents seront pris dans un volume de supplément, mention en sera faite.

aux métiers et au labourage, qui étaient encore, pour Frédéric-Guillaume, des services publics; ces exemptions ne portaient pas atteinte au principe ainsi exprimé : « Tous les sujets sont nés pour les armes, *für die Waffen geboren*, et obligés au régiment, *dem Regiment obligat*, dans le district duquel ils sont nés[1]. »

Peu importe que Frédéric-Guillaume ne soit arrivé que peu à peu et par des voies indirectes à l'expression de cette idée du devoir militaire. Les idées suivent le chemin qu'elles peuvent, à travers tant d'obstacles. D'ailleurs, elle ne naissent jamais de rien. Il y avait dans l'esprit de Frédéric-Guillaume, serviteur passionné de l'État, et qui se vantait d'être à sa façon un vrai républicain, *ein wahrer Republikaner*, une prédisposition à retrouver l'idée de l'obligation du service militaire envers la *Civitas*. Les effets d'une pareille déclaration de principe devaient être considérables. Voilà un peuple averti qu'il est né pour les armes; tout enfant y apprend, en même temps que le nom de son village celui du régiment « auquel il est obligé ». Cette obligation relève et ennoblit le plus humble des sujets. Le paysan, dont la condition était, dans les pays de Frédéric-Guillaume, celle d'une bête de labour, devient membre de l'État, et d'un État où l'habit du soldat était en grand honneur : le fils du roi, lorsque la disgrâce paternelle l'aura frappé, demandera en grâce « à la Majesté de son père », de le réhabiliter en lui rendant l'uniforme des grenadiers.

1. Analyse du *Cantonreglement* de 1733, dans Förster, t. II, p. 309.

A l'armée prussienne, Frédéric-Guillaume voulut donner pour cadres la noblesse de Prusse. Jusqu'à lui, nombre d'étrangers parvenaient aux grades élevés en Prusse, et des nobles prussiens allaient chercher fortune au dehors : il résolut de garder ses nobles pour son service, et son service pour ses nobles. Il ne fit que commencer cette grande réforme, mais il la recommande à ses successeurs : « Mon successeur doit faire que tous les nobles de toutes les provinces soient employés dans l'armée et placés parmi les cadets. Par là, il se rendra *formidable*... Si vous avez des officiers pris parmi *les enfants de votre pays*, vous avez une vraie armée permanente, un corps permanent d'officiers, et cela aucun potentat ne le possède, *und Kein Potentat das hat*[1]. » L'homme qui a écrit ces lignes voyait l'avenir de l'armée prussienne; et il achevait de déterminer le caractère de l'État prussien. Tous les sujets de roture nés pour servir, tous les sujets nobles nés pour commander sous les ordres du roi; la hiérarchie sociale transportée dans l'État; la noblesse utilisée et disciplinée; la vanité du hobereau transformée en orgueil d'officier, tout cela, qui est si considérable et ne se retrouve « chez aucun potentat », procède en grande partie de Frédéric-Guillaume.

La cohésion de l'armée, enclose dans des cadres royaux, est assurée par la discipline et l'exacte attention de tous au service. Pour le roi de Prusse, il n'y a pas, dans le militaire, de minutie. Lorsqu'il enverra son fils, en 1734, à l'armée du Rhin, il prescrira qu'il soit instruit

1. Ranke, p. 159.

« complètement et avec soin du détail, pas seulement du grand service, mais de tout le détail; qu'il apprenne comment doivent être faits les souliers du soldat, combien de temps il les peut porter... Le prince ira ainsi du plus petit détail concernant le soldat au plus grand, du soulier au canon de grosse artillerie. Il passera ensuite au grand service, pour s'élever jusqu'aux *dispositiones generalissimini*[1] ». Tout le détail — pour répéter un mot qu'il a dit tant de fois, — Frédéric-Guillaume l'a réglé, depuis la longueur de la manchette, la largeur du col, le nombre des boutons de la bottine. Il a vraiment créé la tenue prussienne, rigide, propre, luisante, qui faisait sourire autrefois, mais qui est une des manifestations de l'obéissance de milliers d'hommes à une volonté unique, par laquelle tout a été prévu.

Frédéric-Guillaume ne se contentait pas de commander et de surveiller de haut son armée : il s'y était assigné une place et des devoirs quotidiens. Il était, lui aussi, un colonel du roi de Prusse, celui qui avait l'honneur de commander les grands grenadiers de Potsdam. Tous les jours, il assiste à la parade et aux exercices. Il se soumet à tous les règlements. Une fois, au printemps, il ordonne une saignée du régiment, compagnie par compagnie; il se fait saigner le premier, en plein air, par un froid de neige. Un autre jour, il est à Berlin, très malade; un colonel dit par hasard devant lui que le lendemain était le jour où tous les colonels en congé devaient avoir rejoint leurs régiments. Le lendemain, malgré les

---

[1]. L'instruction pour le prince royal se rendant à l'armée est dans Förster, I, pp. 397 et suiv.

instances des médecins, il veut partir ; on le voit traverser la ville, le corps empaqueté, la tête couverte d'un bonnet de nuit, au-dessus duquel il avait mis une capote fourrée. Arrivé aux portes, il monte dans une chaise, où l'on avait étendu un matelas[1].

C'est à Potsdam que s'accomplit dans la perfection l'exercice à la prussienne. Les mouvements nouveaux, les réformes dans le maniement d'armes y sont essayés avant d'être ordonnés. De toute l'armée, des délégations d'officiers sont mandées pour s'instruire, comme dira plus tard le prince royal, à « l'Université de Potsdam ». C'est là qu'ils voient comment, par l'extrême soin donné au plus petit détail, par l'acharnement dans la patience, on obtient de l'infanterie « qu'elle charge ses armes avec la plus grande rapidité, qu'elle s'avance serrée, qu'elle mette bien en joue, et qu'elle voie bien dans le feu, le tout dans le plus profond silence ». Pour façonner l'armée entière à cette perfection, le roi emploie les grandes revues et les inspections. Il est l'inspecteur général de l'armée prussienne. Tous les ans, au mois de mai, il passe en revue la garnison de Berlin, c'est-à-dire six régiments d'infanterie, un régiment de gendarmes à cheval et six escadrons de hussards. Chaque régiment ou chaque escadron a son jour. Chacune des compagnies est disposée sur quatre rangs, entre lesquels le roi passe. Il examine les hommes, un à un, adressant la parole à la plupart : « Mon fils, reçois-tu exactement ce qui t'est dû ? » Ou bien : « Comment te trouves-tu à

---

1. Sauveterre, chargé d'affaires de France. A.-E. Prusse, 25 mars 1732.

mon service ? » Et il écoutait les plaintes avec douceur, surtout quand il avait trouvé les choses en ordre, et que personne n'avait bronché dans les cinquante-quatre mouvements dont se composait l'exercice. Le dernier jour, après toutes ces revues spéciales, la revue générale. Le roi montait à cheval à deux heures du matin, et, à part quelque moment de repos pour le déjeuner, il restait en selle jusqu'au soir. Les inspections répétaient dans les provinces ce grand examen militaire. Elles étaient fréquentes et inattendues. Par elles, le roi obtenait que les choses se passassent partout « comme si j'étais présent, dit-il, *als Ich beständig wäre* », et que les garnisons fussent toujours dans l'état d'esprit d'une troupe qui a l'ennemi sur les bras ou qui l'attend.

Il surveille de toute la force de son attention son corps d'officiers. Dans les revues et les inspections, partout où il les rencontre, il se les fait présenter ou les aborde ; il cause avec eux, exige qu'ils le regardent comme il les regarde lui-même, dans le blanc des yeux. Il consulte leur feuille de conduite, la *Conduiten Liste*, qui tient un compte exact de leurs vertus et de leurs vices, de leurs qualités et de leurs défauts. Il est le censeur de leurs mœurs et de leurs habitudes ; il leur défend « de chamarrer d'or et d'argent les livrées de leurs domestiques », et leur ordonne de porter tous et toujours l'uniforme. Il est très sévère pour ceux qui « ne comptent pas avec leur bourse » et s'endettent. Il interdit le luxe de la table : « A quoi bon faire tant de façons ?.. Un verre de bière doit être accepté aussi bien qu'un verre de vin. » Il s'enquiert des sentiments religieux, car il veut que ses officiers soient aussi bons chrétiens que bons soldats [1]. En un mot, il leur propose pour modèle le colonel du premier régiment des grenadiers de Potsdam. Il appelle vers lui tous leurs regards. Il a si bien donné le ton à ce corps d'officiers et à toute l'armée que ses successeurs, aujourd'hui encore, répètent ses paroles, mot pour mot.

Considérons à présent que l'armée du roi de Prusse s'élève de 38,459 hommes à 44,792, l'année même de l'avènement, en 1713 ; à 53,999 en 1719 ; à 69,892 en 1729 ; à 83,486 en 1739. Or la France a 160,000 soldats ; l'Autriche, à peine 100,000 : l'armée française est divisée en garnisons nombreuses ; l'armée autrichienne, éparpillée dans de vastes provinces. Ni l'armée autrichienne, ni même l'armée française n'est si bien organisée, armée, équipée que celle du roi de Prusse ; en Prusse enfin, le service des rares forteresses n'exige pas plus de 10,000 hommes. Ainsi 70,000 hommes, au bas mot, sont toujours prêts à marcher, *marschbereit*, prêts à se battre, *schlagfertig*. Voilà l'explication de l'avenir.

L'INACTION DU ROI DE PRUSSE

De l'avenir, car Frédéric-Guillaume ne se servira pas de cette force, et cela est une des étrangetés de son histoire.

---

[1]. Ordre royal aux chefs des régiments, 10 février 1738. Förster, II, 315.

Deux fois il a pris les armes ; au début de son règne, contre la Suède ; vers la fin, contre la France, dans l'affaire de la succession de Pologne. Encore ne s'est-il engagé que le moins possible, et non sans angoisses.

Il est vrai qu'il a régné dans une période de paix, et que les grandes occasions d'essayer au feu son armée ne se sont pas présentées; mais l'Europe, en ce temps-là, se croyait chaque jour à la veille de la guerre. Elle se battait en négociations, se groupait en ligues et contre-ligues. A peine la grande affaire de la succession d'Espagne a-t-elle été réglée par les traités d'Utrecht, de Rastadt et de Bade, que l'Espagne, pour regagner ses annexes perdues, attaque l'Autriche : France, Angleterre, Hollande et Autriche se coalisent contre l'agresseur.

Pendant que l'Europe travaille à réconcilier l'Espagne avec l'Autriche, dans l'intérêt de celle-ci, l'Autriche, faussant compagnie, s'entend directement avec l'Espagne contre les médiateurs. Alors la France et l'Angleterre, naguère alliées à l'Autriche contre l'Espagne, se liguent contre l'Espagne et l'Autriche. Après quelques hostilités, l'Europe se met à négocier. Cette fois, l'Espagne abandonne son alliée l'Autriche, qui est obligée de céder à la volonté de l'Europe. Enfin, quand Stanislas Lecszinski a été chassé de Pologne par les Russes, la France déclare la guerre à l'Autriche, qui s'est faite la complice de la Russie : cette affaire polonaise se termine par un traité qui donne au roi de Pologne un duché en France, au duc de Lorraine un duché en Italie, et à un infant d'Espagne le royaume de Naples. Ce fut donc un étrange chassé-croisé de négociations et d'intrigues, à croire, comme disait lord Chesterfield, que l'Europe était devenue folle.

Frédéric-Guillaume, qui fut sollicité souvent par ces faiseurs de ligues et de contre-ligues, ne sut point figurer avec grâce dans leurs quadrilles. A ne prendre que les grands faits de sa politique, on le voit, en 1725, adhérer à la ligne conclue à Hanovre entre la France et l'Angleterre, contre l'Autriche; puis s'unir à l'Autriche, une année à peine écoulée; persister assez longtemps dans cette alliance; à la fin, traiter avec la France, et toujours vouloir se resaisir, après qu'il s'est donné.

Aussi devient-il la risée de l'Europe. De toutes parts, pleuvent sur lui les épigrammes. « Le roi de Prusse, disent les Anglais, n'est un loup que dans sa bergerie. » L'un après l'autre, les résidents de France à sa cour affirment qu'il ne « fera pas la guerre ». Ils écrivent : « Le goût immuable qu'il a pour les troupes lui fera toujours entretenir une nombreuse armée; sa timidité s'opposera constamment à l'exécution de tous les engagements qu'il pourrait prendre pour les faire agir. Ce sont les deux principes sur lesquels on peut fonder. » Il sera « brave jusqu'à tirer l'épée », mais toujours retenu par « l'amour qu'il a pour ses grands hommes, qu'il n'a que pour la parade et qu'il ne voudra jamais exposer ». Puis, viennent les reproches d'inconstance et de versatilité. « C'est, disent ses propres serviteurs, un prince sans plan, sans système qui va par sauts et par bonds, passant d'une extrémité à l'autre. » Un ministre de France, obligé de transmettre à son gouvernement des informations qui se contredisent de semaine en semaine, se demande « comment l'on peut ajouter foi à ses dépêches ». « La variation dont est le roi de Prusse et sa dissimulation profonde, écrit-il à Louis XV, sont infiniment au-dessus de tout ce que Votre Majesté peut imaginer. » Le même agent, dans le moment où il est le plus caressé par le roi, qui le charge d'exprimer les sentiments les plus affectueux à l'égard de notre pays, ajoute : « La foi que je dois à mon roi et à ma patrie m'oblige de répéter que jamais on ne peut ni ne doit compter sur le roi de Prusse pour rien d'essentiel. » Ailleurs, il cite le mot de Pierre le Grand sur Frédéric-Guillaume : « Il aime bien à pêcher, mais sans se mouiller les pieds[1]. »

Les faits semblent justifier ces accusations. A peine Frédéric-Guillaume a-t-il un pied dans un camp, qu'il y éprouve des démangeaisons et veut le retirer. Il vient de s'engager dans la ligue de Hanovre avec la France et l'Angleterre, et il est « excédé de ces engagements ». Il a passé du côté de l'empereur; il le regrette, s'agite, caresse le ministre de France, essaye d'atténuer aux yeux de ses anciens alliés la gravité du nouveau traité, et chicane l'empereur de toutes les façons : « Mon Dieu, s'écrie-t-il, je ne veux pas aller si loin, *mein Gott! so weit will ich nicht gehen!* »

Il aime que l'Europe soit en querelle, et que le feu, prenant en quelque endroit, l'embrase tout entière. En 1727, l'Espagne, alliée à l'Autriche, attaque Gibraltar : voilà un commencement d'incendie. Le roi exulte, mais

---

[1]. Dépêches de Rottenbourg, A.-E. Prusse, 1726, 19 févr., 31 avril, 14 mai, 13 août, 15 oct.; 1727, 18 janv., 1er juin; de Sauveterre, 1730, 21 mars; de la Chétardie, 1731, 4 janv.; 1735, 29 nov.

la diplomatie verse l'eau à grands flots autour du brasier : il « se donne à la douleur la plus vive sur les apparences d'un accommodement », qui l'empêchera « de pêcher en eau trouble ». Quand il apprend la signature des préliminaires de Paris, il humilie, il mortifie l'ambassadeur impérial, lui disant que son maître « aurait bien pu s'empêcher de gasconner de la sorte et de consentir à tout », et qu'il sera toute sa vie « Charles le Barbouillé ». Il a toujours l'air de vouloir partir en guerre : « Graissons nos bottes, écrit-il en 1729. Je suis persuadé qu'il n'y a d'autre fin à tout cela qu'une soupe aux coups de bâton. »

Pourtant, s'il voit la guerre approcher de lui, il est dans les transes. Au temps où il est l'allié de la France et de l'Angleterre, il craint que ces deux couronnes ne l'abandonnent « afin de faire retomber sur moi seul, dit-il, toute la haine de l'empereur et de l'empire, et de me faire périr, moi et ma famille ». Allié de l'Autriche contre la France, il a peur d'être brûlé et pillé par les Français et les Suédois. Un moment, pour vider diverses querelles, il semble prêt à se jeter comme un furieux sur le Hanovre, mais il apprend que ce pays est en bon état de défense. Alors il se trouble, il hésite, il enrage, et, pour se calmer, « se grise » plusieurs jours durant, avec les « officiers qui sont de ses débauches[1] ». Comment l'Europe, enfin, n'aurait-elle pas cru qu'il n'aimait ses soldats que pour la parade? En 1734, quand il envoie ses troupes rejoindre sur le Rhin l'armée impériale, il prescrit qu'elles ne

---

1. Dépêches de Rottenbourg, A.-E. Prusse, 1726, 19 févr.; 1727, 15 et 19 avril, 3 et 10 juin; de Sauveterre, 1730, 8 janv.; de la Chétardie, 1734, 12 juin.

fassent que deux milles par jour, trois au plus ; qu'elles se reposent le quatrième jour; qu'elles ne soient jamais disloquées, jamais enfermées dans des forteresses, et qu'après chaque campagne elles prennent des quartiers d'hiver, de très bons quartiers de six mois.

Cependant, il serait absurde d'accuser Frédéric-Guillaume de lâcheté, car c'est bien lâcheté que l'on voulait dire, quand on écrivait *timidité*. Il aimait à rappeler qu'il avait fait ses preuves de bravoure, sous l'œil de Dieu, à Malplaquet, « où il avait vu, à sa droite et à sa gauche, tomber des centaines de tués. » Il disait sa pensée vraie, quand il ajoutait qu'il « n'aimait au monde que la guerre », et que « les pieds lui grillaient de ne rien faire[1] ». Quant à sa dissimulation et à sa duplicité, elles étaient enfantines, en comparaison de celles des cours d'Europe, de l'Autriche surtout.

L'explication de sa conduite est un chapitre curieux de psychologie politique.

Frédéric-Guillaume est à la fois électeur dans l'empire et roi en Prusse, qui n'est point pays d'empire. Il appartient à l'Allemagne, où il a des devoirs, et il est un souverain d'Europe, tout comme le roi de France et le roi d'Angleterre. Il se trouve en lui deux personnages, et qui entreront nécessairement en conflit l'un contre l'autre.

Un de ses refrains était qu'il fallait un empereur à l'Allemagne : *ein deutscher Kaiser solle und müsse bleiben*, et qu'il était, lui, bon impérialiste, *gut Kaiserlich gesinnt*. « Tous mes habits bleus sont au service de l'empereur,

---

1. Dépêche de la Chétardie, A.-E. Prusse, 1734, 12 juin.

disait-il... Il faudrait que tous les princes allemands fussent des canailles pour ne point professer de bons sentiments à l'égard de l'empereur et de l'empire ; moi-même, je serais une canaille, si je ne le faisais pas. Il faut que nous ayons un empereur ; demeurons donc fidèles à la maison d'Autriche, c'est le devoir de tout honnête Allemand... » Il exprime sa fidélité, par les termes les plus forts : « Pour Sa Majesté Impériale, pour sa maison et pour son intérêt, je sacrifierais avec plaisir mon sang, mon bien, mon pays. Avant que je me sépare de l'empereur, il faudra qu'il me repousse du pied [1]. » Mais il faut entendre d'autres cloches, sonnées par lui. S'il veut conserver un empereur allemand, c'est à condition que sa souveraineté à lui soit intacte. Il n'admet pas que l'empereur exerce sur lui la fonction de juge suprême, la seule qui eût gardé quelque efficacité. Les appels portés par ses sujets devant la majesté impériale, bien qu'ils fussent parfaitement constitutionnels et légaux, le mettaient hors de lui. Il voulait couper ce dernier lien qui l'attachait à l'empire : « Notre intérêt, aussi bien que celui de la France, disaient ses ministres, est qu'il n'y ait pas d'empereur après celui-ci ; mais, si l'on est obligé d'en faire un, il faut que ce soit un prince faible, hors d'état de faire exécuter ses mandements, et qui n'ait pas plus d'autorité qu'un doge de Venise [2]. »

Les deux personnages, le prince allemand et le roi de

[1]. Les déclarations de cette sorte sont très fréquentes dans les conversations de Fréd.-Guill. Voir la correspondance de Seckendorff avec la cour de Vienne, Förster, t. II, seconde partie.

[2]. Conversation des ministres prussiens avec Rottenbourg, A.-E. Prusse, 1726, 8 mars.

Prusse s'accordent donc, à la condition que le premier ne contrarie jamais le second, qui est fort sensible. Même jeu pour la politique extérieure, mais plus compliqué encore, car Frédéric-Guillaume distingue en l'empereur Charles VI, comme en lui-même, deux personnages : le chef du Saint-Empire, et le chef de la maison de Habsbourg, à qui des traités européens ont donné des possessions hors d'Allemagne, aux Pays-Bas et en Italie. Si le chef de l'empire est attaqué dans l'empire, Frédéric-Guillaume lui doit aide et secours : il les lui donnera. Il ne veut pas que les étrangers se mêlent des affaires d'Allemagne, ni surtout qu'ils touchent au sol allemand. « Aucun Français, aucun Anglais ne doit nous commander, nous Allemands. Je mettrai des pistolets et des épées dans le berceau de mes enfants pour qu'ils aident à mettre hors d'Allemagne les nations étrangères. » Ou bien encore : « Si les Français attaquaient un village d'Allemagne, le prince allemand, qui ne verserait pas pour le défendre la dernière goutte de son sang, serait un *Kujon*. » En termes plus doux, mais très fermes, il rappelle en toute occasion aux ministres de France son patriotisme : « Je ne puis souffrir qu'on porte le flambeau dans l'empire. Je dois, et ma conscience m'y oblige, employer toutes mes forces *pour la défense de la patrie...* » Comme prince de l'empire, et bon patriote, je ne pourrais m'empêcher d'agir, si vous vouliez culbuter l'Allemagne... Monsieur le Français, laissez notre Saint-Empire en repos, je vous prie. » Monsieur le Français — c'était à La Chétardie qu'il parlait ainsi — s'étonne de voir le roi, « retomber dans le germanisme dont il ne peut se dépouiller. » Un ministre de Frédéric-Guillaume, Grumbkow, alors en train de se faire acheter par la France, déplore cette manie de son maître : « Nous avons affaire à un prince qui, avec beaucoup d'esprit et de finesse à certains instants, s'absorbe, dans d'autres, dans des idées de germanisme, d'où le diable ne saurait le tirer. » Voilà bien, en effet, un des traits du caractère de ce prince : il est Allemand, bon Allemand, et c'est de tout cœur qu'il crie à table son : *Vive la Germanie de la nation allemande, Vivat Germania deutscher Nation!* Mais cette Germanie n'a rien à voir dans les affaires de l'empereur hors d'Allemagne; c'est pourquoi, en même temps qu'il prie Monsieur le Français de laisser tranquille le Saint-Empire, il lui dit : « Chassez l'empereur et les Impériaux d'Italie, si vous voulez ; je veux que le diable m'emporte, si j'y envoie un homme. » Il conseille même la conquête des Pays-Bas, même celle de l'Italie : « Vous rendrez service à S. M. I., à qui ces pays sont fort à charge [1]. »

En vertu de ces *distinguo*, qui sont choses de l'Allemagne d'autrefois, il peut arriver que Frédéric-Guillaume, en un seul et même moment, soit avec et contre l'empereur. Lorsqu'il s'est allié avec la France et avec l'Angleterre en 1725, il s'est réservé de fournir à l'empereur le contingent qu'il devait, en sa qualité d'électeur, en même temps qu'il assisterait le roi de France du nombre de troupes fixé par le traité. Il est vraiment dommage que cette clause n'ait pas été appliquée, et que

1. Rottenbourg, A.-E. Prusse, 1727, 18 févr.; La Chétardie, 1733 29 août, 3 sept. et 15 octob.; 1735, 29 janv.

l'Europe n'ait pas eu le spectacle du roi de Prusse combattant l'électeur de Brandebourg.

Supposons ce combat engagé. Pour qui Frédéric-Guillaume fera-t-il des vœux? Évidemment pour le roi de Prusse. Si l'issue dépend de lui, l'électeur de Brandebourg sera battu en compagnie de l'empereur, pendant que le roi de Prusse et ses alliés remporteront la victoire. Ici éclate la contradiction où Frédéric-Guillaume s'est embrouillé toute sa vie. Il n'était pas si aisé de distinguer l'empereur de l'empire. Passe encore que Frédéric-Guillaume attende, espère comme tout le monde la mort de son « très cher ami » l'empereur Charles VI, et qu'il s'amuse et rie à l'avance des embarras où tombera « l'illustre maison archiducale ». Charles VI mort, l'Allemagne élira l'empereur qu'elle voudra, et la maison des Habsbourg cessera d'être plus sacrée que les autres aux yeux du roi de Prusse! Mais lorsque celui-ci dit au ministre de France : « Il faudra enterrer l'empereur en grande pompe, *in pontificalibus*... Nous verrons un beau charivari; l'étoffe sera ample, et chacun y pourra trouver de quoi se tailler un justaucorps[1] », il doit savoir que des puissances étrangères essaieront de tailler dans l'étoffe, et qu'il y a grande probabilité qu'elles attaquent au moins « un village d'Allemagne! » Frédéric-Guillaume a donc oublié plus d'une fois son germanisme. Un jour que le ministre de France, à cheval auprès de lui pendant la parade, le félicite sur la tenue de ses troupes, et sur « l'air leste et de guerre qu'elles avaient », il répond :

1. Conversation de Frédéric-Guillaume avec Rottenbourg, A.-E. Prusse, 1725, 20 oct.

« Je suis charmé que vous les trouviez belles, puisqu'elles sont absolument au service du roi de France. Je vous prie de le lui marquer... Dès que la France le voudra, je ferai battre le tambour. » Deux fois, il répète cette parole[1]. Enfin, il a laissé rappeler, dans le traité de 1725, « que la France est garante de la paix de Westphalie », et qu'elle « s'intéresse spécialement à la liberté germanique », et c'est comme garante de cette paix, comme protectrice de cette liberté, que la France a maintenu l'anarchie en Allemagne pour assurer sa tranquillité à elle-même, et sa prééminence en Europe.

Frédéric-Guillaume est-il capable pourtant d'imiter les princes allemands d'autrefois, qui étaient les valets de notre politique, et les ennemis de leur propre patrie? Point du tout. On peut affirmer que, si les coalisés de Hanovre avaient fait la guerre à l'empereur, il serait sorti de l'alliance, au premier village allemand brûlé. Il a traité avec les ennemis de l'empereur, mais c'est pour « l'agacer et l'engager à lui faire des propositions ». Si la maison d'Autriche avait eu la sagesse de payer ses habits bleus en lui donnant quelques-unes des satisfactions qu'il souhaitait, Frédéric-Guillaume fût demeuré le fidèle allié de Charles VI. Le roi de Prusse étant content, l'électeur de Brandebourg aurait fait son devoir. Mais l'Autriche n'avait pas plus d'égards pour lui que s'il eût été « un prince de Zipfel Zerbst ». Le roi de Prusse mécontent faisait taire l'électeur de Brandebourg[2], et

---

1. Idem, ibidem.
2. Rottenbourg, A.-E. Prusse, 1727, 11 mars; La Chétardie, 1733, 3 février.

menaçait de tout sacrifier pour tirer de l'empereur une vengeance éclatante.

Certainement, il est perfide, lui aussi, puisqu'il prend des engagements avec l'intention de ne les pas tenir. Il se vante d'avoir mis dans son traité avec l'empereur « plus de soixante restrictions et équivoques pour en sortir »; mais il ne faut pas oublier, si l'on veut être juste envers lui, que sa duplicité vient, en partie, de ce qu'il était double [1].

Comme roi de Prusse, sa politique est toute simple et toute unie : il veut agrandir la Prusse. Il a, ou croit avoir, des droits sur les duchés de Berg et de Juliers : il demande que ces droits soient reconnus. Sans vergogne, il se met aux enchères : « Je ne me donnerai pas pour des poires et pour des pommes. » Il a des façons charmantes d'accepter les offres. Quand la France lui propose Elbing, à condition qu'il reconnaisse Stanislas Lecszinski comme roi de Pologne, il écrit en marge de la dépêche, en français : « A la fin, je dirai comme la feue reine Anne d'Autriche : Monsieur le cardinal, vous m'en direz tant que je serai obligée de succomber à vos désirs. » S'il regrette des engagements aussitôt qu'il les a pris, c'est parce qu'il croit que, demeuré libre, il aurait trouvé l'occasion d'une affaire meilleure. Au moment où va commencer la guerre de la succession de Pologne, il confesse son chagrin de s'être lié avec l'empereur : « Ma situation serait aujourd'hui de me déterminer pour celui qui me présenterait les avantages les plus réels. » Cela n'est pas de la duplicité : il n'y a rien au monde de plus simple.

---

1. Rottenbourg, A.-E. Prusse, 1727, 15 janv. et 15 avril; la Chétardie, 1733, 21 déc.; 1735, 14 sept.

Frédéric-Guillaume est si simple, au fond, qu'il n'entend rien aux affaires de la diplomatie. Il y porte des passions et des caprices puérils. Il a la fortune d'être à la fois électeur et roi : il ne veut pas que d'autres l'aient en même temps que lui. Il lui déplaît que l'électeur de Saxe se mêle d'être roi de Pologne, et l'électeur de Hanovre, roi d'Angleterre. Il est littéralement jaloux de voir ces Hanovriens « faisant à présent si belle figure dans le monde », et la splendeur de leurs affaires le désespère [1]. Il a connu Georges II, au temps où celui-ci n'était que le petit-fils d'un électeur de Hanovre ; il a joué avec lui, il l'a même battu : il ne peut supporter que ce gamin, devenu si grand prince, fasse avec lui l'important. Il l'appelle « mon cher frère le comédien », ou bien encore « mon cher frère le chou-rouge ». Il vomit contre lui des injures qui ne peuvent être répétées. Quant à Auguste de Pologne, il ne l'appelle jamais autrement que « le porte-manteau ». Sa façon de passer sa mauvaise humeur contre ces princes est strictement enfantine. Il casse à coups de canne un service de porcelaine, parce que ce service est de Saxe et vient du roi de Pologne. Malade et repassant avec fureur ses griefs contre l'Angleterre, il se souvient qu'il a, dans son écurie, un cheval, que le roi d'Angleterre lui a donné ; il ordonne de chasser cette bête. On lui conseille de la donner plutôt au prince d'Anhalt, « ennemi de tout ce qui est anglais ; » il consent, et pense que « ce sera se venger parfaitement ». Une autre fois, il refuse

---

1. Sauveterre, A.-E. Prusse, 1729, 27 déc.

des passeports pour des bois destinés à l'Angleterre[1].

On ne peut appeler perfide, sans y mettre quelques restrictions, un homme qui publie à tout propos ses sentiments. L'Europe sait ce qu'il pense; il le crie. Sur tout et sur tous, il s'exprime avec une absolue liberté. L'empereur même n'est pas épargné. De Sa Majesté Impériale, il rit « à gorge déployée »: « Il n'a pas le sol, dit-il ; il est pauvre comme un peintre. Voilà la f... économie de la cour de Vienne ! » Dans sa tabagie, à table, il manifeste sans arrêt, la pipe ou le verre en main. S'il est content de l'empereur, il boit trois fois de suite à Sa Majesté, en faisant chaque fois rubis sur l'ongle, et il fatigue de ses santés le ministre impérial, et cela devant le ministre de France, au lieu qu'il ne boit au roi de France qu'au bout d'une heure et demie, et n'honore pas le pauvre La Chétardie du moindre toast. Un autre jour, il boira au roi de France et omettra la santé de l'empereur. Il a fait à la France plus d'une caresse, et il a toujours pris soin de la ménager, mais il la hait, et ne peut s'en cacher. La première fois qu'il a reçu la Chétardie, il l'a entretenu de toute chose, à son habitude, des troupes françaises, du gibier de France, du vin de Champagne, des maréchaux, des points faibles de Magdebourg, du molinisme, du jansénisme, du parlement, et, tout d'un coup, en se mettant à parler du nez: « Pourquoi donc, demande-t-il à la Chétardie[2], les Français

---

1. Rottenbourg, A.-E. Prusse, 1726, 19 févr., et 21 juin; Sauveterre, 1731, 28 août.
2. Sauveterre, A.-E. Prusse, 1726, 7, 23 et 29 avril; 1731, 28 août; La Chétardie, 1732, 23 août; 1733, 31 mars.

d'autrefois étaient-ils graves et posés, et aujourd'hui sont-ils presque tous des comédiens? »

Dans la politique étrangère comme dans le gouvernement, le roi de Prusse agit avec le sans-façon d'un particulier. Ce n'est pas un chef d'État qui est en relations avec d'autres États; c'est une personne incommode et mal embouchée, qui a affaire à d'autres personnes. Un de ses ministres a bien défini sa manière : « Pour avoir une juste idée de ses sentiments à l'égard de l'Angleterre, regardez-le comme un particulier, qui risque de se venger, au risque d'être perdu. » Frédéric-Guillaume connaissait fort bien sa propre infirmité. Il l'a un jour avouée à son fils : « Suis l'exemple de ton père, a-t-il dit au prince royal, pour les finances et pour les troupes, fais plus encore, quand tu seras le maître...; » puis, en lui donnant un petit soufflet d'amitié : « Garde-toi de m'imiter pour ce qui s'appelle affaires de ministère, car je n'y ai jamais rien entendu [1]. » Aussi n'aimait-il pas à négocier lui-même. Il ne pouvait s'empêcher de dire ce qu'il pensait : « C'est plus fort que moi, disait-il. » Il était si incapable de politesse diplomatique qu'il reprochait aux ministres de France et d'Autriche à sa cour de ne pas se disputer « comme des crocheteurs ». Un jour, dans une audience donnée à un envoyé extraordinaire d'Angleterre, il jette par terre un papier que ce personnage lui tendait, et tourne le dos. Un autre jour, il reçoit le ministre de Hollande, dont les propos ne lui plaisent pas; il sort, comme s'il avait un besoin pressant. Le Hol-

[1]. Conversation rapportée par le roi à La Chétardie, A.-E. Prusse, 1733, 21 déc.

landais attend respectueusement, mais au bout d'une demi-heure, il descend dans la cour, où il apprend que S. M. est partie à cheval.

Sa conversation déconcertait les diplomates. Il promenait son interlocuteur « de Moscovie à Gibraltar, de Gibraltar aux Pays-Bas, le ramenait ensuite à Port-Mahon, pour passer de là tout à coup à Constantinople et revenir à Vienne ». Il n'avait de fixité que dans le souci de ses intérêts.

Il interrompait les dissertations par un de ses refrains : « Bon pour quelques pelletées de sable, » voulant dire qu'il « aimerait à acquérir de nouvelles terres pour agrandir ses États; mais, pour y parvenir, il ne fera jamais rien de ce qui est nécessaire, et, pour le satisfaire à cet égard, il faudrait courir tous les risques, et qu'il n'eût qu'à tirer tout le profit[1]. » Aussi les ministres accrédités auprès de sa personne se tiennent-ils pour les plus malheureux des diplomates. Berlin est leur purgatoire, leur enfer. Rottenbourg aimerait mieux se faire « chartreux » que de demeurer plus longtemps à cette cour. L'Autrichien Seckendorff, lui-même, le favori, l'indispensable compagnon de table et de tabagie, n'en peut plus. Quelqu'un le rencontre dans une rue de Berlin, et, surpris de le voir là, pendant que le roi est à Potsdam, lui demande ce qu'il fait : « Hélas, répond-il, je suis comme les valets de l'Évangile. Je reste quand on me dit de rester; je pars, quand on me dit de partir... Si je savais faire ce métier-ci seulement encore un an, et que l'em-

---

1. La Chétardie, A.-E. Prusse, 1734, 4 janv.

pereur voulût me donner une province, le diable m'emporte si je l'accepterais [1]. »

Le roi rendait aux diplomates les sentiments que ceux-ci professaient à son égard. Il n'aimait pas à les voir, et les renvoyait le plus souvent à ses ministres, qui les recevaient en conférence, quatre autour d'une table, un d'eux tenant la plume. On eût dit « un tribunal d'inquisition, où un secrétaire réduisait *ad protocolum* sur le champ les moindres paroles ». Rapport était adressé au roi avec des avis dont il tenait le compte qui lui plaisait. Il se défiait de ses ministres, et il avait raison; presque tous le trahissaient, les uns étant vendus à la France et les autres à l'Autriche. Il ne savait pas jusqu'à quel point il était trahi par eux; mais, de leur trahison, qui est allée jusqu'à l'invraisemblable, il ne doutait pas. Un des traits les plus extraordinaires de ce prince, c'est que l'infidélité de ses agents, en matière de politique étrangère, lui était absolument indifférente. Il écrit sur le rapport d'un ministre : « Vous aimez trop les guinées ; » sur un rapport d'un autre ministre : « Vous aimez trop les louis, » mais il ne renvoie ni l'un ni l'autre. Il lui plaît même que messieurs les Mazarins, comme il disait, reçoivent, des souverains étrangers, ce que la Chétardie appelle « des marques de sensibilité et des preuves essentielles de reconnaissance ». « Je sais, disait-il, que beaucoup de gens sont gagnés par la France, et je les connais tous. A la bonne heure ! Si la France veut être assez sotte pour leur donner des pensions, ils n'ont qu'à les prendre.

[1]. Rottenbourg, A.-E. Prusse, 1726, 28 juin ; Sauveterre, 1727, 26 août.

L'argent restera dans le pays et eux et leurs enfants le dépenseront..., mais ils se trompent, s'ils croient me mener par le nez. » On dirait qu'il ne voit dans ces trahisons qu'un moyen d'importer du numéraire. Au reste, il voulait qu'il y eût toujours deux partis dans son ministère, et il reçut un jour fort mal les impérialistes, qui lui demandèrent de congédier un collègue anglo-français. Il écoutait l'un et l'autre parti, et se réservait la décision, qui était toujours, en somme, de ne rien risquer et de ne pas agir[1].

Quelles sont enfin les raisons de cette inaction? Il semble qu'il y en ait eu plusieurs. Certainement, il devait en coûter beaucoup au roi de Prusse d'exposer au péril de si beaux soldats, si bien habillés, si bien équipés et qui faisaient à la perfection l'exercice à la prussienne. Nous savons d'ailleurs que le moindre déplacement de troupes troublait la comptabilité de ses receveurs et l'exacte proportion des recettes et des dépenses ; le *Plus* qu'il s'agissait d'obtenir chaque année était compromis, perdu peut-être, voire même remplacé par un *Minus*. Mais, de même qu'il savait risquer un capital, quand il avait l'espérance d'en tirer un bel intérêt, Frédéric-Guillaume aurait aventuré ses soldats, s'il avait vu jour à gagner une province. Or il savait que personne n'était sincèrement disposé à lui venir en aide, et qu'il pourrait bien, à l'heure décisive, se trouver seul contre tous. L'héritage de Juliers et de Berg était l'objet principal de son ambition ; mais la France ne se souciait

---

1. Rottenbourg, A.-E. Prusse, 1726 ; 26 mars ; Sauveterre, 1730, 27 mai ; La Chétardie, 1734, 27 avril, etc., etc.

pas de voir la Prusse à Dusseldorf; la Hollande redoutait encore davantage ce voisin si puissamment armé ; le roi d'Angleterre, électeur de Hanovre, et qui prétendait aux grands rôles en Allemagne, n'y voulait point accroître la puissance de la Prusse ; l'empereur surveillait depuis longtemps avec inquiétude le progrès des Hohenzollern, et il avait des motifs particuliers de ne point mécontenter les compétiteurs du roi à la succession des duchés. Frédéric-Guillaume avait donc affaire à très forte partie. Quand il pensait aux périls qu'il pouvait courir, il était comme pris de vertige. La Prusse n'était pas solide encore, il le savait bien. Il la sentait vivre et s'agiter en lui; il la nourrissait ; il la fortifiait et l'animait de son esprit ; son activité prodigieuse secouait l'inertie de ses sujets disparates ; ses bureaux et son armée organisaient un État et fabriquaient une patrie, mais l'œuvre n'était pas achevée. Ce Frédéric-Guillaume a été le premier vrai Prussien de Prusse : ils sont des millions aujourd'hui, ces Prussiens : il était peut-être bien le seul en son temps, et si, un siècle plus tard, il a paru possible, comme a dit Henri Heine, que Napoléon sifflât pour que la Prusse n'existât plus, il aurait suffi que Frédéric-Guillaume fît un faux pas pour que la Prusse ne naquît point.

Il n'osait donc pas agir seul, et, en même temps, il avait trop de fierté pour entrer, comme un simple appoint, dans une combinaison. Les façons des grandes puissances l'irritaient. La France, l'Angleterre, l'Autriche, la Hollande, le prenaient de haut avec lui, habituées qu'elles étaient à mener le monde. Il les appelait les « quadrilleurs » et, tout en les redoutant, se moquait d'elles. S'il traitait avec

elles, il voulait que ce fût d'égal à égal. Il s'en explique
très franchement, au moment des négociations de la ligue
de Hanovre. Je ne veux pas « entrer en guerre, dit-il,
pour le bien de messieurs les Hollandais, pour qu'ils puissent vendre le thé, café, fromage et porcelaine plus cher.
Je veux savoir le pot aux roses.... Le pot aux roses, c'est
qu'on fera la guerre à l'empereur, et qu'on lui enlèvera
des provinces; mais à qui tomberont-elles par partage,
les provinces prises à l'empereur?... Si je fais des conquêtes, me maintiendra-t-on, ou faudra-t-il que je rende
tout? Et si je rends tout, qui me paiera mes dépenses de
la guerre? J'entends savoir tous les secrets également,
comme le roi Très Chrétien et le roi de la Grande-Bretagne, et régler avec eux tout ce qui se passera, et comme
partie, non comme subalterne et inférieur... Si je dois
accéder dans cette alliance de Hanovre, je n'y veux pas
entrer comme galopin[1]. » Il avait des raisons très précises
pour parler ainsi; il se souvenait des affronts faits à son
aïeul, le grand électeur, et à son père, Frédéric Ier, des
conquêtes qu'il leur avait fallu rendre, des traités signés,
après des guerres où ils avaient combattu, sans même
qu'ils fussent admis à discuter leurs intérêts.

Il ne veut pas agir seul, et il se déplaît dans toutes les
compagnies: que lui reste-t-il donc à faire? D'abord à
pester contre toutes les puissances: il s'en donne à cœur
joie. Un jour que, pendant tout un dîner, il a parlé à
bâtons rompus des affaires du continent, « il termine le
repas en faisant boire à tout le monde une rasade à la

---

[1]. A.-E. Prusse, *Supplément*, t. LXXVI, p. 101.

confusion prochaine de toute l'Europe[1] ». Cette confusion, il l'attendait, l'espérait et s'y préparait, en emmagasinant de la force. Déjà il est « respectable »; il voit bien qu'on tient compte de lui, et il en est très fier. « Toutes les puissances les plus considérables me recherchent, dit-il, et me caressent à l'envi, comme on ferait une épousée... L'on sera toujours obligé de rechercher un prince qui a 100,000 hommes sur pied et 25 millions d'écus pour les faire agir. » Il avait déjà gagné ce point de n'avoir besoin de personne. Comme son père et son grand-père, il trouverait s'il le voulait, des subsides à l'étranger, mais « c'est une chose qu'il n'a jamais faite et ne fera jamais ». Il entend rester son maître, et se fait gloire « de ne suivre que son propre mouvement, ou si l'on veut, son caprice momentané ». Les représentants des vieilles puissances sont obligés de prendre les plus grandes précautions avec lui : « J'aimerais mieux de ma vie ne manger que du fromage et du pain, disait-il, plutôt que de permettre qu'on m'impose la loi de parler, quand je ne le veux point[2]. »

De temps en temps, il voulait se faire croire qu'il agirait un jour. Il parlait de « révolutions » possibles à la mort de la tsarine, ou du roi et de la reine de Suède, ou du roi de Pologne, ou de l'empereur : « Toutes ces successions sont disputées, disait-il, et même, si le roi d'Angleterre venait à manquer, le prétendant pourrait trouver de l'appui, qui peut-être donnerait occasion à des

1. La Chétardie, A.-E. Prusse, 1732, 23 août.
2. Rottenbourg, A.-E. Prusse, 1726, 29 mars, 27 sept., 8 oct.; 1727, 30 mai; 1733, 3 févr.

troubles. » Il a survécu à la plupart de ces événements, qui n'ont pas donné ce qu'il en attendait, ou qu'il n'a pas su mettre à profit; il se réservait peut-être pour le « trouble » qui suivrait la mort de l'empereur, mais il aimait mieux laisser à son fils, avec le compte des torts qui lui avaient été faits, le soin d'agir et de le venger. Il a prononcé plus d'un mot prophétique, entre autres celui-ci, qu'il a dit en montrant le prince royal: « En voilà un qui me vengera un jour, *Da steht einer der mich rächen wird.* » On dirait qu'il s'est fait une sorte de philosophie du rôle qui lui revenait dans l'histoire de la Prusse.

Il a écrit, dès 1722, dans une instruction pour son successeur, ces mots remarquables : « L'électeur Frédéric-Guillaume a donné à notre maison le développement et la prospérité; mon père a acquis la dignité royale; *moi, j'ai mis l'armée et le pays en état.* A vous, mon cher successeur, de maintenir ce qui est et de nous procurer les pays qui nous appartiennent de par Dieu et notre droit. »

LA PERSONNE DE FRÉDÉRIC-GUILLAUME

Frédéric-Guillaume avait la tête constamment occupée de ses affaires. Comme elles n'étaient jamais finies, et jamais n'allaient bien toutes ensemble, son esprit ne connaissait pas le repos. Il était né inquiet et turbulent, prédisposé à malmener la vie, et la pratique de la vie, renforçant et aggravant le naturel, a fait de lui un des personnages les plus tourmentés de l'histoire.

Il a souffert du corps comme de l'esprit. Sa personne, dans les premières années du règne, respirait la force. Ses membres étaient vigoureux et bien proportionnés. Dans sa figure ovale, à front haut, sérieuse et froide, s'ouvrait un grand œil mobile pour tout voir, mais d'une fixité terrible, quand il voulait regarder un objet ou lire dans une âme. La lèvre semblait toujours prête à parler, point pour dire des choses aimables, mais pour interroger, avec une expression de dédain, comme si elle eût été sûre que l'interlocuteur fût un menteur ou un coquin. Frédéric-Guillaume était blond, malgré lui : enfant, il s'exposait au soleil pour brunir sa peau de fille. Dès qu'il a commencé à porter la courte perruque à queue, il l'a choisie brune. Il ne redoutait aucune fatigue, et se surmenait, surmenant tout le monde autour de lui, mais le cheval, le carrosse, la carriole, la chasse, la table, le vin, le tabac, furent plus forts que lui. De bonne heure, il fut saisi par la goutte, puis ébranlé par l'apoplexie, gonflé par l'hydropisie. Il grossit au point que sa taille mesura jusqu'à quatre aunes. Les accès de ses maladies se multiplièrent; il devint sourd, par suite « d'une fluxion dans les oreilles » ; il s'assoupissait brusquement, ou bien était pris de syncope ; son visage se marbrait de bleu et de rouge. On contait que par moments, « la peau de dessous ses cuisses

---

1. L'original, souvent reproduit, d'un portrait de Frédéric-Guillaume par Weidemann est au château de Berlin. L'attitude noble et solennelle donnée au roi est certainement faussé. Au musée du château de Monbijou, dans une des boîtes de la Galerie des Bustes, se trouve le masque mortuaire en cire de Frédéric-Guillaume. Ce masque porte l'empreinte de la maladie : les traits sont tirés, le nez est aminci ; le visage, encadré d'un collier de graisse, a les joues amaigries. La mobilité, la brusquerie primesautière se lisent dans le bas du visage.

se détachait et ressemblait à une vessie de porc frais[1]. »
Nous avons le détail d'une de ses maladies : les souffrances qu'il y endura furent atroces. Il disait qu'un roi doit savoir souffrir plus qu'un autre mortel, mais son stoïcisme était interrompu par des accès de rage et sa dureté naturelle était alors portée à la fureur. Il ne faut jamais oublier, avant de juger Frédéric-Guillaume, qu'il a vécu dans les tourments.

Il n'est pas vrai qu'il ait été foncièrement méchant et qu'il n'ait pas même aimé les siens. Il aimait assurément sa femme. Il n'avait que dix-huit ans quand il l'épousa, et il avait gardé jusqu'au mariage une telle modestie, qu'il rougissait lorsqu'une dame lui baisait la main par respect. Il porta dans l'amour conjugal son tempérament. A vingt-cinq ans, quand il devint roi, il avait eu déjà cinq enfants ; la reine lui en donna encore neuf. Il fut, jusqu'à la dernière heure, un époux fidèle. Des fortes tentations pratiquées sur sa vertu, pendant un voyage à la cour de Dresde, il sortit vainqueur. « Je suis revenu comme j'étais parti, écrit-il après cette épreuve. » Un jour, en voyage, il prit plaisir à causer avec une jolie femme : le général Grumbkow lui offrit de s'entremettre ; le roi le rembarra durement. Il entendait ne pas faire d'infidélité à sa *Fiekchen*, à sa Fifi, comme il appelait Sophie-Dorothée. Une autre fois, dans un escalier, il prit par la taille une demoiselle de la reine, et, comme il n'était pas expert en propos préparatoires, il lui proposa tout « de suite la chose ». Il reçut un soufflet. « Oh ! le

---

[1]. Sauveterre, A.-E. Prusse, 1732, 26 janv., et 1er mars ; 1734, 1er juin.

méchant diable ! » s'écria-t-il. Ce fut toute sa plainte.

Ces deux anecdotes, qui ne sont peut-être pas authentiques, composent son histoire galante, et dans quel siècle ! Il avait de l'estime pour sa femme, et il en donna une preuve lorsqu'il partit, en 1714, pour la campagne de Poméranie. « S'il se passe quelque chose d'important, écrit-il dans une instruction à son conseil secret, vous le direz à ma femme et prendrez son conseil, *Soll an meine Frau gesagt werden...* » Frédéric-Guillaume est peut-être le seul Hohenzollern qui ait donné un ordre de cette sorte, car la principale fonction des reines en Prusse est la maternité. Il ne demandait qu'à aimer ses enfants. Ses premiers ordres pour l'éducation du prince royal sont d'un père qui veut être chéri par son fils. Il semble donc qu'il ait l'étoffe d'un bon époux et d'un bon père de famille. Mais il entend commander chez lui comme dans l'État, sans réplique, et que sa femme et ses enfants n'aient pas d'autres goûts que les siens, qu'ils supportent son humeur, même quand elle est exécrable et qu'il lui plaît de la passer sur ceux qui l'entourent. La moindre résistance, la moue la plus légère l'irrite. Il ne faut pas que la reine le contrarie longtemps, pour qu'il arrive à lui servir en face des maximes comme celle-ci : « La perte d'une femme ne doit pas être estimée plus considérable que celle d'une dent creuse, qui ne fait de la douleur que lorsqu'on l'arrache, mais dont on est ravi d'être délivré, le moment d'après[1]. » Si la contrariété devient plus forte, et si elle prend le caractère d'une rébellion, le bon mari, le bon père, s'empor-

---

1. Sauveterre, A.-E. Prusse, 1728, 13 mars.

tera aux dernières extrémités. Au reste, il ne vit guère avec les siens ; les exercices de Potsdam, les chasses, les voyages d'inspection, les chevauchées solitaires l'éloignent d'eux. Il les voit surtout à table, dans le brouhaha d'une compagnie nombreuse, et le perpétuel tumulte de ses pensées.

De vivre posément, et, surtout, de tenir une cour, il n'avait ni le goût, ni le temps. Il passait, chaque jour[1], quatre ou cinq heures dans son cabinet à écouter des rapports, à se faire lire les questions des ministres, à écrire ses réponses ou à les dessiner, car il répondait aussi par des rébus, le plus souvent très clairs : tout le monde comprenait ce que signifiait une potence, en marge d'une question. Il passait, en moyenne, deux heures au repas principal, et toute la soirée à boire et à fumer. Avant le dîner, il allait à la parade ; après, il se promenait à pied, à cheval, ou en voiture, mais sur les routes ou dans les rues, il travaillait. Il parlait de ses affaires avec ceux qui l'accompagnaient. Il avait, le plus souvent, quelque intention dans ses promenades : surprendre une sentinelle, surveiller le travail des paysans et des ouvriers, la bâtisse surtout, car il avait l'ambition d'agrandir et d'embellir Berlin. C'était un de ses plaisirs que de voir s'élever une maison, et de s'entretenir avec

---

1. Sur le genre de vie de Frédéric-Guillaume, il y a une quantité d'anecdotes, dont la plupart sont imaginées : un personnage aussi extraordinaire que celui-là prêtait à la fantaisie des faiseurs d'anas. La légende de Frédéric-Guillaume n'est pas bienveillante pour lui. Une histoire critique de cette légende est encore à faire. J'ai pris dans Fassmann (ouvrage cité) et dans Förster, art. Ier, chapitres III, IV et VI, les anecdotes les plus vraisemblables et les faits prouvés.

les architectes et les ouvriers. Chemin faisant, il s'arrêtait pour recevoir les placets, demander aux gens leurs noms, aux courriers, où ils allaient; il renseignait ceux qui cherchaient une route ou une maison. Il entrait dans un logis où l'on faisait du tapage, et forçait deux époux, qui se querellaient, à s'embrasser. Il était la terreur des flâneurs, et dispersait, à coups de canne, des gens qui s'attardaient à jouer aux boules. Aussi ses sujets redoutaient-ils sa rencontre, et l'évitaient au besoin par la fuite. On rapporte qu'un jour il eut avec un fuyard ce dialogue : « Pourquoi te sauves-tu ? » — « Parce que j'ai peur. » — « Tu ne dois pas avoir peur; tu dois m'aimer. » Pour bien faire sentir au pauvre diable ce devoir d'aimer, il le roue de coups.

Très laborieuses étaient ses tournées d'inspections dans les provinces. Pour ces voyages, point de carrosses dorés, ni de piqueurs, ni de laquais, comme au temps du père, qui semblait toujours poser devant quelque Van der Meulen ; point de dames, dont les robes craignent la poussière, et retardent le départ, le matin, et qu'il faut entretenir, le long de la route, de choses frivoles. Point d'escorte même, excepté quand on longe la frontière de « l'anarchie » de Pologne. Cinq ou six voitures de poste, bien attelées, et qui trouvent les relais à l'heure dite, suffisent à porter le roi, les généraux et les conseillers qui doivent travailler avec lui. Déjà, en voiture, ils travaillent, en courant la poste. Il fallait quinze jours à Frédéric Ier, pour aller de Berlin à Königsberg : il en faut quatre à son fils ; en trois jours, Frédéric-Guillaume va de Berlin à Clèves. Sa visite n'est pas attendue : partout, il veut surprendre les colonels, les chambres des domaines, les fermiers, les juges, les forestiers. Tout apparat de réceptions est défendu ; le roi dîne au cabaret, ou bien chez l'un et l'autre, et se contente d'une soupe avec une poule, d'un chou avec de la viande salée, d'un rôti de veau, avec du beurre et du fromage pour finir. Il n'a pas une minute à perdre ; il vérifie les régiments, les caisses, les figures ; il compte les places vides aux champs et dans les villes. Entre temps, il exerce sa justice. Il a découvert la preuve de malversations dans les comptes des domaines de Lithuanie et ordonné une enquête : le conseiller des domaines von Schlabuth, reconnu coupable de détournement d'une somme destinée à l'établissement de colons, a été condamné à plusieurs années de forteresse. Le roi n'a pas confirmé le jugement. Il a réservé sa décision suprême pour son prochain voyage en Prusse. Arrivé à Königsberg, il mande Schlabuth, lui reproche son crime, et lui déclare qu'il a mérité la potence. Schlabuth se récrie : Ce n'est pas l'habitude de faire pendre les gentilshommes ; d'ailleurs, il a rendu l'argent détourné ! « Je ne veux pas de ton sale argent, » crie le roi, qui donne ordre de l'emmener. Il fait dresser une potence, la nuit, sous les fenêtres de la chambre des domaines. Grand émoi dans la ville ! C'est un acte inouï que cette condamnation sans jugement, contrairement à un jugement. La famille met tout en mouvement pour sauver le malheureux. Le lendemain étant un dimanche, elle avait un jour pour essayer de fléchir le juge. Au service divin, le prédicateur prit pour texte de son sermon, la parole : « Sois miséricordieux, afin que tu trouves, toi aussi, miséricorde. » Le roi pleura, mais le lendemain, il convoqua la chambre des domaines, et, sous les yeux des conseillers, fit pendre leur collègue.

LES PLAISIRS DE FRÉDÉRIC-GUILLAUME

Frédéric-Guillaume eut cependant des heures de détente et de plaisir, et quelques joies dans la vie. Ce n'est point à la philosophie qu'il les demanda, ni à la science. Il avait horreur de toute spéculation qui ne produisait pas incontinent une application pratique. Enfant, il avait trop entendu parler, à la cour de sa mère, la grande amie de Leibniz, de monades, d'infiniment grand et d'infiniment petit, et d'harmonie préétablie. Il ne comprenait rien à ces hautes doctrines, et il appelait tout crûment la philosophie une *Windmacherei*, une fabrique de vent. Comme le vent ne payait pas l'accise, le roi était déjà tout porté à interdire la fabrique, comme inutile. Il crut sans peine les conseillers qui lui représentèrent qu'elle était dangereuse. Un jour, il commit un acte de barbarie contre le plus célèbre philosophe de son temps. Wolf, disciple de Leibniz, enseignait à Halle la doctrine du maître. Ses rivaux de l'Université et ses adversaires, les cagots, organisèrent une cabale contre lui. On raconte qu'ils représentèrent au roi que, d'après les théories de Wolf, un grenadier de Potsdam pourrait déserter sans scrupule, alléguant qu'il était, de toute éternité, prédisposé à la désertion en vertu de l'harmonie préétablie. Le roi, considérant « que les écrits et leçons du professeur Wolf sont contraires à la religion révélée dans la parole de Dieu », ordonne audit professeur de quitter la ville et le royaume dans les quarante-huit heures, « sous peine de la strangulation. » Quatre ans après, il interdisait la lecture des écrits de Wolf, remplis de « principes athéistiques », sous peine des travaux forcés à perpétuité. Il est vrai qu'à la fin de son règne, il reconnut son erreur. Il fit, pour la réparer, tout ce qui dépendait de lui ; il écrivit à Wolf, s'excusa, prodigua les offres brillantes, et, du ton le plus doux, insista[1], mais Wolf ne se laissa pas convaincre ; il attendit, pour rentrer en Prusse, l'avènement de Frédéric II, le roi philosophe.

Frédéric Ier avait fondé, sur le conseil de Leibniz, une « société des sciences ». Il lui avait donné un programme superbe : glorifier la science allemande, purifier la langue allemande, étudier l'histoire de l'Allemagne et de l'Église, la physique, les mathématiques, l'astronomie, la mécanique, les moyens de propager la foi et de préserver le royaume de Prusse contre les inondations et les incendies. De ce programme, plusieurs articles devaient plaire à Frédéric-Guillaume, notamment le dernier. Il ne retira point à la société la dotation royale ; il lui donna même des marques de sa grâce, lorsqu'elle lui demanda la permission d'ouvrir un théâtre anatomique, mais, comme elle le remerciait : « Travaillez, lui

---

1. L'ordre d'expulsion de Wolf, et les lettres pour le rappeler, sont dans Förster, II, pp. 353 et suivantes.

dit-il, avec plus de zèle que vous n'avez fait jusqu'ici...
Votre société doit s'appliquer à des inventions capables
de faire avancer les arts et les sciences, mais de façon
à ce qu'elles soient d'une vraie utilité ; point de fabrique
de vent ; point de ces rêveries mensongères, où s'égarent tant d'érudits. »

Il exprima, d'une étrange façon, son mépris pour la
science. Il avait à son service personnel un savant du
nom de Gundbling, un vrai savant, un polygraphe, dont
il employait les connaissances très étendues en matière
de droit et de politique. Il avait fait de lui son commensal
et l'habitué indispensable de la tabagie. Entre autres
faveurs dont il le gratifia, il lui avait donné la libre disposition de la cave, sachant bien que le docteur en userait et en abuserait. Il le soûlait tous les jours ; il s'amusait et voulait que l'on s'amusât du pauvre sire par des
farces déshonorantes et sales. Il l'avait nommé fou de
cour, pour l'affubler ensuite de toutes les dignités qu'il
jugeait ridicules. Il le fit grand-maître des cérémonies,
grand chambellan, baron avec des armoiries grotesques,
et, président de la société des sciences, président après
Leibniz ! Il traita de la même manière le Dr Fassmann,
le Dr Bartholdi, professeur de droit à l'Université de
Francfort-sur-l'Oder, qu'il appelait Monsieur des Pandectes, et l'astronome Graben zum Stein, qu'il appelait
Monsieur Astralicus. Graben fut aussi nommé président
de l'académie des sciences. Le roi se donna la peine de
rédiger le diplôme de nomination.

Il y vante les connaissances de Graben en antiquités,
monnaies anciennes et nouvelles, en physique, méca-

nique, botanique, hydraulique, pneumatique, statique, en la cabale, en l'art de connaître et examiner les mauvais esprits avec l'usage et l'abus qu'on en peut faire, en la doctrine merveilleuse des préadamites, en histoire, physique, logique, dans l'art combinatoire de l'algèbre, etc., etc. Graben avait, entre autres fonctions, l'administration du calendrier. Il devait être circonspect dans ses prédictions, annoncer le moins possible de mauvais jours, le plus possible de bons jours. Il était chargé de la surveillance des esprits. A la vérité, l'incrédulité des hommes avait fait passer de mode les cobolds, fantômes, etc., mais il y avait encore des nains et des loups-garous; on en trouvait dans les lacs, les marais, cavernes et creux d'arbres : Graben s'appliquera donc à les détruire. Pour chacune de ces méchantes bêtes qu'il rapportera, mortes ou vives, il aura une prime de 6 thalers. Enfin, d'après une tradition constante, le sol du Brandebourg, principalement autour des anciens monastères, recélait des trésors. Tous les dix ans, pour s'assurer qu'ils étaient toujours en place, Rome expédiait des jésuites et autre vermine. Graben tâchera de mettre la main sur ces calotins, mais surtout de retrouver les trésors, par les moyens usités ; le roi met à sa disposition les livres magiques qui se trouvent dans ses archives, avec le *speculum Salomonis*... En foi de quoi nous avons signé de notre propre main cette ordonnance, où nous avons fait apposer notre sceau royal...[1] »

Frédéric-Guillaume n'était pas insensible au charme

---

1. Förster, pp. 288 et suivantes.

des arts. Il était né musicien et il aimait la musique. De la « chapelle » de son père, il avait gardé un artiste, qu'il l'avait fait maître de la « Chapelle des Haut-bois » de son régiment de grenadiers. Il se faisait jouer de temps en temps, le soir, les chœurs et les aries de deux opéras de Hændel, qui était son auteur favori. Parfois il s'endormait ou il en avait l'air, et le maître faisait sauter quelques aries. Le roi s'en apercevait toujours : « Manque telle arie », s'écriait-il, et il chantait les premières notes : il fallait recommencer. Il entendit ainsi des centaines et des centaines de fois les mêmes airs. Il ne voulait pas être distrait de l'audition : dans la longue salle où les musiciens apportaient leurs pupitres et leurs chandelles, il les faisait placer à l'une des extrémités, et se tenait à l'autre, tout seul, dans l'obscurité. Il avait donc du goût pour cette musique héroïque et savante, mais comme il ne pouvait s'empêcher de mêler l'ironie au sérieux et de tout pousser au gros comique, il fut ravi, le jour où le maître de chapelle lui fit la surprise d'un sextuor de cochons, qu'il avait composé, à propos d'une histoire racontée à la tabagie. Le roi se fit répéter le morceau vingt fois, riant aux larmes et se tenant le ventre.

Il était peintre, comme il était musicien, à ses moments perdus. Quand il était retenu chez lui par un trop mauvais temps ou par la goutte, comme il ne pouvait « rester à rien faire », il peignait. Des tableaux de lui, exécutés pendant des accès de goutte, portent la signature : *In tormentis pinxit F. W.* Il pratiquait de préférence la caricature. Il aimait les bêtes drôles, les ours et les singes. On raconte qu'au principal poste de Potsdam était attaché un vieil ours, qui comprenait les commandements militaires. Au cri : *Heraus!* il sortait, se mettait sur les pattes de derrière et s'alignait avec les camarades ; il reconnaissait, paraît-il, la voix du roi, qui en était tout fier. Le roi avait chez lui, entre autres bêtes, des oursons et des singes, qu'il employait aux mauvaises farces du « Collège du tabac ». Ces animaux étaient les inspirateurs principaux de son pinceau ; il les affublait en hommes et leur faisait jouer la comédie humaine, comme les artistes et les écrivains du moyen âge.

Il se défiait, par scrupule de conscience, des comédies ; aussi n'eut-il point comme son père, une comédie française, ni un opéra italien ; mais un jour, à Charlottenbourg, il admira fort un certain Eckenberg, qui portait à bras tendu un canon sur lequel était assis un tambour. Tout de suite, il lui accorda un privilège. « Attendu que le sieur Eckenberg, célèbre par sa force extraordinaire, a donné au château de Charlottenbourg, maintes preuves remarquables de la force dont Dieu l'a gratifié, en présence et pour le plus grand plaisir de Sa Majesté ; attendu que ledit sieur a prié en toute humilité Sa Majesté, non seulement de lui donner par lettre ce témoignage, mais encore la liberté et permission de voyager par ses royaume, provinces et pays, et d'y montrer sadite force en toutes villes et tous lieux qu'il lui plaira », ordre était donné aux autorités civiles et militaires de lui être bienveillantes et secourables. Eckenberg, qu'on appelait communément « l'Homme-Fort », fut promu à la dignité de « maître des plaisirs » du roi, et de « Royal-Prussien-Comédien-de-Cour ». Le privilège lui fut conféré de donner, « en plus de ses exercices de danse de corde et d'homme fort, des représentations théâtrales avec le concours de sa troupe, pour la récréation de ceux qui n'ont pas trop à faire..., sous la condition qu'il jouera et représentera non pas des choses impies, peccatoires, scandaleuses, déshonnêtes ou nuisibles au christianisme, mais, au contraire, des choses innocentes et qui procurent aux gens un amusement honnête, *honestes Amüsement...* »

Le général-major comte Alexandre de Dönhoff fut chargé de la surveillance des comédiens, et nous avons de ce militaire tel rapport, où il expose à Sa Majesté : 1° que, conformément à la gracieuse décision de Sa Majesté, portant que le déserteur Jean-Baptiste Mumieux doit être pendu, il a « signifié à celui-ci la mort »; 2° que l'Homme-Fort, Eckenberg, a congédié l'Arlequin et le Dentiste, mais qu'après la représentation à lui adressée sur ce renvoi de deux de ses meilleurs acteurs, sans la permission de Sa Majesté, il les a repris et leur compte exactement les gages hebdomadaires. Un autre jour, le roi apprend que l'Homme-Fort et sa femme se sont tous les deux enivrés, qu'ils se sont jetés sur le comédien Wallrodi, et, sans raisons, l'ont accablé d'injures, de gifles et de coups. Le général a dû arracher le malheureux des mains d'Eckenberg, qui l'étranglait. Mais les deux ivrognes ont couru sur la scène, insultant et maltraitant les acteurs. La représentation a été arrêtée ; le public s'est enfui. Le général a fait conduire au poste l'Homme-Fort et sa femme qui « l'ont honoré de beaucoup d'injures ».

Ce théâtre de la cour n'était donc pas fait pour adoucir les mœurs [1]. Il jouait de préférence des farces italiennes « pleines d'agréables intrigues et hautement burlesques », comme dit une affiche. Il employait des personnes vivantes, mais aussi des poupées : le roi préférait les poupées ; au fond, il n'aimait que les marionnettes ; encore se défiait-il d'elles. Une fois, il avait assisté à la représentation d'une troupe, et noté quelques paroles choquantes dites par ces acteurs en bois. Il donna au conseiller de consistoire Roloff l'ordre d'aller au théâtre et de lui dire son avis sur la pièce. Le ministre de l'Évangile se récusa, invoquant les devoirs et la dignité de son office. Le roi admit ses raisons, mais il alla conter son embarras à un de ses hommes de confiance, Eversmann, chambellan-portier du château. Celui-ci connaissait un diacre qui pouvait faire fonction de censeur. Le diacre reçut l'ordre de se rendre à la représentation du soir, et de se placer en vue du Roi. Il écouta de toutes ses oreilles, et, bientôt, offensé d'un passage, il tira ses tablettes pour le noter. Le roi, qui le regardait, remarqua l'inconvenance du propos, se leva brusquement et quitta la salle. Le soir même, il ordonnait aux comédiens de sortir de la ville dans les vingt-quatre heures, avec défense d'y jamais revenir.

Ainsi, même les marionnettes avaient leurs défauts, et les plaisirs du théâtre leurs amertumes. On voulait faire croire au roi que la chasse elle-même n'était pas innocente, et que l'âme d'un chrétien y courait des périls,

1. Les documents cités sur le théâtre au temps de Frédéric-Guillaume Ier sont dans Förster, t. I, chap. VI.

mais ce fut peine perdue : il demeura un chasseur passionné. En Prusse, il faisait campagne contre l'ours et l'aurochs. En Brandebourg et en Poméranie, il chassait le cerf, le sanglier, le faisan, le héron, le lièvre et la perdrix. Il mettait dans ce divertissement une vraie fureur, tirant, en un jour, jusqu'à six cents coups de fusil sur des perdreaux, pour en abattre une centaine. Les chasses au sanglier étaient d'immenses massacres. Mais le vrai plaisir était de forcer le cerf. Des parcs de plusieurs milles carrés étaient aménagés pour cette « chasse par force ». Le roi suivait au trot et au galop, pendant quatre, cinq ou six heures, les chiens qui harcelaient la bête. Dans les chasses seulement, il aimait le luxe. L'entretien des parcs lui coûtait des sommes considérables. Sa meute était recrutée avec soin et mieux logée que beaucoup de ses sujets. Ses piqueurs avaient bon air sous leur livrée. Lui, qui méprisait le cérémonial à sa cour, il l'observait au fond des forêts. Quand le cerf était porté bas, le grand-maître « lui donnait le coup », — détachait les bois et les présentait au roi sur un plat d'argent. L'hallali sonnait. En signe de victoire, le roi et tous ceux qui l'accompagnaient mettaient une branche au chapeau. Sur un char orné de feuillages, la bête était rapportée à la maison processionnellement. Selon les rites consacrés, les chiens recevaient alors « leur droit de chasse », c'est-à-dire la curée.

Les choses ne se passaient pas plus solennellement devant l'empereur, quand il avait daigné assister à l'agonie d'un cerf, mais je ne crois pas que Sa Majesté Impériale se donnât tant de peine pour la chasse, ni qu'elle en goûtât si âprement le plaisir. Les jours d'hiver, Frédéric-Guillaume se levait à cinq heures, faisait deux ou trois lieues en voiture ouverte et se mettait en chasse à la première lueur. Par les plus rudes journées, il prenait en plein air un déjeuner glacé. Les convives croyaient se réchauffer à force de boire. Le roi, rude et fruste comme il était, jouissait de cette scène de la vie primitive.

Grand chasseur, gros mangeur. Frédéric-Guillaume mangeait énormément. A table, comme partout, il voulait le réel et le solide. Point de choses soufflées où il y a du « vent ». Jusque dans la soupe, il lui fallait un bon morceau de veau, ou un poulet, ou un poisson, pour ouvrir l'appétit. En bon Allemand, il aimait l'oie, et le porc dans toutes ses métamorphoses. Il allait souvent à la cuisine, pour surveiller le maître-queux et lui apprendre l'économie, pour le battre, s'il gâchait le beurre et s'il avait volé sur un compte, mais aussi pour donner des conseils. Il complétait son éducation, quand il dînait en ville ou bien à l'auberge « Au roi de Portugal ». Un jour qu'il a mangé de bonnes tripes de mouton aux choux, il rapporte la recette. Il avait l'estomac reconnaissant. Il s'est délecté d'une bonne soupe chez un de ses ministres, Ilgen : il lui écrit un billet pour le remercier, et lui envoie un de ses cuisiniers, qui apprendra du cuisinier d'Ilgen à faire un bon bouillon, et lui enseignera en revanche à bien accommoder le poisson. Il assure le ministre de sa grâce toute particulière. « Vous pouvez, lui dit-il, user de ma personne autant qu'il vous plaira. » Comme, à ce moment-là, il y avait querelle dans le ménage royal, et qu'Ilgen était du parti de la reine, ce dîner eut pour effet de réconcilier un moment le roi et sa femme. Encore une fois, ce Frédéric-Guillaume était très simple et naturel. Un bon dîner lui faisait presque autant de plaisir qu'une grande recrue. Les ministres étrangers le savaient, et le traitaient à qui mieux mieux. Entre autres arguments contre son collègue et rival autrichien, la Chétardie employait les truffes à l'huile; car le roi ne dédaignait pas, après les gros morceaux, certaines délicatesses, comme les truffes et les huîtres, pourvu qu'elles fussent en nombre, je veux dire qu'il y en eût beaucoup. Il mangeait sa centaine d'huîtres. Seulement ces bonnes choses coûtaient gros; elles ne figuraient sur la table royale que dans les très grandes circonstances. Le roi, pour concilier son économie avec ses faiblesses, « aimait à faire bonne chère chez les autres. » Il buvait comme il mangeait, sans mesure, et s'occupait de sa cave, plus encore que de sa cuisine. Il n'aimait pas le champagne, où il y a du « vent » et de la mousse, mais se délectait dans la force de ses vins du Rhin et de Hongrie, qu'il commandait lui-même, avec une connaissance approfondie des bons crus et des bonnes années. Le dîner ne s'achevait jamais sans que la plupart des têtes ne fussent échauffées. Le roi obligeait ses convives à boire à outrance; c'était encore une des façons de lui faire la cour, que de prendre une pointe de vin[1].

A la nuit tombante, le roi tenait « la société du soir ». Dans une salle nue, autour d'une longue table de bois,

---

1. Sauveterre, A.-E. Prusse, 1729, 12 nov.; La Chétardie, 1733, 5 mai. Il est souvent question de dîners du roi dans la correspondance de Seckendorff et du prince Eugène.

des sièges de bois étaient rangés. Il s'asseyait au haut bout. Habitués et invités avaient leur place marquée : devant eux, étaient une cruche de bière avec un verre, et une pipe en terre dans un étui de bois. Sur la table, des corbeilles étaient remplies de gros tabac, et la tourbe brûlait dans des vases de cuivre. Tout le monde devait boire, fumer ou faire semblant de fumer. Ceux à qui le tabac tournait le cœur, tenaient à la main une pipe vide, où ils soufflaient. Après une heure ou deux, on apportait, sur la table, du pain, du beurre et du fromage ; sur des bancs, à côté, il y avait du jambon et du veau froid. Quand le roi avait un hôte de distinction, il régalait la compagnie d'une salade et d'un poisson ; il découpait le poisson et faisait la salade. Ces soirs-là, on buvait du vin de Hongrie, et la conversation se prolongeait avant dans la nuit. Le roi fumait sans arrêt. Dans une séance de collège de tabac, où il avait convié S. M. le roi Stanislas Lecszinski, les deux Majestés fumèrent plus de trente pipes.

A table, comme au collège, la compagnie était bizarrement composée : des généraux, des ministres, des officiers, des envoyés étrangers s'y rencontraient avec des bouffons et fous de cour. Quand on était à Wüsterhausen, le maître d'école venait quelquefois fumer sa pipe, le soir ; le roi l'avait pris en grande estime, parce qu'il n'avait jamais pu décider les enfants du village à crier avec lui : « Notre maître est un âne ! » La conversation allait à la débandade. Même lorsqu'il y avait un « discours », c'est-à-dire un rapport ou bien une lecture de journaux, le roi, un des hommes qui ont usé le plus du point d'interrogation, inter-

rompait par des questions, et la discussion s'ouvrait. A
l'automne de 1727, il a fait venir auprès de lui un jeune
pasteur piétiste, Francke. A table, il n'est question que
des choses les plus édifiantes, la grâce, le péché, l'enfer, le
purgatoire, les revenants. Le ministre de l'Évangile n'a pas
le temps de manger, harcelé comme il est par les questions
du roi. Il s'exprime avec onction, car il a « soupiré vers
Dieu » en le priant de conduire sa langue ; mais Gundling
est parmi les convives ; il est arrivé ivre. Il fait des
« gestes étonnants, se lève de table, va tomber parmi les
pages, revient, hurle, s'en va encore ». Le pasteur prie
le Seigneur d'être miséricordieux et d'empêcher de
pareils scandales[1]! Cependant la présence de la reine et
des princesses au dîner imposait une certaine retenue. A
la tabagie, on était entre hommes. Les grosses farces et
les brutalités allaient leur train, au travers des propos
mêlés, paroles d'Écriture et jurons de corps de garde. Le
roi laissait libre carrière à son humeur, soutenait ses
droits sur les duchés, contait ses déboires et ses espérances, pestait contre les quadrilleurs ; ou bien il discutait
manœuvres et tactique. Puis revenaient les histoires de
chasse ou de guerre, les souvenirs des campagnes des
Pays-Bas et de Poméranie. Cela venait et cela revenait,
car Frédéric-Guillaume rabâchait obstinément.

---

1. Kramer, *Neue Beiträge zur Geschichte A.-H. Franckes*, p. 170.

VIOLENCES, FOLIE ET DESPOTISME

A la chasse, à table, au fumoir et chez la reine dans les jours de bonne harmonie ou dans les moment de réconciliation, Frédéric-Guillaume a passé les meilleures heures de sa vie. Ces heures ne sont pas les plus nombreuses dans cette existence véhémente. Les violences où il s'emportait témoignent d'un état anormal, point seulement de la rudesse et de la grossièreté de sa nature. Aucun négrier, je pense, n'a distribué plus de coups de bâton que ce roi. Pour ne point parler ici des tragédies de famille, il n'est pas une classe de ses sujets, les officiers exceptés, qui n'ait été touchée par la canne royale. Il battait ses domestiques à tout propos. On racontait à Berlin cette légende qu'il avait « fait meubler un cabinet d'une douzaine de bâtons des plus grossiers, attachés à une certaine distance les uns des autres pour être plus à commodité, selon l'endroit où il se trouvait, d'en appliquer des coups à ceux qui l'abordent et ne satisfont pas à sa fantaisie ». Il frappait pour une réponse qui ne le contentait pas, soit qu'elle fût vraiment mauvaise, soit qu'elle fût si bonne qu'il ne pouvait y répliquer. Il rencontre dans la rue le brasseur de Potsdam : « Pourquoi, lui demande-t-il, vends-tu ta bière si cher? » — « Parce que je me règle sur le prix de l'orge. Si Votre Majesté veut me donner la permission d'en faire venir de Stralsund, où elle est à bon marché, je pourrai baisser les prix ». Rien de plus juste ; aussi le roi, après avoir traité le brasseur de « Suédois », lui donne-t-il vingt coups de canne. Il frappait, par manière de justice, pour exécuter des arrêts qu'il avait prononcés lui-même, *in petto*. Un jésuite, se disant converti au protestantisme, mais demeuré jésuite, et soupçonné d'intrigues politiques, est arrêté, mais ses papiers ont été brûlés, et aucune preuve n'a été faite contre lui : le roi a une entrevue avec lui dans un bois, « et prend la peine de lui donner une volée de coups de bâton [1]. » Il a, un jour, redressé un arrêt rendu par un tribunal, à grands coups donnés sur les épaules et par le visage des magistrats, qui s'enfuirent, crachant leurs dents, et qu'il poursuivit jusque dans l'escalier. C'est tout juste s'il ne battait pas ses ministres. Il en eut plus d'une fois l'envie. Une fois, en dînant, devant vingt-cinq convives, parmi lesquels il y avait des ministres, il demande à l'envoyé de France : « Si je donnais des coups de bâton à un de mes ministres, le manderiez-vous en France ? » — « J'espère, répond Rottenbourg, que Votre Majesté ne mettra pas ma discrétion à pareille épreuve [2]. »

Tous les résidents étrangers, les propres ministres de Frédéric-Guillaume, la reine, attribuent ces procédés à un dérangement d'esprit, et s'attendent à tout moment « à voir tourner la tête au pauvre prince ». En effet, les traits de folie ne manquent pas, dans la série des anecdotes du règne. Faire écailler un poisson tout vif et obliger ses

---

1. Rottenbourg, A.-E. Prusse, 1726, 19 oct.; 1727, 15 février; Sauveterre, 1731, 21 févr.
2. Rottenbourg, A.-E. Prusse, 1726, 10 août.

convives à le manger ainsi; menacer ses médecins de « faire enfermer la faculté à Spandau », s'ils ne le débarrassent pas, dans un certain délai, de boutons qu'il a sur la langue; battre un médecin, qui ne guérit pas assez vite une de ses filles de la petite vérole; se promener dans la ville « à dix heures du soir, à la lueur de flambeaux, en criant et faisant crier ceux de sa suite avec le reste de la canaille », si bien que Sauveterre, « s'il ne les avait vus de ses yeux, aurait cru que c'était des animaux qu'on envoyait vendre au marché »; chevaucher seul, à outrance, et tirer sur un meunier qui passe, ce sont bien des actes de folie. Le roi avait d'ailleurs des accès périodiques. « Le printemps était une mauvaise saison pour lui, écrit Rottenbourg. Il est sorti à cheval tout seul, comme de coutume, quand les inspirations divines ou l'inquiétude de changer de place le tourmentent... Il est tombé, en étant au galop. Son cheval lui a donné des coups de pied à la tête. Il a été sauvé par un garde-bois. » Il était souvent pris de mélancolie; pendant des heures, il demeurait muet, « de grosses larmes lui tombant des yeux. » Il avait des terreurs nocturnes, sautait brusquement à bas de son lit, allait réveiller la reine; il lui disait « qu'il lui prenait des idées et des songes si effroyables qu'il ne pouvait dormir, qu'il ne savait où aller, qu'il semblait qu'on le poursuivait partout et qu'on voulait le tuer, accompagnant ces paroles de gestes et de cris qui dénotaient qu'il était hors de lui-même ». Ses accès de rage, où l'écume lui venait à la bouche, s'apaisaient dans l'hébétement. Il a entendu un prédicateur, à propos d'un incendie qui a détruit un quartier de Berlin, prêcher sur la destruction de Jérusalem, et se demander « si l'embrasement qui a paru dans la capitale n'est pas un signe de la destruction de ce peuple-ci ». Au sortir de l'église, il est demeuré rêveur, puis est venue la « mélancolie noire ». Dans ces moments-là, il maltraite impitoyablement ceux qui l'approchent. « Après quoi, de lassitude, il retombe dans son fauteuil, où il reste assis, le coude sur la table, pendant deux heures, les yeux fixes, regardant chacun qui entre ou qui sort, sans rien dire[1]. »

De ses méchancetés et de ses souffrances, Frédéric-Guillaume était en partie responsable. Il a été le bourreau de son corps ; dans ses fureurs, se reconnaissent les effets de l'alcool, mais sa nature, ai-je dit, était inquiète. Il avait en lui, de naissance, la disposition à se tourmenter et à se rendre malheureux. Le soin de ses affaires, la passion de faire au mieux son métier, le sentiment de sa responsabilité envers Dieu et « le roi de Prusse », l'ont troublé, et expliquent en partie ses débordements. Tout le monde remarquait que, lorsque les affaires allaient mieux, le roi se portait mieux aussi, et que son humeur s'adoucissait. Il a eu des fureurs, pour s'être donné une indigestion d'huîtres et de choux. Il en a eu, parce que tel régiment avait mal manœuvré, parce que tel receveur l'avait volé, parce que les quadrilleurs venaient de le traiter comme un galopin.

Un pareil homme ne pouvait être aimé. Les seuls sentiments qu'il a inspirés ont été la terreur, l'horreur, avec

---

[1]. Rottenbourg, A.-E. Prusse, 1726, 28 déc.; 1727, 25 mars; Sauveterre, 1728, 3 avril; 1729, 1ᵉʳ mars et 23 août; 1731, 13 et 20 janv.; 1732, 9 févr.

quelque pitié. Les jours que ses sujets ont vécus sous son règne, sont des jours sombres. Il était, dans toute la force du terme, un despote. « Je vous châtierai exemplairement, à la russe, disait-il. » A la russe! Il ressemble en effet, par plus d'un trait, avec un moindre génie, bien entendu, à son voisin le tsar Pierre, qu'il admirait fort. Entre ces deux hommes, la principale différence est marquée par la longitude. Frédéric-Guillaume règne à l'extrémité de la vieille région historique européenne, mais il est compris dans cette région, tandis que le pays de Pierre, pour les géographes et les politiques du temps, c'est l'Asie. Le roi de Prusse est membre de l'Europe et du Saint-Empire : ses sujets ont des droits d'hommes ; il est plus civilisé, plus chrétien que le grand barbare. C'est un tsar Pierre, atténué par le milieu et par la race. Ses orgies ne vont pas à l'indécence. La reine a eu la vie dure avec lui, mais il n'a jamais porté la main sur elle. Ce n'est point la hache qu'il manie de sa main royale, c'est le bâton ; mais s'il subit l'empire d'une civilisation meilleure et plus haute, ce n'est pas sans révolte. Au fond, il n'admet pas qu'aucun droit vaille contre son droit suprême : c'est un autocrate.

Il avait horreur des hommes de loi, des « pauvres diables de juristes ». Il méprisait les magistrats. Un jour qu'on lui demande un emploi pour un jeune homme, il écrit : « S'il a de l'intelligence et une bonne tête, mettez-le dans une chambre des domaines. Si c'est un imbécile, faites-en un magistrat. » Il y a dans ce sentiment, singulier chez un roi, la rancune d'un plaideur qui a perdu beaucoup de procès, car les juges ont souvent donné tort aux agents de ses domaines. Il y a aussi le dédain d'une science obscure et des vieux grimoires. Mais il me semble bien que Frédéric-Guillaume n'admettait pas l'interposition entre ses sujets et lui d'un corps de juges ni des façons de la justice. L'incapacité où il était de dégager une abstraction faisait qu'il incarnait en lui la justice. Il était le juge en chair et en os; il jugeait personnellement, comme les rois des monarchies primitives, comme saint Louis sur les marches de la Sainte-Chapelle ou au pied du chêne de Vincennes, mais non pas avec l'esprit de miséricorde et de charité. S'il corrigeait les arrêts, c'était pour les aggraver. Il prononçait *motu proprio* l'emprisonnement à Spandau et la peine de mort.

Aussi personne ne se sent-il assuré contre son pouvoir, contre ses caprices, contre ses folies. Dans ces moments de crise, où, « sauf le respect qu'on doit à sa couronne, on ne peut le comparer qu'à un fou qui a un rasoir à la main, » tout le monde tremble, et plus d'un recommande son âme à Dieu. Même les ministres étrangers ont peur. Un jour, — c'était, il est vrai, dans la plus grande tempête que le roi ait traversée, — le ministre de France prie son gouvernement de pourvoir à sa sûreté : « Sans quoi, dit-il, je passerais mal mon temps[1]. » Le roi ne s'est-il pas avisé, un jour, sur la nouvelle qu'un de ses recruteurs a été arrêté en Saxe et condamné à mort, d'envoyer un de ses ministres chez le résident de Saxe, pour l'avertir que, si l'on touchait à ses hommes, il le ferait pendre! Jugez, par cela, des terreurs de ses sujets.

1. Sauveterre, A.-E. Prusse, 1730, 18 août.

Aussi aspiraient-ils au moment d'être débarrassés de lui. Même parmi les officiers, qu'il tenait sous une discipline terrible et qu'il ruinait par l'obligation de faire des recrues dans toute l'Europe, beaucoup le détestaient. Quarante de ses grands grenadiers, exaspérés par ses fureurs d'exercice et par les mauvais traitements, complotent de mettre le feu aux quatre coins de Potsdam, de l'y griller et de l'ensevelir sous les ruines. La population civile est exposée à voir les caporaux exécuter un ordre d'engager tout de suite quarante surnuméraires par compagnie, en arrêtant « de vive force dans les rues et les maisons tout ce qui s'y trouve, jusqu'à des enfants de six ans, que les officiers font racheter arbitrairement à leurs familles ».

Aussi n'y a-t-il pas de maison où l'on ne murmure. « Les peuples sont d'un mécontentement infini. » On espère, on croit que cette désolation ne peut durer. « Il y a toute apparence, écrit Rottenbourg, qu'il arrivera ici quelque révolution. Tout s'y prépare. » Le roi sent bien son impopularité; il sait que l'on désire sa mort, même tout près de lui, dans sa famille, ce dont il enrage. Dans une de ses maladies, un médecin lui a fait « observer qu'il n'est pas nécessaire qu'il se rende tous les jours à la parade ». Il répond qu'on le croirait mort, s'il n'y allait pas : « J'aime mieux être réellement malade, pourvu qu'on croie que je me porte bien, plutôt que de guérir en laissant au public le plaisir qu'il suppose que lui donnerait sa maladie[1]. »

1. Rottenbourg, A.-E. Prusse, 1726, 22 avril; 1727, 21 juin; Sauveterre, 1732, 25 mars.

LA RELIGION DE FRÉDÉRIC-GUILLAUME

Contre la haine publique, contre ses souffrances, ses douleurs et ses passions, Frédéric-Guillaume cherche son refuge en Dieu. Sa foi est sincère, émue, ardente ; elle a de grands élans, mais elle est simple aussi et pratique. Il n'y veut point d'érudition, et s'irrite des disputes des théologiens. Il malmène professeurs et prédicateurs qui résistent à sa volonté de réconcilier les deux confessions luthérienne et calviniste. « La différence entre nos deux religions évangéliques, dit-il, n'est qu'une querelle de prêtres. Extérieurement, la différence est grande, mais quand on examine bien, on voit que la foi est la même sur tous les points, sur la grâce, sur la communion. Seulement, parmi les prédicateurs, les uns font la sauce plus amère que les autres. Que Dieu pardonne à tous les prêtres ! Car ils rendront compte au tribunal de Dieu, ceux qui ameutent les rats d'école pour mettre la désunion dans la vraie parole de Dieu. Les vrais pasteurs, ceux qui disent que l'on doit être tolérants les uns envers les autres et s'appliquer seulement à augmenter la gloire du Christ, seront sauvés. Car on ne dira pas (au jour du jugement) : Es-tu luthérien, ou es-tu réformé (calviniste) ? On dira : As-tu observé mes commandements, ou as-tu été un bon *Disputator* ? On dira : Dans le feu, au diable, les disputateurs ; mais, vous qui avez observé mes commandements, venez avec moi dans mon royaume.

Que Dieu nous donne à tous sa grâce! Qu'il donne à tous ses enfants évangéliques d'observer ses commandements. Quant à ceux qui sont cause de désunion, que Dieu les envoie au diable.

Autant que les disputes théologiques, il détestait la vaine éloquence, « les façons de dire oratoires, les mots artistes, allégoriques et fleuris... les répétitions inutiles, les explications diffuses des textes... » Par un ordre de cabinet, il interdit l'usage de la rhétorique « à tous les prédicateurs âgés de moins de quarante ans », ceux qui ont passé cet âge étant incapables de changer leurs habitudes. Il défend aussi de prêcher plus d'une heure, sous peine d'une amende de 2 thalers. Une heure, c'est assez pour donner une « explication courte et édifiante des textes, pour trouver des conclusions et encore des conclusions, qui touchent les cœurs de l'auditoire et les convainquent ». Le devoir du pasteur est « d'éveiller de claires idées dans l'entendement, et d'incliner la volonté au bien, non de montrer leur art et leur érudition ». C'est d'enseigner « le christianisme actif, *thätiges Christenthum* [1] ».

Frédéric-Guillaume entend par christianisme actif, celui qui sert dans la vie pratique, telle qu'il la comprend. Ce qu'il appelle tirer d'un texte des conclusions, c'est, par exemple, exciter à l'héroïsme ses grenadiers, après leur avoir lu l'histoire de David tuant Goliath, ou de Benaja qui, avec un bâton, assomme un Égyptien armé de pied en cap. Des deux Testaments, l'ancien est

---

1. Förster, t. II, pp. 339, 340, 342, 343.

le plus propre à ces « applications » au service du roi de Prusse. Aussi son Dieu est-il le Dieu d'Israël, le Dieu des armées, celui qui, dans sa colère, punit pour se venger. Frédéric-Guillaume a dû être sensible à la poésie de la Bible, comme à la musique de Hændel, et tressaillir au chant de certains psaumes, mais son oreille était sourde aux douces paroles de l'Évangile et aux paraboles mystiques. S'il avait jamais médité les invitations évangéliques à la pieuse inertie et à la sainte paresse sur le sein du Seigneur, il n'eût pu réprimer une protestation intérieure. Les textes qui parlent des oiseaux du ciel, nourris par la main divine, et des lis vêtus de splendeur, bien qu'ils ne filent point, lui auraient paru d'une application dangereuse. Ses yeux sont-ils tombés sur le récit de la visite de Jésus chez Lazare? Il a dû vite tourner la page, pas assez vite pour ne pas donner raison à Marthe contre Marie, car à la place du Seigneur, il aurait battu Marie. Il a, du reste, confessé son impuissance à comprendre la charité du Christ.

« Vous n'allez pas m'enseigner, dit-il au pasteur Francke, que si l'on me donne un soufflet, je dois tendre l'autre joue. » — « Les paroles du Christ sont là, répond le pasteur, et ne peuvent être changées. » Francke explique alors que le Seigneur ne commande pas absolument l'offre de l'autre joue, et qu'il a voulu seulement interdire la vindicte privée. « — Oui, reprend le roi, nous sommes dans une situation terrible; si nous voulons tout laisser faire, nous passons pour des fainéants et des lâches; si nous voulons nous venger, nous courons le péril de perdre notre âme ou de perdre celle d'autrui. Que faire? — « Je sais bien ce que je ferais, dit Francke. » Le roi : « Je le sais aussi. Tu dirais (à celui qui t'attaquerait) : Mon cher ami, cela me fait de la peine que vous soyez tombé dans le péché. Dieu vous le pardonne ! » Francke : « Précisément, et ce que je ferais, d'autres le peuvent faire. » Le roi : « Oui, mais pas moi. Pour moi, cela ne va pas ! [1] »

Ce n'est donc pas le Dieu de miséricorde que Frédéric-Guillaume invoque dans ses courtes prières, ou consulte dans de longs entretiens intimes. Un jour, il a fait à Ilgen, qu'il accusait de partialité à l'égard de l'Angleterre, des reproches si violents que le malheureux s'est mis à pleurer, puis s'est évanoui, ce qui a terminé la délibération. Le roi déclare « qu'il va monter à cheval pour prier Dieu ». Il chevauche, pendant quatre heures, absolument seul, à travers champs. « A son retour, il vomit toutes les horreurs imaginables contre le roi d'Angleterre et ses ministres, disant qu'il tirerait d'eux une vengeance éclatante. » Rottenbourg, qui tient d'Ilgen le récit de la scène, ajoute : « Le temps et la pudeur ne me permettent pas de répéter les infamies et les obscénités dont il a chargé son discours. »

Le chrétien, à qui son Dieu inspire de telles fureurs, ne trouvera pas de repos dans sa foi. Ici encore, jusque dans sa religion, Frédéric-Guillaume est inquiet. Il sait bien que son devoir est « d'étendre l'honneur de Dieu et le royaume de Jésus-Christ ». Il voudrait que ses sujets sentissent dans leur cœur la parole de Dieu, comme il la sent dans le sien. Mais il n'est pas content de lui. « Je

---

1. Kramer, *Neue Beiträge*, pp. 178-9.

suis un méchant homme, disait-il à Francke. Si je suis bon un jour, je redeviens méchant le lendemain. » Il craint pour le salut de son âme, et il a peur de l'enfer, peur du diable. « Ah ! oui, c'est bien difficile d'aller au ciel ! *Ya, es ist schwer in Himmel zu kommen!* » Difficile pour un roi surtout, qui est responsable non seulement de ses péchés, mais encore de ceux qu'il laisse ou fait commettre. C'est pourquoi, dans les moments de mélancolie, il parlait d'abdiquer : « Je ne vois pas d'autre moyen de faire mon salut, et je voudrais tant faire mon salut![1] » Il se voyait alors retiré dans sa maison de Wüsterhausen, avec dix mille écus par an. Il partagerait entre sa femme et ses filles le soin du ménage : « Moi, je prierai Dieu et j'aurai soin de l'économie de la campagne. »

Il semblait né en effet pour cette vie de gentilhomme campagnard. Il aurait à merveille exploité sa terre; il l'aurait améliorée chaque année. Il aurait défriché ce bois, desséché ce marais, établi une brasserie ou une distillerie, construit de nouveaux bâtiments, et assuré la vente de ses produits. Il aurait tenu tout son monde sous une discipline exacte, se mêlant de tout, même de la lingerie, de la cuisine et des confitures. Il aurait été sur le dos de tout le monde à la fois, criant, injuriant, frappant. Il eût été le plus passionné chasseur parmi les *Junker* du Brandebourg. Il eût tenu tête aux plus forts mangeurs et buveurs, dans les repas pantagruéliques. Le

---

[1]. Kramer, pp. 174 et 184. — Ce journal du séjour de Francke, à Wüsterhausen, écrit par lui-même, est un document sûr et d'un grand intérêt. — Pour les projets de retraite, voir *Mémoires de la Margrave*, p. 83. Il est plusieurs fois question de ces projets dans la correspondance des ministres de France.

soir, il aurait fumé sa pipe avec des voisins et avec ses gens, longuement discuté sur l'ensemencement, sur l'engrais, parlé de chasse, comparé les mérites des vins et des bières, et discuté sur la grâce et le péché originel. Il aurait prié Dieu avec les siens et tout seul, lui demandant, en toute simplicité, d'épargner la grêle à ses moissons, et de la réserver aux champs d'autrui. Il aurait chanté les psaumes à l'église et à la maison, et trouvé dans la Bible des applications de christianisme actif pour ses intendants et ses serviteurs. Il aurait économisé sur ses dix mille écus, et ajouté à cette économie la plus-value annuelle de ses terres, car, chaque année, il aurait produit *ein Plus*. Il se serait enfin endormi dans le Seigneur, laissant à son héritier les plus belles terres du pays, et un bon magot pour les faire mieux valoir, pour acheter tel domaine dont il avait eu envie, ou pour gagner les procès qu'il avait toujours eu envie de faire à tel ou tel, sans oser l'engager, parce qu'il s'est toujours défié de la justice et des juges, et que la crainte de perdre a calmé sa passion de gagner.

Frédéric-Guillaume a été, sur le trône, ce gentilhomme fermier. Il a gouverné son royaume, comme un propriétaire, son domaine. Au lieu d'arpents, ce sont des milles et des milles carrés qu'il a défrichés ou desséchés; au lieu de granges et d'écuries, il a bâti des villes. Roi, au lieu de particulier, les objets de son activité ont grandi, aussi ses qualité et ses défauts, ses passions bonnes et mauvaises, ses joies et ses douleurs. Mais c'est toujours lui qui est en scène, et de toute sa personne, de son étrange personne. Son intelligence, claire et forte, quand elle s'applique aux choses qu'elle connaît, et sur lesquelles elle a autorité directe, est capable de voir tous les détails un à un, chacun pour lui, mais aussi à sa place dans l'ensemble. Elle est éprise du réel, du visible, du tangible; dédaigneuse de tout luxe et contemptrice de tout idéal. Toujours occupée à ordonner, elle est pleinement satisfaite par la contemplation d'un régiment modèle, où tout a sa place, bataillons, compagnies, sections, hommes, et, sur chaque homme, chaque pièce de l'uniforme ou de l'armement; où le geste de l'individu n'est qu'une fraction d'un mouvement d'ensemble; où tous les regards se fixent au nombre de pas voulu.

Comme ce régiment, le roi commande l'agriculture, l'industrie et la religion, mais il est troublé par la moindre résistance au classement et à la mise en rang. Il ne sait pas trouver le mode juste de relations avec les puissances extérieures. Au moindre accroc, il perd patience, il se lamente, il souffre. Alors, il se divertit par le grotesque, par la caricature, et par un certain goût du drôle élevé jusqu'au fantastique, ou bien il se soulage par la colère et par l'orgie, ou bien enfin il crie vers Dieu sa prière et ses plaintes. Il est, à quelques moments près, sincère, honnête, franc, n'ayant ni assez d'empire sur lui-même pour dissimuler, ni le temps d'arranger des mensonges. Son mépris du convenu, son dégoût pour l'apparence vaine, sont des vertus de prince : il va tout droit au fait, au réel. Son application et son activité ont une telle intensité qu'elles ont pénétré les hommes et les pays sur lesquels elles se sont exercées, pour en faire un être qu'il a marqué de son empreinte. La Prusse des bureaux et des casernes, dévote au Dieu des armées, obstinée au travail, fière d'elle-même jusqu'à l'orgueil, disciplinée jusqu'à la servitude, est bien celle que Frédéric-Guillaume a enfantée dans la douleur.

CHAPITRE TROISIÈME

LE CONFLIT ENTRE LE PÈRE ET LE FILS

PREMIERS SYMPTOMES ET CAUSES DU CONFLIT

Au mois de mars 1724, Frédéric-Guillaume et son fils honoraient de leur présence une fête donnée par le général von Grumbkow, un des principaux ministres de la cour de Prusse. Le roi dit tout à coup, en montrant le prince royal : « Je voudrais savoir ce qui se passe dans cette petite tête. Je sais qu'il ne pense pas comme moi, *dass er nicht so denkt wie Ich;* il y a des gens qui lui donnent d'autres sentiments que les miens et l'excitent à tout blâmer; ce sont des coquins. » Il répéta le mot, et s'adressant à son fils : « Fritz, écoute ce que je te dis. Entretiens toujours une bonne et grande armée; tu ne peux pas avoir un meilleur ami, et, sans cet ami, tu ne peux pas te soutenir. Nos voisins ne désirent rien tant que de nous faire faire la culbute. Je connais leurs intentions; tu apprendras à les connaître. Crois-moi, ne pense pas à la vanité; attache-toi au réel, *halte dich an das Reelle.* Aie une bonne armée et de l'argent. En cela consistent la gloire et la sécurité d'un prince. » Ce disant, il donnait à Fritz de petites tapes sur la joue, qui devinrent de plus en plus fortes et finirent par ressembler à des soufflets [1].

Au moment où se produit ce premier témoignage du désaccord entre le père et le fils, le prince royal a douze ans. La mésintelligence est complète déjà, et elle est publique. Les ministres étrangers en informent leurs cours, et leurs dépêches commentent les paroles du roi.

La nature du prince ne supporte pas les tours de force que son père lui impose. Le roi le fatigue, le harasse, si bien que l'enfant a l'air vieux, comme s'il avait fait beaucoup de campagnes, et marche le dos voûté. Le roi veut l'habituer à la dure : toute marque de faiblesse ou de délicatesse le met en colère. Il a fait une scène terrible à son fils pour lui avoir vu porter des gants à la chasse, un jour qu'il gelait à pierre fendre. Un autre jour, il a désigné le cheval que Fritz devait monter ; l'écuyer a fait remarquer que la bête n'avait pas de bouche : le roi l'a brusqué et fait taire ; mais, au sortir de Potsdam, un coup de vent abat le chapeau de Sa Majesté, ce qui fait prendre le mors aux dents au cheval du prince, qui a la présence d'esprit de quitter les étriers et de se jeter à terre. Il se blesse aux genoux, à la hanche et au cou. La garde de son épée lui a tellement frôlé les côtes qu'il crache le sang. Au retour, la reine s'est exclamée ; elle a gémi, pleuré. Le roi en est exaspéré ; il ordonne que son fils paraîtra le lendemain, à la garde montante. Le prince y fut en effet,

[1]. Rapport de Suhm, ministre de Saxe, dans von Weber, *Aus vier Jahrhunderten (Neue Folge)*, t. Ier, p. 104.

tout blessé, hors d'état de passer le bras dans la manche de son justaucorps.

Le prince a l'humeur « à l'élégance, aux aises de la vie, à la magnificence ». Il n'a guère le moyen de satisfaire ces goûts, mais il fait, pour cela, tout ce qu'il peut. Il n'aime pas à manger avec ces fourchettes de fer à deux fourchons, qui sont en usage dans les cabarets d'Allemagne, et qui ressemblent à une arme défensive. Le roi l'a surpris un jour mangeant avec une fourchette d'argent à trois fourchons. Il l'a battu[1].

Si quelque fée avait permis à Frédéric-Guillaume de faire trois souhaits, le jour de la naissance de son fils, il les aurait trouvés sans chercher une seconde : « Que mon fils soit bon économe, bon soldat, bon chrétien. » Mais Fritz n'est point porté à l'économie. Le roi veut qu'il tienne « le compte de ses ducats », comme il le faisait lui-même jadis, avec une exactitude qui désespérait sa mère, inquiète de le voir « avare en un âge si tendre », mais Fritz fait faire cette commission par d'autres. Il ne veut pas apprendre « à se retourner avec son argent[2] ». Bien plus, il est désintéressé, libéral, charitable. Dans un voyage qu'il vient de faire, la ville de Magdebourg lui a offert le présent qu'elle doit, selon la coutume, au prince héritier, qui la visite pour la première fois; il l'a refusé. Forcé par son père de le reprendre, il a déclaré qu'il le garderait jusqu'à son avènement, pour le distribuer

---

1. Rapport de Seckendorff, Förster, II, 2e part., p. 43, et dépêches de Rottenbourg, A.-E. Prusse, 1726, 26 mars et 28 déc.; 1727, 26 avril.
2. Koser, p. 25 et la note correspondante de l'appendice, p. 225, où se trouvent aussi des indications sur les premières dettes de Frédéric.

ensuite entre les pauvres habitants accablés d'impôts. La ville de Stassfurt a voulu « l'honorer de deux cents ducats » à son passage : il a ordonné de distribuer cette somme aux pauvres et défendu à ses gouverneurs de souffler mot au roi de cette générosité [1].

Fritz n'aime pas les militaires. Il les trouve grossiers et ridicules, et préfère à leur compagnie celle des hommes « qui savent quelque chose ». Il fait des niches aux généraux. Un jour, en Westphalie, il a dîné en compagnie du roi, au château de Rosendaal, chez le général von der Mosel. Après le dîner, on va partir en chasse. Le vieux général, qui a bu plus que de raison pour faire honneur à ses hôtes, essaie de se mettre en selle, mais le prince lui a fait attacher les étriers trop court : il regarde la scène et s'en amuse [2]. Or le roi aimait bien les farces, mais pour les savants et les professeurs.

Fritz restera-t-il bon chrétien? Le professeur Francke est parti fort inquiet à ce sujet de sa visite à Wüsterhausen. Seul, au milieu de l'empressement général, Frédéric ne lui a pas adressé la parole. « On dirait presque, écrit le pauvre homme dans son journal, qu'il a quelque chose. » Frédéric le fait appeler seulement le cinquième jour ; il reçoit de très mauvaise grâce son compliment, et lui dit en tout huit paroles. Francke attendait des remerciements pour des opuscules très édifiants qu'il lui avait envoyés : ce fut le gouverneur qui remercia, sur quoi le prince sortit de la chambre. Le lendemain, à table, le roi n'étant pas là, le pasteur s'aperçoit que

---

1. Rapport cité plus haut, p. 136, n. 1, de Seckendorff.
2. Koser, p. 8.

Frédéric, pendant une conversation sur les revenants, le regarde avec une mine moqueuse. Comme on se levait, il lui entend dire tout haut: « En voilà un qui croit aux revenants. » Il apprend que, la veille au soir, le *Castellan* de Würsterhausen, homme fort dévot, a rencontré le prince, qui lui a demandé où il portait une lumière qu'il tenait à la main : « Votre Altesse, chez le professeur Francke, » a répondu le portier. « Alors, a répliqué le prince, c'est un pharisien qui va chez un pharisien, car c'est un pharisien, comme toi-même. » Le pasteur, tout troublé, se promet de prier Dieu pour le prince héritier. Fritz a grand besoin, en effet, que l'on prie Dieu pour lui [1]. Il est « porté de nature pour toutes les sciences », mais il néglige la science sacrée. Il devait recevoir la confirmation au mois d'avril 1727 ; il l'a reçue en effet, mais il a fallu, pour qu'il fût prêt au jour dit, que le pasteur de la cour doublât les leçons. Ses gouverneurs ont été obligés d'avouer au roi que, depuis six mois, il avait fort négligé l'instruction religieuse [2].

Ni économe, ni soldat, ni dévot, ce fils devait troubler à fond l'âme du père que nous connaissons. C'eût été miracle que Frédéric-Guillaume ne se fût pas laissé emporter contre lui par sa violence naturelle. Il a commencé par des tapes, qui ressemblaient à des soufflets ; les vrais soufflets sont venus. Il a frappé Fritz pour les gants portés à la chasse; il l'a frappé pour la fourchette à trois fourchons. Comme il était très prompt, et qu'il portait toute chose à l'extrême, il a tout de suite déses-

---

1. Kramer, *Neue Beiträge*, pp. 102-3.
2. Rapport des gouverneurs. Cramer, *Zur Geschichte*, p. 32.

péré de son fils. L'enfant duquel il attendait une affection fraternelle, un respect tendre et une confiance absolue, le petit Frédéric, le *Fritzen*, lui paraissait un rebelle, et très dangereux. Le ministre de France, signalant « l'aliénation du roi et du prince », craint qu'elle « n'aille loin [1] ». Déjà, en effet, le roi comparait à l'aîné révolté, le cadet Guillaume. Il reportait sur celui-ci toute la tendresse dont il était capable. A table, il lui faisait faire la prière, et se tenait debout, incliné, les mains jointes, derrière la chaise du petit. Si le petit était souffrant, il l'allait voir et le couvrait de baisers ; il s'arrêtait quand il le rencontrait, le soulevait dans ses bras, et le baisait « pendant un demi-quart d'heure ». Il disait : « Je ne parierais pas gros sur tel ou tel de mes enfants, mais (montrant le petit Guillaume), j'ai confiance en celui-ci ; il a un bon caractère ; je garantirais bien qu'il sera un honnête homme [2]. » Il est permis de croire qu'à cette date déjà, trois ans avant la crise tragique, Frédéric-Guillaume ne pouvait s'empêcher de penser que le royaume de Prusse serait bien placé aux mains de ce cadet, qui promettait d'être un honnête homme. De l'aîné, il ne peut bientôt plus supporter la vue. Alors la vie de famille devient intolérable : une sorte de terreur plane sur la maison ; la reine pleure tous les jours. Le visage du prince fait peine à voir ; tout le monde remarque la « noire mélancolie » de ses grands yeux. Il la confesse à ses amis, et des lettres de lui expriment le dégoût de la vie. Il s'excuse auprès d'un ami malade, le lieutenant von

1. Rottenbourg, A.-E. Prusse, 1726, 26 mars.
2. Kramer, *Neue Beiträge*, pp. 166, 177, 182, 185.

Borcke, de ne le point divertir : « J'aurais plutôt besoin de divertissements moi-même pour dissiper ma mélancolie; » il le supplie de ne pas mourir : « La mort est la chose que je crains le plus pour mes amis et le moins pour moi-même [1]. »

A la cour et dans le royaume, l'opinion prend parti contre le roi pour l'intéressante victime. Il semble en effet que le prince n'ait commis d'autre crime que de ne pas ressembler à son père. Nous ne pouvons lui en vouloir de préférer une fourchette d'argent à la fourche de fer; de mettre des gants, quand il gèle; d'être libéral; même de se moquer d'un vieux général ivre et d'un pasteur qui croit aux revenants; à plus forte raison « d'être porté pour les sciences et d'aimer à causer avec ceux qui savent quelque chose. » Ce père prosaïque, et qui veut enfermer dans le « réel » un enfant de douze ans, auquel il dénie le droit de rien admirer et de rien aimer en dehors du militaire et de « l'économie »; ce brutal, qui injurie et frappe à propos de rien, a l'air d'un méchant maniaque et d'un tyran abominable. Mais, pour être tout à fait juste et mesurer exactement à chacun la part de responsabilité qui lui revient dans la catastrophe prochaine, il ne faut pas conclure si vite.

Il faut d'abord regarder autour du père et du fils, étudier le milieu où a grandi Frédéric, les influences qu'il a subies, puis scruter ses actes, interroger ses intentions, découvrir, dès l'éveil, sa jeune personnalité, qui

---

[1]. Voir *Briefe Friedrich des Grossen und seiner erlauchten Brüder... an die Gebrüder F-W. und F. L. F. von Borcke*. Ces lettres sont écrites en français.

n'est pas aussi simple que celle de son père. Il y a des gens, disait le roi, qui lui « donnent d'autres sentiments que les miens ». Quelles sont ces gens ?

Nous savons déjà que, sans le vouloir, les maîtres de Frédéric lui inspirent les idées et les habitudes d'esprit les plus contraires à celles du roi. La nature de l'enfant est tout ouverte à leur influence : en la recevant, il suit un instinct. De lui-même, il ajoute aux lectures permises les lectures défendues. Son esprit s'accoutume ainsi à vivre dans un monde différent de celui qu'il a sous les yeux. Il n'y a point de personnage comparable à Frédéric-Guillaume dans le *Télémaque*, ni dans les romans de chevalerie. Tous les buveurs, fumeurs, et traîneurs de sabre de Berlin et de Potsdam étaient singulièrement grossiers auprès des sages antiques et des chevaliers aventureux et galants. Mais Frédéric n'a pas été élevé que par des professeurs, et il nous reste à placer auprès des maîtres, en leur qualité d'éducatrices et d'inspiratrices du prince royal, deux personnes, qu'il aimait et dont il était aimé tendrement, la reine et la princesse aînée Wilhelmine.

LA MÈRE DE FRÉDÉRIC

La reine Sophie-Dorothée était une personne imposante. Elle était grande et forte ; sa taille qui avait été « une des plus belles du monde », avait rapidement pris de l'ampleur, et il avait fallu, pour elle, élargir les fauteuils. Elle avait le port noble et majestueux. Sa figure n'était point belle : « Ses traits étaient marqués, et il n'y en avait aucun de beau. » Elle savait être aimable, affable, simple, mais toute sa physionomie disait l'orgueil d'être reine et née dans la maison de Hanovre. Elle avait des commencements de qualités intellectuelles : « un esprit brillant, mais qui semble promettre plus de solidité qu'il n'en possède, » et le goût des arts et des sciences, auxquels elle n'était pourtant pas « trop appliquée ». Sa passion maîtresse était l'ambition [1].

Elle aurait voulu faire, de toutes façons, figure de grande reine, être bien vêtue d'abord, comme au temps, où, jeune fille, elle brillait dans le luxe et l'élégance de la cour de Hanovre, qui se piquait d'être fort policée. Son trousseau et sa toilette de mariée avaient été commandés à Paris chez les meilleurs faiseurs. Mme la duchesse d'Orléans en avait surveillé la confection, et Louis XIV, qui daigna regarder ces jolis objets, exprima le vœu qu'il y eût en Allemagne beaucoup de princes, capables d'enrichir ainsi les marchands de sa capitale. Nul doute que la reine aurait eu grand plaisir à se faire habiller à Paris. Il lui aurait plu d'être bien logée, royalement, avec de gracieux bibelots autour d'elle, comme les aimait le monde élégant du xviiie siècle. Elle s'était fait bâtir, dans un faubourg de Berlin, aux bords de la Sprée, une maison, avec une galerie de porcelaines et des chambres décorées de glaces, si jolie qu'on la nommait Monbijou;

---

1. Le portrait que la margrave de Baireuth fait de sa mère (p. 15) est assez exact. Voir Koser, pp. 11-13.

mais ce logis était étroit, et la reine ne passait qu'une petite partie de sa vie dans ce Trianon. Comme elle avait un « grand usage du monde », elle aurait souhaité de présider à une cour, où le cérémonial aurait marqué sa dignité royale, à des bals où des centaines de couples se seraient inclinés devant elle, à une table de jeu, où elle aurait joué, avec beaucoup d'or, jeu de reine. Elle aurait donné des concerts de belle musique, et tenu cercle de lettrés et de savants, avec qui elle aurait conversé dans la seule langue que l'on pût parler en pareille compagnie, le français [1].

Malheureusement, ce que la reine aimait, le roi le détestait et Sophie-Dorothée était, comme on dit, fort mal tombée. Son mari avait horreur des modes françaises, au point qu'il faisait porter aux condamnés déclarés infâmes les chapeaux galonnés et les bourses de cheveux, afin de dégoûter les Berlinois d'imiter M. le ministre de France, qui se parait de ces beaux atours. Il donnait lui-même l'exemple de la simplicité. Après s'être habillé d'abord comme un bon bourgeois, il avait pris, pour ne plus la quitter, la tenue de colonel. Il avait le plus grand soin de ses affaires; dès qu'il rentrait dans son cabinet, il mettait des manchettes et un tablier. Il a fait à la reine plus d'un riche cadeau, mais il voulait que sa femme fût vêtue simplement, comme il convient à une femme allemande. Il savait bien pourtant qu'il ne pouvait vivre tout comme un particulier, et qu'il lui fallait faire honneur au roi de Prusse; il avait donc acheté de la vaisselle d'or

1. Francke remarque que lorsque la reine préside à la table, en l'absence du roi, elle parle « le plus souvent en français ».

et d'argent, des lustres de cristal et d'argent, des tables d'argent et des fauteuils d'argent. Il était très fier de ce mobilier, qui lui avait coûté gros et qu'il avait commandé lui-même, pensant d'ailleurs sans doute que tout n'était pas perdu, et que le métal était toujours là, en cas de besoin. Mais ces belles choses n'étaient que pour les jours d'apparat; il n'aimait ni les palais, ni les meubles de luxe. De toutes ses résidences, celles qu'il préférait étaient ses maisons de chasse. Pour son usage personnel, il avait des chaises et des fauteuils en bois. Il n'était pas donneur de fêtes ; le bal qu'il préférait était, je pense, celui de la fête anniversaire de la bataille de Malplaquet. Après le dîner, où les cors de chasse et les hautbois se faisaient entendre, et dont les santés étaient accompagnées de salves de canon, la reine et les princesses se retiraient. On dansait entre hommes. Le roi prenait la main d'un officier, choisissant de préférence un survivant de Malplaquet, par exemple, Pannewitz, qui avait reçu sur la tête, dans cette chaude journée, une belle estafilade [1]; mais le bal de cour, le bal froid et cérémonieux, il ne pouvait le souffrir. Il n'aimait pas que la reine tînt cour tous les soirs, et Sophie-Dorothée n'était tranquille que pendant ses absences qui étaient heureusement assez fréquentes. Encore, avec ce terrible homme, avait-elle toujours à redouter quelque surprise. Un soir, le roi arrive de Prusse, sans être attendu, comme de coutume. Il y avait bal à Monbijou : furieux, il part pour Potsdam, sans même avoir vu sa femme ni ses enfants.

1. Förster, I, p. 350.

Les visites de princes — à condition que l'hôte ne fût pas le tsar Pierre, qui a laissé à Monbijou, où il est descendu, « la désolation de Jérusalem » — procuraient à Sophie-Dorothée quelques jours heureux. Elle passa toute une belle semaine, à la fin de mai 1728, lors de la venue du roi de Pologne à Berlin. Quand Auguste II lui rendit visite, elle le reçut à la porte de sa troisième antichambre. Il lui donna la main et la conduisit dans sa chambre d'audience, où les princesses lui furent présentées. « Un air affable et poli accompagnait toutes ses actions. » Comme il ne pouvait rester debout, car il était fort cassé par les débauches, la reine lui « offrit d'abord de s'asseoir, ce qu'il ne voulut de longtemps pas faire, mais enfin, à force de prières, il se plaça sur un tabouret. La reine en prit un autre et s'assit vis-à-vis de lui. » Les princesses étant demeurées debout, le roi leur « fit beaucoup d'excuses sur son impolitesse ». Il dit à chacune d'elles « quelque chose d'obligeant », et, quand il se leva, ne souffrit pas que la reine le reconduisît. Le lendemain dimanche, il y eut présentation solennelle dans les grands appartements du château. La reine s'avança d'un côté de la galerie, accompagnée de ses filles, des princesses du sang, et de sa cour, pendant que les deux rois s'avançaient de l'autre. Toutes les dames de la ville étaient rangées en haie, parées splendidement. A côté du roi et des trois cents personnes de sa suite, grands de Pologne et de Saxe, vêtus avec ampleur et magnificence, Frédéric-Guillaume et les Prussiens faisaient pauvre mine, avec « leurs habits si courts, qu'ils n'auraient pu servir de feuilles de figuier à nos premiers pères, et si étroits qu'ils n'osaient se remuer. Leurs cheveux étaient poudrés, mais sans frisure, et tortillés par derrière avec un ruban ». Malgré tout, la cérémonie des présentations fut brillante. Depuis le feu roi, on n'avait jamais vu au château « un plus beau coup d'œil ». Pendant plusieurs jours, les fêtes se succédèrent : il y eut force parades et revues, mais aussi des dîners à la « table ronde », ou à la « table figurée », disposée de façon que les convives dessinassent des lettres ou des objets. Tous les soirs, la reine tint cour et l'on dansa. Pendant ces journées heureuses, la reine de Prusse se sentait régner [1].

C'étaient de rares bonnes fortunes que celles-là : vivre avec des hommes qui savaient donner la main aux dames, s'excusaient de s'asseoir devant elles, et trouvaient sans peine des mots aimables. Les hôtes partis, il fallait rentrer « dans le néant », et même payer les frais de la visite. Quatre jours avant que le roi de Pologne prît congé, le roi de Prusse avait signé l'ordre « d'observer toute l'économie possible » ; il réduisait la dépense quotidienne, qui était de 93 thalers, à 70 ou 72 quand il se trouverait à Wüsterhausen et la reine à Berlin ; à 55, quand Leurs Majestés seraient réunies. Il interdisait les envois de Hambourg, d'où venaient les gourmandises, et recommandait seulement que l'on ne manquât point de lui servir « du bon bœuf, de bons poulets gras, et d'autres choses semblables [1] ».

Cette économie était un des grands tourments de la reine. A gagner quoi que ce fût sur son mari en cette

1. *Mém. de la Margrave*, pp. 95 et suivantes.
2. Ordre du roi, Förster, I, p. 225.

matière, il ne fallait pas même songer. Inutile de lui parler des libéralités et largesses des autres princes, du beau luxe de la cour d'Angleterre, par exemple ; il était, lui, un roi pauvre, et disait : « Nous autres guerdins, nous ne devons pas allonger la couverture plus qu'elle n'est longue. » La reine devait donc se contenter de 80,000 thalers par an, sur lesquels il lui fallait prélever la dépense des vêtements et du linge de la famille, qui était nombreuse. Elle était toujours à court. Il dut lui arriver souvent d'exprimer sa sympathie pour les bonnes œuvres par de bonnes paroles et de s'excuser, comme elle fit avec Francke « de n'avoir pas son argent sur elle ». Elle s'endettait et ne savait comment s'acquitter. Aussi parlait-elle avec un soupir d'envie d'autres femmes plus heureuses, à qui rien ne manquait : « Quand on a l'esprit content, disait-elle, et que tout vous rit, cela donne des idées bien différentes que quand on est toujours dans l'oppression [1]. »

Il fallait bien qu'elle se pliât à toutes les habitudes de son mari. Elle subissait les conversations du dîner, le rabâchage des affaires, les grosses plaisanteries, et le spectacle des buveries quotidiennes. Plus souvent qu'à son gré, elle assistait aux revues : l'admiration du militaire était pour elle obligatoire. A Wüsterhausen, elle était ahurie par le tohu-bohu des chasses. Il n'y avait point d'heure fixe pour le dîner : la cuisine devait s'arranger pour servir, vingt minutes après que le roi avait commandé de mettre la table. Ce pouvait être à neuf

1. Paroles de la reine à Grumbkow, Förster, III, p. 111. La reine parla aussi de Monbijou et « dit qu'elle devait beaucoup ».

heures, à midi, à trois heures. Pour n'être pas surprise, la reine ordonnait à ses domestiques d'être toujours aux aguets et de l'avertir de tout ce que faisait le roi. Elle savait l'ordre de son mari sitôt qu'il était donné. Alors sa grave et lourde personne s'agitait, se trémoussait à s'habiller en hâte [1].

Elle souffrait des sautes d'humeur de son mari, qui s'en prenait à elle, quand il y avait quelque trouble dans ses affaires, ou bien quand il s'imaginait avoir des sujets de jalousie, faisait alors des scènes terribles, puis, tout à coup, se réconciliait avec des effusions de tendresse, dans des tête-à-tête brusques. La reine le grondait alors, et lui prédisait qu'il « recommencerait » bientôt, ce qu'il ne manquait pas de faire.

Sophie-Dorothée aurait voulu jouer son rôle dans la politique. Quand elle présidait à la table, en l'absence du roi, l'Europe donnait le sujet de la conversation. La reine avait résolu de satisfaire « l'orgueil et la hauteur de la maison de Hanovre » par le mariage de ses enfants. Nous retrouverons tout à l'heure l'histoire de ces projets de mariage, qui ont été la source des plus grands chagrins de Sophie-Dorothée. Il suffit de marquer ici que cette prétention d'être une femme d'État ajoutait à tant d'autres une cause nouvelle de conflits avec le roi. Ainsi cet honnête ménage, qui donnait aux cours corrompues d'Allemagne et d'Europe une si belle leçon, ne s'entendait absolument sur rien. La reine a été, tous les jours de sa vie, où peu s'en faut, mécontente. Comme elle n'avait

---

[1]. Förster, I, p. 318.

aucune solidité dans le caractère, aucune constance, si ce n'est dans sa passion fixe, l'ambition ; comme, enfin, elle était inhabile à se faire des amis et à mériter des sympathies et des dévouements, elle fut comme une isolée, dans la cour de Prusse ; elle la détesta, et n'y vit que des ennemis. De bonne heure, regardant vers l'avenir, elle remit au temps, où « le roi viendrait à manquer », le plaisir de vivre, comme il lui plairait, et d'être reine.

En attendant, elle s'emparait de ses enfants, prétendait qu'ils fussent à elle seule, et, tout jeunes qu'ils étaient, leur inspirait ses rares affections et ses antipathies nombreuses.

LA SŒUR AINÉE

Wilhelmine, sa fille aînée, s'est fait connaître à nous dans ses propres mémoires. Ce document historique est suspect, non sans motifs. L'écrivain a été pris en flagrant délit d'erreurs, qui ne sont pas toutes involontaires, il s'en faut. Mécontente de son sort, tombée au rang de femme d'un principicule, elle qui crut quatre fois épouser un roi, médiocrement heureuse chez elle, tourmentée par la nostalgie des grandeurs presque possédées, philosophe malgré elle, la princesse s'est vengée en plus d'un endroit de ses déconvenues par des méchancetés ; sans compter qu'elle a fait de la littérature dans ses mémoires, de la littérature d'imitation, et qu'à vouloir se régler sur Mademoiselle de Montpensier, elle a perdu le sens de la vérité vraie. Mais il ne faut pas aller jusqu'à dénier toute valeur historique aux *Mémoires de la Margrave*. Sur beaucoup de points, ses témoignages sont confirmés par d'autres. Elle avait une faculté remarquable de voir les personnes et les choses, et de peindre ce qu'elle avait vu. Sa malignité naturelle ajoutait à la vérité, pendant qu'elle regardait, y ajoutait encore quand elle écrivait, si bien qu'il est prudent, comme dit Carlyle, de retrancher de son total 25 p. 100, si l'on veut avoir le chiffre exact; mais il ne s'agit ici que d'interroger Wilhelmine sur elle-même : elle se révèle dans ses mémoires avec plus de sincérité qu'elle ne se l'est imaginé [1].

Elle est très précoce. A peine a-t-elle connu son grand-père, mais elle se souvient qu'elle le charmait par ses singeries, et que le bon prince s'amusait avec elle des journées entières. Elle tire vanité de sa vivacité enfantine, qui attirait sur elle l'attention de tout le monde. Elle avait certainement, comme elle dit, une grande facilité à apprendre, et une mémoire angélique. Elle a été l'élève de la Croze et de beaucoup d'autres maîtres, auxquels elle a fait honneur. Elle parlait l'anglais, l'italien, et notre langue mieux que n'a jamais fait Frédéric, chez qui l'on reconnaît, au moins dans ses écrits de jeunesse, l'accent étranger. Elle était extrêmement fine, fine mouche, comme dira plus tard son frère. A huit ans déjà, elle savait déjà bien regarder. La descrip-

---

[1]. Il est très légitime d'interroger la margrave, au moins sur elle-même. Sur la critique des mémoires, voir Ranke, *Zur Kritik Preussischen Memoiren*, au t. XXIV, de ses *Sämtliche Werke*; Droysen, *Geschichte der Preussischen Politik* (IV, 4); Pierson, *König Friedrich Wilhelm I von Preussen, in den Denkwürdigkeiten der Markgräfin Wilhelmine von Baireuth*.

tion qu'elle fait de la visite du tsar Pierre à Berlin, en 1718, doit être la réminiscence assez exacte de ses impressions[1]. Elle a vu le tsar arriver, tendre la main au roi, en lui disant : « Je suis bien aise de vous voir, mon frère Frédéric » ; la reine repousser ce grand barbare, quand il voulut l'embrasser ; la tsarine baiser la main de la reine, et lui présenter les quatre cents soi-disantes dames de sa suite, femmes de chambre, cuisinières, blanchisseuses, qui portaient presque toutes un enfant richement vêtu sur leurs bras, et, lorsqu'on leur demandait si c'était le leur, répondant avec fort salamalecs à la russienne : « Le tsar m'a fait l'honneur de me faire cet enfant. » Elle a bien détaillé la tzarine « petite et ramassée, fort basanée » sans air ni grâce : « Son habit avait été acheté à la friperie ; et il était à l'antique et fort chargé d'argent et de crasse. Le devant de son corps de jupe était chargé de pierreries... Elle avait une douzaine d'ordres, et autant de portraits de saints et de reliques attachés tout le long du parement de son habit, de façon que, lorsqu'elle marchait, on croyait entendre un mulet.. » Cette forme et cette façon de dire, Wilhelmine les a trouvées plus tard, quand elle est devenue un écrivain, mais la petite fille a vu certainement la friperie, la crasse, les ordres, et reconnu le tintement du mulet.

Elle est extrêmement coquette, voulant plaire toujours, et, en toute occasion, cherchant des succès. Elle en eut un très grand avec le tsar. Elle avait bien appris la leçon qu'on lui avait faite, et lui parla de sa flotte et de

---

1. *Mém. de la Margrave*, pp. 33 et suivantes.

ses conquêtes, d'un tel ton que le grand homme dit à la tsarine qu'il céderait volontiers une de ses provinces, pour avoir une enfant comme elle. Elle l'avait fort amusé, en se débattant contre ses rudes baisers : « Vous me déshonorez, lui criait-elle ! »

Il ne faut pas se fier à elle. Elle charme son grand-père Georges Ier et la suite anglaise par ses manières et en leur parlant leur langue. Elle étonne des hôtes polonais, dont elle s'est étudiée à prononcer les noms sans les écorcher. Elle fait l'empressée auprès du pasteur Francke, prend une mine pieuse, et demande à ce brave homme de lui envoyer, en souvenir, des livres de piété. Mais dans ses mémoires, elle se moque de tous ses visiteurs, même de son grand-père, le roi Georges, et elle appelle le pasteur « ce chien de Francke ! »

Elle excelle aux mines et contorsions, et pratique dans la perfection l'art de s'évanouir. Elle se laisse tomber de sa chaise, en disant : « Je me meurs, » et contrefait si bien la morte pendant une heure, qu'on envoie chercher le médecin. Elle a soin de reprendre ses sens, avant son arrivée, et se met dans son lit, où elle a caché des pierres de térébenthine chauffées : ses mains brûlantes faisaient, dit-elle, accroire à chacun qu'elle avait beaucoup de fièvre et de chaleur. Elle est si maîtresse d'elle-même qu'à table, dans le moment des plus véhémentes querelles de famille, alors qu'il est question de son mariage et de sa personne, elle a l'air aussi tranquille que si l'on parlait du grand Turc[1].

1. Seckendorff, dans un rapport au prince Eugène, Förster, III, 339, confesse son admiration pour cette tenue.

Enfin elle laisse voir, en dépit d'elle, l'orgueil de sa naissance, et elle est très hautaine avec ses airs de philosophe ; il faut donc convenir que Wilhelmine, peinte par elle-même, est une petite personne qui a quelques défauts graves, outre ses défauts mignons.

LA MÈRE, LA FILLE ET LE FILS

Revenons maintenant à Frédéric. Jusqu'à l'âge de sept ans, il a vécu avec sa mère et avec sa sœur. Sa grande sœur le faisait travailler avec lui ; avec lui, elle jouait et bavardait. Après même que Fritz eut été mis sous l'autorité d'un gouverneur, il voyait la reine et Wilhelmine plus souvent que le roi. La reine se vantait de l'éducation de son fils, comme de son œuvre personnelle. Elle l'aimait tendrement : Fritz est peut-être même le seul être qu'elle ait vraiment aimé. Elle souffrait des mauvais traitements dont l'enfant était accablé ; elle essayait de le défendre et de se mettre entre le roi et lui. Quant à l'affection qu'échangeaient le frère et la sœur, elle était, dans ces années de jeunesse, sincère et vive. « Jamais, dit Wilhelmine, tendresse n'a égalé la nôtre ».

La mère et la sœur ont aidé Frédéric à ne point aimer son père. Un enfant comme Fritz lit sur le visage de sa mère ses sentiments, même quand elle ne parle pas. Et la reine parlait beaucoup, le plus souvent, pour se plaindre. Ce n'est pas seulement Wilhelmine, ce sont les ministres étrangers qui l'attestent, sa conversation était une jérémiade perpétuelle. Est-il vrai qu'elle ait pris sa fille pour sa principale confidente ; qu'elle ait imaginé dans sa « mélancolie mortelle » de « recourir » à cette enfant ; qu'elle ait d'abord essayé sa discrétion, pour lui confier ensuite ses chagrins ; qu'elle lui ait nommé tous ses ennemis, c'est-à-dire « les trois quarts de Berlin » ; qu'elle l'ait instruite de toutes les cabales de la cour ; qu'elle l'ait habituée à la haine et à la dissimulation ; qu'elle lui ait donné matière à découvrir « par beaucoup de réflexions des choses très chagrinantes » ; qu'elle l'ait mise enfin dans des situations où cette jeune fille se demandait qui elle trahirait, et si ce ne serait pas sa mère ? Je crois pour ma part, que s'il y a de l'exagération dans ces pages des mémoires, si graves contre la reine, le fond en est vrai.

En tout cas, les enfants voyaient bien que, sur toute chose, leur mère « pensait autrement » que le roi. Ils s'apercevaient que, lorsque le maître du logis était absent, la maîtresse donnait un autre ton à la maison. Ils avaient par la reine l'idée d'une vie toute différente de celle qu'ils menaient, où ils seraient mieux vêtus, mieux logés, où ils mangeraient avec des fourchettes d'argent une nourriture plus délicate, et seraient traités en enfants de roi. L'orgueil, déjà visible chez Wilhelmine, et que nous découvrirons bientôt chez Fritz, c'est « la hauteur de la maison de Hanovre », qu'ils ont héritée de leur mère.

Il était inévitable que la reine obligeât ses enfants à opter entre leur père et leur mère, pour leur mère. Wilhelmine raconte une scène curieuse. Elle venait de passer par une suite de maladies, dysenterie, jaunisse, fièvre pourprée, où elle avait failli laisser la vie : le roi et la reine lui avaient même donné avec mille larmes leur bénédiction. Le roi, heureux de sa convalescence, lui permit de demander une grâce ; elle le pria de lui faire quitter sa robe d'enfant : la grâce fut accordée sur l'heure, et quelques jours après, Madame la petite princesse royale essayait son premier manteau. « Je me mettais devant mon miroir, à me contempler, et je ne me croyais pas indifférente avec mon nouvel habillement. J'étudiais tous mes gestes et ma démarche, pour avoir l'air d'une grande personne. En un mot, j'étais très contente de ma petite figure. Je descendis triomphante chez la reine. » Hélas ! Du plus loin que la reine l'aperçut, elle se mit à crier : « Ah ! mon Dieu, comme elle est faite ! Voilà, en vérité, une jolie figure ! Elle ressemble à une naine comme deux gouttes d'eau ! » Wilhelmine eut un grand chagrin de vanité, mais la reine lui apprit la moralité de cette petite histoire : « Elle me dit qu'elle m'avait ordonné de m'attacher uniquement à elle, et que, si jamais je m'adressais au roi pour quoi que ce fût, elle me promettait toute son indignation[1]. » La scène est certainement vraie. Peut-être faut-il appliquer au propos prêté à la reine le procédé de la réduction de 25 p. 100, mais nous verrons bientôt Sophie-Dorothée se conduire comme si ses enfants n'appartenaient qu'à elle seule.

Représentons-nous, à présent, dans cette cour, l'inti-

---

1. *Mém. de la Margrave*, pp. 45 et suivantes.

mité du frère et de la sœur. Leurs visages, avons-nous dit, se ressemblent ; leurs esprits, aussi. Ils ont les mêmes goûts et les mêmes répugnances. Ils sont jolis, délicats et malicieux. Wilhelmine fait la grande sœur, l'importante ; elle donne des conseils, par exemple le conseil de la lecture défendue. Ils se retrouvent le plus souvent qu'ils peuvent, pour bavarder sans fin. De quoi parleraient-ils, sinon du roi, de la reine, de ce qu'ils voient et de ce qu'ils entendent? Le petit frère fait le rapporteur, et la grande sœur n'a pas de secrets pour lui. Les sujets de leurs conversations, les *Mémoires* de Wilhelmine nous les donnent ; ils ne sont pas beaux. Ce sont d'abord les malpropres histoires de domestiques, du brutal Eversmann, portier du château de Berlin, et de femmes de chambre, qui font le métier d'espionnes. Ce sont les méchancetés de la Letti : cette demoiselle de la princesse, une espionne aussi, bat sa jeune maîtresse et « régale son dos tous les soirs » ; elle l'empêche de dormir « en ronflant comme un soldat », et lui apprend le respect par ses propos sur toute la cour, sur les dames de la reine, la Sonsfeld, qu'elle appelle une sotte bête, la Kamken, qu'elle appelle la grosse vache, et sur la reine elle-même, qu'elle traite, parlant à sa fille, de grande ânesse. Belle demoiselle de compagnie, que le portier, à qui elle a chanté pouille, parce qu'il néglige le balayage, a dénoncée comme recevant des hommes !

Le frère et la sœur ont dû s'attaquer à de plus hauts personnages, aux favoris du roi, surtout au prince d'Anhalt et à Grumbkow que la reine considérait comme ses grands ennemis. Anhalt, dit la margrave dans ses

Mémoires a « une ambition démesurée qui le porte à tous les crimes pour parvenir à son but ». Les beaux dehors de Grumbkow « renferment un cœur fourbe, intéressé et traître. Tout son caractère n'est qu'un tissu de vices... Il avait donné des preuves de sa valeur à Malplaquet, où il resta dans un fossé tout le temps de l'action. Il se distingua beaucoup à Stralsund, et se démit une jambe au commencement de la campagne, ce qui l'empêcha de pouvoir aller à la tranchée... mais, excepté tout cela, c'était un très brave général[1]. » Certainement les deux enfants se sont conté ces histoires, fausses d'ailleurs, de Malplaquet et de Stralsund. Ils entendaient dire aussi qu'Anhalt et Grumbkow entraînaient leur père dans des parties de débauche.

Wilhelmine va jusqu'à conter qu'ils ont essayé de tuer son père et son frère. Le crime devait être perpétré dans une baraque en bois, où l'on jouait la comédie. La reine, avertie du complot, ne l'a pas révélé au roi, car, dans cette étrange famille, on se fait des mystères des choses qu'il importerait le plus de dire. Elle s'est arrangée seulement pour empêcher son mari d'aller à la comédie avec son fils. Elle a distribué les rôles : Wilhelmine amusera le roi, pour lui faire oublier l'heure; s'il s'en souvient, Fritz pleurera, criera. La scène fut bien jouée. Le roi oublie l'heure, mais il s'en aperçoit, se lève et prend la main de son fils. Celui-ci se débat, et pousse des cris terribles. Le roi le veut emporter de force. Wilhelmine se jette à ses pieds qu'elle embrasse, en les arrosant de

---

1. *Mém. de la Margrave*, pp. 2 et 3.

ses larmes. Il fallut bien s'expliquer avec le roi étonné et furieux. Le crime était imaginaire; mais la reine y a cru, Wilhelmine y croit encore, lorsqu'elle écrit ses mémoires[1]. Elle et Fritz ont donc été persuadés qu'Anhalt et Grumbkow, ces deux familiers de la maison, étaient des assassins.

Ces deux jeunes êtres apprenaient ainsi — de trop bonne heure! — à ne voir dans la vie que des laideurs. Ils s'exerçaient à la défiance et au mépris. Leur mutuelle tendresse était fortifiée par la haine que leur inspiraient les autres. Tout le monde remarquait leur intimité; ils faisaient bande à part. Francke l'a bien vu : à côté des petits frères et sœurs, qui ont « un visage sincère, clair, innocent », le prince royal est silencieux, manifestement d'un tempérament mélancolique, et la princesse aînée aussi[2] ». A table, ils se regardent dans les yeux; ils se comprennent, et sans parler, et se disent, sans doute, dans l'échange du coup d'œil : Quel monde! Ils pensent : Un jour nous changerons tout cela. Et le père sentait la désapprobation de son fils, la résistance de la lèvre qui se tait et du regard qui fuit.

Déjà s'annonce le partage de la responsabilité dans le drame qui va venir. La part du roi y est grande, car sa brutalité ne s'excuse pas, et elle est une des causes des malheurs de la famille, mais seulement une des causes. Nous en apercevons d'autres, que nous connaîtrons mieux, quand nous saurons l'extraordinaire histoire des projets de mariage pour Frédéric et Wilhelmine.

1. *Mém. de la Margrave*, p. 28.
2. Kramer, *Neue Beiträge...*, p. 165.

LES PROJETS DE MARIAGE POUR FRÉDÉRIC ET WILHELMINE

Depuis longtemps, les familles de Hanovre-Angleterre et de Prusse s'étaient promis de perpétuer par de nouvelles alliances leur étroite parenté. Il avait été convenu que Wilhelmine épouserait son cousin germain, le duc de Glocester, fils du prince de Galles et petit-fils du roi Georges Ier, et que Frédéric épouserait la princesse Amélie, sœur du duc de Glocester. Les deux mères, la reine de Prusse et la princesse de Galles s'entretenaient de ces projets dans leur correspondance; les enfants même échangeaient des lettres et de petits cadeaux. C'était pour Sophie-Dorothée un article de foi que sa fille serait reine; elle l'élevait « pour porter une couronne », comme elle disait souvent. Elle se consolait de la petitesse de sa vie, en pensant qu'elle serait un jour la mère de la reine de la Grande-Bretagne et du roi de Prusse, et qu'elle ferait enfin figure dans le monde.

En 1725, quand le roi de Prusse entra dans l'alliance de Hanovre, le moment sembla propice pour consacrer par un

---

1. Sur les mariages, voir la correspondance de Seckendorff avec le prince Eugène, dans Förster, au t. II, seconde partie (*Urkundenbuch*) et t. III, depuis la p. 75; les extraits de rapports des ministres de Prusse à Londres, dans Raumer, *Beiträge zur Neueren Geschichte*, III, pp. 493 et suiv. Je me suis surtout servi de la correspondance inédite des ministres de France à Berlin, A.-E. Prusse, années 1725 à 1732. Voir Koser, pp. 14 et suiv.; Ranke, pp. 91 et suiv.

engagement formel les promesses officieuses qui avaient été échangées de part et d'autre. Le roi de Prusse, en quittant Herrenhausen, où il s'était rencontré avec son beau-père le roi Georges, y laissa la reine, qu'il avait chargée de négocier les doubles fiançailles. Cette affaire de famille paraissait très facile à régler, mais le roi Georges, pour des raisons diverses, dont la meilleure était qu'il ne pouvait conclure un acte si grave sans l'agrément du Parlement, se contenta d'assurances affectueuses et de promesses verbales; il refusa l'écrit demandé par le roi de Prusse. Ce premier retard, dès l'ouverture des démarches officielles, fut très funeste. L'année d'après, Frédéric-Guillaume changeait de politique et se liait à l'empereur par un traité. Les projets de mariage ne furent pas abandonnés pour cela, mais le désaccord politique en rendait le succès plus difficile. Georges Ier étant mort en 1727, les difficultés s'accrurent, en raison même des sentiments que professaient l'un pour l'autre le nouveau roi Georges II et son beau-frère de Prusse. A la fin de l'année, l'affaire était considérée comme rompue.

Rien de plus simple que cette histoire, mais elle se compliqua tout de suite d'intérêts politiques et d'intrigues inouïes. Une alliance de famille comme celle-là ne pouvait pas ne pas être un événement dans la politique européenne. Elle faisait entrer la Prusse dans un des deux systèmes qui se partageaient le continent; elle la mettait du côté de la France et de l'Angleterre contre l'empereur. L'empereur essaya de l'empêcher; la famille royale et la cour de Prusse devinrent alors un des champs de bataille de la diplomatie.

L'empereur était représenté auprès du roi par un agent d'une grande habileté, dont nous avons rencontré le nom plus d'une fois déjà, le général comte de Seckendorff. Frédéric-Guillaume s'était pris pour lui d'une grande estime et d'une vive amitié pendant la campagne des Pays-Bas, en 1709, et la campagne de Poméranie, en 1715. Il souhaitait fort les visites que le comte lui faisait souvent, et fut heureux de le voir s'établir à la cour de Prusse, ce qui advint en 1726. Seckendorff n'était point chargé de la représentation officielle de la cour de Vienne à Berlin. Il était à titre d'ami auprès du roi de Prusse, qui le considérait comme un de ses officiers et le voulait avoir constamment en sa compagnie. Seckendorff se prêtait de bonne grâce à toutes ses volontés, et se pliait à toutes ses habitudes. Il était le principal fournisseur de grands hommes de Sa Majesté. Il mangeait et buvait comme Elle, au point de se rendre malade, et d'être obligé de temps à autre de se retirer de la cour pour prendre des médecines. Il était assidu au collège du tabac; grand causeur, il pouvait donner la réplique au roi sur tous les sujets qui plaisaient à ce prince : sur la guerre, car il était un bon soldat « brave comme son épée »; sur la religion, car bien qu'au service de l'Autriche, il était protestant dévot. Il savait son Écriture, et il était capable de discourir sur les matières théologiques et casuistiques avec un savant comme le professeur Francke. Il avait, d'ailleurs, l'air d'un parfait homme; « l'encolure et les propos d'un bon fermier, et l'on s'y serait mépris, sans le cordon bleu de Pologne et l'habit uniforme des grands grenadiers. » Mais le bon fermier était un finaud très retors. Il étudia son roi de Prusse, et bientôt le connut autant que personne[1]. Il apprit l'art de laisser passer les orages, si fréquents à cette cour, sans s'inquiéter du tonnerre, de calmer la défiance toujours en éveil du souverain, et d'amuser une impatience qui voulait être servie « dans les vingt-quatre heures ». Il demeurait avec le roi, lorsqu'il y avait quelque négociation engagée, de dix heures du matin à minuit « pour ne pas perdre l'occasion de lui insinuer quelque chose d'utile ». Il l'enveloppa d'intrigues et de trahisons. A la cour de Prusse, tout le monde, ou à peu près, était à vendre, ou déjà vendu. Il s'informa des prix, dressa un tarif des consciences, et envoya à son gouvernement le relevé des sommes payées par la France et par l'Angleterre, afin que l'empereur, en offrant davantage, pût devenir le dernier enchérisseur[2].

Seckendorff fit son principal allié du général comte de Grumbkow. Grumbkow vivait continuellement avec le roi, puisqu'il était « chargé du détail de la guerre ». Il s'était rendu indispensable au maître par de rares qualités. Il était très entendu en affaires de toute sorte, militaires, diplomatiques, économiques, très délié, inépuisable en expédients. Il excellait à négocier, parce qu'il avait « du liant dans l'esprit, de la politesse, l'usage du monde, des connaissances, beaucoup d'esprit, et qu'il parlait pertinemment de toutes choses », avec une physionomie ouverte, gaie, distinguée. Il possédait à fond son

---

1. La Chétardie, qui n'a jamais vu « tant d'Excellences en un si petit endroit », fait les portraits des ministres de Prusse, parmi lesquels il compte Seckendorff, A.-E. Prusse, 1732, 11 oct.
2. Toute la correspondance de Seckendorff est remplie de ces marchandages. Voir Koser, p. 15.

Jupiter, comme il appelait le roi, méprisait au fond la grossièreté du personnage, en avait parfois la nausée, mais le subissait avec grâce, très habile à calmer Jupiter, ou à faire monter sa colère en bouillons. Au demeurant, un des hommes les plus malhonnêtes qu'il y eût dans les cabinets européens, « sans principes, sans foi, » vendu à la cour de Vienne, en attendant qu'il se fît acheter par la France, se faisant payer gros, mais habile à mériter sa pension annuelle et des cadeaux extraordinaires par les services qu'il rendait. Il livrait à Seckendorff jusqu'aux *secretissima* de l'État et de la famille, l'avertissait des démarches qu'il fallait faire, du moment propice, et, comme dit Seckendorff, de la façon de présenter les choses à Sa Majesté, « pour les lui rendre savoureuses, *um ihm die Sache schmeckhaft zu machen*[1] ».

Avoir Grumbkow, c'était beaucoup, car il était « le favori » de Frédéric-Guillaume, et possédait le secret du roi, mais Seckendorff aurait voulu s'assurer de tous ceux qui vivaient habituellement avec le maître. Il n'osait offrir des ducats aux militaires, qui étaient incorruptibles ; mais, comme les officiers du régiment de Sa Majesté étaient mal payés, et qu'ils aimaient à boire, Seckendorff, quand il était à Potsdam, les invitait à dîner une fois par semaine. Ces messieurs vidaient quarante ou cinquante bouteilles de vin, dont chacune coûtait 1 florin 40 kreusers, et « cela leur semblait bon ». Pour les généraux et les colonels, il suppliait sa cour de lui procurer des géants, dont il pût leur faire cadeau ; car c'était,

---

1. Sur Grumbkow, la dépêche de la Chétardie, du 11 oct. 1732; citée plus haut.

pour un chef de régiment, un titre à la faveur du roi que de lui présenter de grandes recrues à la revue d'inspection. D'ailleurs, personne n'était négligé. A la tabagie, le professeur et fou de cour, Gundling, disserte sur le droit public, et, chaque fois qu'il traite « d'une matière impériale », flatte le penchant du roi, en contestant ou rabaissant les droits impériaux; « il insinue à son maître de faux principes. » Vite « une chaîne d'or de quelques centaines de florins, à laquelle pendra une médaille », pour ce Gundling. Enfin, « il faut gagner même les plus petites gens de cette cour. » Le concierge Eversmann, encore un confident du roi qui, par malheur, dit Wilhelmine, n'en avait que de malhonnêtes, devient pensionnaire de Sa Majesté Impériale.

Par ces moyens, l'honnête fermier tenait son roi de Prusse. Il ne faut jamais, disait-il, le laisser échapper des mains, *aus den Handen gehen lassen*. De fait, il ne le lâchait point. Il surveillait tous ses mouvements, notait toutes ses paroles, redoublant d'attention à mesure que le vin déliait la langue du roi, *da mehr Wein kam dazu*. Et le lendemain, ce compagnon d'armes, ce coreligionnaire, cet ami de cœur de Frédéric-Guillaume, envoyait son rapport au prince Eugène et à l'empereur, à moins que quelque soûlerie ne lui eût donné un trop grand mal de tête : « Comme Sa Majesté, écrit-il un jour au prince Eugène, a soupé chez moi et s'est montrée très gaie jusqu'à minuit, et qu'on a bu avec quelque excès, *ein wenig excessive*, je ne suis pas en état d'écrire aujourd'hui beaucoup. »

Peu de temps après son installation en Prusse, Seckendorff adressait à la chancellerie de Vienne, entre autres questions, celle-ci : « Peut-on dépenser quelque chose pour empêcher le mariage projeté entre une princesse prussienne et le duc de Glocester, et combien peut-on y mettre ? *Wie viel angewendet werden darf?* » — Dans le cas où l'on arriverait à faire faire un autre mariage à la princesse royale de Prusse, « peut-on promettre une récompense considérable, *einen ansehnlichen Recompens*, à celui qui mènerait à bien le mariage[1] ? » Cela s'appelle bien poser une question. Or la cour de Vienne voulait à tout prix, avons-nous dit, rompre les projets d'alliance. Seckendorff se mit donc à la besogne. Les cours d'Angleterre et de France, bien qu'elles eussent aussi leurs pensionnaires en Prusse, ne disposaient pas d'aussi puissants moyens d'action que l'Autriche, et ne mettaient pas à faire réussir les mariages autant de zèle que la cour de Vienne à les traverser ; l'Autrichien eut donc raison de ses adversaires.

LE ROI ET LES PROJETS DE MARIAGE

Suivons à présent, dans le dédale des intrigues, le roi, la reine et leurs enfants. Le roi désire vivement les mariages. Ceux de ses ministres qui sont dévoués à la France disent et répètent que « le seul procédé pour

1. Förster, II. *Urkundenbuch*, p. 138.

obtenir son alliance est de porter le roi d'Angleterre à agréer le double mariage ». Dès qu'il apprend que la France a fait quelques démarches à Londres, il remercie, et « les larmes lui viennent aux yeux ». Un jour, l'envoyé de France, se promenant avec lui dans le jardin de Wüsterhausen, lui parle de la possibilité d'obtenir du roi Georges une promesse écrite. Le roi était dans un accès de fureur contre l'Angleterre ; il ne tarissait pas d'injures, et serrait le bras à son compagnon, lorsque celui-ci le voulait interrompre. Au mot de promesse écrite, il se calme tout d'un coup et s'arrête : « Répétez, dit-il, répétez, » et, pour mieux entendre, il lève sa perruque. A l'avènement de son beau-frère Georges II, il a envoyé à Londres un négociateur, et il demande à la France de travailler « au rétablissement des mariages ». Seulement il fait le contraire de ce qu'il faudrait pour atteindre l'objet qu'il désire. Il sort de l'alliance de Hanovre, pour passer du côté de l'empereur. Il commet force excentricités, qui donnent lieu aux Anglais de se plaindre de son « étrange conduite ». Il ne manque pas de rejeter tous les torts sur autrui. Quand il a reçu d'Angleterre, en novembre 1727, la réponse qu'il aurait dû prévoir, qu'il ne fallait pas « commencer le roman par la queue », et qu'avant de parler mariage, il fallait régler les affaires, il traite publiquement son beau-frère « de petit génie de pauvre espèce ». Il invite à dîner le résident anglais, et, à table, fait lire une relation bouffe du couronnement de la reine d'Angleterre. Le résident fait semblant de ne pas comprendre l'allemand : le roi traduit en français, et, lui tendant la feuille : « Tenez, lui dit-il, voilà votre reine d'Angleterre, que Polichinelle mène par la main aux marionnettes, et qui lui fait boire de l'eau-de-vie. Que dites-vous de cela¹ ? »

Sa conduite est, comme à l'ordinaire, compliquée avec des mobiles très simples. Il sent bien que ces alliances sont pour la famille royale de Prusse — royale depuis si peu de temps — honorables et même glorieuses. L'Angleterre était si grande, depuis qu'elle avait vaincu Louis XIV ! De toutes les puissances qui avaient combattu « le bon combat » de la réforme, elle était la plus considérable ; puis elle était si riche ! Un prince de Galles, une princesse royale d'Angleterre, c'étaient donc de beaux partis pour la fille et le fils « d'un roi guerdin » ; mais ce guerdin est fier. Il a une haute idée de sa maison, et foi en l'avenir qu'il lui prépare. Il pense que, si le trône d'Angleterre est le plus illustre du monde, les Hanovriens ne valent pas plus que lui. Ce beau-frère, Georges II, dont il ne peut « digérer la hauteur », il l'a connu, avons-nous dit, au temps où ce grand seigneur n'était encore que le petit-fils d'un duc de Hanovre, récemment promu à l'électorat. Sa Wilhelmine aussi est un beau parti : « La demoiselle, disait-il, vaut le monsieur. » Aussi ne veut-il pas faire l'empressé. Il sait que le ministre de France travaille aux mariages, mais jamais il ne lui en parle le premier. Il a

1. Dépêches de Rottenbourg, A.-E. Prusse, 1725, 1ᵉʳ et 2 avril ; 1726, 8 oct. ; 1727, 15 juillet ; de Sauveterre, 1727, 9 nov., 10 et 27 déc. La dépêche où Rottenbourg raconte sa conversation avec le roi dans le jardin de Wüsterhausen (8 oct. 1726) est très curieuse. Le roi confesse à Seckendorff lui-même l'envie qu'il a eue des mariages : « C'est vrai, j'ai été bon hanovrien à cause du mariage... » Förster, III, 339.

« une sorte de timidité..... une honte et une répugnance à faire des avances[1]. »

Il a d'autres raisons encore d'être circonspect ; bien que le roi d'Angleterre et lui déclarent tour à tour que les mariages doivent être traités comme une simple affaire de famille, tous les deux savent bien que la politique n'en peut être exclue. Alors Frédéric-Guillaume est en proie aux troubles qui le tourmentent, dès qu'il s'agit de prendre un engagement. Grumbkow et Seckendorff ont beau jeu à lui représenter, dans les moments où il attend vainement la déclaration du roi d'Angleterre, que celui-ci le trompe, se moque de lui, ne vise qu'à le « déshonorer », et à le séparer de l'empereur, pour, ensuite, « le ruiner de fond en comble ». Enfin Frédéric-Guillaume n'est pas homme à rien sacrifier des intérêts de sa maison pour marier sa fille. Il veut au contraire y gagner quelque chose. Il emploie son procédé habituel : « Qu'est-ce que vous m'offrez ? » Il veut la garantie de la succession de Berg ; quand l'empereur la lui a promise, il fait le fier avec l'autre parti. « Il punira le roi d'Angleterre d'avoir trop tardé, dit-il au ministre de France ; il le forcera à venir lui demander sa fille avec instance et sans condition : « Sa dot serait trop forte, puisqu'elle me ferait perdre Berg. » Enfin ce singulier père d'une fille à marier dit tout le fond de sa pensée : « Je ne veux lui donner que quelque peu de pierreries, de vaisselle et d'argent. » Bref, il met Wilhelmine aux enchères et prétend, après s'être fait assurer les plus beaux avantages,

---

1. Rottenbourg, A.-E. Prusse, 1725, 3 oct., 1726, 2 févr.

l'établir sans dot ou à peu près. Il agit comme un paysan malin, qui recherche pour sa fille un beau monsieur de la ville, mais qui a peur d'être joué, peur de paraître flatté, et d'être obligé de payer en sacs d'écus son contentement.

Le mauvais succès de ses roueries le désespère. Il se donne bien l'air de quelqu'un qui ne tient pas tant à ces mariages. Si le roi d'Angleterre est si difficile, on « trouvera bien un autre mari » pour Wilhelmine : « Tout bien considéré, il m'est indifférent qu'on l'appelle la reine ou non. Ce titre n'ajouterait rien à l'illustration et à la puissance de ma maison. » Puis, comme il faut toujours s'attendre avec lui aux propos les plus inattendus, il fait confidence au ministre de France des moyens qu'il emploiera pour se « mettre à couvert du côté de la chasteté » de la princesse. Le ministre n'ose répéter ses paroles dans sa lettre officielle : il les glisse dans un billet. A mon tour, je n'ose les redire [1].

Cette indifférence du roi de Prusse est toute affectée. Il souffre des dédains de l'Angleterre. « Il ne peut plus voir sa fille sans avoir les larmes aux yeux. » « On ne peut plus, dit-il, la considérer que comme une prostituée [2]. » Cette affaire est, dès lors, au fond de toutes les mauvaises humeurs du roi. Naturellement, il se soulage sur le dos des siens. Il s'en prend à la reine, à laquelle il inflige, quinze jours durant, l'humiliation d'une brouille publique. Il refuse de la recevoir, même de lire les lettres

1. Rottenbourg, A.-E. Prusse, 1726, 19 avril et 24 mai; Sauveterre, 1727, 8 oct.
2. Rottenbourg, A.-E. Prusse, 1726, 29 mai; Sauveterre, 1727, 8 oct.

qu'elle lui écrit de Berlin à Potsdam, où il est. Il vient à Berlin, ne veut pas la voir, dîne sans elle, et « le froid ne cesse que dans le dernier quart d'heure qu'il a été ici ». Ces quarts d'heure de réconciliation n'amenaient jamais que des trêves. Les brouilles recommençaient, pendant lesquelles il faisait barricader les portes de son appartement. Des scènes éclataient, où il menaçait la reine de la faire interner à Spandau, et lui proposait pour sa fille des maris dont le nom seul la mettait en fureur. Il faisait une part égale de sa réprobation entre ses deux aînés et sa femme : « Quand toi et ta famille anglaise seriez à l'extrémité, dit-il à la reine, un jour qu'elle voulait l'empêcher d'envoyer son médecin auprès de la tsarine malade, je ne te prêterai pas mon médecin[1]. » Il n'a jamais porté la main sur elle, mais il a commencé à maltraiter son fils autrement qu'en paroles. Le ressentiment de ses déboires, s'ajoutant aux sujets de mécontentement que lui donnait Frédéric, explique les fureurs du roi de Prusse.

LE PARTI DU PRINCE

Je prie le lecteur de croire que je n'ai pas l'intention d'excuser la conduite de Frédéric-Guillaume. J'essaye seulement de retrouver l'état de cette âme, au moment où elle commençait à s'habituer aux grandes brutalités.

1. Sur les scènes de famille, Rottenbourg, A.-E. Prusse, 1725, 20 et 30 oct.; 1726, 21 févr., 19 avril, 21 juin, 12 août.

Il faut, à présent, suivre, dans les mêmes eaux troubles, la reine et ses deux aînés. Tous les trois sont engagés avec passion dans l'affaire des mariages. Ils ont assurément le droit de les désirer, de se défendre contre la cour de Vienne, contre Grumbkow et contre Seckendorff, et de haïr et de mépriser ces deux personnages, que Wilhelmine accuse d'avoir été « à deux de jeu pendant leur jeunesse » et d'y avoir fait leur fortune. Les deux compères assiègent le roi sans cesse et le circonviennent; on comprend donc que la reine se soit mise dans la faction opposée, et qu'elle ait prodigué ses grâces à du Bourgay, ministre d'Angleterre, et à Rottenbourg, ministre de France, mais le terrain était scabreux : l'affaire étant politique, il fallait prendre garde d'usurper sur les droits de la Majesté royale et de glisser dans la trahison.

Or la reine, en même temps qu'elle prie, supplie, et qu'elle intrigue à Londres, se met sur le pied de l'intimité avec Rottenbourg. Non seulement elle lui « conte une partie de ses malheurs, et n'envisage de ressources pour sa sûreté que dans les bontés » du roi de France, mais elle le consulte sur la conduite à tenir avec Grumbkow; elle le tient au courant de toutes les nouvelles. Elle s'entend avec lui pour empêcher l'entrée au ministère d'un impérialiste, et lui indique les moyens d'entretenir avec elle des « correspondances secrètes ». Elle lui montre les lettres qu'elle envoie en Angleterre, et les fait expédier par lui « pour plus de sûreté ». Elle veut le charger, au moment où il va quitter la cour, d'une mission pour le roi d'Angleterre, qui est à Hanovre. Bref elle se sert d'un agent politique étranger, pour pratiquer une politique contraire à celle de son mari[1].

Sophie-Dorothée ne s'en pas tenue là. Elle s'était habituée à l'idée que le roi ne vivrait pas longtemps, et se faisait comme un devoir de songer à l'avenir. Elle traitait avec Rottenbourg ce sujet délicat. Un jour, elle lui explique « les mesures qui lui sembleraient bonnes à prendre, si le roi venait à mourir fou ». Le ministre de France répond que ce sont là « des conversations inutiles et dangereuses », et qu'une indiscrétion exposerait Sa Majesté aux dernières rigueurs, mais, en même temps, il donne ses conseils : « La conduite la plus raisonnable, pour le présent, est d'inspirer de bons sentiments au prince royal et de le porter à montrer autant de bonté que le roi son père montre de rigueur à tout le monde, et surtout de dissimuler avec les amis du parti impérial, de peur qu'ils n'insinuent au roi avec quelque apparence de raison que l'on veut former un parti du prince royal contre lui[2]. »

Le mot était prononcé : parti du prince royal. Rottenbourg savait alors que le prince était tout prêt à entrer dans ses vues et qu'il allait même au-devant de ses désirs. Frédéric, en effet, recherchait Rottenbourg. Un mois avant cette conversation avec la reine, celui-ci avait écrit à sa cour : « Le prince royal me comble de politesses, et, sans que je me sois jamais livré à lui sur rien du tout, il me dit, il y a quelques jours, qu'il savait

---

[1]. Rottenbourg, A.-E. Prusse, 1726, 21 juin et 19 oct., 1727, 8 mars et 21 juin.
[2]. *Idem*, 1726, 16 juillet.

LE CONFLIT ENTRE LE PÈRE ET LE FILS 173

combien je prenais le parti du roi son grand-père, et *qu'il voulait me rendre un compte exact de tout ce que le roi son père dirait.* » Cette première ouverture, si directe, paraît avoir surpris le diplomate. Il sait bien que le général Fink, dont il est le parent, donne de bonnes « insinuations » au prince, mais il est en défiance : « Je n'ai garde de m'ouvrir en rien, dit-il, quelque prématuré et dissimulé que ce jeune prince soit[1]. » Notons en passant que ce jeune politique avait alors quatorze ans.

Frédéric ne se laisse pas rebuter. Il insiste : tous les jours il demande à Rottenbourg « s'il n'a pas de nouvelles consolantes à lui dire pour la reine ». Il est, à ce moment-là, sollicité par les impérialistes, mais il ne se laisse pas gagner, et tient Rottenbourg au courant des propositions qui lui sont faites de ce côté. Alors le ministre se pique au jeu. Lui aussi, il pense que le roi de Prusse n'en a pas pour bien longtemps. Il se décide donc à répondre aux avances du prince, s'assure de toutes les personnes qui l'entourent, et commence à lui former un parti. « Le roi, dit-il, est universellement haï par tous les ordres de son royaume. Il faudrait *pour désarmer le père, former un parti au prince royal* et lui attacher un nombre d'officiers... Je crois que cette vue réussirait. En tous cas, ce serait élever ce jeune prince dans des vues favorables à la France. » Frédéric marque de plus en plus ses bonnes dispositions ; il vient de rencontrer Rottenbourg : il lui a pris la main, et l'a prié « de continuer ses soins pour la bonne cause, ajoutant qu'il était hors d'état de lui en

---

[1]. Rottenbourg, A.-E. Prusse, 1726, 25 mai.

marquer sa reconnaissance aujourd'hui, mais qu'elle était profondément gravée dans son cœur ». Ce qui donne confiance à Rottenbourg, c'est que « le prince hait le roi son père souverainement [1] ».

Ainsi une sorte de complot s'organise. Les conspirateurs sont très prudents. Frédéric ayant fait offrir son portrait à Rottenbourg, celui-ci lui recommande « la réserve la plus exacte ». « J'affecte de ne lui parler jamais, écrit-il, mais j'ai plusieurs voies sûres et fidèles pour lui faire passer ce que je désire et en avoir des nouvelles. » Il a mis Frédéric « en liaison parfaite » avec un des ministres gagés par la France, Cnyphausen. Bientôt il se croit assuré de s'être attaché le prince royal, « non seulement par l'espérance de l'avenir, mais même pour s'en servir dès aujourd'hui à flatter et à intimider nos amis et nos ennemis. » Frédéric, en effet, se compromet de plus en plus. Il en vient aux grandes imprudences, et voici le plus grave des témoignages de Rottenbourg : « J'ai eu un entretien très intéressant avec le prince royal. Le lendemain, il m'écrivit une lettre. J'ai cru n'y devoir point répondre, et je l'ai exhorté à la patience. Comme tout ce dont il s'agit n'est pas matière dont on puisse traiter aujourd'hui, je remets à vous en rendre un compte verbal [2]. »

Malheureusement, nous ne savons rien de ce compte verbal, et le départ de Rottenbourg, qui a obtenu un congé et sera bientôt envoyé en Espagne, interrompt ces révélations; mais la matière ne manque pas aux conjec-

1. Rottenbourg, A.-E. Prusse, 1726, 12 et 26 nov.
2. Idem, 1726, 3 déc.; 1727, 1er juin et 12 juillet.

tures. A ce moment-là, Rottenbourg prévoit une révolution prochaine, et annonce que « tout s'y prépare ». Il répète cette prédiction dans presque toutes ses lettres, et insiste sur le mécontentement de tous les ordres, militaires, peuple, clergé, car « le clergé surtout » murmure. Il ne s'agit donc plus de la mort du roi : il s'agit d'un acte violent. Quel acte ? Une révolution proprement dite, partant de la rue ou de l'armée, comme cela se fait en notre siècle, n'était pas probable. Je n'ose aller jusqu'au bout de ma pensée, mais il me semble que Rottenbourg a eu l'idée que, dans cette cour étrange, contre ce prince qui gouvernait « *à la russe* », une révolution trouverait des complices en haut lieu. Il croit et il dit que tout peut arriver : « Tête d'homme *ne peut presque croire* ce que tout ceci deviendra. » Il prévoyait sans doute, au moins, un internement du roi, après déclaration de folie. Si bien qu'il est permis de supposer qu'entre ce ministre étranger et ce prince, « qui haïssait son père souverainement », il y a eu, dans les entretiens qui ne peuvent être confiés au papier, des sous-entendus étranges.

Ne supposons rien : nous avons des certitudes qui suffisent. Le jeune prince est, en effet, « prématuré ». Rottenbourg ne peut s'empêcher d'admirer avec quelle perfection il tient son rôle. Aux impérialistes, qui essaient de le tirer à eux, et lui promettent de lui procurer auprès de son père « des agréments », il répond, en fils modèle, « qu'il espère, en observant une bonne conduite, que le roi aura de la considération pour lui, et que, s'il manquait à ses devoirs, il ne mériterait pas que personne s'intéressât pour lui. » Même avec ses amis, qui savent le fond des choses, il trouve des expressions qui les voilent. Il parle, non point de son parti, mais « du parti de son grand-père », le roi Georges. S'il remercie Rottenbourg, c'est du soin qu'il prend « pour la conservation des États du roi son père ». Il a trouvé ce ton exquis du mensonge diplomatique, que l'on dit, en sachant bien qu'il ne trompe personne. Jusqu'où se sont poussées alors ses pensées secrètes? Désirait-il déjà la mort de son père? En tout cas, il s'entretenait avec lui-même de cette mort. Il ne voyait pas de quelle façon arriverait l'avenir, mais il l'escomptait et le grevait de l'hypothèque de cette reconnaissance, qu'il regrettait « d'être hors d'état de marquer aujourd'hui ». L'impatience que Rottenbourg calmait par ses exhortations. c'était celle de régner [1].

Déjà Frédéric fait bon visage (le roi le lui reprochera bientôt) à tous ceux que son père maltraite. Ce désintéressement, cette libéralité, cette charité que lui attribue Seckendorff [2], l'avenir montrera qu'ils ne sont pas dans sa nature. Quand il distribue aux pauvres de Stassfurt le présent de la ville, en recommandant à ses gouverneurs de ne pas souffler mot au roi de cette générosité; quand il promet de rendre, après son avènement, aux pauvres gens de Magdebourg, l'argent que le roi l'a forcé d'accepter, cette générosité est fort suspecte. « Il faut, disait Rottenbourg, porter le prince à montrer autant de bonté que le roi son père montre de rigueur. » Frédéric suivait

1. Rottenbourg, A.-E. Prusse, 1726, 12 nov. et 5 déc.
2. Voir p. 136.

ce conseil : il travaillait à former « le parti du prince royal ». Il était en relations avec l'étranger, comme sa mère. Il n'écrivait pas encore de lettres à Londres, ni à Versailles, mais il se recommandait aux bons offices du roi de France. A Versailles, on le regarde presque comme un enfant de la maison, et l'on veut contribuer à son éducation : « Le point principal, écrit-on à Rottenbourg, est d'instruire ce jeune prince dans le principe si véritable que, quelque parti que les princes prennent, il n'y a que la fermeté dans les engagements qui puisse les faire considérer et leur procurer des avantages solides. » Admirable conseil et bien placé ! Le roi de France lui-même s'en mêle. Il écrit à Rottenbourg : « Ce que vous marquez du prince royal semble devoir donner de grandes espérances de sa droiture d'esprit et de son discernement. Vous profiterez des relations que vous avez avec ceux qui l'approchent pour lui faire passer les témoignages du gré que je lui sais de ses sentiments et les assurances de l'intérêt que je prends à ce qui le regarde [2]. »

Frédéric-Guillaume ne pouvait tout ignorer de ces intrigues : la reine était mauvaise conspiratrice, et le prince même ne savait pas cacher son jeu. La coterie adverse surveillait d'ailleurs les menées de la reine [1]. Un jour, elle eut recours, pour informer le roi, au procédé des lettres anonymes. Grumbkow lui en fit tenir trois, où il était dit, en propres termes « que la reine le faisait c....,

---

1. A.-E. Prusse, 1726, 1er août, 26 déc.
2. Seckendorff est au courant de tout, comme l'atteste toute sa correspondance. Voir, par exemple, une très intéressante dépêche au prince Eugène du 22 janv. 1727, Förster, III, 333 et suiv.

et qu'il était question de l'enlever, de l'enfermer et de mettre le prince royal sur le trône ». Le roi montra les lettres à la reine, qui n'eut pas de peine à se disculper. Il les renvoya ensuite à son cabinet, et l'affaire n'eut pas de suite; mais il conçut, dit-on, « une grande frayeur de ces lettres et surtout de celle qui parlait du prince royal. » Il eut l'idée barbare d'enivrer son fils, pour savoir de lui si on ne lui parlait pas d'affaires : le prince se tint fort bien, dit ce qu'il voulut et ne compromit personne. Si Frédéric-Guillaume n'a pas su le dernier mot, il a eu certainement des soupçons, mais admettons qu'il n'ait rien soupçonné : la conclusion de l'histoire de ces velléités de complot, c'est que le prince royal, n'en déplaise à sa grandeur future, méritait bien quelques gifles.

LE CONGÉ AU PRÉCEPTEUR. LES PLAISIRS DÉFENDUS

En cette année 1727, où le conflit entre le père et le fils devint aigu, le prince royal était entré dans une période nouvelle de sa vie. Il avait reçu la confirmation au mois d'avril ; ses études d'écolier furent alors officiellement closes, et le précepteur se retira.

« Mon cher Duhan [1], lui écrivit Frédéric, je vous promais que quand j'aurez mon propre argent en main, je vous donnerez anuellement 2,400 écu par an, et je vous

---

[1]. Bratuscheck, *op. cit.*, p. 34.

aimerais toujour encor un peu plus qu'asteure, s'il me l'est posible. »

On voudrait à ce billet, non seulement une autre orthographe, mais un autre ton, et que les écus y figurassent à la fin seulement, par allusion discrète. Mais Duhan était un petit personnage, un « garçon de mérite », comme dit Wilhelmine, et Frédéric ne s'avisa point de prendre des précautions de style. Il garda d'ailleurs à son maître une gratitude et une affection sincères.

Le roi laissa auprès de son fils ses deux gouverneurs, et il remplaça Duhan par le major Senning, chargé de l'éducation militaire du prince. Il dut avoir plaisir à congédier Duhan, et il se serait réjoui de voir arriver pour Frédéric l'heure de l'éducation pratique, s'il n'en était déjà au point où aucune joie ne lui pouvait venir d'un enfant qu'il avait pris en aversion. On ne voit pas qu'il ait jamais essayé de le ramener par la douceur et la persuasion, par des explications tranquilles et à cœur ouvert. Il le surveillait en cachette, le faisant espionner par des domestiques et même par des amis. En décembre 1727, il appela le lieutenant Borcke et trois autres officiers, pour leur dire, en présence du prince, que celui-ci « était dans un âge périlleux et sujet à toutes les mauvaises inclinations » ; il les avait donc choisis tous les quatre « pour avoir l'œil sur sa conduite », et les rendait responsables, « sur leur tête, du moindre excès ou dérèglement dont ils n'auraient pas détourné le prince » ou dont ils n'auraient pas « averti », lui, le roi [1]. Un d'eux devait tou-

---

1. *Briefe Fr. de Gr... an F. W. und F. L. F. von Borcke*, p. 10.

jours accompagner Frédéric. Il est impossible d'imaginer un procédé plus maladroit et plus humiliant.

Par l'excès même de la surveillance, le roi excitait son fils à lui dérober tout ce qu'il pouvait de sa vie. Le prince cachait ses actions, les bonnes comme les mauvaises. Il commença par se composer en secret une bibliothèque de plus de trois mille volumes. Le catalogue comprenait les grands périodiques anglais et français (cinquante-deux volumes du *Journal des savants*); une encyclopédie anglaise; des bibliographies; des manuels; des anas; des dictionnaires et des grammaires des langues française, anglaise, italienne et espagnole; un dictionnaire des rimes françaises; des traités de poétique, de style, de conversation; les grands écrivains de l'antiquité dans des traductions italiennes, anglaises, mais surtout françaises; les grands écrivains français, depuis Rabelais; ce qui avait paru de Voltaire; les grands écrivains italiens; toutes les histoires universelles de quelque valeur; des abrégés d'histoire grecque, beaucoup de livres d'histoire romaine, d'histoire de tous les pays de l'Europe, mais surtout de la France; quelques livres seulement, français ou traduits en français, sur l'histoire de l'Allemagne, et un seul petit abrégé en français de l'histoire du Brandebourg; une grande quantité de mémoires en français; des atlas historiques, géographiques, ethnographiques, et des récits de voyage, la plupart en français; des ouvrages de mathématiques et de sciences physiques et naturelles, publiés en Hollande ou en France; les comptes rendus de l'Académie des sciences de France; des livres sur les beaux-arts et la musique, français en majorité; des livres de littérature politique, Machiavel, l'*Utopie* de Morus, la *République* de Bodin, la *Paix perpétuelle* de l'abbé de Saint-Pierre ; des livres de littérature militaire ; des histoires de la religion et des églises chrétiennes, des livres de polémique et d'apologétique, tous les écrits de Mme Guyon ; des histoires de la philosophie et des traités de morale païenne et chrétienne ; les œuvres de Descartes, de Bayle et de Locke [1].

Si précoce que fût Frédéric, il n'aurait pas, à quinze ans, trouvé le plan d'une pareille bibliothèque. Il fut conseillé par Duhan, qui faisait les achats, et l'aidait ainsi à poursuivre son éducation intellectuelle. Le prince a écrit de sa main le premier catalogue de sa bibliothèque, en 1727. Il a copié ces titres de livres, qui traitaient de toutes les matières de la connaissance humaine. Il était préparé à les comprendre tous ; devant sa jeune intelligence se déployait un horizon si vaste, que l'Allemagne n'y occupait qu'une petite place, et que le Brandebourg y était visible à peine. Ces ouvrages de mathématiques et de physique, Descartes, Bayle, Locke, Voltaire, un dictionnaire des rimes françaises, c'est bien déjà la bibliothèque du grand Frédéric. Il avait caché ce trésor dans un logement loué tout près du château ; les livres étaient enfermés dans des armoires dont Duhan avait les clés. Il y courait, sans doute, toutes les fois qu'il pouvait voler un quart d'heure aux devoirs et aux corvées dont ses journées étaient remplies. Il a dû lire çà et là, au hasard, par bribes, en hâte, avec une gourmandise inquiète. S'il avait été surpris par son père, quelle scène !

---

1. Bratuscheck, *op. cit.*, pp. 39 et suiv. et les notes.

Le roi détestait les livres, au point qu'il supprima les traitements de la bibliothèque royale, et donna à un général une rente de 1,000 thalers sur le fonds d'achat de livres, qui était précisément de 1,000 thalers.

Ainsi se perpétuait la résistance d'un jeune esprit, affamé de plaisir intellectuel, à la tyrannie de Frédéric-Guillaume ; mais le prince va donner à son père des griefs d'une autre nature. Au commencement de l'année 1728, le roi se préparait à partir pour Dresde, où sa visite était attendue. Il avait d'abord décidé que son fils ne le suivrait pas. Frédéric, qui avait grande envie de voir d'autres pays, d'autres mœurs, et, sans doute aussi, de figurer en prince à l'étranger, conçut un tel chagrin en apprenant qu'il ne serait pas du voyage, que sa sœur Wilhelmine craignit de le voir tomber malade. Elle avait, comme on sait, un esprit à ressources. Elle intrigua auprès du ministre de Saxe à Berlin, Suhm, pour qu'il demandât au roi Auguste d'inviter son frère avec insistance. Le roi de Pologne fut si pressant que Frédéric-Guillaume appela son fils à Dresde. Il voulut même que le jeune homme y parût en bonne tenue, et lui commanda de se faire faire « un habit bleu galonné d'or et six livrées pour ses gens [1] ». Les voilà donc tous les deux dans la cour la plus brillante de l'Allemagne ; ce fut pour eux une occasion nouvelle d'échanger leurs antipathies. Fritz se trouvait à l'aise dans ce grand air et cette magnificence, qui contrastaient si fort avec la triste mine de la cour de Berlin. Il était traité en prince royal : autre contraste.

1. Sauveterre, A.-E. Prusse, 1728. 17 janv.

Il savait plaire et charmer, et se fit « aimer des Saxons... Son goût semblait favoriser plus volontiers leur manière de vivre que celle du roi son père. » Frédéric-Guillaume faisait ce qu'il pouvait pour être aimable, mais il eut quelques malheurs, entre autres celui de crever sa culotte dans un bal, où « la vivacité de la danse lui ôtait l'usage de la réflexion ». Comme il n'avait apporté qu'une culotte de cérémonie, il dut en envoyer chercher une autre à Berlin par estafette. Il vit fort bien que son fils réussissait mieux que lui dans le monde. Il lui refusa des occasions de s'y produire et le força, par exemple, de s'excuser de ne pouvoir aller dîner chez le ministre de France, qui l'avait invité. Il ne pouvait pourtant l'enfermer tout à fait. Frédéric alla dîner chez le ministre d'État, Manteufel, qui avait un bel esprit cultivé. Il y philosopha tout à son aise; deux jours après, écrivant à sa sœur, il signait : *Frédéric le Pfilosophe*. La musique était fort en honneur à la cour de Dresde; le prince y entendit pour la première fois, avec ravissement sans aucun doute, un opéra. Bref, il prenait tant de plaisirs, que Frédéric-Guillaume s'en vengea en le mortifiant [1].

Encore le roi n'a-t-il pas tout vu, si l'on en croit Wilhelmine. Toutes les sortes de plaisirs régnaient à la cour de Dresde, que l'on pouvait appeler avec raison « l'île de Cythère; les femmes y étaient très aimables et les courtisans très polis. Le roi y entretenait un espèce de sérail des plus belles femmes de son pays. Lorsqu'il mourut, on calcula qu'il avait eu trois cent cinquante-quatre enfants

---

1. Sauveterre, A.-E. Prusse, 1728, 3 févr., et Bratuscheck, pp. 34-5.

de ses maîtresses. Toute la cour se réglait sur son exemple ; on n'y respirait que la mollesse, et Bacchus et Vénus y étaient les divinités à la mode [1]. » Le roi de Prusse ne sacrifia qu'à Bacchus. Un soir que les rois avaient bu par flots des vins de Hongrie, Auguste conduisit insensiblement son hôte dans une chambre très richement ornée, et, pendant que celui-ci admirait les meubles et l'ordonnance, qui étaient d'un goût exquis, il fit lever une tapisserie. Alors apparut « un spectacle des plus nouveaux... une fille dans l'état de nos premiers pères, nonchalamment couchée sur un lit de repos, » et dont « le corps d'ivoire » brillait de l'éclat des lumières répandues autour d'elle. Dès qu'il aperçut cette belle, le roi de Prusse se tourna avec indignation, et, voyant son fils derrière lui, il le « poussa très rudement hors de la chambre ». Mais Fritz avait eu le temps de contempler « la Vénus du cabinet, qui ne lui inspira pas tant d'horreur qu'à son père ». Wilhelmine assure qu'il obtint du roi Auguste les faveurs de la belle Formera.

Il fallut bien revenir à Berlin et retomber dans la mélancolie, plus noire après cette vision. Le prince maigrissait à vue d'œil ; il tomba malade d'une espèce de fièvre lente, menacé d'étisie ou de phtisie, disait le médecin, malade d'amour, écrit Wilhelmine, car « il avait pris du goût pour les débauches, depuis qu'il avait été à Dresde, et la gêne où il vivait l'empêchait de s'y livrer ». Le roi le crut en danger, et, la « voix de la nature » s'étant fait entendre, il s'affligea. « Quand les enfants

---

[1]. *Mém. de la Margrave*, pp. 86 et suiv.

sont bien portants, écrit-il au prince d'Anhalt, on ne sait pas qu'on les aime. » Il entendit avec patience la reine lui reprocher la maladie de son fils, et lui déclarer « qu'elle voulait bien supporter les chagrins, qui retomberaient sur elle seule, mais que, pour son fils, elle ne permettrait pas qu'on abusât de ses forces dans l'état où il était. » Il eut même des remords de ses rigueurs passées, qu'il essaya de faire oublier par des caresses. Ce fut un de ces moments rares et courts, où le père se retrouvait.

On a du regret à penser que, même dans ces journées de réconciliation, tout le monde n'était pas sincère. Au moins, Wilhelmine raconte que sa mère, son frère et le médecin, « qui était du bon parti, » exagéraient le mal, pour procurer au prince quelque repos. Elle ne croit pas que ce soit le retour de la tendresse paternelle qui ait guéri son frère. Le roi de Pologne vint rendre à Berlin, au mois de mai, la visite qu'il avait reçue six mois auparavant. Frédéric ne parut pas tout de suite aux fêtes. Il avait décidé — car sa philosophie n'allait point jusqu'à mépriser les préséances — de ne pas s'asseoir « à la table de cérémonie, qui devait se donner à Berlin, ne voulant point céder le pas au prince électoral de Saxe, ce que le roi aurait exigé infailliblement de lui »; mais il n'avait garde de perdre l'occasion de revoir les hôtes de Dresde ; il vint donc à la cour. Auguste avait amené avec lui sa maîtresse favorite, la comtesse Orzelska, qui était sa fille naturelle, et qui avait pour amant de cœur le comte Rudofski, fils d'une Turque et du même Auguste. Cette aimable personne — « elle possédait un je ne sais quoi qui prévenait pour elle » — partageait donc ses bontés entre son père et son frère. Frédéric s'était épris d'elle à Dresde ; il la revit avec joie, et l'accueil qu'il reçut d'elle, « dans les visites secrètes qu'elle lui fit, achevèrent de le guérir [1]. »

Ce fut encore un heureux événement de l'année 1728 que le voyage du roi dans la province de Prusse. Il n'y emmena pas Frédéric, qui avait eu une rechute et grossissait encore un peu sa maladie, pour éviter l'ennui de la compagnie paternelle. Le roi, avant de partir, régla par une instruction adressée à Kalkstein le régime du prince pendant son absence. Il ordonnait que Frédéric reçût, chaque matin, une leçon de deux heures sur le génie militaire, donnée par le major Senning ; qu'il dînât à midi juste. Kalkstein, Senning et le maître de la cuisine Holwedel mangeront avec lui, mais il pourra inviter jusqu'à six personnes. Une demi-heure après le repas, une heure d'escrime ; ensuite, jusqu'à quatre heures, leçon de Senning. Le prince « après quatre heures, peut se divertir, comme il veut, mais il ne doit rien faire qui soit contre le commandement de Dieu et de Sa Majesté. Il peut tirer, chasser, courir une bête, mais le colonel Kalkstein sera toujours avec lui ». Il est autorisé à dîner et souper en ville, mais ne découchera jamais. Après la retraite, il se mettra au lit tout de suite. C'est toujours le même ton de commandement, la même rigueur à tout régler [2]. Ne rien faire qui soit contre les commandements de Sa Majesté ! Mais cela seul, justement, était une récréation pour Frédéric.

1. *Mém. de la Margrave*, pp. 93 et 100 ; Sauveterre, A.-E. Prusse, 1728, 15 mai et 20 avril.
2. Koser, à l'appendice, p. 225.

Il y eut, à la cour, pendant l'absence du roi, une fureur de musique. Le roi de Pologne avait envoyé, sur la prière de la reine, « les plus habiles de ses virtuoses, tels que le fameux Weiss, qui excelle si fort sur le luth, qu'il n'a jamais eu son pareil ; Bufardin, renommé pour sa belle embouchure sur la flûte traversière, et Quantz, joueur du même instrument, grand compositeur, et dont le goût et l'art exquis ont trouvé le moyen de mettre sa flûte au niveau des plus belles voix[1]. » La reine donna donc des concerts, que le prince dut écouter avec ravissement. Il aimait passionnément la musique ; et jouait du clavecin, du violon et de la flûte, mais la flûte était son instrument préféré. Peut-être a-t-il pris cette prédilection dans le *Télémaque*, où Fénelon décrit le pupille de Minerve charmant aux sons de la flûte ses amours naissantes. Jouer de la flûte et lire, c'étaient les vraies joies de Frédéric. Il n'a dû guère user de la permission de « courir une bête » ; la chasse, ce plaisir favori de son père, n'était pour lui qu'un exercice violent et stupide. Il n'y allait que par ordre, et, toutes les fois qu'il le pouvait, se dérobait derrière un arbre, et tirait sa flûte. Il a sans doute exprimé sur cet instrument pastoral, mieux que par les vers qu'il écrira bientôt, le vague sentiment poétique dont fut caressée sa jeunesse.

Le goût commun que sa sœur et lui avaient pour la musique embellissait d'un charme délicat leur amitié. Ils faisaient des duos : Wilhelmine nommait son luth *Principe*, et Fritz, sa flûte, *Principessa*.

---

1. *Mém. de la Margrave*, p. 101.

L'AUTOMNE DE 1728 A WÜSTERHAUSEN

« Nous nous divertîmes parfaitement. Nous coulions des jours tranquilles... » dit Wilhelmine, en parlant du temps de l'absence de son père, mais le père revint et il fallut « du paradis tomber en purgatoire ». Le séjour à Wüsterhausen, à l'automne de 1728, fut d'une tristesse mortelle, avec des scènes violentes. Frédéric avait essayé de l'éviter; il désirait voyager, pour voir du pays et satisfaire sa vive curiosité, mais surtout pour s'en aller. Il n'osa point demander à son père de le laisser partir. Kalkstein glissa sa requête dans une conversation avec le roi, qui répondit par un refus net; il fallut donc rester : jamais Wüsterhausen n'avait paru plus horrible à Frédéric et à Wilhelmine.

La princesse a dessiné avec une malice enragée la caricature de cette résidence si chère à Frédéric-Guillaume, « ce château enchanté... qui ne consistait qu'en un corps de logis dont la beauté était relevée par une tour antique, qui contenait un escalier de bois en escargot. Le corps de logis était entouré d'une terrasse, autour de laquelle on avait creusé un fossé, dont l'eau noire et croupissante ressemblait à celle du Styx, et répandait une odeur affreuse capable de suffoquer. Trois ponts, placés à chaque face de la maison, faisaient la communication de la cour, d'un jardin et d'un moulin qui était vis-à-vis. Cette cour était formée de deux côtés par deux ailes où logeaient les messieurs de la suite du roi. Elle était bornée par une palissade, à l'entrée de laquelle on avait attaché deux aigles blancs, deux aigles noirs et deux ours en guise de garde, très méchants animaux, pour le dire en passant, qui attaquaient tout le monde [1]. »

La maison, il est vrai, n'avait pas la prétention d'être un palais, et c'est pour cela qu'elle plaisait à Frédéric-Guillaume. C'est un logis de hobereau : la tour rappelle l'origine féodale. L'escalier de bois en escargot est toujours là, et l'aménagement intérieur n'est pas changé : au rez-de-chaussée, quelques pièces de modeste grandeur servaient de salle à manger et de chambres à coucher au roi et à la reine. Au premier étage, la tabagie occupait la plus belle et la plus grande place : le reste était divisé en chambres très petites. L'ouverture profonde de fenêtres étroites, n'éclairait qu'à demi cette maison qui devait être bien sombre, les jours d'automne et d'hiver. Le paysage est très simple : c'est le désert. Des bois grêles allongent sur la platitude du sol leurs allées de sable, où le marcheur n'entend point son pas; c'est un endroit de silence. Mais ce *Kœnigs-Wüsterhausen*, cette maison du roi dans le désert, est expressif. Il raconte Frédéric-Guillaume, et la simplicité de sa vie, encadrée dans de la prose sèche. Hélas ! j'y ai vu en mirage les grâces de Trianon, et la majesté du palais de Versailles, les escaliers babyloniens qui montent à la haute terrasse, la longue ligne solennelle du château et les grandes fenêtres de la salle triomphale, où le cin-

---

1. *Mém. de la Margrave.*

quième successeur de Frédéric-Guillaume a inauguré, il y a vingt ans, l'empire d'Allemagne.

Wilhelmine et Fritz souffraient à Wüsterhausen de la médiocrité de l'installation et de la petitesse des chambres, ou, « pour mieux m'expliquer, des galetas » où leurs Altesses Royales étaient indignement logées. Ils souffraient surtout du perpétuel contact avec le roi. Dans cette petite maison, on vivait les uns sur les autres.

Frédéric essayait de se désennuyer par la lecture et par la correspondance. Il écrivait souvent au lieutenant Borcke.

Son amitié croissait pour ce jeune officier. Il lui exprimait ses sentiments en termes d'une tendresse singulière : « Personne ne vous aime et estime autant que je fais... Donnez-moi la moitié du réciproque égard à l'amitié. » Il s'excusait de le fatiguer de ses chagrins et de son incommode affection. Comme Borcke était malade, le prince menaçait l'engeance des médecins de sa colère, s'ils ne guérissaient pas le « cher Bork »; il leur prédisait, avec une réminiscence de Molière, « la gaunice et de cete jonice derivra l'idropisie qui les feras tomber dans une fièvre consomente, cela la engendrera la pulmonicité qui les fera crever à la fain. » Il revenait sur la crainte d'importuner son ami : « Mon enuyeuse tendrese s'échape et vous découvre ces sentiments d'un cœur qui est rempli de vous et qui ne se pet apaiser qu'en sachant que vous êtes pleinement persuadé de la tendre amitié avec laquelle il vous adore. »

Il est assez sûr de cet ami, que le roi cependant a chargé de le surveiller, pour s'ouvrir à lui sans réticences. « Le roi, lui écrit-il, continue d'être de mauvaise humeur, il gronde tout le monde, n'est content de personne, pas seulement de lui-même... Il est encore terriblement fâché contre moi... » Le prince se plaint de toute la vie qu'il mène. Il s'ennuie à la chasse : « Demain il y a chasse par force, et après-demain est dimanche, et lundi il y a chasse par force. » Il s'ennuie à la tabagie, où son plaisir est « d'ouvrir des noix, plaisir fort digne du lieux que nous occupons ». Il s'ennuie des bouffonneries des fous du roi et de la conversation de tous les hôtes : « Nous avons ici la plus sot asemblage d'une compagnie fort bigarrée et fort mal choisies, car les humeurs, ni les ajes, ni les inclinaisons de ceux qui la composent ne s'accordent, ce qui fait qu'il n'y a pas de discours suivi. » Il est las de ses journées et voudrait ne les avoir pas vécues : « Je me suis levé à 5 heur ce matin et il en est à présent minuit. Je suis si las de ce que je vois que je le voudrais efacer de ma mémoire comme si cela n'y avait jamais été. »

Par moments, il paraît résigné : « L'on aprent enfain par la longe du tems à devenir sans souci je le sui à cet heure et malgrai tout ce qui me peut arriver, je joue de traverse, je lis, et j'aime toujours mes amis plus que moi-maime, » mais ni la lecture, ni la musique, ni l'amitié ne parviennent, malgré qu'il en ait, à le remettre en bonne humeur et patience : « Nous avons tous les jours des maudites scènes ici, j'en suis si las que je voudrais plutot mendyer mon pain que de vivre plus longteims sur le pied où je suis. » Il a une façon singulière de parler d'un danger que le roi a couru : Il ne s'en est fallu « que de la largeur d'un pouse pour nojer le roi avec tout le bajaje¹ ».

La crise des mariages, où nous allons revenir, avait recommencé; le roi ne décolérait pas. Frédéric voyait « qu'il n'y avait pour ainsi dire aucune espérance de raccommodement » entre son père et lui, et ne souhaitait plus qu'une « suspension d'invectives ». Il fit une tentative pour obtenir cette trêve; n'osant parler au roi, il lui écrivit. Il s'excuse d'abord de ne pas aller trouver son cher papa; il avait peur de recevoir un accueil plus mauvais encore qu'à l'ordinaire, et que la prière qu'il avait à lui adresser ne l'irritât. Il le suppliait donc par lettre d'être gracieux pour lui. Il l'assurait que, dans sa conscience longuement examinée, il ne trouvait rien à se reprocher. S'il avait fait, sans le savoir ni le vouloir, quelque chose qui eût offensé son cher papa, il implorait très humblement son pardon. Il espérait que son cher papa renoncerait à cette haine cruelle (*grausamen Hass*), qu'il laissait voir par toute sa façon d'être et de faire. Il ne pouvait se résigner, après avoir toujours cru avoir un gracieux père, à l'idée que le contraire serait vrai. Il avait donc la confiance et l'espoir que son cher papa réfléchirait sur tout cela et redeviendrait gracieux pour lui; en tout cas, il l'assurait que même, dans la disgrâce, il était avec un respect très humble et filial, de son cher papa, le très obéissant et très fidèle fils et serviteur. Ce langage si humble, à circonlocutions serviles, exaspéra le roi, qui prit sa plume lui aussi, et, comme s'il était heureux

---

1. *Briefe Fr. des Gr...*, pp. 12 et suiv.

d'avoir une occasion de dire ce qu'il avait sur le cœur, déversa tous ses griefs : « Il a, écrivit-il, — avec la forme méprisante de la troisième personne, — une tête volontaire et méchante; il n'aime pas son père. Un fils qui aime son père fait la volonté de ce père, non seulement en sa présence, mais même quand il n'est pas là pour tout voir. Il sait bien que je ne puis souffrir un gars efféminé, qui n'a pas une seule inclination virile, qui ne sait pas monter à cheval, ni tirer, qui, par-dessus le marché, est malpropre sur son corps, ne se fait pas couper les cheveux, et se fait friser comme un fou. Avec cela grand seigneur, fiérot, ne parlant à personne qu'à tel ou tel, point affable, ni populaire. Il fait des grimaces avec son visage, comme s'il était fou. Il ne fait ma volonté en rien que par force. Il ne fait rien par amour filial. Il n'a d'autre plaisir que de suivre sa tête. Voilà ma réponse [1]. »

Ainsi correspondaient d'une chambre à l'autre, sous le toit de Wüsterhausen, ce père et ce fils. Six semaines environ passèrent. Les journées devinrent de plus en plus sombres; les scènes se multipliaient; alors le prince essaya d'un moyen héroïque. C'était à Wüsterhausen encore, au dîner de la fête de saint Hubert, que le roi aimait à célébrer joyeusement. Frédéric était assis en face de son père et de sa mère, à côté de Suhm, ministre de Saxe. Il se mit à boire beaucoup, contre son habitude : « Je serai pour sûr malade demain, dit-il à Suhm ». Bientôt, le vin lui montant à la tête, il se plaint à son voisin de sa vie d'esclave. Il le supplie de lui procurer, par l'intervention

---

[1]. *Œuvres de Frédéric le Gr.*, t. XXVII, 3ᵉ partie, pp. 9 et 10.

du roi de Pologne, la permission de voyager. Il parle si haut qu'on l'entend de l'autre côté de la table. La reine inquiète fait signe à Suhm de le calmer, mais le prince parlait toujours, et, montrant le roi, il répétait : « Pourtant je l'aime! » « Qu'est-ce qu'il dit, demande le roi à Suhm? » Suhm répond que le prince est ivre et n'est pas responsable de ses paroles. « Bah! réplique le roi, il fait semblant, mais qu'est-ce qu'il dit? » — « Le prince dit que, bien que le roi le force à trop boire, il l'aime beaucoup ». « Il fait semblant, répète le roi. » Suhm donne sa parole que le prince est ivre de bon vrai. « Je viens de le pincer, dit-il, et il n'a rien senti. » Fritz reprend un moment une figure sérieuse, mais il tombe dans un nouvel accès. La reine se retire; Suhm conseille au prince d'aller se coucher; le prince répond qu'il ne partira pas avant d'avoir embrassé la main de son père. Le roi, qui prend goût à la scène, lui tend en riant une main; le prince demande l'autre; il les couvre de baisers, attire son père vers lui. L'assistance éclate en applaudissements. Alors, Fritz fait le tour de la table, va se jeter aux genoux de son père, lui parle sans fin, en l'embrassant toujours. Il lui déclare qu'il l'aime de tout son cœur, qu'il a été calomnié par des gens qui ont intérêt à brouiller la famille, qu'il aimera et servira le roi toute sa vie. — « Bon! Bon! disait le roi; qu'*il* soit seulement un homme d'honneur. » Tout le monde pleurait d'attendrissement. Enfin, le prince fut emmené[1].

Le soir, à la tabagie, on remarqua que le roi était très

---

1. Rapport de Suhm, Droysen, IV, 4, 398-401.

gai. Fritz qui se met à boire, Fritz qui se grise ! Voilà une nouveauté. Est-ce que ce garçon-là prendrait des « inclinations viriles »? Mais le père avait de la peine à croire à une transformation si rapide. On lui persuada que le prince avait joué la comédie, ce qui est possible, probable même.

Les témoins obligés de cette vie de famille n'en pouvaient plus supporter le spectacle. Les deux gouverneurs Finkenstein et Kalkstein demandèrent leur congé avec instance. Ils l'obtinrent, au mois de mars 1729. Le roi attacha deux nouveaux officiers à la personne de son fils : le colonel von Rochow et le lieutenant von Keyserlingk[1] ; il a choisi le premier à cause de son caractère sérieux, le second, parce qu'il est plus « alerte ». Dans une instruction pour Rochow, il répète que le prince n'aime que les occupations et les plaisirs de paresseux. Le colonel lui représentera donc « que toutes les occupations efféminées, lascives et féminines, sont hautement inconvenantes pour un homme ; elles sont bonnes pour des fats et des damoiseaux, mais un damoiseau est un chiffon, un maraud, une tête à gifles... Le prince, dans sa démarche, son langage et son rire, grimace tout le temps. À cheval, il se tient courbé. Or quelqu'un qui laisse pendre sa tête entre ses oreilles et qui est branlant, n'est qu'une loque. Rochow lui arrachera son bonnet de nuit, et lui donnera plus de vivacité. Le prince porte haut : il faut lui apprendre à

---

[1]. Nous retrouverons plus tard Keyserlingk parmi les intimes de Frédéric. Ce jeune officier avait un esprit brillant ; après des études à l'Université de Königsberg, il avait voyagé. Le roi, en plaçant auprès du prince ce jeune homme « alerte », comme il dit, a certainement voulu faire plaisir à son fils.

être poli et obligeant pour tout le monde, lui inspirer une humeur sincère et ouverte, l'amener à interroger tout le monde, grands et petits, car c'est la façon de tout apprendre et de se rendre malin. » Le roi ordonne enfin que son fils continue le régime accoutumé de prières et de lectures des livres saints, et qu'il obéisse à l'avenir volontiers, de son plein gré, non plus avec un visage maussade, car, obéir avec un visage maussade, ce n'est pas obéir. Bref, Rochow doit employer tous les moyens pour faire du prince un brave garçon, un honnête homme, un officier. S'il ne réussit pas, ce sera un grand malheur[1].

Ce fut un grand malheur, car Rochow ne devait pas mieux réussir que ses prédécesseurs.

LA REPRISE DE LA NÉGOCIATION DES MARIAGES

Au moment où Frédéric essayait à deux reprises de se réconcilier avec son père, les intrigues du double mariage avaient repris leur cours[2]. Elles se compliquèrent bientôt d'une brouille avec le Hanovre. Dix Hanovriens ayant été enlevés et incorporés au service de la Prusse, des recruteurs prussiens furent arrêtés en Hanovre. Sur ces entrefaites, des paysans prussiens avaient coupé et

1. Koser, pp. 24-5.
2. Pour les documents relatifs au mariage, voir p. 159, note 4.

emporté les foins d'une prairie de la frontière, dont la possession était contestée entre le Hanovre et le Brandebourg ; des paysans hanovriens allèrent enlever ces foins et les rapportèrent dans leurs granges. C'était aussi grave que la querelle rabelaisienne des fouaciers de Lerné, mais Frédéric-Guillaume perdait patience, à la moindre contrariété qui lui venait de son beau-frère d'Angleterre ; sa sensibilité à l'endroit de ses recruteurs était extrême ; enfin l'Europe s'agitait dans une de ces crises, d'où pouvait sortir un conflit général. De Vienne, où l'on se croyait tout près de la guerre, on attisait « le feu prussien, pour y faire cuire ses œufs[1] ». Le roi, furieux et irrésolu toujours, était en tempête continue. Des accès de goutte le surprirent au même temps.

Sur ce fond de misères, de colère et de souffrances, se déroula la comédie matrimoniale.

Ce fut, comme dit Wilhelmine, toujours « la même chanson ». Le roi veut avoir d'Angleterre une réponse catégorique. Dès son arrivée à Wüsterhausen, à l'automne de 1728, il a déclaré à la reine qu'il était « temps de fondre la cloche pour sa Guilelmine et de savoir enfin ce que les Anglais en voulaient faire, car il entendait n'être pas leur dupe plus longtemps ». Ainsi, « écrivez sur le champ que l'on vous mande positivement à quoi je peux m'en tenir sur l'article, parce que je prendrai des mesures ailleurs. » La reine écrit, et dans les termes les plus pathétiques, à sa belle-sœur la reine d'Angleterre. Elle ne reçoit d'elle que de vagues réponses. On l'assure, en octobre, qu'elle

---

1. Koser, pp. 31-32.

peut être certaine du désir où l'on est de terminer les alliances et de ramener l'harmonie des deux cours ; mais, en décembre, on lui déclare que, si l'on est finalement résolu au mariage de la princesse Wilhelmine, « c'est à la condition que celui du prince son frère se fasse en même temps. » Or le roi de Prusse continuait à désirer l'établissement de sa fille en Angleterre, mais il ne voulait prendre aucun engagement pour son fils.

Il trouvait le prince trop jeune, et ne se souciait pas d'avoir pour belle-fille une princesse grande dame, habituée au luxe d'une cour opulente. Il craignait d'émanciper son fils, et, plus encore, de lui faire un plaisir. Il fit donc la sourde oreille aux propositions, et comme la reine, « une nuit qu'ils étaient réveillés l'un et l'autre, voulut profiter du moment pour lui demander une réponse agréable aux réponses venues de Londres, il la repoussa avec rudesse et se mit à l'injurier, elle et les Anglais, dans des termes dont rougirait la pudeur. Il ajouta que les Anglais n'agissaient que pour elle, et non pour lui, et que son fils, qu'elle aimait si tendrement, n'était qu'un coquin qui voulait s'échapper par le mariage, mais qu'il saurait bien le retenir[1]. » Il faut convenir qu'il jugeait bien des dispositions de son fils et de celles de l'Angleterre, qui semblait en effet n'agir que par pitié pour la reine de Prusse.

Pendant toute l'année 1729, l'affaire traîna, l'état de la politique générale ne permettant pas de démarches suivies. Les deux partis restaient sur leurs positions : la

1. Sauveterre, A.-E. Prusse, 1729, 7 février, longue dépêche où est résumée toute cette reprise de négociations.

cour de Londres ferme à vouloir la double alliance, le roi de Prusse demandant une déclaration pour Wilhelmine seule, et menaçant de la marier malgré elle, s'il ne recevait pas satisfaction. Il avait une liste toute prête de prétendants, dont il jetait à tout propos les noms au visage de la reine. Celle-ci essayait de gagner du temps et toujours « attendait des réponses d'Angleterre », qui arrivaient, mais qu'elle n'osait montrer. Seckendorff et Grumbkow circonvenaient de plus en plus le roi. Ils avaient poussé la trahison au point d'avoir corrompu Reichenbach, le propre ministre de Prusse à la cour de Londres ; ils le faisaient travailler contre les mariages, et le guidaient par des instructions dans cet infâme manège.

La reine, Frédéric et Wilhelmine, continuaient à faire de la politique occulte. Nous ne savons plus aussi bien leurs menées, depuis que Rottenbourg a quitté Berlin ; Sauveterre, qui le remplace, est un moindre personnage, moins bien en cour, moins entreprenant, peureux même. Il a pourtant gardé des relations avec les ministres amis de la France, surtout avec Cnyphausen, qui lui donne des informations sûres. Il est en confidence réglée avec le ministre d'Angleterre, qui est le grand recours de la reine [1]. Les dépêches des deux ministres montrent qu'aussi bien que Seckendorff et Grumbkow, la reine et le prince intriguent à Londres, à l'insu du roi.

La reine conte à du Bourgay les conversations de son

---

[1]. Suivre, en même temps que les dépêches de Sauveterre, celles des ministres d'Angleterre, Raumer, *Neue Beiträge*, *loc. cit.* C'est la reine qui est la principale source d'informations. Elle raconte tout, même les scènes d'alcôve.

mari, lui montre les lettres qu'elle écrit, et le charge d'expédier des courriers à son gouvernement ; elle prétend même dicter à Cnyphausen des dépêches. Cnyphausen et du Bourgay se récusent à bon droit. Alors elle « prend son mouchoir et se met à pleurer ». « Faut-il que je sois malheureuse, s'écrie-t-elle, et qu'on n'ait guère de compassion pour moi en Angleterre ! » Elle invoque aussi la pitié de la France ; elle fait demander à Sauveterre de solliciter les bons offices de sa cour auprès de celle d'Angleterre « dans la situation douloureuse où elle se trouve ». Elle n'en pouvait dire davantage « par rapport aux précautions qu'elle était obligée de prendre, mais l'unique moyen qu'elle concevait de la sauver était que notre cour l'appuyât de son secours. »

De France, on répondait : « Assurez la reine que nous avons vivement senti sa situation ; nous nous porterons au succès de tout ce qui lui paraît désirable ». On ordonnait à Sauveterre de « savoir de la reine elle-même, pour mieux régler nos démarches, le progrès des soins qu'elle continuera d'employer pour vaincre les obstacles qui se rencontrent encore à ce qui serait l'objet de ses désirs ». La reine s'empresse de témoigner sa reconnaissance. Elle est « très sensible à l'amitié qu'on lui montre et à laquelle elle s'est toujours attendue. Ce qui sert de soulagement à ses maux est d'en être bien persuadée... Elle ne se relâchera jamais de l'amitié qu'elle porte à la France et elle élèvera le prince dans les sentiments de reconnaissance qu'il doit avoir un jour ». Sophie-Dorothée se croyait au-dessus de la politique de son mari, et même de toute la politique. Comme si le monde entier devait s'accorder pour satisfaire « l'ambition de sa fille, qui avait été élevée dans l'espérance d'épouser le prince de Galles », elle disait qu'elle était lasse de voir Wilhelmine en but d'épouser tel ou tel parti indigne, et concluait par cette menace : « Si vous ne faites pas qu'on me laisse en repos, je bouleverserai l'Europe. » Cette hauteur, cet entêtement, les maladresses qu'elle commettait, l'art où elle excellait de mal placer ses confidences, désespéraient ses alliés et ses complices. Du Bourgay et Sauveterre l'accusent de tout gâter. « Elle rebute les gens qui lui sont attachés ; » elle « précipite » trop ses démarches; elle est, dit Cnyphausen « malheureuse par sa faute [1] ».

Parmi les prétendants du roi était le margrave de Schwedt, prince brandebourgeois, d'une branche issue du grand électeur. Ce projet d'alliance, qui faisait horreur à la reine et à sa fille, ne plaisait guère à la famille du jeune margrave : la mère de celui-ci à qui le roi « a fait visite pour lui faire l'offre du mariage », a remercié du grand honneur, mais s'est excusée sur la peine qu'elle causerait à la reine, et à la princesse royale, « dont les sentiments avaient été élevés à porter une couronne. » Elle s'est ensuite expliquée avec la reine. Elle lui a dit qu'elle redoutait beaucoup pour son fils ce beau mariage : « Le roi ne donnera pas plus de 30,000 écus de dot. Il traitera son gendre en vassal et en sujet. Il le fera

---

1. Sauveterre, A.-E. Prusse, 1729, 17 et 20 déc.; 1730, 14 janv., 4 et 19 mars, 8 avril. La menace de « bouleverser l'Europe » est dans une lettre adressée « à une personne de la ville », dont Sauveterre donne la copie.

espionner pour veiller sur sa conduite avec son épouse. Et qu'arrivera-t-il, quand le prince royal règnera? Il sera un ennemi de mon fils, qui fera bien mieux d'attendre, et n'aura pas de peine à trouver une dot de 200,000 écus. » Le roi s'était adressé aussi au prince d'Anhalt, oncle du margrave; Anhalt lui-même s'était excusé poliment. La crainte du ressentiment de Frédéric retenait donc la famille de Schwedt. Le prince royal la confirma dans ces sentiments. Il écrivit au prince d'Anhalt « par une personne affidée », pour lui dire que s'il empêchait le mariage, il pouvait compter « sur sa reconnaissance et sur celle qu'il porterait à sa famille, qu'il considérerait comme la sienne propre ».

Frédéric avait une correspondance secrète avec la cour anglaise; il recevait des lettres du prince de Galles par des occasions sûres. Il avait trouvé le moyen de concilier les dispositions contraires des deux cours: l'Angleterre veut le double mariage, et le roi de Prusse, le mariage simple? Que l'Angleterre se contente, pour le moment, de l'union du prince de Galles avec Wilhelmine. Le prince donne et réitère par écrit « sa parole d'honneur de n'épouser jamais que la princesse Amélie »; il se promet donc à l'insu et contre la volonté de son père. Il croit, lui aussi, que la politique du roi ne le regarde pas[1]. Au mois d'août 1729, en un moment où l'on est si près d'une guerre avec le Hanovre, que quarante mille Prussiens ont été mobilisés, le prince qui est dans les rangs

---

1. Sauveterre, A.-E. Prusse, 1729; 13 et 30 août; 1730, 3 et 15 janvier, 4 et 28 févr., 13 août. C. f.; *Mém. de la Margrave*, années 1729 et 1730, notamment pp. 140, 141, 150.

de l'armée, prête à marcher, « fait passer des assurances très secrètes de son amitié au roi d'Angleterre et au prince de Galles, leur disant qu'il est bien persuadé de la justice que l'on rendra toujours à ses sentiments, malgré les conjonctures présentes[1]. »

Tout cela, le roi ne le savait pas exactement. Un homme, un roi, pouvait-il s'imaginer qu'il fût possible de le duper à ce point? Un de ses ministres, Cnyphausen, livre ses secrets à la France et à l'Angleterre; un autre, Grumbkow, les vend à l'Autriche et emploie contre son maître le propre envoyé de celui-ci à Londres. La reine et le prince royal négocient contre lui. C'est peut-être le plus étrange chassé-croisé d'intrigues qui se soit vu jamais. Frédéric-Guillaume devinait pourtant une partie de la vérité : « Je sais, petit coquin, tout ce que tu fais pour te soustraire à ma férule, mais c'est en vain que tu crois y réussir, disait-il, à son fils. » Il ajoutait : « Je te veux tenir en lisière et te mortifier encore du temps[1]. » Et la cour de Prusse devint un enfer, où tout le monde endura des tourments de damné.

La reine est toujours dans les transes, les larmes et les accès de colère. Dans un des moments où elle était le plus pressée par le roi d'obtenir les réponses d'Angleterre, elle « résolut de tomber malade ». Elle « commença par se plaindre le matin, et pour faire plus d'éclat, elle affecta de tomber en défaillance. » Elle soutint plusieurs jours ces simagrées; puis elle devint malade tout de bon, et comme elle était grosse alors, fut en péril de mort. Le

---

1. Sauveterre, A.-E. Prusse, 7 févr. 1729.

roi, qui était à Potsdam, crut d'abord que ce n'était qu'un jeu. A la fin, mandé par estafettes, il se rendit auprès d'elle. Dès qu'il la vit, ses soupçons s'évanouirent; il pleura, sanglota, s'excusa des chagrins qu'il lui avait causés, et la laissa en repos quelques jours, mais ces accalmies étaient rares, et les querelles recommencèrent.

Le roi reprochait sans cesse à la reine toute la conduite des deux aînés. Il exprima un jour sa colère par une réminiscence féroce. S'adressant, devant elle et Wilhelmine, au prince royal : « Vous devriez maudire votre mère, lui dit-il; c'est elle qui est cause que vous êtes mal gouverné. J'avais un précepteur qui était un honnête homme. Je me souviens toujours d'une histoire qu'il m'a contée dans ma jeunesse. Il y avait un homme à Carthage, qui avait été condamné à mort, pour plusieurs crimes qu'il avait commis. Il demanda à parler à sa mère dans le temps qu'on le conduisait au supplice. On la fit venir. Il s'approcha d'elle comme pour lui parler bas, et lui arracha l'oreille avec ses dents. Je vous traite ainsi, dit-il à sa mère, pour vous faire servir d'exemple à tous les parents qui n'ont pas soin d'élever leurs enfants dans la pratique de la vertu. Faites-en l'application [1]. »

La reine inspirait de la pitié à tout le monde. On disait qu'elle ne supporterait pas jusqu'au bout sa grossesse : « L'enfant qu'elle porte, écrit Sauveterre, est celui de la douleur. » La cour de France la pleurait déjà : « Nous regretterions fort la reine de Prusse ; ce serait une perte irréparable pour sa famille [2]. » D'un accent plus tendre,

1. *Mém. de la Margrave*, p. 123.
2. A.-E. Prusse, 1730.

car la reine n'était pas aimée, la cour, la ville et les étrangers s'apitoyaient sur le sort du prince royal; mais Frédéric persistait dans toutes les habitudes odieuses à son père. Il dit un jour que son habit uniforme était « son suaire », et le mot, répété par quelque espion, entra comme une flèche empoisonnée dans le cœur du roi. Celui-ci se vengea sur une robe de chambre de brocard d'or dont il le trouva vêtu un jour, et qu'il jeta au feu avec un grand éclat de colère. Enfin Frédéric, au témoignage de sa sœur, s'habituait à la mauvaise vie. « Un des pages du roi, nommé Keith, était le ministre de ses débauches. Ce jeune homme avait si bien trouvé le moyen de s'insinuer auprès de lui, qu'il l'aimait passionnément et lui donnait son entière confiance. Frédéric avait avec lui des « familiarités » dont Wilhelmine blâmait l'inconvenance : il s'excusait en disant que le page lui servait d'espion et lui rendait de grands services. Le roi, à qui ce Keith paraissait suspect, l'envoya comme officier dans un régiment qui était en quartier au pays de Clèves. Comme il fallait à Frédéric, des amis, des confidents et des complices, Keith fut remplacé par le lieutenant Katte, dont « le regard, dit Wilhelmine, avait quelque chose de funeste[1] ». Nous retrouverons bientôt le lieutenant Keith et le lieutenant Katte.

Pour payer les plaisirs défendus, mais aussi les livres et la musique, Frédéric avait fait des dettes. Le père fut informé par la réclamation d'un créancier, à qui étaient dus 7,000 thalers. Il ne s'emporta point comme on aurait

1. *Mém. de la Margrave*, pp. 110 et 133, 134.

pu s'y attendre ; il eut même un mot d'avare opulent :
« Ce n'est pas l'argent qui me manque, » et il s'offrit à
payer « avec plaisir », si son fils voulait « changer de conduite et prendre un cœur honnête ». Mais la révélation du
créancier lui fut assurément douloureuse. Il publia un
édit contre le prêt aux mineurs, portant que quiconque
prêterait de l'argent aux mineurs de la famille royale serait
passible des travaux publics, et même de la mort, selon
l'occurrence. L'acte commis par Frédéric était, à ses yeux,
un vrai crime ajouté à tous ceux qu'il lui reprochait déjà [1].

C'en était un, et non le moins grave, de pratiquer
l'esprit à la française, de faire « des bons mots » et de
prendre des airs de moquerie. Frédéric et Wilhelmine se
moquaient de leur père, dans leurs tête-à-tête qui continuaient. Wilhelmine était tombée gravement malade au
commencement de l'année 1729. Sa mère, qui s'entendait
en feintise de mal, crut d'abord qu'elle jouait la comédie.
Elle la força de se lever et la mena chez le roi, qui,
s'apercevant qu'elle était bien changée, crut la guérir en
la forçant à boire un grand gobelet de vieux vin du Rhin
extrêmement fort. Le délire la prit. On la traita d'abord
comme pour une fièvre chaude, jusqu'à ce que la petite
vérole se manifestât. Elle fut alors enfermée, comme
une prisonnière d'État, mal soignée par une femme de
chambre, abandonnée de tous, excepté de son frère. Le
prince, qui avait eu la petite vérole, la venait voir deux
fois par jour en cachette. Ils charmaient leurs entretiens
par des médisances.

1. Koser, pp. 25, 26.

Wilhelmine convient qu'ils s'exerçaient surtout à la satire, et que « le prochain n'était pas épargné ». Ils avaient lu ensemble le *Roman comique* de Scarron, et ils en faisaient l'application à leurs ennemis de « la clique impériale ». Ils appelaient Grumbkow, la Rancune ; Seckendorff, la Rapinière, et le prince de Schwedt, Saldagne. La reine avait pour gouvernante une très brave femme, Mme de Kamken : « Quoique nous estimassions fort cette dame, dit Wilhelmine, nous ne pouvions nous empêcher de saisir son ridicule et de nous en divertir. Comme elle était fort replète et d'une figure semblable à celle de Mme Bouvillon, nous la nommions ainsi. Nous en badinâmes plusieurs fois en sa présence, ce qui lui donna la curiosité de savoir qui était cette Mme Bouvillon, dont on parlait tant. Mon frère lui fit accroire que c'était la camerera de la reine d'Espagne. A notre retour à Berlin, un jour qu'il y avait appartement, et qu'on y parlait de la cour d'Espagne, elle s'avisa de dire que les *camerera mayor* étaient toutes de la famille des Bouvillon. On lui fit des éclats de rire au nez, et je crus que je m'étoufferais pour ma part. » Cette gaieté à la française, ces farces d'esprit, ces « turlupinades », étaient odieuses au roi qui avait une autre façon d'humour, et n'aimait la raillerie que pratiquée par lui. Il devait se douter qu'il avait sa part de quolibets. Ses enfants, entre eux, l'appelaient d'un nom, qu'ils avaient trouvé aussi dans le *Roman :* « Nous nommions le roi Ragotin [1]. »

Wilhelmine raconte des scènes comiques ou terribles.

---

[1] *Mém. de la Margrave*, pp. 129, 130.

Un jour, le roi, revenant de la chasse, est sur le point de la surprendre avec Fritz chez la reine, où il leur avait interdit d'aller. Le prince se cache dans une niche où il y avait une certaine commodité ; la princesse se fourre sous le lit de la reine, qui était fort bas. Ils demeurent dans leur cachette, tout le temps que le roi reste assis sur le fauteuil, où, de fatigue, il s'est endormi. Une autre fois, il a jeté des assiettes à la tête de ses enfants. Le dîner fini, comme Wilhelmine passe devant lui, il lui décharge un coup de béquille formidable qu'elle évite. Il était alors dans un accès de goutte, et se faisait rouler dans un fauteuil. Il poursuivit quelque temps sa fille « dans son char », mais ceux qui le traînaient lui donnèrent le temps de s'évader[1]. Pourtant il n'a pas porté encore la main sur sa fille. Il n'a encore frappé que Frédéric, mais il le frappe de plus en plus. Ici le témoignage de Wilhelmine est confirmé, précisé par d'autres. Depuis longtemps, le roi battait son fils, mais ces brutalités devenaient plus odieuses, à présent que l'enfant était un jeune homme, et qu'il prenait la conscience et l'orgueil de sa dignité de prince royal. En décembre 1729, le roi en vint aux dernières violences. « Un jour, comme le prince entrait dans sa chambre, il le battit à coups de canne, le prit à la gorge et aux cheveux, le jeta par terre, et l'obligea à lui baiser les pieds et à lui demander pardon. Cette scène atroce se renouvela. Le roi étalait sous les yeux des officiers, des généraux, des domestiques, de tout le monde, l'humiliation de son fils, et il

---

1. *Mém. de la Margrave*, p. 132. Toutes ces scènes sont absolument vraisemblables. Voir aussi pp. 151, 152.

le bravait, il insultait à sa misère : « Un autre officier, disait-il, à qui le visage du roi déplairait, pourrait prendre son congé, mais lui, le prince, était obligé de rester. » Il allait jusqu'à interdire à son fils toute espérance d'un sort meilleur. Il lui annonçait qu'il deviendrait plus sévère de jour en jour : « Vous savez, ajoutait-il, que je tiens parole [1]. »

C'est ainsi qu'il poussait et provoquait Frédéric à mettre à exécution un projet qui lui était venu à l'esprit, il y avait longtemps déjà. « J'ai quelque lieu de croire, écrivait Rottenbourg en juillet 1728, qu'il médite de s'échapper. Je lui en ai déjà vu former le projet autrefois. Il était même incertain s'il se retirerait en France ou en Angleterre. » En France, on craint de le voir arriver. « En quelque endroit que le prince songeât à se retirer, écrit-on à Rottenbourg, par retour de courrier, il y serait certainement fort embarrassant [2]. » Mais le prince ne se souciait pas de l'embarras où il mettrait les autres, pas même du péril certain où sa fuite exposerait sa mère et sa sœur. Quels que fussent ses torts, il ne pouvait plus longtemps supporter l'ignominie de son existence. A chaque scène nouvelle, il devait avoir envie d'en finir. L'idée paraît avoir été arrêtée dans son esprit à la fin de l'année 1729. Le roi, qui en eut vent, recommanda au colonel Rochow de redoubler sa surveillance.

Frédéric, en effet, guettait toutes les occasions. Il avait mis sa sœur dans la confidence de ses projets. Un soir,

---

1. Sauveterre, A.-E. Prusse, 1729, 25 juin et 6 déc.; 1730, 15 févr. — Koser, pp. 29 et 30.
2. A.-E. Prusse, 1728, 8 et 15 juillet.

Wilhelmine, après avoir pris congé de lui chez la reine, s'était retirée, et elle était prête à se mettre au lit, lorsqu'elle vit arriver un jeune homme vêtu magnifiquement, à la française. Elle fit un grand cri et se cacha derrière un paravent. Sa gouvernante accourut, et bientôt lui amena Frédéric, qui riait de bon cœur, et, de la meilleure humeur du monde, lui annonça qu'il allait bientôt partir pour ne plus revenir. Remise de sa première émotion, Wilhelmine lui remontra l'impossibilité de cette démarche et les suites affreuses qu'elle entraînerait. Elle se jeta à ses pieds, pleura, et lui arracha la parole de ne pas exécuter son projet. Il ne donna cette parole que des lèvres[1]. Il avait hâte de partir, de respirer enfin de l'air libre à l'étranger. Mais un incident singulier allait, pour un temps, donner un autre cours aux esprits de cette famille étrange.

LA MISSION DE SIR CHARLES HOTHAM

Au mois de décembre 1729, le roi de Prusse avait, une fois de plus, exigé de la reine qu'elle obtînt d'Angleterre une réponse définitive. Sophie-Dorothée avait donc écrit une lettre officielle à sa belle-sœur, la reine Caroline, pour « lui faire connaître que, si la cour d'Angleterre pensait encore au mariage du prince de Galles avec la princesse aînée de Prusse, il serait temps de conclure cette alliance, mais sans aucune condition; il y avait

---

1. *Mém. de la Margrave*, pp. 156, 157.

d'autres parties profitables pour cette princesse qu'on ne voudrait pas négliger sans cela[1]. » Les réponses ne furent pas plus satisfaisantes qu'à l'ordinaire. Alors le roi témoigna de la résolution d'en finir.

De Potsdam où il était, il se mit en correspondance officielle avec la reine. Il lui expédia d'abord un message de sommation, puis une ambassade d'État, dont était Grumbkow. Celui-ci fit à la reine un grand discours ; « suivant l'exemple du diable, lorsqu'il voulut tenter Notre-Seigneur, il prétendait la réduire par l'Écriture sacrée, en lui alléguant des passages convenables au sujet dont il s'agissait. Il lui représenta ensuite que les pères avaient plus de droits sur les enfants que les mères, et que, lorsque les parents ne se trouvaient pas d'accord, les enfants devaient obéir préférablement au père ; que ces derniers étaient maîtres de les forcer, et qu'enfin la reine aurait tout le tort de son côté, si elle ne se rendait à ces raisons. Cette princesse refusa ce dernier article, en lui opposant l'exemple de Béthuel, qui répondit à la proposition de mariage que le serviteur d'Abraham lui fit pour son maître Isaac : « Faites chercher la fille et demandez-lui son sentiment[2]. » Elle discuta ensuite, pour les repousser, les propositions de gendres qui lui étaient faites.

Grumbkow ayant laissé échapper une sorte de menace, en disant qu' « on verrait bien comment tout cela finirait », elle ne se contint plus, et, lui parlant « en qualité de reine de Prusse et de sa maîtresse, elle lui dit qu'il était un malheureux de lui parler ainsi, que le Seigneur l'en puni-

---

[1]. Koser, à l'appendice, pp. 226, 227.
[2]. *Mém. de la Margrave*, pp. 138, 139.

rait et qu'elle jetait sa malédiction sur lui. » Comme Grumbkow essayait de rattraper ses paroles, et lui conseillait de prendre au moins quelque biais dans sa réponse au roi : « Allez, reprit-elle ; je les connais vos biais et la lâcheté de votre personne. Vous n'êtes qu'un coquin[1]. » La reine, ce jour-là, s'était soulagée, mais ces satisfactions étaient passagères. Le roi insista, pressa, tempêta. Sophie-Dorothée croyait tout perdu, lorsqu'au mois de mars de l'année 1730 le différend entre la Prusse et l'Angleterre, qui traînait toujours, s'accommoda, les deux couronnes ayant accepté un arbitrage.

La famille d'Angleterre voulut alors donner à la reine de Prusse une preuve de sa bonne volonté et de sa compassion. Elle annonça l'envoi d'un ambassadeur extraordinaire, qui porterait la réponse à la lettre du mois de décembre précédent. Le roi, malgré qu'il en eût, était toujours très flatté des attentions qu'on lui témoignait. Au fond du cœur, il souhaitait encore le mariage de sa sa fille avec le prince de Galles, pourvu que l'affaire ne fût pas compliquée de conditions embarrassantes pour lui. Il aurait, depuis longtemps, congédié tous les prétendants de son choix, s'il avait reçu de Londres quelque assurance positive. Londres paraissait enfin se décider, et même donnait de l'éclat à sa résipiscence par l'envoi d'un ministre de qualité. Sir Charles Hotham, que l'on attendait, était d'une noblesse qui remontait au Conquérant, beau-frère de lord Chesterfield, et, pour achever de plaire à Frédéric-Guillaume, colonel des grenadiers à cheval de

---

[1]. Mém. de la Margrave, et Sauveterre, A.-E. Prusse, 1730, 25 janv. et 7 févr.

Sa Majesté Britannique. Le roi de Prusse, avec la promptitude qu'il mettait dans ses retours, changea d'humeur du jour au lendemain. Il invita du Bourgay, le ministre d'Angleterre, à la tabagie, but au roi Georges, et omit la santé de l'empereur. Toute la maison se rassérénait. La reine allait de mieux en mieux, et « donnait d'heureuses espérances pour sa délivrance [1] ».

Sir Charles Hotham arriva le 2 avril. Le 4, il était prié à dîner à Charlottenbourg, où se trouvait le roi, pendant que la reine, qui était au point d'accoucher, demeurait à Berlin avec ses enfants. Le roi, avant la table, eut une conférence avec sir Hotham, et, sans plus long préambule, se déclara « charmé que sa fille pût être agréable au roi d'Angleterre, qui pouvait en disposer pour son fils, quand bon lui semblerait, et qu'elle ne contribuerait pas moins à sa satisfaction par les sentiments où elle avait été élevée pour lui ». Le dîner fut très gai. On vint à parler de la seconde fille du roi, qui venait d'épouser le margrave d'Anspach. Tout à coup le roi se mit à crier : « Il faut marier les filles ! A la santé de Guilelmine et du prince de Galles ! » Grande surprise, car personne ne savait que les choses fussent si avancées. Grumbkow, assis près du chevalier qui était à la droite du roi, se pencha vers son maître : « Faut-il donc vous féliciter, sire? » « Oui, » répond le roi. Tout le monde se lève et va embrasser, comme c'était l'habitude à cette cour, les genoux ou la basque du justaucorps de Sa Majesté. Hotham fut surpris du toast, du tumulte, et plus

---

1. Sauveterre, A.-E. Prusse, 1730, 1ᵉʳ avril.

encore des propos du roi, qui suivirent. Il disait que « sa fille était laide et couperosée, mais qu'à la réserve de cela, c'était une honnête fille, qui serait fidèle et satisferait son mari, quoique, généralement parlant, sa pensée était que toute femme était capable d'amour ; que si, d'ailleurs, on l'avait voulu prendre, il y a trois ans, on l'aurait eue plus belle. » Et l'on but énormément[1]. On fit de grosses plaisanteries sur l'échange du ducat d'Allemagne et de la demi-guinée d'Angleterre. A la fin, on se mit à danser ; même les domestiques faisaient des cabrioles. En bon père, le roi songeait à la joie de Wilhelmine. Il aurait voulu que le bruit se fût répandu que tout était rompu, pour pouvoir faire à sa fille une surprise agréable. « Soyez assez bon pour rester tranquille, dit-il à Hotham, jusqu'à ce que j'aille à la ville. Je voudrais devant vous demander à ma fille son consentement. »

Le chevalier ne demandait qu'à rester tranquille, car il « n'était pas habitué à ces vivacités ». Il n'en croyait ni ses oreilles ni ses yeux, et il était très embarrassé, car il avait mission de négocier le double mariage. La cour d'Angleterre, il est vrai, « considérant le soulagement de la reine de Prusse, » lui avait permis d'accorder le simple mariage immédiat, mais à condition qu'il y aurait promesse entre le prince royal de Prusse et la princesse Amélie. Cette seconde partie de sa mission, sir Hotham voulait l'insinuer doucement, pas tout de suite,

1. Cette étrange scène a été racontée par Hotham à Sauveterre, (A.-E. Prusse, 8 avr.) qui est mis au courant par Hotham, du Bourgay et Cnyphausen de tout ce qui s'est passé pendant le séjour d'Hotham. Voir les dépêches anglaises dans Raumer, *Neue Beiträge, loc. cit.*, et Carlyle, liv. VII.

en prenant son temps et en choisissant l'heure. Il ne pouvait prévoir ce toast brusque du dîner. Et le moyen, une fois qu'il avait été porté, de glisser une restriction, d'arrêter cette procession du baise-genou de Sa Majesté, de jeter de l'eau froide sur la sarabande? Le chevalier était d'autant plus inquiet, qu'il avait entendu Grumbkow, au dîner, après la première question : « Faut-il vous féliciter, sire? » ajouter à mi-voix : « Et redoubler, sire ? » Le roi avait répondu : Non.

Le lendemain, sir Hotham était appelé à la conférence des ministres, qui, tout de suite, lui demandèrent s'il avait plein pouvoir pour régler la dot et le contrat. Décidément il trouvait qu'on allait bien vite en besogne. Il commença par répondre qu'il devait, avant toute chose, coucher par écrit la conversation échangée entre Sa Majesté et lui, et la transmettre à sa cour. Puis il écrivit au roi, pour le prier de lui permettre de traiter avec lui directement.

Ce fut assez pour que la faction adverse reprît courage, après avoir été, au premier moment, démontée. Elle avait redouté à l'avance la mission extraordinaire et s'était efforcée d'en prévenir les effets. Grumbkow avait écrit à Reichenbach, pour lui dicter le ton et le sens de sa correspondance. Reichenbach ne devait pas manquer d'avertir qu'à Londres le bruit courait que le roi de Prusse était travaillé au profit de l'Angleterre par des ministres de Berlin et « autres souterrains » : les « souterrains », c'était la faction de la reine, la reine elle-même et ses enfants. Afin que son complice parût bien informé,

---

1. Sauveterre, A.-E. Prusse, 1730, 8 avr.

Grumbkow l'instruisait des « choses de Berlin » : « Le roi, lui disait-il, vous prendra pour un sorcier et doublera la bonne opinion qu'il a de vous. » Entre autres nouvelles, il donnait celle-ci : « La mère du prince royal affectait toujours d'être fort mal, mais on la verrait sur pied, dès que l'affaire serait faite, » c'est-à-dire le mariage conclu. Il promettait à Reichenbach, pour le rassurer contre les dangers du jeu, que le roi ne l'abandonnerait jamais. Le roi, il est vrai, pouvait mourir; et le prince royal ne manquerait pas alors de se venger de ses ennemis, mais le cas était prévu : « Si le prince royal vient au pouvoir, vous serez pourvu à Vienne », disait-il à Reichenbach. Grumbkow lui-même avait ménagé sa retraite du côté de Vienne. En cas de péril, la « clique impériale » de la cour de Berlin aurait filé sur l'Autriche.

Reichenbach suivit à la lettre les instructions de Grumbkow. Un jour, il fait savoir au roi de Prusse l'horrible conduite de ce prince de Galles, à qui l'on destine la princesse Wilhelmine, et qui ruine sa santé dans des débauches avec des actrices et des filles d'opéra. Un autre jour, il touche le point le plus sensible, en mandant que la cour d'Angleterre ne cherche qu'à faire de la Prusse une province dépendante, « et que, le mariage accompli, il y aura à Berlin un parti qui liera les mains au roi[1]. »

Ces dépêches avaient été échangées avant l'arrivée de sir Hotham à Berlin. Elles n'avaient pas empêché le roi de bien recevoir l'envoyé, mais elles l'avaient certainement troublé. Dès le lendemain du fameux dîner, il avait

---

1. Dépêches de Grumbkow et de Reichenbach, dans Carlyle, liv. VII, 2.

défendu à ses ministres de traiter du double mariage : « Je ne veux pas entendre parler du double mariage ; d'ailleurs, il n'en est pas question dans la lettre de ma femme. » Quand il sut que sir Hotham usait de moyens dilatoires, il commença de s'inquiéter, comprit que sa joie avait été prématurée et défendit de parler en public de ce mariage, qu'il avait été si prompt à publier. Mais la nouvelle s'en était partout répandue. Le soir même du dîner de Charlottenbourg, elle avait été portée au château de Berlin à la reine et à la princesse : « J'étais tranquillement dans ma chambre, écrit Wilhelmine, occupée à mon ouvrage et à faire lire. Les dames de la reine, suivies d'une cohue de domestiques, m'interrompirent et, mettant un genou en terre, me crièrent aux oreilles qu'ils venaient saluer la princesse de Galles. Je crus bonnement que ces gens étaient devenus fous. Ils parlaient tous à la fois, pleuraient, riaient, sautaient, m'embrassaient. » Puis ce furent les sœurs qui arrivèrent, félicitèrent et embrassèrent. Wilhelmine se rendit chez la reine, qui, dans sa joie, l'appela « ma chère princesse de Galles » et titra la Sonsfeld, gouvernante de la princesse, de Milady. Wilhelmine, si nous l'en croyons, était demeurée froide au milieu de cet enthousiasme. Elle aurait été si peu émue des félicitations qu'elle aurait dit, en continuant toujours son ouvrage : « N'est-ce que cela? » Elle a joué la comédie, si elle a paru faire fi d'un bonheur ardemment espéré, mais à sa joie devait se mêler quelque inquiétude. Ce n'était pas la première fois que sa mère l'appelait « la princesse de Galles », et la désillusion n'avait jamais manqué de venir. Avant de se réjouir pour de bon, il fallait au moins attendre quelque déclaration du roi. Rien ne vint le lendemain. Le surlendemain, le roi qui était à Berlin « ne fit aucune mention de ce qui s'était passé [1] ».

Cependant Frédéric-Guillaume, tout en écrivant sur la demande d'audience de Sir Hotham : « Cela ne veut pas dire le double mariage? » avait consenti à traiter avec lui en tête-à-tête ; Hotham préparait son discours et la façon d'y introduire le double mariage. Il tournait même un compliment à l'adresse de Wilhelmine. Il lui dira « qu'il sait bien qu'il y a trois royaumes en Angleterre, qui l'attendent avec une grande impatience, mais qu'il peut lui assurer que celle du prince de Galles surpasse infiniment toutes les autres [2] ».

Tout alla bien d'abord. Dans un premier entretien qu'il eut avec le roi, à Potsdam, l'envoyé anglais plaça le discours qu'il avait médité. Il commença par rappeler les dispositions du roi de la Grande-Bretagne dans le différend au sujet des recruteurs, et la démarche qu'il faisait en ce moment « par l'envoi d'un ministre pour traiter d'une affaire qui devait le plus toucher S. M. » Puis il lui demanda s'il ne se sentait pas porté « à payer de quelque retour ». Il insista délicatement sur ce point que ses instructions ne portaient pas qu'il dût parler du « retour ». C'était seulement « l'effusion de cœur et de sincérité qu'il sentait pour la personne du roi qui le faisait parler ainsi ». Le roi comprit très bien l'insinuation, ne se fâcha pas, sourit au contraire : « J'entends bien ce que vous voulez dire. J'y songerai mûrement.

1. *Mém. de la Margrave*, pp. 165, 166.
2. Sauveterre, A.-E. Prusse, 1730, 8 avril.

Faites-vous munir seulement de pleins pouvoirs, et ouvrez-vous ensuite, et je m'ouvrirai, et nous négocierous. » Il donne à sir Hotham la permission de venir à Potsdam les jours de chasse, et les autres jours, quand il aura des ordres de Londres. Il est de très bonne humeur ; quand on lui parle de l'empereur et de Seckendorff, il « rit à gorge déployée ». Dans un second entretien, où il fait faire à sir Hotham le tour de l'Europe, il se moque encore de l'empereur, et lâche toutes ses confidences, parmi lesquelles se trouvaient « des choses qui ne peuvent être exprimées que par des circonlocutions ». Il chargeait enfin l'envoyé de marquer au roi d'Angleterre qu'il ne conservait pas de rancune contre lui, qu'il avait tout oublié, qu'il était dans le désir de bien vivre avec lui et qu'il avait pris le sacrement là-dessus[1].

Que se passe-t-il donc dans l'esprit du roi ? Ce qui s'y passait toujours quand une affaire quelconque se présentait à lui. Il voulait voir s'il n'en pourrait pas tirer « quelques pelletées de sable ». L'Angleterre lui demandait son fils ; elle tenait beaucoup à ce que le prince royal de Prusse épousât une de ses princesses. Soit ! Mais alors qu'elle paie ce plaisir, et à bon prix. « S'ils veulent le double mariage et me séparer de l'empereur, qu'ils me proposent quelque chose pour Juliers et Berg[2]. » Il disait encore : « Je hais mon fils et mon fils me hait. Ce sera très bien que nous nous séparions. Ils peuvent le nommer gouverneur de Hanovre avec sa princesse. » C'était une

1. Sauveterre, A.-E. Prusse, 22 avril.
2. Dépêche d'Hotham, 5 avril. Raumer, *loc. cit.*

heureuse idée qui lui venait là. Gouverneur de Hanovre, son fils ne serait pas auprès de lui, ni sa belle-fille, et l'entretien du jeune couple ne lui coûterait rien. La cour de Londres, informée de cette dernière intention du roi, y souscrivit tout de suite. Elle accorda que le prince royal de Prusse et sa femme seraient installés dans le gouvernement du Hanovre ; la princesse Amélie n'aurait pas d'autre dot que ce gouvernement, mais l'Angleterre n'exigeait pas de dot de Wilhelmine. Ce « sans dot » devait achever de charmer le roi qui ne savait pas que l'Angleterre demandait à ce moment-là au prince royal la promesse de rembourser un jour les frais de son entretien à Hanovre.

Muni de ces nouvelles instructions, sir Hotham sollicite une audience, qui lui est accordée le 4 mai. « Il demande formellement au roi la main de la princesse royale aînée pour le prince de Galles, et il ajoute que S. M. Britannique désirant, comme la nation anglaise, s'unir plus étroitement avec la famille royale prussienne a destiné une de ses filles au prince royal, et qu'il offre de nommer cette princesse gouvernante de Hanovre. » Le roi parut charmé ; il répondit très aimablement qu'il délibérerait avec ses ministres de la proposition nouvelle qui lui était faite. Il délibéra en effet avec ses ministres et avec lui-même, et huit jours s'écoulèrent sans qu'il fît connaître sa réponse. Huit jours à hésiter, à faire battre le pour et le contre. Le contre, c'est la perpétuelle difficulté à prendre une résolution : faut-il donc se lier au parti d'Angleterre et de France, au moment où celui-ci est peut-être à la veille de faire la guerre à l'empereur ? Le contre, c'est que cette princesse anglaise, que l'on veut marier à son fils, sera reine de Prusse un jour; « elle ne s'habituera jamais à la simplicité, à l'économie qui sont nécessaires en Prusse; elle fera des dépenses; à cause d'elle, il faudra diminuer l'armée, et la maison et l'État marcheront en arrière, comme des écrevisses[1]. » Le contre, c'est encore et toujours, la joie du prince royal : « Je hais mon fils, » a-t-il dit; mais, ce fils, tout le monde ne le hait pas. Hotham, qui l'a vu à la table du roi, écrit qu'il paraît abattu, mais que sa vue émeut tout le monde, car il est charmant; on ne dit que du bien de lui : « Si je ne me trompe, il fera un jour une figure importante[2]. » Cette figure importante, le roi la redoutait. Le contre, évidemment, était plus fort que le pour.

Grumbkow et Seckendorff ne s'abandonnaient pas. Seckendorff invitait le roi à dîner, et lui faisait de longues visites. La correspondance entre Grumbkow et Reichenbach s'enfiévrait. Reichenbach, en apprenant la réception faite au chevalier Hotham et l'histoire du dîner de Charlottenbourg, a été « coup de foudré ». Les Anglais sont dans la joie, et le voilà obligé de recevoir leurs félicitations au sujet du maudit mariage. Le roi et la reine d'Angleterre lui témoignent leur mépris. Le « grand petit-maître », comme il appelle le prince de Galles, ne daigne pas le regarder, si bas qu'il le salue. Mais pourtant il ne perd pas courage. Ses lettres abondent en arguments dont Grumbkow saura se servir. Tantôt il insinue que les Hanovriens ne sont pas si solides sur le trône d'Angleterre, car le roi est haï davantage de jour en jour, et le prince de

1. Droysen, *op. cit.*, IV, III, p. 89.
2. Hotham, 25 avril 1730, Raumer, *loc. cit.*

Galles est moins aimé du public, depuis qu'il prend les manières de son père. Tantôt il habille de la belle façon le prince de Galles, dont il conte l'histoire amoureuse, et la princesse Amélie qu'il traite de femme ambitieuse, orgueilleuse, capricieuse et moqueuse. Avec le prince de Galles, dit-il, la princesse royale de Prusse aura besoin de toute la sagesse de Salomon. Quant à l'Amélie, elle déplaira certainement au roi. Enfin il mettait la plus perfide des armes aux mains de Grumbkow, quand il lui révélait l'engagement secret pris par Frédéric de n'épouser que la princesse Amélie : « Dès lors, ajoutait-il, la reine d'Angleterre est pour laisser faire le simple mariage, sûre comme elle est de l'avenir... Tout le monde dit que Sa Majesté Prussienne est tenue par le nez. »

Cette confidence valait son poids d'or ; Grumbkow en usa avec une perfidie savante. Il se garda de dire qu'il la tenait de Reichenbach, que sir Hotham accusait, en ce moment-là, de manigances secrètes. En contant la chose au roi, il assura la tenir d'un de ses espions, ami de Cnyphausen. Il raffinait ainsi ses mensonges : faire croire au roi que c'était par Cnyphausen qu'il était trahi. C'était un chef-d'œuvre. Le roi, en apprenant la correspondance de son fils avec la cour d'Angleterre, entra en fureur. Grumbkow en écrit tout joyeux à Reichenbach. Il ne manque pas d'habiller Wilhelmine sur le patron qui servait à Reichenbach pour la toilette de l'Amélie. Le roi, dit-il, « veut se débarrasser de Wilhelmine, parce qu'elle est laide, maigre et couperosée. » Au fond, connaissant son maître et confiant en la puissance de ses intrigues, il n'a pas d'inquiétude : « Si longtemps que vivra le commandant de Potsdam (le roi), le prince royal n'épousera pas une Anglaise[1]. »

Grumbkow a certainement assisté le roi dans la semaine de la délibération, alors que son maître, sur le point de se résoudre, se débattait dans ses doutes. Enfin, après avoir médité sa décision, qu'il a changée deux ou trois fois dans les dernières quarante-huit heures, Frédéric-Guillaume fait donner à sir Hotham sa réponse oralement, car, l'Anglais n'ayant rien écrit, il ne veut non plus rien écrire. Il se disait tout prêt à conclure le mariage de sa fille avec le prince de Galles, mais il renonçait, pour son fils, à la combinaison hanovrienne ; il ne voulait point, d'ailleurs, marier celui-ci avant que le conflit entre l'Angleterre et l'empereur ne fût apaisé, et il se réservait de fixer la date. Enfin il demandait la garantie de la succession aux duchés de Berg et de Juliers. Il ne pouvait croire évidemment que ces propositions seraient acceptées. Hotham, en les transmettant à sa cour, les déclare honteuses ; il considère que tout est fini ; c'est aussi l'opinion du ministre de France : « Les propositions de Londres ont été rejetées, celles de Berlin ne seront pas acceptées. » Déjà M. de Seckendorff a repris le haut du pavé[2].

Le prince royal suivait avec inquiétude cette négociation, où était intéressée la destinée de sa sœur et la sienne. Quand il sut que le succès en était compromis, il écrivit à sir Hotham pour le prier d'être son interprète auprès de la cour d'Angleterre et de la supplier, de sa part, d'accepter les propositions de son père, quelles qu'elles

---

1. Correspondance du mois d'avril 1730, Carlyle, *loc. cit.*
2. Correspondance du mois de mai, *ibid.*, et Sauveterre, A.-E. Prusse, 1730, 26 mai.

fussent. Il s'engageait de nouveau à n'épouser que la princesse Amélie : il mourrait plutôt que de manquer à cette promesse. Il était donc inutile, disait-il, d'insister pour le double mariage. Ce qui importait par-dessus tout, c'était que la négociation présente ne fût pas rompue : si elle l'était, son père ne manquerait pas de forcer sa sœur et lui à contracter d'autres mariages. Quelques jours après, Frédéric écrivait à sir Hotham une seconde lettre, plus pressante, toute suppliante. Il sait que le roi a été informé de sa correspondance secrète avec la cour d'Angleterre et « s'attend à de terribles choses ». Déjà il est traité « d'une manière inouïe ». Le roi est bien résolu à ne pas consentir au double mariage. Le prince en donne la raison, tout en regrettant d'avoir à dire des choses qu'il « devrait cacher à toute la terre ». « Pour vous parler franchement, la vraie raison que le roi a de ne pas vouloir donner la main à ce mariage, est qu'il me veut toujours tenir sur un bas pied, et me faire enrager toute sa vie, quand l'envie lui en prend. » Le prince ne veut pas exposer la princesse Amélie à partager une pareille existence. Il croit donc qu'il vaut mieux finir seulement le mariage de sa sœur, et ne pas même demander d'assurances au roi sur l'autre affaire : « d'autant plus que sa parole n'y fait rien ; suffit que je réitère les promesses que j'ai déjà faites au roi mon oncle. Je suis une personne de parole. »

De pareilles lettres émouvaient peut-être le cœur du roi et de la reine d'Angleterre, mais le gouvernement anglais n'a pas coutume de se laisser conduire par des motifs de

---

1. Lettre communiquée par Hotham à sa cour, Carlyle, *loc. cit.*

sensibilité. La réponse fut donc que les relations de l'Angleterre avec l'empereur et les droits à la succession aux duchés de Berg et de Juliers n'avaient rien à voir avec des mariages, qui devaient être conclus sans politique, et que le cabinet de Londres s'en tenait au double mariage.

Ce n'est pas à Berlin que sir Charles Hotham communiqua la réponse de sa cour au roi de Prusse. Il avait suivi Frédéric-Guillaume en Saxe, où ce prince s'était rendu, à la fin de mai, pour assister aux fêtes que le roi de Pologne célébrait à Mühlberg. Là, parmi le spectacle d'une armée de 30,000 hommes paradant en habits neufs, et jouant, dans la fumée de la poudre, les passages de fleuve, les combats et les assauts; dans la foule des princes, des principicules, des diplomates et des curieux accourus de toute l'Allemagne; en pleine splendeur des repas pantagruéliques, un drame secret se joua entre le roi de Prusse, le prince royal et l'ambassadeur d'Angleterre. Sir Charles Hotham remit au roi de Prusse un mémoire écrit, contenant la réponse de sa cour. Par écrit, le roi signifia la sienne. De part et d'autre, on se refusait toute concession. Il était donc évident que la négociation allait être rompue. De ces pourparlers diplomatiques, le roi et son fils ne se disaient mot, mais tous les deux pensaient au même objet, et de plus en plus s'exaspéraient l'un contre l'autre. Le prince sentait plus vivement que jamais la honte de sa servitude, dans ces journées où les honneurs dus à sa naissance lui étaient rendus par l'Europe assemblée.

Les fêtes se succédaient, plus merveilleuses les unes que les autres. Le dernier jour, le roi Auguste donna à dîner à son armée. Trente mille hommes mangèrent, et burent, sur deux lignes de tables, à l'extrémité de chacune desquelles était un trophée, composé de la tête d'un bœuf, dont la peau recouvrait comme une draperie les quartiers rôtis de l'animal. Entre les deux rangées, chevauchèrent les Majestés de Prusse et de Pologne, et leurs deux fils, salués par les vivats et les bonnets jetés en l'air. Puis les deux rois et les deux princes allèrent prendre place à une table, d'où ils dominaient cette ripaille immense. Au dessert des Majestés, apparut la merveille de la journée. Une tente, gardée par des cadets, laissa tomber ses toiles, et l'on aperçut un gâteau long de quatorze aunes, large de six, qui avait absorbé six cents œufs, trois tonnes de lait, une tonne de beurre, etc., etc. Sur un signal donné par le grand architecte de Sa Majesté polonaise, un charpentier, armé d'un couteau gigantesque, dont il portait le manche sur son épaule, pratiqua des entailles dans les flancs du monstre. La distribution du roi des gâteaux aux tables des princes et des hôtes de distinction acheva le festin. Alors les colonels et les officiers de chaque régiment, précédés de leur musique, épée nue, défilent devant les deux Majestés et les deux Altesses. Chaque groupe s'arrête devant la table; à chaque groupe, les rois portent une santé, en vidant un verre de vin (après tant d'autres). Les officiers ont aussi des verres, qu'ils jettent en l'air, après avoir bu. Soixante pièces de grosse artillerie accompagnaient les toasts[1].

C'était une fantaisie étrange et colossale, une débauche

---

1. Sur ces fêtes, voir Carlyle, VII, 3.

de royauté en liesse. Le prince royal de Prusse y faisait lamentable figure. Ces spectacles étaient les contrastes de sa misère. Bien des regards se tournaient vers lui, qui les attirait par la séduction de sa personne. Il devait penser que tout ce monde, princes, ambassadeurs, officiers, connaissait sa triste histoire et l'ignominie où il vivait. Jamais le roi n'avait été si féroce pour lui que dans ce camp de Mühlberg. Un jour il l'avait roué de coups, jeté par terre et traîné par les cheveux. Frédéric avait dû paraître à la parade, tout en désordre. Le roi avait ajouté aux coups les injures les plus cruelles : « Si j'avais été traité ainsi par mon père, je me serais tué, mais toi, cela t'est tout égal ; tu t'arranges de tout, toi ! » Enfin, il alla jusqu'à sommer son fils de renoncer à la couronne. Or Frédéric entendait être roi ; il avait même hâte de le devenir. Puisque l'attente lui était impossible auprès de son père, il était résolu à la passer hors du royaume. Nous verrons bientôt qu'il voulut s'enfuir de Mühlberg, et qu'il chargea d'une mission confidentielle le capitaine Guy Dickens, que sir Hotham avait envoyé à Londres porter la réplique du roi de Prusse à la réponse d'Angleterre [1].

En quittant Mühlberg pour retourner à Berlin, où le roi et le prince rentrèrent le 2 juillet, sir Charles Hotham reçut, par Guy Dickens, de nouvelles instructions. Ce messager avait plaidé en Angleterre la cause de Wilhelmine et du prince royal. Il avait fait examiner cette alternative : ou bien retarder les deux mariages

---

1. Koser, pp. 37, 38.

pour qu'ils fussent célébrés en même temps, ou bien conclure le mariage du prince de Galles avec Wilhelmine et obtenir pour l'autre une promesse du roi de Prusse. La cour de Londres avait consenti cette concession, et sir Hotham se trouva plus à l'aise pour reprendre la négociation. Il eut, avec le roi, une conférence qui dura quatre heures, le 9 juillet. En fin de compte, le roi déclara qu'il tenait à honneur le mariage de sa fille avec le prince de Galles. Pour son fils, quand le moment serait venu, il préférerait une princesse anglaise à toute autre, et il ferait le mariage au plus tard dans dix ans. Était-il sincère, quand il parlait ainsi? Il pensait probablement qu'avant dix ans il passerait beaucoup d'eau sous les ponts de la Sprée. En Angleterre, on n'était pas disposé à si longtemps attendre. On pensait « qu'une promesse du roi de Prusse et un chausson, c'est la même chose, et que, piquer ce prince de générosité, ce serait vouloir piquer un cheval de poste déjà usé à l'éperon [1] ». La négociation nouvelle n'aurait donc probablement pas mieux réussi que les précédentes, mais elle fut violemment interrompue.

Le soir du 9 juillet, à la tabagie, Grumbkow a tiré du roi tout le récit de la conversation avec Hotham. Il a fait remarquer à son maître qu'en proposant le premier terme de l'alternative, c'est-à-dire le retardement du mariage de Wilhelmine, l'Angleterre voulait essayer « si, dans le concours des affaires générales, on aurait besoin de lui, et que, s'il devenait inutile, on viendrait à le remercier ».

1. Sauveterre, A.-E. Prusse, 1730, 11 juillet.

Le roi était toujours prêt à accepter des insinuations de cette sorte. Sa défiance n'avait pas besoin d'être éveillée : elle ne dormait jamais. Aussi n'était-il pas sans doute en bonne disposition d'esprit, quand il reçut le lendemain sir Charles Hotham.

C'était une audience de congé. L'envoyé extraordinaire allait repartir, et devait présenter au roi Guy Dickens, nommé ministre d'Angleterre à Berlin. Il avait résolu de terminer sa mission par un coup de maître. Il savait depuis longtemps la correspondance secrète de Grumbkow et de Reichenbach, que le ministère anglais faisait décacheter et lire dans un bureau de poste. Il l'avait déjà révélée au roi par des allusions, que ce prince avait laissé tomber ; il lui avait fait même passer des copies des lettres, dont il n'avait plus entendu parler. Grumbkow nia bien entendu l'authenticité de la correspondance ; mais il écrivit à Reichenbach qu'il espérait bien que toutes ses lettres avaient été brûlées, comme il brûlait, lui, toutes celles qu'il recevait de son complice. Hotham, décidé à le confondre, avait demandé en Angleterre une lettre originale de Grumbkow, et Guy Dickens la lui avait apportée : c'était précisément celle dont nous venons de parler. La pièce était concluante, puisqu'elle prouvait l'existence de la correspondance antérieure. Hotham l'avait mise en poche avant de se rendre chez le roi. Il fut reçu en compagnie de Guy Dickens, le 10 juillet, à midi. Après la présentation du nouveau ministre et la remise des lettres de créance, on parla de choses indifférentes pendant un quart d'heure. Hotham, jugeant que le roi était de bonne humeur, lui dit : « Comme le général de Grumbkow a nié qu'il soit l'auteur des lettres que j'ai délivrées à Votre Majesté, j'ai ordre du roi mon maître de remettre aux mains de Votre Majesté une lettre originale du général. » Il tendit la lettre; le roi la prit, y jeta les yeux, reconnut l'écriture de Grumbkow, et, bouffi de colère : « Messieurs, dit-il, j'ai eu assez de ces choses-là. » Il tourna le dos, jeta la lettre par terre, et sortit en fermant la porte avec violence. Hotham stupéfait ramassa la lettre et se retira.

A peine rentré chez lui, il écrivit au roi qu'à son très grand regret, après ce qui venait de se passer dans l'audience, où il n'avait fait qu'exécuter un ordre du roi son maître, il était réduit à faire savoir à Sa Majesté la nécessité où il se trouvait d'envoyer un courrier à Londres, pour rendre compte à sa cour d'une circonstance si surprenante. Il suppliait donc Sa Majesté de donner les ordres nécessaires pour que des chevaux de poste fussent délivrés au dit courrier et à lui-même. Deux heures après, le ministre Borcke était auprès de sir Hotham. Il lui exprimait son regret de l'incident survenu, le priait de se calmer et de patienter, promettant d'arranger les choses. Hotham répondit qu'après l'injure faite au roi son maître, il ne pouvait plus recevoir aucune communication de S. M. Prussienne. Si sa personne seule était en jeu, l'accommodement serait vite trouvé, mais, comme il n'avait agi qu'en conformité des ordres de son maître, c'était à S. M. Britannique de décider de la satisfaction que réclamait l'injure reçue.

Le roi était au regret de l'incartade qui lui était échap-

---

1. Voir les documents de l'affaire, dans Carlyle, VII, 4.

pée. Il paraît qu'il disait naïvement : « C'est un mal de raté qui m'a pris. J'étais de mauvaise humeur, et, quand cela me prend, il faut que ma nature se soulage. » Il aurait même ajouté : « Si c'eût été une lettre du roi d'Angleterre, à la bonne heure, on aurait eu raison de se fâcher; mais la lettre d'un faquin comme Grumbkow, que peut-on dire? Ne suis-je pas le maître de faire ce que je veux? Les Anglais sont bien chauds[1] ! »

Être le maître de faire ce que je veux, cela veut dire : Je sais mieux que vous que Grumbkow est un coquin; la lettre originale ne m'aurait rien appris, quand même je l'aurais lue; mais j'ai le droit d'avoir les ministres qu'il me plaît. Et s'il me convient, à moi, d'être trompé? — Il est certain que sir Hotham était sorti des convenances diplomatiques en attaquant, comme il l'avait fait, un ministre de la couronne de Prusse, mais il s'agissait d'une affaire de famille, de ce mariage, qu'une trahison contrecarrait. Il avait donc cru pouvoir démasquer le traître. En tout cas, le roi, s'il avait voulu relever l'inconvenance du procédé, avait pris une façon étrange. Il le sentait bien; il l'avait senti, dès qu'il avait refermé la porte : c'est pour cela que, tout de suite, il avait envoyé Borcke à sir Hotham. Quand son ministre revint, sans avoir rien obtenu, il lui commanda une nouvelle démarche; Borcke exprima de nouveau par lettre son regret de ce qui était arrivé, et, de la part du roi, invita sir Hotham à dîner pour le lendemain. La réponse fut toujours la même : impossible de reparaître à la cour.

---

1. Sauveterre, A.-E. Prusse, 1730, 15 juillet.

Le lendemain, de nouvelles démarches furent faites de tous côtés auprès d'Hotham pour le retenir. Tout fut inutile. Il partit le 12 juillet, laissant dans la désolation la reine, le prince royal et Wilhelmine.

Lorsqu'il apprit que le chevalier était parti, Frédéric pensa qu'il ne tarderait pas à le revoir en Angleterre.

CHAPITRE QUATRIÈME

LA TENTATIVE D'ÉVASION ET LE CHATIMENT

ESSAI DE FUITE ET ARRESTATION

Depuis longtemps, trois ou quatre ans peut-être, Frédéric pensait donc à s'enfuir. Il rêvait de courir, à cheval ou en poste, au bruit du fouet et des grelots; de laisser derrière lui des lieues et des lieues d'Allemagne, d'arriver à la frontière de France, de séjourner sur cette terre, qui était la patrie de son esprit, et d'aller se réfugier chez ses parents d'Angleterre. Ce n'était pas sa fiancée qui l'attirait; il ne la connaissait pas, et n'était pas un rêveur d'amour. Si la princesse Amélie se présentait quelquefois à son esprit, c'était pour ajouter une couleur romanesque à son entreprise, car il y avait du romanesque, même très juvénile, dans les projets du prince. Mais c'est de liberté qu'il avait soif, liberté d'aller, de venir, de se lever, de se coucher, de lire, de songer, d'écrire, de jouer de la flûte, de vivre enfin selon sa nature.

Il paraît avoir eu les premiers pourparlers positifs avec Keith, pendant l'hiver de 1729; mais le commencement d'exécution se réduisit alors à la commande d'une voiture faite à Leipzig par un lieutenant nommé von Spaen. C'est Katte qui reçut ensuite la confidence de Frédéric [1].

Katte avait de quoi plaire au prince. Il aimait les mathématiques, la mécanique et la musique ; il savait dessiner et peindre ; il était grand liseur, jouait de la flûte, écrivait bien le français ; il aimait à parler et à disserter. De son siècle, de ce siècle où Frédéric-Guillaume était un étranger et un revenant, il avait la morale libre, l'irréligion, la « sensibilité » ; avec cela, une pointe de paradoxe. Fataliste et ambitieux, il se croyait appelé à une destinée très haute. Il était fils d'un général, petit-fils d'un maréchal et ami du prince royal : cette amitié lui ouvrait l'avenir. Il avait pour le prince ce sentiment de respect tendre, et d'affection à la fois mystique et intéressée, que les héritiers des couronnes inspirent à ceux qu'ils désignent pour être les serviteurs de leur choix. Il goûtait la grâce du prince royal, le charme de son esprit et de sa personne. Les malheurs de Frédéric l'émouvaient ; il était touché aussi de l'infortune de Wilhelmine ;

---

1. Tous les faits de ce chapitre sont étudiés avec une remarquable exactitude et une précision parfaite, par Koser, au chapitre II du livre cité. Une bibliographie complète des documents est donnée par lui à l'appendice, pp. 236-242. Ces documents sont en partie inédits : les archives de la maison royale possèdent sept volumes in-fol. des Actes du procès de Frédéric et de ses complices, que Koser a étudiés. Parmi les documents publiés, les plus importants sont l'*Informatio ex actis*, court résumé des actes, donné par Preuss, *Friedrich's des Grossen Jugend...* pp. 87-93, et surtout le *Vollständige Protokolle des Köpenicker Kriegsgerichts über Kronprinz Friedrich, Lieutenant v. Katte, von Kail u. s. w.*, publié par Danneil. Les considérants de ce jugement permettent d'établir avec certitude la suite des faits. — Je renvoie une fois pour toutes au chapitre de Koser, à l'*Informatio* et au *Protokolle*. J'indiquerai, en leur lieu, les autres documents employés.

il avait copié le portrait de la princesse, dont il aurait été, si elle l'avait permis, le très humble serviteur et chevalier. Au prince royal, il n'avait rien à refuser, pas même le péril de sa vie.

Au camp de Mühlberg, Frédéric adressa les premières réquisitions précises à l'amitié du lieutenant Katte. Pendant tout le séjour, il négocia sa fuite dans des entretiens secrets avec lui et avec Guy Dickens. Katte fut, dès l'abord, effrayé du projet. Le prince pressait, et voulait partir tout de suite; il demanda un jour au comte Hoym, ministre de l'électeur de Saxe, des chevaux de poste pour deux jeunes officiers qui voulaient faire *incognito* un voyage à Leipzig. La ruse était naïve, car tout le monde avait le pressentiment des projets du prince royal. Hoym entendit bien ce que signifiait cet *incognito*, et refusa les chevaux. Katte lui-même l'avait prié de faire des difficultés. Pourtant il se pliait au désir du prince, auquel il procura une carte de la route entre Leipzig et Francfort-sur-le-Mein, achetée dans un bureau de poste. Ces menées ne passèrent pas inaperçues. Le colonel Rochow, le gardien du prince, le témoin quotidien de ses souffrances et de sa colère, eut des soupçons, dont il fit part au lieutenant, qui nia toute intention mauvaise. Frédéric se décida de lui-même à retarder l'exécution de son projet et à la préparer.

Il annonça donc à Guy Dickens, dans un tête-à-tête sous sa tente, qu'il s'échapperait pendant le voyage que son père se proposait de faire prochainement à Anspach, et dans l'Allemagne occidentale; il irait en France, passerait à Paris six ou huit semaines, et, de là, se rendrait en Angleterre. Il n'avouait pas qu'il allait à Paris, pour le plaisir de s'y voir, de voir la ville, et de rencontrer Gresset ou Voltaire : « J'aime mieux aller d'abord en France, dit-il à Guy Dickens, et y séjourner un temps. Si je passais tout de suite en Angleterre, le roi croirait que ma mère connaissait mon projet, et il la traiterait cruellement. » Il ajoutait, avec la suffisance d'un jeune conspirateur que « toutes ses mesures étaient prises », et priait la cour de Londres de faire le nécessaire en France, pour qu'il y trouvât aide et protection ». Katte, qui était au courant de ces pourparlers, offrait de se rendre à Anspach où il se tiendrait aux portes de la ville, avec des chevaux, ou bien de s'habiller en postillon et de suivre ainsi le prince, ce qui était une folie pure, jusqu'à ce que l'heure propice se rencontrât.

Cependant le camp de Saxe avait été levé. La cour, rentrée à Berlin, attendait le retour de Guy Dickens, parti comme nous savons, pour l'Angleterre, et qui rapporta, le 9 juillet, en même temps que les nouvelles propositions de sa cour au sujet des mariages, une réponse aux confidences de Frédéric.

S. M. Britannique donnait à Son Altesse les assurances les plus fortes de sa compassion et de son désir sincère de la tirer d'un si triste état, mais elle ne croyait pas que la situation où les affaires de l'Europe se trouvaient, dans ce moment critique, fût propre à l'exécution du dessein de Son Altesse. Elle lui conseillait donc de différer un peu, et d'attendre au moins les suites des négo-

1. Dépêches d'Hotham et de Guy Dickens, 16 et 18 juin 1730. Ranmer, pp. 516, 517.

ciations nouvelles que sir Hotham allait engager. Le temps manquait d'ailleurs pour s'informer de l'accueil que la France réserverait au prince, s'il « se retirait dans ce pays-là... » Cette réponse était écrite dans une sorte d'instruction officielle; la cour d'Angleterre traitait donc Frédéric comme un souverain; il semblait qu'elle accréditât son envoyé auprès du fils, en même temps qu'auprès du père. Guy Dickens était chargé en outre d'offrir une douceur au prince: il lui proposerait de payer ses dettes, mais en échange de la promesse de ne pas s'évader.

Le soir même de son arrivée à Berlin, Guy Dickens reçut la visite de Katte, qui l'amena sous le portail du château, où le prince vint les rejoindre. L'envoyé fit sa commission: Frédéric accepta l'offre de payer ses dettes, et même, comme il avait une présence d'esprit remarquable, il demanda 15,000 thalers, alors qu'il n'en devait que 7,000, et ne s'engagea point à renoncer à son projet; il promit seulement de ne pas s'enfuir de Potsdam, si son père l'y laissait.

Pendant cette conversation de nuit, Katte faisait le guet. Tout cela était très romanesque, mais d'une imprudence enfantine.

Deux ou trois jours après, le roi partait pour Potsdam. Le prince apprenait que son père, après beaucoup d'hésitations, avait décidé de l'emmener avec lui dans le voyage. Le 14 juillet, veille du départ, il mandait Katte à Potsdam. Celui-ci vint le soir sans permission, bien entendu, et il fallut prier l'officier qui était de garde à la porte de ne pas signaler son passage. Katte trouva le prince dans le parc.

Pendant deux heures, ils causèrent. Frédéric redit toutes ses raisons de fuir; il venait encore d'être maltraité à Potsdam, et si rudement qu'il finissait par craindre pour sa vie. Katte lui fit quelques objections, mais promit de le suivre. Seulement, il ne pouvait partir immédiatement; il devait attendre la permission, qu'il avait sollicitée, d'aller en recrutement. Il conseilla donc au prince de remettre sa fuite à la fin du voyage: le roi devait rentrer dans ses États par Wesel; de là, il serait facile de gagner la Hollande. Ainsi les deux complices établissaient leur projet sur une hypothèse, puisqu'il n'était pas sûr que Katte obtînt le congé demandé. Ils n'avaient rien arrêté de précis, lorsqu'ils se séparèrent, après que minuit avait sonné. Ils avaient convenu de correspondre, — ce qui était une nouvelle imprudence — par l'intermédiaire d'un cousin de Katte, le *Rittmeister*, Katte, qui se trouvait en tournée de recrutement à Erlangen, à portée d'Anspach.

Le lendemain, 15 juillet, le prince, avant de partir, écrivait à Katte, pour lui confirmer sa résolution de s'enfuir au début du voyage. Il lui donnait rendez-vous à Cannstatt, sans savoir même si le lieutenant pourrait s'y trouver en même temps que lui. Le page qui porta cette lettre remit à Katte quelques objets dont le prince ne voulait pas se séparer, parmi lesquels se trouvaient ses *musicalia*. Katte avait déjà entre les mains les bijoux de Frédéric et les insignes de l'ordre de l'Aigle blanc de Pologne, dont les diamants avaient été vendus et remplacés par de fausses pierres. Le prince lui avait confié l'argent du voyage, environ 3,000 thalers.

Ce 15 juillet au matin, le roi prit congé de la reine très tendrement. Il lui exprima son regret de « la sottise » qu'il avait commise avec le chevalier Hotham, l'envie qu'il avait des doubles mariages, avec cette restriction méchante : « Mais mon fils montre trop d'empressement de se marier ; tant qu'il sera de la sorte, je le ferai attendre. Je veux qu'il n'en ait plus la volonté pour que je l'aie. » Il fit même cet aveu, qu'il savait bien qu'il était « la dupe » du comte de Seckendorff. « Vous commencez à parler avec un peu plus de raison, répondit la reine ; mais sitôt que vous aurez vu seulement le clocher de la terre de M. de Seckendorff, où vous allez d'abord, vous penserez tout différemment, et, au retour de vos voyages, vous reviendrez faire enrager votre famille et moi aussi, et nous faire souffrir comme à l'ordinaire. » Le roi répliqua : « Non, je te le promets ! Je t'aime trop, ma chère femme. Embrasse-moi [1]. » Ni l'un ni l'autre ne se doutait de ce que serait le retour. Pourtant les projets du prince étaient soupçonnés. On disait qu'il allait saisir cette occasion de « secouer la poussière de ses pieds ». Le roi avait ordonné que le colonel Rochow, le général Buddenbrock et le colonel Waldow, ne quitteraient pas la voiture de son fils. Il ne l'avait emmené sans doute que pour le mieux surveiller.

La première nuit fut passée à Meuselwitz, chez le comte de Seckendorff, où le roi demeura les deux journées suivantes. Le 18, il continuait sa route, emmenant avec lui Seckendorff. Le 21, il arrivait chez son gendre le margrave d'Anspach où il fit un séjour d'une semaine,

---

1. Sauveterre, A.-E. Prusse, 1730, 18 juillet.

pour « régler l'économie » du jeune ménage Le 23, à minuit, une lettre de Katte était apportée au prince par le cousin, le *Rittmeister*. Mauvaise nouvelle : la permission du voyage a été refusée au lieutenant. Le prince brûle la lettre et répond à Katte de se tenir tranquille, jusqu'à ce qu'il ait reçu de nouveaux ordres. Mais il veut s'assurer un autre complice, et tout de suite, propose l'affaire au *Rittmeister*, mais celui-ci se récuse, et même il avertit Rochow, sans lui rien révéler d'ailleurs, de ne pas perdre de vue un moment « son haut subordonné ». A qui donc s'adresser? Parmi les pages du roi se trouve un frère cadet de Keith, l'ami qui est à Wesel. Le prince s'ouvre à lui, lui glisse des billets dans la main, et l'entretient à la dérobée : « Est-ce qu'on peut trouver partout des chevaux? » — « En quelques endroits, il en reste; en d'autres non. » — « Est-ce que tu es toujours obligé de rester auprès de la voiture du roi? Peux-tu être une demi-lieue en arrière ou en avant? » — « Je dois toujours rester près de la voiture, car le roi, lorsqu'il descend, demande après tous ceux qui appartiennent à la voiture. » — Commande-moi des chevaux. » — « Où Son Altesse veut-elle aller? » — « Où crois-tu que j'irai? — « Je n'en sais rien. » — « Si une fois je m'en vais, je ne reviendrai plus. »

Se croyant assuré d'un compagnon, Frédéric écrit à Katte, le 29 juillet, qu'il a encore été maltraité pour avoir laissé tomber un couteau. Il lui commande d'aller à la Haye, et d'y chercher le comte d'Alberville, un nom de roman, sous lequel il se cachera. Dans cette lettre en était incluse une autre, que Katte devait laisser pour qu'elle fût lue. Le prince y déduisait les raisons de sa fuite : il était trop maltraité, et ne pouvait supporter plus longtemps cette existence ; le séjour à Wüsterhausen, disait-il, sera pire encore que les années précédentes. C'est là, dans la maison de l'ennui, des homélies et de terreur, que le prince avait pris le dégoût de son existence. Il s'était juré qu'on ne l'y reverrait plus. Au même moment, il écrivait à Keith de quitter Wesel et de se rendre en Hollande.

D'Anspach, le roi prit la route du Wurtemberg. La cour ducale l'attendait à Ludwigsbourg. Arrivé là, Frédéric qui se parait pour la fuite, comme pour une aventure d'amour, se fait faire un manteau rouge. Quelques jours avant, il avait commandé à Keith de s'acheter un manteau bleu. Le 4 août au matin, en quittant Ludwigsbourg, il met son beau manteau neuf: « Voilà, lui dit Rochow, un vêtement qui ne plaira pas au roi. » Il répond qu'il a mis le manteau à cause du froid (qui n'expliquait pas la couleur), et il le retire. L'heure marquée par lui approchait. Ce même jour, près de Heilbronn, le cortège des voitures quittait la vallée du Neckar et prenait la direction de Mannheim où l'électeur palatin attendait le roi de Prusse. Le prince, qui avait des cartes, et s'informait, comme par curiosité, des étapes, croyait que l'on coucherait à Sinsheim, et c'est de là qu'il avait résolu de s'évader. Mais, par hasard, le roi voulut s'arrêter à Steinsfurth, où le coucher fut organisé dans des granges : le prince était logé en face du roi. « Nous ne sommes plus loin de Mannheim, dit le roi en se couchant. En partant d'ici à cinq heures, nous aurons mille fois le temps d'arriver. » Le prince, qui avait donné ses ordres à Keith, pensait qu'il serait déjà loin à cette heure-là.

A deux heures et demie, il s'habillait. Son valet de chambre, Gummersbach, homme de confiance de Rochow, s'étonne. Le prince lui dit : « Mais je veux me lever. Qu'est-ce que cela te regarde ? » Il met le manteau rouge. Gummersbach fait des observations : « Je veux le mettre, » réplique le prince, qui ajoute qu'il va chez le roi, et sort, malgré que le valet lui dise : « Le roi ne se fera éveiller que pour le départ à cinq heures. » Il se tient alors devant la grange, mais Gummersbach envoie un chasseur appeler le colonel. Rochow, qui s'est couché tout habillé, arrive à la minute ; il trouve le prince près de sa voiture, attendant : « Bonjour, Votre Altesse ! » Le prince rend le bonjour, quitte la voiture et rentre dans la grange. Rochow se promène devant la porte avec Gummersbach. A trois heures, Keith, qui est en retard, arrive avec des chevaux. « Voyez donc, dit Gummersbach au colonel, ce que c'est que ces chevaux-là. Je garderai le prince. » Rochow va vers Keith, lui souhaite le bonjour, et lui demande ce qu'il veut faire avec ces chevaux. « Ce sont, répond Keith, les chevaux des pages. » « Allez-vous-en au diable avec vos chevaux, s'écrie le colonel. » Buddenbrock et Waldow, avertis aussi, sont venus rejoindre Rochow. Seckendorff, qui ne devait dormir que d'un œil, apparaît dans la rue. Le prince était ressorti, et le jour éclairait son manteau rouge : « Excellence, dit Rochow à l'Autrichien, comment trouvez-vous l'accoutrement de Son Altesse ? » Le prince ôte son manteau et, de désespoir, entre chez son père, qui n'était pas encore levé : « Votre voiture, lui dit le

roi, est plus lourde que la mienne. Vous irez devant ;
autrement vous arriveriez en retard. » Le prince sort,
pendant que son père s'habille, va boire son thé, traîne
autant qu'il peut, si bien que le roi, qui le croit en
route déjà, part avant lui. Arrivé à Heidelberg, il est
étonné de ne pas trouver le prince : « Où est mon fils ?
Il doit marcher terriblement vite. Ils ne seront pourtant pas assez fous pour entrer à Mannheim, avant que
je n'arrive. » A huit heures, le roi est à Mannheim :
pas de prince encore. Le roi s'inquiète ; il s'imagine que
Frédéric est parvenu à s'échapper. Pour le calmer, l'électeur palatin envoie son écuyer sur la route de Heidelberg.
Enfin les retardataires arrivent à dix heures et demie [1].

Il était évident que le prince ne pourrait s'échapper,
mais la résolution où il était de tout risquer plutôt que
d'abandonner le beau rêve, l'aveuglait. Il donna encore
une fois à Keith l'ordre de commander des chevaux, mais
le page avait eu, le matin, une belle peur, en recevant
l'ironique bonjour de Rochow. Il connaissait le roi, et
sentit sa tête branler sur ses épaules. Le 6 août, qui était
un dimanche, à l'issue du service divin, il se jeta aux
pieds de son maître et lui avoua tout le complot.

Le roi maîtrisa la tempête qui se levait en lui, et
résolut de dissimuler jusqu'à ce qu'il fût arrivé dans sa
ville de Wesel, mais il appela Rochow près d'une fenêtre :
« Fritz a voulu déserter, lui dit-il ; je m'étonne qu'on ne
m'en ait rien dit. Vous, Rochow, vous serez responsable
sur votre tête, votre cou et votre collet, si vous ne me le

[1]. Voir la relation dictée par le roi à Mylius, dans les annexes du
livre de Koser (pp. 261, 264).

livrez à Wesel, vivant ou mort. Je n'ai pas le temps d'en dire plus ici. Et comme il se peut que je ne trouve pas le moyen de parler seul avec Buddenbrock et avec Waldow, vous leur direz cela en mon nom, et leur commanderez qu'ils soient responsables envers moi. » Rochow, qui avait eu la générosité de taire l'histoire de la veille, se contenta de répondre : « Il ne peut nous échapper ; il ne nous aurait pas échappé. J'ai pris mes précautions. Le prince a un fidèle serviteur à qui on peut se fier. » Sur quoi, on se mit à table. Le roi, qui savait si mal se contraindre et qui aimait à hurler ses colères, devait endurer des tourments d'enfer. La vue de l'intendant, du commandant et d'officiers français de Landau, qui étaient venus à Mannheim, l'inquiéta. Il crut qu'ils venaient au-devant du prince pour lui faire escorte. Le soir, à Darmstadt, où l'on coucha, il ne put se tenir de dire à son fils : « Cela m'étonne de vous voir ici. Je vous croyais à Paris déjà. » Frédéric répondit hardiment par un mensonge : « Si je l'avais voulu, je serais certainement en France ! » Une fois encore, ignorant qu'il avait été trahi, il passait un billet à Keith : « Cela prend une mauvaise tournure. Fais que nous puissions nous en aller. »

Le matin du 8 août, on arrivait à Francfort, d'où l'on devait descendre le Mein. Le roi visita tous les monuments en deux heures, sans être accompagné par le prince : il l'avait fait conduire directement au bateau, qui devait transporter le cortège royal à Bonn. Il grillait d'impatience de rentrer chez lui, mais il avait promis sa visite à l'électeur de Cologne, qui l'attendait. Il arriva donc, le 10, à Bonn. Avant de descendre, il commanda aux officiers du prince de le bien surveiller et de le ramener au bateau, mort ou vif. Frédéric entendit ces ordres et d'autres paroles dures, sans sourciller. Mais, au fond, il commençait à se troubler, se sentant déjà prisonnier. Il eut alors une habileté de sa façon. Il devina que tout était découvert, et que Seckendorff était au courant. Il résolut donc de se donner auprès de lui, son ennemi, le mérite d'une confidence, et d'intéresser ainsi à sa cause la générosité d'un homme si puissant auprès de son père :

« J'ai eu, lui dit-il, la ferme intention de m'enfuir. Un prince de dix-huit ans ne peut supporter plus longtemps d'être traité par le roi, et battu comme je l'ai été dans le camp de Saxe. En dépit de toute surveillance (il répétait et complétait son mensonge), j'aurais pu m'enfuir si je n'avais été retenu par mon amour pour la reine et pour ma sœur. Je ne renonce pas à ma résolution. Si le roi ne cesse de me frapper, je la mettrai à exécution coûte que coûte. Du péril de ma vie, je ne m'inquiète pas. Je regretterais seulement que des officiers, qui ont eu connaissance de la chose, fussent exposés à des malheurs, quand ils n'ont commis aucune faute, mais se sont laissés entraîner par moi. Si le roi veut bien me promettre le pardon pour eux, je déclarerai tout clairement. Si non, on peut me faire couper la tête, je ne trahirai personne. » Puis, poussant un peu loin la confidence, il ajouta que la reine n'avait rien su de ses projets, mais qu'il était en peine de Katte ; il espérait pourtant que celui-ci se serait sauvé, après avoir détruit leur correspondance secrète. Il termina en priant Seckendorff de causer avec le roi : « Vous ne pouvez me témoigner une plus grande amitié, et je vous serai reconnaissant toute ma vie de me tirer de ce labyrinthe[1]. ».

Seckendorff dut l'écouter d'un air de compassion respectueuse, où il dissimulait à la fois son plaisir de voir ce fier jeune homme réduit à se réclamer de lui, et le peu de gré qu'il lui savait de cette confidence forcée. Le lendemain, à Mörs, il parla au roi en termes généraux du repentir du prince. Le roi répondit qu'il préférerait grâce à justice, si son fils lui faisait des aveux à cœur ouvert, ce dont il doutait fort; mais, à Geldern, il apprend que le lieutenant Keith a quitté Wesel. Depuis quelques jours déjà, il savait que Katte avait envoyé un message à Frédéric pendant le voyage. Il vit la corrélation des deux faits avec la tentative de fuite. Pressé de mettre le prince en lieu sûr, il l'envoya en avant à Wesel.

Lui-même y arriva, le 12, à huit heures et demie du soir. Aussitôt, il manda le prince à la *Commandatur*, et lui fit subir un interrogatoire. Le prince avoua qu'il avait voulu passer en France, et ajouta ce mensonge qu'il avait donné rendez-vous à Strasbourg à Katte et à Keith. On conte que le roi, mécontent des réponses, entra dans une fureur telle que le général von der Mosel, se jetant entre le père et le fils, offrit sa poitrine au premier, qui avait mis l'épée à la main. Mais Frédéric-Guillaume, je pense, était abattu, atterré autant qu'irrité. Il est impossible qu'il n'ait pas pensé en ce moment que les violences commises sur la personne de son fils déposeraient contre lui-même dans

---

1. Rapport de Seckendorff à l'empereur, 14 août 1730, Förster, III, pp. 1 et suiv. Ce rapport doit être consulté pour toute l'histoire de la tentative d'évasion.

le procès qui allait s'engager devant l'Europe. L'acte officiel de l'interrogatoire du 12 août dit qu'il somma le prince « de la façon la plus sérieuse, d'honorer comme il devait, Dieu et son seigneur et père, et d'avouer, sur son devoir et sa conscience, toutes les circonstances de la désertion projetée. » Avant de livrer son fils à la justice, Frédéric-Guillaume dut parler de ce ton de juge, et s'en tenir là. Le prince prit dès lors la manière qu'il va garder, mêlant des mensonges à la vérité, avec un sang-froid extraordinaire, fier, insolent même, mais rusé toujours et ne poussant jamais rien à l'extrême. Il est très possible qu'il ait répondu à son père, en lui reprochant ses violences et ses désespérantes paroles « qu'il ne devait s'en prendre qu'à lui seul de ce qui était arrivé[1] ».

Frédéric fut ensuite conduit dans une chambre à part, et gardé par des sentinelles, baïonnette au canon. Le lendemain il est interrogé par le colonel Derschau, sur des questions préparées par le roi. Il répond par un roman. Il voulait, dit-il, aller *incognito* à Landau, Strasbourg et Paris, prendre du service, passer en Italie, se distinguer par des actions d'éclat et obtenir ainsi la grâce de Sa Majesté ; mais, au même moment, le roi, qui a envoyé l'ordre de poursuivre Keith, apprend que celui-ci est allé, non pas à Strasbourg, mais à la Haye. Le prince est donc convaincu de mensonge. Le roi le lui fait dire par Derschau et, de plus en plus, il se trouble ; il va jusqu'à croire à une conspiration contre sa vie. Le prince fut informé de ces soupçons terribles ou les devina.

1. Guy Dickens, 19 août, Raümer, pp. 518, 519 ; Sauveterre, A.-E. Prusse, 1730, 21 août.

« Mon cher papa, écrivit-il, je prends encore une fois la liberté d'écrire à mon cher papa, pour lui demander en toute soumission de lever mon arrêt, assurant que tout ce que j'ai dit ou fait dire à mon cher papa est vrai. Quant aux soupçons qui sont contre moi, le temps montrera qu'ils ne sont pas fondés, et j'assure que je n'ai pas eu la mauvaise intention que l'on pense. J'implore de mon cher papa sa grâce et je demeure, ma vie durant, avec le respect le plus soumis, son fils très dévoué [1]. »

Le roi, pour toute réponse, remit le prince aux mains du général Buddenbrock, avec ordre de le conduire à travers l'Allemagne, à la forteresse de Spandau. L'escorte devait éviter les territoires de Hesse et de Hanovre, pays suspects, où le prince trouverait peut-être des complices. En cas d'une surprise ou d'une tentative d'enlèvement, Buddenbrock « fera que les autres ne le reçoivent que mort ».

Le prince fut emmené de Wesel en grand secret. Jusqu'à Halle, on marcha jour et nuit, ne s'arrêtant qu'en pleine campagne, là « où l'on peut voir autour de soi, dans les endroits sans haies ni buissons; » on mangeait dans la voiture. Le roi, le même jour, se mit en route. Une preuve (il me le semble au moins) de son hésitation, de son trouble, d'une sorte d'angoisse et de recul devant le fait auquel il donnait *in petto* des proportions monstrueuses, c'est qu'il ne se rendit pas droit à Berlin. Il mit une semaine au voyage, et n'arriva que le 26 août au château royal.

1. 19 août 1730, *Œuvres de Fr. le Gr.*, XXVII, 3ᵉ part., p. 10.

L'INSTRUCTION

La terreur régnait à Berlin depuis qu'on avait reçu des nouvelles de Wesel. Le roi, le jour même de l'arrestation, avait écrit une lettre à la reine et une autre à Mme de Kamken :

« Ma chère Madame de Kamken[1], j'ai malheureusement le malheur (*leider des Unglück*) que mon fils a voulu déserter avec le page Keith. Je l'ai fait arrêter. J'ai écrit à ma femme. C'est à vous de faire que, bien qu'elle se désole une paire de jours, elle ne tombe pas malade.

« Je suis votre ami dévoué,

« Fr.-Guillaume. »

La lettre à la reine est perdue ; celle que Wilhelmine a mise dans ses mémoires est certainement fausse. Frédéric-Guillaume, au moment où il prenait des précautions pour atténuer le coup qui allait être porté à sa femme, ne lui aurait pas écrit qu'il était résolu à faire mourir son fils. Il est probable, comme le disent les ministres d'Angleterre et de France, qu'après avoir raconté les faits et l'interrogatoire du prince, et la façon dont celui-ci s'était comporté, il annonçait à la reine l'arrestation et l'ordre qu'il avait donné de conduire Fritz dans

---

1. Koser, p. 49.

une forteresse[1]. Nous n'avons pas le droit de penser qu'aucun sentiment humain ne se mêlait à la fureur du roi. Il y a dans le billet à Mme de Kamken de la sensibilité étrange, mais qui est de la sensibilité.

De Wesel encore, le roi avait envoyé l'ordre d'arrêter Katte. Celui-ci était demeuré très tranquille à Berlin, pensant que le prince avait renoncé à son projet, puisque lui, l'indispensable compagnon, n'avait pu le rejoindre. Il était allé passer la journée du 15 août à la campagne, par permission du feld-maréchal Natzmer, chef du régiment des gendarmes. Il fut arrêté le lendemain matin[2].

La reine et Wilhelmine passèrent des journées terribles en attendant le retour. Inquiètes sur le sort du prince, le souvenir de leurs intrigues devait les faire trembler pour elles-mêmes[3]. La scène de l'arrivée fut épouvantable : « Nous accourûmes tous pour lui baiser la main, dit Wilhelmine, mais à peine m'eut-il envisagée que la colère et la rage s'emparèrent de son cœur. Il devint tout noir, ses yeux étincelaient de fureur, et l'écume lui sortait de la

[1]. Guy Dickens, 19 août, dans Raumer, pp. 518, 519 ; Sauveterre, A.-E. Prusse, 1730, 10 août.
[2]. Il y a une légende de l'arrestation de Katte. Ceux qui étaient chargés de l'arrêter l'auraient averti, et ils auraient retardé l'exécution de l'ordre royal, pour lui donner le temps de partir. Il serait resté pour diverses raisons, que donne Théodor Fontane, pour ne citer que lui dans les *Wanderungen durch die Mark Brandenburg*, t. II (4° édit.), pp. 307, 308. Koser détruit cette légende (appendice, p. 232), mais je ne m'explique pas que Katte ait pu détruire des papiers au moment de son arrestation, *bei der Arrestirung*, comme dit le jugement de Köpenick.
[3]. La margrave raconte (pp. 192 et suiv.) qu'une cassette, remplie de lettres écrites par la reine et par elle au prince royal, fut mystérieusement portée après l'arrestation de Katte chez la comtesse Fink, qui la remit à la reine : que ces lettres ont été détruites par la reine et par elle, et remplacées par d'autres. Si incertains que soient les détails, le fait est vrai ; il est venu à la connaissance de Seckendorff.

bouche. « Infâme canaille, me dit-il, oses-tu te montrer encore devant moi? Va tenir compagnie à ton coquin de frère. » Et il frappa si fort que la princesse tomba par terre; il voulut la piétiner; la reine, ses frères, ses sœurs, les dames se rangèrent autour d'elle. Il la laissa, mais, pendant que la reine se tordait les mains et courait éperdue, que les frères et sœurs dont le plus jeune avait quatre ans pleuraient à genoux, il vomissait des injures contre sa fille [1]. Au même moment, Katte traversait la place du château, entre quatre gendarmes. Comme il levait la tête, il aperçut Wilhelmine, qu'on avait assise sur une chaise dans l'embrasure d'une fenêtre : il la salua.

Le roi n'avait pas espéré mettre la main sur Katte; lorsqu'il avait donné l'ordre de l'arrêter, il le croyait en fuite, comme Keith. Pour ravoir celui-ci, il avait fait l'impossible. Il avait envoyé à sa poursuite un colonel, qui le découvrit à la Haye. Il prescrivit à Meinertshagen, son ministre dans cette ville, d'obtenir la permission d'arrêter le déserteur. Le pensionnaire de Hollande refusa d'abord, puis, quand le ministre eut exposé toute l'affaire, autorisa l'arrestation, pourvu qu'elle ne se fît pas dans le quartier de lord Chesterfield, ambassadeur d'Angleterre. C'est là que Keith s'était réfugié : Meinertshagen ne trouva que ses éperons à l'hôtel des *Drei Schnellen*. Le 18 août, Keith s'embarquait à la barbe du ministre, à Scheveningen, où il avait été conduit dans une voiture de l'ambassade. A Londres même, le roi voulait le faire enlever. Il

---

[1]. La scène a été certainement de la dernière violence. Guy Dickens, 3, 5 sept. 1730, Raumer, p. 525, et Sauveterre, A.-E. Prusse, 1730, 7 sept.

ordonnait à Degenfeld, en lui promettant une bonne récompense, *eine gute Recompens*, de faire tout son possible pour le découvrir, et il envoyait le signalement du fugitif : taille moyenne, étroit, maigre, un peu pâle, brun, louche fort. Mais Keith demeura hors des atteintes de Frédéric-Guillaume[1]. Katte était donc le seul témoin, le seul complice connu : le roi s'acharna contre lui. Il lui fit subir, le 27 août, lui-même, le premier interrogatoire. Quatre autres suivirent jusqu'au 9 septembre.

Katte, qui n'avait montré aucune émotion le jour de l'arrestation, garda son calme. Il avoua le projet formé au camp de Saxe, les conversations avec le prince et les négociations avec Guy Dickens, les entrevues avant le départ pour le voyage. Il ajoutait, pour sa défense, les conseils qu'il avait donnés au prince de renoncer au projet; il faisait remarquer que, comme il avait l'argent entre les mains, Son Altesse ne pouvait s'enfuir, insinuant ainsi qu'il l'aurait retenue au dernier moment. Ces aveux ne suffisaient pas à Frédéric-Guillaume, qui cherchait des preuves d'intentions plus criminelles. Il voulut faire mettre Katte à la torture, mais il renonça, sur la vive opposition de Grumbkow, à cette barbarie. Enfin, le 20 septembre, dans un dernier interrogatoire, à la demande : — « Convient-il, que s'il avait pu, il se serait échappé? » — Katte répondit : « Si le prince était parti, je l'aurais suivi, mais j'ai toujours cru qu'il ne partirait pas. » Il disait vrai, sans doute. Il est probable qu'il avait appris avec plaisir que la permission de voyager lui était refusée. Il crut que le prince

---

[1]. Preuss. *Urkundenbuch zu der Lebensgeschichte Friedrichs des Grossen*, II, pp. 156-7.

allait revenir, et qu'il reprendrait avec lui cette vie cachée d'amitié et de confidence, qui les aiderait tous les deux à attendre l'avènement. Mais il avait avoué qu'il aurait, au besoin, suivi le prince. Le même jour, son valet déposa que, deux jours environ avant l'arrestation, sur l'ordre de son maître, il avait recouvert de papier les galons d'argent d'un habit gris fait pour le prince.

Sur cet aveu et cette déclaration, l'instruction conclut, en ce qui concernait Katte, que, jusqu'au dernier moment, il avait voulu déserter.

L'instruction se poursuivait en même temps contre le principal accusé. Le roi avait décidé que son fils serait conduit non plus à Spandau, mais à Cüstrin. Il ordonna qu'il fut interrogé avant d'arriver à cette forteresse, à Mittenwalde, par une commission composée des généraux Grumbkow et Glasenapp, du colonel von Sydow, des auditeurs Mylius et Gerbett. A en croire les bruits qui coururent, il fut très insolent. Il aurait refusé à Grumbkow de lui remettre son épée, ajoutant qu'il la pouvait aller prendre d'ailleurs, dans la chambre à côté, sur une table. Il se serait amusé à faire sa déposition avec une telle vitesse de paroles, que la plume de Grumbkow ne pouvait le suivre. A la question : pourquoi il avait voulu s'évader ? il aurait répondu : « Vous devez le savoir mieux que personne, et être plus capable d'en rendre raison à votre maître. » A une objection de Grumbkow sur une de ses réponses, il aurait répliqué : « Écrivez donc, puisque vous n'êtes pas ici pour autre chose [1]. » Ce sont là des

1. Sauveterre, A.-E. Prusse, 1730, 11 sept. Voir Koser, à l'appendice, p. 233.

propos inventés, car Grumbkow ne conduisait pas l'interrogatoire, mais il est certain que le prince se montra très « railleur et très gai, *lustig und fröhlich,* » et qu'il voulut avoir l'air de diriger les débats. Il fit inscrire au protocole qu'il avait tout dit, sans réticences et sans attendre les questions. Il avait en effet demandé plusieurs fois aux commissaires : « Est-ce tout ? Voulez-vous encore savoir quelque chose ? » Il ne daigna pas implorer pour lui grâce ni clémence, mais il intercéda pour Katte, disant que le malheureux avait été séduit par lui.

Deux jours après, le prince était écroué à la forteresse de Cüstrin. Le général von Lepell, gouverneur de la place, avait reçu les ordres du roi : « Tenez-vous bien en garde, car il est très rusé, et il aura cent inventions pour se tirer de là. » Ce fut la prison, dans toute son horreur. Tenu au secret, dans une absolue solitude, le prince s'ennuyait. « Il essaya d'une des cent inventions, » et demanda la permission de communier. Il n'en avait certainement pas la moindre envie et voulait seulement se distraire, en même temps que flatter le roi. Le roi répondit : « Il n'est pas encore temps ; il faut d'abord que le conseil de guerre ait fini : après, il sera temps. » Ces mots avaient peut-être un sous-entendu terrible. Le roi commande ensuite qu'il ne soit laissé au prisonnier ni plume ni encre ; le prince ne sortira jamais de la chambre : un laquais lui apportera son dîner et son souper ; le dîner coûtera six groschens et le souper quatre. Il lui fait enlever sa flûte et défend qu'on lui en procure une autre.[1]

---

1. 7 et 8 sept. 1730, Preuss. *Urkundenbuch, loc. cit.,* pp. 150, 151.

Cependant les commissaires préparaient un second interrogatoire, et l'auditeur général Mylius dressait une liste de questions. A cette procédure de juristes, le roi ajouta un supplément de sa façon, cinq questions inusitées en justice. Mylius hésitait à les introduire; il voulait être couvert par un ordre du roi contre toute responsabilité ultérieure. « J'ai dicté moi-même ces articles à mon secrétaire, écrivit le roi. Je vous commande d'exécuter mes ordres, sous ma responsabilité. » Le grand interrogatoire eut lieu, le 16 septembre. Le prince avait fini avec les cent soixante-dix-huit premières questions, qui portaient sur le projet de fuite, sur les négociations relatives au mariage et sur les événements des dernières années. Vinrent les questions du roi.

D. Que mérite-t-il, et à quelle peine s'attend-il? — *R.* Je me soumets à la grâce et à la volonté du roi.

D. Que mérite un homme qui brise son honneur et complote une désertion? — *R.* Je ne crois pas avoir manqué à l'honneur.

D. Mérite-t-il de devenir roi? — *R.* Je ne puis être mon propre juge.

D. Veut-il qu'on lui fasse cadeau de la vie ou non? — *R.* Je me soumets à la grâce du roi et à sa volonté.

D. Comme il s'est rendu incapable par le bris de son honneur de succéder au trône, veut-il, pour conserver sa vie, abdiquer sa succession et y renoncer, de façon que cette renonciation soit confirmée par tout l'empire romain? — *R.* Je ne tiens pas tant à la vie, mais Sa Majesté Royale n'usera pas envers moi de tant de rigueur.

Questions redoutables, qui laissaient voir l'état d'esprit

et les intentions du suprême juge, le roi. Réponses étonnantes, — après la fatigue de cet interrogatoire, — d'un accusé de dix-huit ans, admirables par la précision des paroles qui disent tout exactement ce qu'elles veulent dire, et par cette façon de dignité, de fierté même, qui sait ne rien compromettre. Le prince avait habilement glissé dans la première partie de l'interrogatoire des expressions de regret, et plaidé la circonstance atténuante de sa jeunesse. A la fin, troublé peut-être par les dernières questions, et ne voulant pas laisser partir les commissaires sur ce « je ne tiens pas à la vie », il fit une déclaration dont il demanda l'insertion à la suite du protocole. « Il reconnaissait qu'en tout, pour tout, sur tous les points, il avait eu tort; que ce qui lui faisait le plus de peine, c'était le chagrin qu'éprouvait Sa Majesté; qu'il priait Sa Majesté de croire que son intention n'avait jamais été criminelle; qu'il n'avait pas cherché à faire la moindre peine à Sa Majesté Royale; qu'il se soumettait en tout à la grâce et volonté du roi : que Sa Majesté pouvait faire de lui ce qui lui semblerait bon; qu'il lui demandait pardon. »

En recevant le protocole, le roi déchira l'annexe, où était la demande de grâce. Il rendit la prison plus rigoureuse, comme pour se venger de l'habileté et du sang-froid de son fils. Il envoya au général gouverneur une instruction « sur la manière dont le prisonnier prince Frédéric doit être surveillé, de façon qu'il ne puisse déserter de la prison », avertissant ledit général, dans l'intitulé même de la pièce, qu'il le faisait responsable sur sa tête, de l'exécution de ses ordres : « Doit la porte (de la chambre) où se tient le prisonnier prince Frédéric, être bien fermée jour et nuit, et deux grands verroux y être suspendus; les clefs, le général Lepell les aura en sa garde. Tous les matins, à huit heures, on ouvrira, et alors deux officiers entreront pour savoir si tout est bien; un chauffeur du poste apportera à l'arrêté, *dem Arrestanten*, un bassin et un verre d'eau pour se nettoyer, et il enlèvera de la chambre les malpropretés; tout cela ne devra pas durer plus d'un demi-quart d'heure ; alors les officiers sortiront et tout sera fermé solidement. A midi, on lui apportera à manger, et, tout de suite, la porte sera fermée. Le soir, à six heures, on ouvrira encore, et on lui apportera quelque chose à manger. Les plats et les assiettes sales (du dîner) seront emportés, et, tout de suite, tout fermé. Le matin, en apportant l'eau, les plats et les assiettes sales de la veille au soir seront emportés. Ainsi trois fois par jour la porte sera ouverte, et chaque fois, elle ne restera pas ouverte plus de quatre minutes, et, chaque fois, deux capitaines assisteront à l'ouverture et à la fermeture. En ce qui regarde les sentinelles, vous en mettrez autant qu'il sera nécessaire, car vous êtes pour cela responsable. Les capitaines qui feront ouvrir et fermer les portes ne devront pas, sous peine de la plus grande disgrâce, parler au prisonnier. S'il leur demande quelque chose, ce qui se passe ici et là, ce qu'il y a de nouveau dans le monde, ils ne répondront rien, et ceci est mon ordre strict, et ils doivent s'y conformer et être responsables sur leur tête [1]. »

Les geôliers (le roi avait adjoint au général Lepell un

---

1. 19 sept. 1730. Preuss, *Urkundenbuch...*, t. II, p. 153.

colonel) méditèrent l'ordre du roi et trouvèrent qu'il n'avait pas tout prévu : « Le très gracieux ordre de V. M. est bien arrivé, mais, comme en vertu dudit, personne ne peut demeurer plus de quatre minutes auprès du haut *Arrestant*, et ne peut être présent, pendant qu'il mange, nous devons demander en toute soumission : 1° s'il faut lui laisser couteau et fourchette et pour combien de temps ; 2° combien de bougies par jour doivent lui être données. » Le roi répond : « Pas de couteau, ni de fourchette. Faites couper auparavant son manger. » Il oublie de parler des bougies, mais, quelques jours plus tard, recevant les comptes « de la subsistance de son Altesse royale », qui montaient pour quatre semaines, y compris le blanchissage, le logement et la nourriture en ville du laquais, et les verroux mis à la porte, à 32 thalers, 3 groschens et 3 pfennigs, il les approuva et les régla, mais ordonna qu'à l'avenir les bougies fussent remplacées par des chandelles [1].

Ce redoublement de rigueurs inquiète le prince. Il me semble, dit-il un jour aux deux capitaines de service, que je suis encore plus sévèrement gardé. Il voulut revoir des visages, parler et entendre parler. Le tour de la communion n'ayant pas réussi, il demanda à être entendu de nouveau par la commission. Le roi, après avoir hésité quelques jours, renvoya les commissaires à Cüstrin, mais il chargea Grumbkow de dire au prince des duretés : « Si ce coquin demande des nouvelles de moi, de ma femme, de mes enfants, vous lui direz que per-

---

1. 20 et 22 sept., 5 oct. 1730. Preuss, *Urkundenbuch...*, t. II, pp. 154 et 159.

sonne ne pense plus à lui, que ma femme ne veut plus entendre parler de lui, que Wilhelmine est encoffrée à Berlin et sera bientôt envoyée à la campagne... »

Les instructeurs virent bientôt que le prince n'avait rien à leur dire. Comme il avait commencé par rappeler que, d'après le dernier interrogatoire, le choix lui était laissé entre la renonciation à la couronne et la mort ou la prison perpétuelle, ils lui firent observer que, de prison perpétuelle, il n'avait pas été question. « Alors, répliqua-t-il, toutes mes réflexions n'ont plus de raison d'être. Une longue prison me paraissait une chose intolérable. Si je dois perdre la vie, je prie qu'on me le donne à entendre en temps utile. Quant à la renonciation, si je croyais recouvrer par là les bonnes grâces du roi, je me soumettrais à sa volonté. Je puis assurer aussi que le roi fera de moi ce qu'il voudra, comme il voudra; je ne l'en aimerai pas moins. Le respect et l'amour pour lui demeureront toujours dans mon cœur. » Évidemment, il voulait se faire rassurer. Les commissaires lui donnèrent probablement de bonnes paroles, car il se vit tout de suite hors d'affaire, et leur confia deux désirs qu'il avait : « Je prends la liberté de prier Sa Majesté de me faire porter de nouveau mon habit uniforme et de me permettre de lire des livres bons et utiles. » Puis, Grumbkow ayant fait la commission du roi : « Si la reine aussi, dit-il, a détourné de moi sa grâce, je prie le roi de faire que la grâce et l'amour de ma mère me soient rendus. »

Le prisonnier s'était donc donné le plaisir d'une conversation; il avait trouvé, par la même occasion, le moyen de flatter son père au point le plus sensible, en redemandant cet uniforme que, naguère encore, il appelait mon « suaire ». Il espérait le toucher par la promesse d'une soumission, qui serait allée jusqu'à la renonciation au trône. Il savait enfin que le roi lui reprochait de n'aimer que la reine : prier son père de le réconcilier avec sa mère, c'était une « invention » fort jolie.

Le roi répondit : « D'un si mauvais officier, je ne veux pas dans mon armée, à plus forte raison dans mon régiment. »

Quelles sont les dispositions intimes de Frédéric-Guillaume ? Il est en proie à des pensées sinistres et commet des actes atroces. L'instruction a révélé une petite intrigue amoureuse de Frédéric avec Élisabeth Ritter, fille d'un *Cantor* de Potsdam. Un soir, en flânant dans les rues avec le lieutenant Ingersleben, le prince a attiré cette jeune fille hors de la maison. Il l'a visitée plusieurs fois, en l'absence de son père; il a joué des duos de clavier et de flûte avec elle, et lui a donné quelques ducats et une robe bleue. Le roi, dès qu'il apprend cette histoire, envoie chez Élisabeth Ritter une sage-femme et un chirurgien, qui la trouvent innocente. Il n'en signe pas moins les deux ordres suivants : « S. R. M. ordonne au conseiller de cour Klinte de faire fouetter demain la fille du *Cantor*, qui est ici en état d'arrestation, et de la faire transporter ensuite dans « la filerie » de la prison de Spandau. Elle sera d'abord fouettée devant la maison de ville, ensuite devant la maison de son père, puis dans tous les coins de la ville. » — « Au gouvernement de Spandau. S. M. ordonne, par la présente, au gouverneur de Spandau, que la fille du *Cantor* de Postdam, qui va être envoyée à Spandau, y soit reçue dans la filerie pour l'éternité[1]. » Les ministres étrangers qui transmettent à leur cour des nouvelles comme celles-là se demandent s'ils seront crus.

Tout ce qui, de près ou de loin, a touché à Frédéric ou l'a intéressé, éprouve la fureur du roi. Un des interrogatoires de Katte a révélé l'existence de la bibliothèque secrète, si chère au prince, qui avait donné des ordres pour qu'elle fût transportée, après sa fuite, en Angleterre. Le roi fait appeler le bibliothécaire, qui était un pauvre diable de marguillier, l'interroge une heure et demie, lui demande entre autres choses s'il y a des livres d'athéisme, et combien le prince le payait par semaine. Quand l'homme lui a répondu « vingt sols », le roi éprouve un moment de satisfaction : « Ce n'est pourtant pas trop, dit-il. » Il se fit mener ensuite au local qui contenait les quinze armoires, ouvre quelques volumes, puis ordonne d'effacer le F couronné sur la reliure des livres, et d'encaisser le tout. Le chargement fut expédié à Hambourg au résident de Prusse, avec ordre de vendre les livres « pour le mieux », sans dire la provenance. Le résident dressa un catalogue, où il inscrivit les livres dans le désordre où ils étaient, et, parmi eux, le catalogue même que Frédéric en avait dressé. Comme les livres, les maîtres furent punis. Duhan fut exilé à Memel avec le marguillier bibliothécaire[2].

En même temps, les serviteurs du prince étaient congédiés ; ses voitures et ses chevaux étaient vendus. Le

---

1. 6 sept. 1730, Preuss, *Urkundenbuch...*, t. II, p. 150.
2. Ordre au résident à Hambourg, 27 sept. 1730, *ibid.*, p. 156. Sauveterre, A.-E. Prusse, 1730, 11 et 17 sept. — Bratuscheck, pp. 53, 54.

régiment dont il était colonel depuis trois ans était donné à son frère Guillaume. On eût dit que la succession du prince royal était ouverte.

Tous ceux qui approchaient le roi redoutaient qu'elle ne le fût en effet. Le ministre de Hollande, Ginckel, qui était en grand crédit auprès de lui, l'a observé pendant la crise. Un jour, au commencement de septembre, il est à la parade auprès du roi, qu'il revoyait pour la première fois depuis l'événement. Le roi lui dit d'abord des choses indifférentes, puis, tout à coup, avec la fureur allumée dans les yeux : « Vous savez ce qui se passe, » et, dans un flot de malédictions et de jurons, il nomme les complices du prince, la France, l'Angleterre, sir Hotham et Guy Dickens. Il invite Ginckel à revenir le soir pour lui en dire davantage. Les choses que le Hollandais a entendues ce soir-là, à la tabagie, il n'ose pas les redire. Il n'aurait pas cru qu'il fût « possible à un humain de former des desseins aussi exécrables, aussi impies », que ceux dont il a eu la confidence : « Si le roi de Prusse persiste dans ses sentiments, ce qu'il faut espérer que Dieu ne permettra pas, nous verrons les scènes les plus impies et les plus sanglantes qui se soient passées depuis le commencement du monde. » Cette nuit-là, Ginckel n'a pu dormir, poursuivi par la vision du roi proférant contre toute sa famille les plus épouvantables menaces, le regard en désordre, et la bouche bavant l'écume [1]. Frédéric-Guillaume croyait alors qu'un grand complot avait été organisé contre lui pour lui enlever son

---

1. Guy Dickens, 7 sept., Raumer, pp. 527-30.

fils, et même que Frédéric avait voulu le tuer ou l'empoisonner.

Pendant tout le mois de septembre, sa colère monte. Il passe des nuits horribles, tourmenté par des fantômes. Puis il paraît s'adoucir un peu, à mesure que l'instruction prouve, malgré qu'il en ait, l'exagération de ses soupçons; mais cela même l'exaspère aussi. A la fin d'octobre, dans une séance de la tabagie, il avait accompagné des plus grosses injures le nom de son fils. Ginckel essaya d'intervenir : « Le prince, dit-il, a fait un coup de jeunesse; il est toujours le fils et le sang de Votre Majesté ». — « Pour le sang », répondit le roi... mais il était si furieux qu'il ne pouvait parler; il montra du doigt son bras, comme pour dire que ce sang, il fallait le tirer[1].

Frédéric-Guillaume ne croyait avoir rien à se reprocher. « Que Dieu épargne à tous les honnêtes gens, écrivait-il au prince d'Anhalt, les enfants dénaturés! C'est un grand chagrin. Pourtant, j'ai devant Dieu et devant le monde une conscience pure. Avertissements, châtiments, bonté, grâce, j'ai tout essayé : rien n'y a fait. » De la grâce et bonté dont il parle, nous ne connaissons d'autres preuves que quelques retours passagers de tendresse, interrompant la grêle des injures et des coups. Dans l'interrogatoire auquel il soumettait sa conscience, il était partial pour lui-même. Il se représentait son labeur, sa peine, sa vie rude, et la comparait à celle de ce

---

1. Dépêche du ministre de Suède à Berlin, communiquée de Stockholm à Versailles, A.-E. Prusse, 1730, 25 oct. — Voir aussi Guy Dickens, 30 sept., Raumer, p. 541.

liseur de livres et de ce joueur de flûte. Il pensait à son armée, à son trésor amassé écus par écus, et pour qui? pour ce damoiseau, qui préférait un « roquelaure » à l'uniforme des grenadiers, et s'endettait à payer des livres, de la musique et des filles. L'avenir qu'il préparait à sa Prusse et qu'il regardait de loin, comme Moïse regarda la terre promise, sans espoir d'y entrer; cet avenir qu'il montrait et prescrivait, tout jeune roi encore à ses successeurs, il le voyait s'évanouir dans la fainéantise de ce rimeur et de ce philosophe.

Alors, devant Dieu, il se croyait justifié de ses rigueurs. Il ne se rend pas compte, dans l'étroitesse de son esprit et le fanatisme de sa volonté d'autocrate, qu'un être peut être fait autrement que lui, et que son fils a le droit de ne pas lui ressembler trait pour trait, et que, pour commander, après lui son armée, employer son trésor, continuer sa Prusse, il faut des qualités qu'il n'a pas. Les qualités de son fils, il commence à les voir en partie, mais elles achèvent de l'irriter, par l'effet d'un sentiment qu'il ne s'avoue point. Il admire que ce « coquin » se défende avec tant d'impudence et d'habileté. Il enrage que cette « canaille », ce « vaurien » ait, comme il dit, plus d'esprit qu'un autre. Il est jaloux, et sa jalousie renforce sa haine, qu'elle enlaidit. Son successeur est pour lui un « rival redoutable ». S'il laisse échapper de ses mains ce prisonnier, Dieu sait ce qu'il est capable d'oser, avec ses amis du dedans et du dehors, avec la France et avec l'Angleterre. Au grief des relations occultes avec l'étranger, le roi s'attachait avec acharnement; il le grossissait, afin de compliquer d'une trahison le projet de fuite du prince.

Certainement, il cherchait des accusations capitales [1].

Les ministres étrangers rapportent que Grumbkow et Seckendorff attisent la colère du roi. Ils disent que Grumbkow, maître de la situation, voudra se débarrasser du prince, dont il redoute la vengeance. Grumbkow et Seckendorff triomphent en effet : leurs adversaires sont frappés; Cnyphausen a été renvoyé et remplacé par le gendre de Grumbkow. Le roi prodigue les déclarations de son estime aux deux complices. Tous ceux qui l'entouraient, disait-il, lui paraissaient suspects, excepté Grumbkow [2], qui seul était demeuré fidèle. Enfin l'affaire des mariages paraissait enterrée. Le roi ne veut plus que sa famille s'unisse à présent ni jamais avec cette famille anglaise. Par son ordre, un de ses ministres a mandé Guy Dickens, et lui a tenu ce petit discours : « Je vous ai requis, monsieur, de venir ici pour vous dire de la part du roi mon maître, qu'on ne doit plus songer aux mariages qui ont été projetés, ni au simple, ni au double. Vous pouvez faire de cette déclaration l'usage que vous jugerez à propos. » Guy Dickens, après en avoir référé à sa cour, a porté au ministre de S. M. cette réplique : « Je viens de la part du roi mon maître pour rendre réponse à la déclaration que vous me fîtes, monsieur, au sujet du double mariage. Sa Majesté m'ordonne de vous dire que c'est le roi de Prusse lui-même qui a donné lieu de penser à ces mariages, auxquels Sa Majesté s'est prêtée de son côté, par l'amitié qu'elle a pour la famille de la reine sa sœur et

---

[1]. Guy Dickens, 3, 17 et 21 oct., Raumer, pp. 542-4; Sauveterre, A.-E. Prusse, 1730, 25 oct.

[2]. Sauveterre, A.-E. Prusse, 1730, 7 sept.

pour l'intérêt de la religion protestante ; que si le roi de Prusse a, depuis, changé de sentiment à cet égard, c'est une chose indifférente pour Sa Majesté. Elle souhaiterait seulement, que, depuis le commencement, le roi de Prusse eût pensé comme il fait, parce qu'on n'en serait venu à aucunes explications de part et d'autre. Vous ferez, monsieur, de cette déclaration, l'usage que vous jugerez à propos[1]. »

Il est vrai que la reine de Prusse s'agite toujours, au lieu de se contenter de pleurer, et qu'elle continue d'intriguer en Angleterre. Elle a prié Guy Dickens, au reçu de la nouvelle de l'arrestation du prince, d'expédier à sa cour sans perdre une minute, un rapport sur la situation lamentable où elle se trouve. « Elle veut que le roi d'Angleterre sache que toute son espérance, toute sa confiance repose en lui. Elle est convaincue qu'il ne la laissera pas dans la misère et l'abandon[2]. »

Au moment même où Frédéric-Guillaume dénonce la convention des mariages sur le ton d'une déclaration de guerre, l'incroyable reine priait encore la cour de Londres d'adresser au roi la demande solennelle de la main de Wilhelmine. « C'était, disait-elle, le seul moyen d'apaiser notre furieux[3]. » Mais, qu'importait à Grumbkow et à Seckendorff? Ils avaient toute raison de croire que l'odieuse intrigue qu'ils avaient menée, sur l'ordre de Vienne, avait réussi. Contents du succès et de l'anéantissement de leurs ennemis, ont-ils voulu autre chose? Ont-ils travaillé

---

1. Communiqué par Sauveterre, A.-E. Prusse, 1730, 26 sept.
2. Guy Dickens, 19 août, Raumer, p. 521.
3. Guy Dickens, 25 sept. 1730, Raumer, p. 541.

à perdre le prince et cherché des chemins qui le menassent à l'échafaud? Sans doute, s'ils avaient reçu la nouvelle que Frédéric était mort en prison, la tristesse qu'ils auraient montrée, les larmes qu'ils auraient trouvées n'eussent trompé personne. Mais ces coquins n'étaient pas sanguinaires. Ils n'avaient point l'audace du vrai crime. Ils étaient d'ailleurs assez avisés pour comprendre qu'il n'était point si facile de trouver le moyen de la mort en cette affaire. Ils prévoyaient que Frédéric sortirait vivant du péril, où ils avaient contribué à le conduire. Déjà, ils pensaient au lendemain ; ils allaient jusqu'à se préparer un rôle de conciliateurs et d'instruments de grâce. Grumbkow se félicitait de n'avoir pas été du voyage où le prince avait été arrêté. Seckendorff prétend même s'employer à calmer le roi, à réfuter, un à un, ses arguments. En tout cas, il ne veut pas avoir l'air de triompher de ses ennemis. Un jour le roi, après le renvoi de Cnyphausen, lui dit : « Eh bien! j'ai fait maison nette? » Il se contente de répondre quelques mots « de son ton enrhumé ». Deux fois, pendant la crise, il se rend dans ses terres, en homme désintéressé, inoffensif[1].

Personne n'a conseillé au roi de faire mourir son fils. L'idée lui est venue certainement à l'esprit, et revenue avec obstination. Don Carlos d'Espagne et Alexis de Russie ont passé sans doute dans sa cervelle en désordre, parmi les fantômes nocturnes, mais sa conscience, après tout, valait mieux que celle de Philippe d'Espagne et du tsar Pierre. Puis, il était obligé plus qu'eux de compter

[1]. Les rapports de Guy Dickens et de Sauveterre, en sept. et oct. 1730, sont pleins de détails sur l'attitude de Grumbkow et de Seckendorff.

avec l'opinion du monde. Il se préoccupait de ce que dirait l'Europe, de ce qu'elle disait déjà. Un de ses griefs contre Frédéric et sa coterie était « qu'on faisait tout le possible pour le représenter au monde comme un tyran [1] ».

Dans toute l'Europe, en effet, il « n'était bruit que des cruautés du roi de Prusse ». Les États-Généraux, la Suède, la Saxe ont écrit en faveur du prince royal des lettres d'intercession. Le roi de Suède supplie Frédéric-Guillaume, placé entre ses devoirs de roi et ses devoirs de père, d'écouter son cœur paternel. « Votre famille, vos peuples, les protestants, toute l'Europe, attendent cette décision de votre naturelle bonté et vous conjurent de la prendre. » De Londres, Degenfeld, qui a remplacé Reichenbach rappelé, écrit « que la cour est consternée »; que « tous les bons protestants de la nation sont troublés et profondément attendris; chacun attend de la sensibilité de Sa Majesté qu'elle donne libre cours à son cœur paternel... et qu'elle rende sa grâce et faveur au prince, pour la consolation de la religion protestante [2]. »

Le roi, il est vrai, reçoit mal ces démarches. Le ministre de Suède, qui a depuis la fin d'août la lettre de son roi, n'a pas osé la remettre aux mains de Frédéric-Guillaume. Il la fait parvenir à son adresse seulement un mois après. Le roi écrit en marge un seul mot : « *Reponatur* », c'est-à-dire, à classer.

---

1. Guy Dickens, 16 sept. 1730, Raumer, *loc. cit.*, pp. 522-4, rapporte une curieuse conversation de Seckendorff sur les dispositions d'esprit du roi Frédéric-Guillaume.

2. Lettre du roi de Suède, du 25 août 1730, dans Raumer, pp. 536, 537. — Lettres de Degenfeld, 19 et 29 sept., Preuss, *Urkundenduch*, t. II, pp. 156-7 et 160.

Ginckel, plus hardi et mieux en cour, s'est acquitté de la commission des « Hautes-Puissances ». « Oui, a répondu le roi, je sais bien que tout le monde veut me faire passer pour un brutal, et que le prisonnier a voulu colporter cela dans toute l'Europe. » Il feint donc d'être insensible à toutes ces rumeurs comme à toutes les prières, et fait dire par ses ministres qu'il n'admet pas « que qui que ce soit se mêle de ses affaires domestiques ». Cependant, il est troublé. Il pense à faire une déclaration publique, et prépare un manifeste aux puissances[1]. Enfin, il n'était pas aussi maître qu'il disait, de décider seul en cette affaire domestique. Il n'était pas seulement roi; il était électeur de Brandebourg; Frédéric n'était pas seulement l'héritier de la couronne royale de Prusse : il était l'héritier d'un électorat de l'empire. La cour impériale, il est vrai, ne se pressait pas d'agir. A la fin d'octobre seulement, elle faisait demander au roi s'il lui serait agréable qu'elle s'entremît entre lui et son fils, mais elle ne pouvait pas, et Frédéric-Guillaume le savait bien, se désintéresser du sort « d'un membre si éminent de l'empire ».

Toutes ces considérations extérieures, s'ajoutant aux scrupules de sa conscience, prémunissaient Frédéric-Guillaume contre les résolutions extrêmes. Il ne faut d'ailleurs pas juger de ses intentions vraies par ses propos : les violents se soulagent par des paroles violentes. Je n'oserais pas dire qu'il ne souhaitait pas, par moment, que son fils mourût dans sa prison, mais il était

---

1. Sauveterre, A.-E. Prusse, 1730, 27 sept. et 3 oct.

incapable de l'y faire empoisonner ou étrangler. Restait à procéder contre lui par voie de justice. Mais devant quel tribunal? La qualité de membre de l'empire suivrait l'accusé et compliquerait le procès. Le roi pouvait-il espérer d'ailleurs qu'un tribunal prussien condamnerait à mort le prince royal de Prusse? Il me semble qu'il a vu, après les premières fureurs, l'impossibilité d'une condamnation capitale et d'une exécution.

L'idée à laquelle il s'est arrêté le plus longtemps, c'est de déposséder son fils de la couronne. Il le traite comme un déshérité. Il a donné le régiment de Frédéric à Guillaume. Il appelle son fils aîné, non plus le *Kronprinz*, mais « le fils du roi de Prusse, Frédéric », ou « le prince Frédéric[1] ». Mais alors pourquoi n'a-t-il pas accepté la proposition que Frédéric a faite à la commission, la seconde fois qu'il a été entendu par elle, de renoncer à ses droits? Pourquoi s'est-il contenté de répondre qu'il ne voulait pas le reprendre comme officier dans son armée? Sans doute, parce qu'il ne croit pas à la sincérité du prince, et parce qu'il redoute les troubles qui bouleverseraient l'État après sa mort. Il sentait bien que Frédéric n'abdiquerait pas son titre d'héritier sans restriction mentale, et que le cadet, Guillaume, aurait affaire à forte partie. Un pareil acte, d'ailleurs, n'eût été valable qu'après la confirmation solennelle qu'il aurait fallu demander à l'empire. C'était une procédure à suivre, très lente. C'était soumettre, sous les yeux de l'Europe, cette histoire de famille au jugement des princes et de l'empereur. Qui sait

1. Preuss, *Urkundenbuch...*, t. II, p. 150.

LA TENTATIVE D'ÉVASION ET LE CHATIMENT

ce qui adviendrait? Les malveillants ne manquaient pas parmi ces princes, et Frédéric-Guillaume voyait bien que c'était lui qui serait jugé.

Au vrai, il n'y avait qu'une solution, la mort, et cette solution était impossible. Que faire donc? Car il fallait bien faire quelque chose.

Dès le premier jour, Frédéric-Guillaume avait qualifié de désertion l'acte de son fils. Le colonel Frédéric a voulu déserter : il est donc justiciable du conseil de guerre. Le roi parle d'un conseil de guerre, quand le prince demande la communion à Cüstrin. Le 21 septembre, il ordonne formellement la mise en jugement du déserteur. Un mois après, il constitue le conseil sous la présidence du lieutenant-général von Schulenbourg, et lui défère en même temps les complices du prince : Keith, qui a réellement déserté ; Katte qui a prémédité la désertion avec commencement d'exécution ; le lieutenant von Spaen, qui a commandé la voiture à Leipzig en décembre 1729 ; le lieutenant von Ingersleben, qui a connu le projet de Frédéric (car il accompagnait Katte dans la visite de nuit faite à Potsdam, la veille du départ du roi) et, en outre, il a favorisé les amours du prince avec la fille du *Cantor*. Le conseil, composé de trois généraux-majors, de trois colonels, de trois lieutenants-colonels, de trois majors, de trois capitaines, siégera le 25 octobre à Köpenick. Chaque groupe aura une voix, et le président une.

Quel jugement le roi attendait-il du conseil, en ce qui concernait son fils? Il avait vu peu à peu, au cours de l'instruction, l'accusation s'atténuer et fondre dans ses mains. Elle n'avait découvert ni la promesse écrite donnée par Frédéric d'épouser la princesse Amélie, ni les intrigues avec Rottenbourg. Les relations avec l'étranger se réduisaient à une demande d'asile en Angleterre, qui avait été repoussée ; le roi lui-même était obligé d'en convenir : « Il est certain, écrit-il au prince d'Anhalt, que l'Angleterre a tout su, mais qu'elle a déconseillé la désertion. » Le prince avait déclaré qu'il voulait se retirer en France, et Katte lui avait conseillé de s'arrêter en Alsace, chez le comte de Rottenbourg, mais d'une intrigue politique avec la France, d'une complicité de celle-ci, il n'y avait pas trace[1].

Restait donc la désertion simple, mais, de ce crime, l'accusé ne convenait pas. Il avait voulu *fuir*, parce qu'il était maltraité ; il était un fils qui se dérobait aux mauvais traitements de son père ; il ne sortait pas de là. « Ce petit coquin, disait le roi, est d'une habileté et d'une opiniâtreté invincible à se défendre, s'opposant toujours à dire qu'il eût voulu déserter. » Le roi finissait par craindre de ne rien trouver dans « ce procès de sorcières ». Il allait jusqu'à

---

1. La cour de France n'a jamais encouragé la fuite de Frédéric. Sauveterre écrit, il est vrai (A.-E. Prusse, 1730, 18 juillet), qu'au moment du départ pour le voyage d'Anspach, un « ami » est venu lui annoncer l'intention qu'avait le prince de s'enfuir et de se rendre en France. Il a répondu que « nous aurions plaisir à l'y voir et à l'y conserver, et qu'il serait bien reçu ». Il se réfère à une dépêche de sa cour : « Vous m'avez marqué une fois la même chose, dans une de vos lettres. » Mais il se trompe. La dépêche, dont il parle, A.-E. Prusse, 1730, 26 février, a été écrite, en réponse à la communication faite par Sauveterre, *ibid.*, 15 février, d'un projet de voyage du prince royal, qui avait l'agrément du roi. Il y est dit : « On aurait voulu le voir venir » en France. C'eût été chose fort heureuse, qu'il fût venu de bonne heure en ce pays. Nous rapporté la réponse faite à Rottenbourg, quand il a parlé des projets de fuite de Frédéric. → Voir aussi A.-E. Prusse, 1730, 17 sept., la dépêche de Versailles : « Quelle que soit l'affaire arrivée au prince de Prusse, nous n'y avons assurément eu aucune part. »

traiter parfois l'affaire « d'escapade », puis, le moment d'après, ne jurait que « par potences et par roues ». Il ne pouvait se résigner à laisser dire que toute sa rigueur s'acharnait sur un « tour de jeunesse ». Il promettait à Degenfeld de faire la preuve qu'il s'agissait d'une chose projetée depuis un an et jour, et bien et dûment préméditée. » Il surveillait la rédaction de l'extrait des actes de l'instruction préparée par l'auditeur général Mylius, et qu'il avait dessein de publier (qu'il ne publiera pas d'ailleurs).

Le jour où il nomme le conseil de guerre, il se fait lire cette pièce. Il ordonne d'effacer le titre d'Altesse partout où il est donné au prince. Il se plaint de la rédaction, et commande « sérieusement » à Mylius de faire ressortir plus fortement que « Sa Majesté n'a pas sans cause fait ce qu'elle a fait...., autrement, pour dix qui donneraient raison au roi, il y en aurait dix, qui donneraient raison au prince. » Il veut que ce document soit, non pas un simple extrait, mais un manifeste très détaillé, « afin que les gens ne croient pas que le roi a refusé du pain à son fils, et que le prince a été contraint par la nécessité à faire ce qu'il a fait, tandis que le roi a eu ses motifs pour ne rien laisser à la disposition du prince au delà de ses besoins. » Si je ne me trompe, il trahit par ces paroles une sorte d'inquiétude d'être condamné par le public; il était presque résigné à se contenter de prouver qu'il avait eu de bonnes raisons d'être sévère.

Ceux qui observent de près Frédéric-Guillaume, dans ces dernières journées, pensent qu'il en est arrivé à ne plus savoir ce qu'il veut.

Il me paraît bien qu'il ne pensait plus ni à une condamnation capitale, ni même à la renonciation de Frédéric à la couronne paternelle [1].

LE JUGEMENT

Pendant deux jours, les 25 et 26 octobre, le conseil de guerre entendit la lecture des actes de l'instruction. Le 27, les capitaines, les majors, les lieutenants-colonels, les colonels, les généraux-majors délibérèrent séparément leur vote.

En ce qui concerne Keith, les juges sont unanimes. Keith a quitté honteusement son drapeau et déserté : il sera donc cité trois fois par l'appel du tambour. S'il ne comparaît pas, son épée sera brisée, et son effigie pendue au gibet.

En ce qui concerne le lieutenant Ingersleben, les capitaines ne retiennent que l'accusation d'avoir fait à la fille du *Cantor* de Potsdam des commissions, qu'il savait être désagréables à Sa Majesté ; ils opinent pour deux mois d'arrêt dans une forteresse, en sus de la prison déjà subie. Les majors, aux mêmes causes, attendu que ledit lieutenant aurait dû se dispenser de se promener le soir avec le prince, et encore plus de porter des présents à la fille, opinent pour six mois de forteresse, mais, con-

---

1. Sauveterre, A.-E. Prusse, 1730, 23 sept., 3 et 9 oct.; Guy Dickens, 30 sept., dans Raumer, pp. 541-3; le roi à Degenfeld, 14 oct., dans Preuss, *Urkundenbuch*, t. II, p. 160; Koser, pp. 59 et 60.

sidérant la longue prison déjà faite, prient en toute soumission Sa Majesté de vouloir bien considérer, en sa grâce, l'arrêt déjà subi et d'adoucir la peine. Les lieutenants-colonels visent, outre les relations avec la fille, le fait que, sur l'ordre du prince, le lieutenant a fait venir Katte à Potsdam et l'a logé chez lui à la veille du départ pour Anspach : ils concluent à six mois de forteresse, sans atténuation. Les colonels opinent de même, en ajoutant que, si l'accusé a mandé, en effet, Katte à Potsdam, par ordre du prince, il n'a rien su de la « retirade » projetée. Les généraux ne comptent que la participation à l'aventure galante; encore remarquent-ils que l'accusé n'a jamais ménagé de rendez-vous, qu'il a seulement tenu compagnie au prince, et, en tout et pour tout, porté quelques présents à la demoiselle ; ils votent trois mois d'arrêt dans une forteresse.

En ce qui concerne le lieutenant Spaen, les capitaines, attendu que l'accusé a commandé une voiture pour le prince à Leipzig, au mois de novembre 1729; que, pendant le voyage d'Anspach, il a lu, à Berlin, une lettre écrite par le prince à Katte, et connu ainsi le projet; attendu que, sans prendre part à l'affaire, il ne l'a pas révélée, comme c'était son devoir, — concluent à la cassation et à deux ans d'arrêt de forteresse; les majors, pour les mêmes raisons, à la cassation, et à six ans d'arrêt de forteresse; les lieutenants-colonels, attendu qu'il y a lieu de présumer que le lieutenant voulait suivre les fugitifs, à la cassation et à l'arrêt de forteresse, jusqu'à ce que Sa Majesté fasse grâce; les colonels, qui ne préjugent pas des intentions de l'accusé, à la cassation et à trois ans de forteresse; les généraux, à la cassation et à deux ans de forteresse.

En ce qui concerne le lieutenant Katte, les capitaines, attendu que la première proposition de fuite a été faite au dit lieutenant par le prince, qui l'en a ensuite entretenu souvent et de diverses manières, mais que le prince ne serait pas allé aussi loin dans son projet, si Katte ne l'y avait confirmé, s'il ne lui avait fait différentes propositions, procuré la route de poste, signalé, comme lieu de séjour, la terre du comte de Rottenbourg, offert de s'habiller en postillon, afin de pouvoir mieux s'enfuir avec lui, et commandé enfin un habit gris à galons d'argent; attendu que Katte a reconnu lui-même qu'il aurait suivi le prince, si celui-ci était sorti du pays; qu'au lieu de révéler le dessein au colonel Rochow, comme était son devoir, il a trompé par ses assurances ledit colonel; attendu que son excuse, à savoir qu'il a essayé de détourner le prince de son projet, tombe, puisqu'au dernier moment encore il était prêt à s'en aller; mais, considérant qu'il en est resté aux mauvais projets et propos, qu'il ne peut donc être puni de la peine établie pour l'acte accompli, et qu'enfin il n'est pas à présumer que les projets concertés entre lui et le prince aient pu jamais venir à exécution, — conformément aux devoirs de leur solennel serment, condamnent Katte à l'arrêt de forteresse pour le temps de sa vie.

Les majors articulent et numérotent les chefs d'accusation, et n'omettent aucun détail, ni l'argent négocié pour « l'échapade », ni la bourse pleine de louis d'or, préparée pour la désertion — car ils prononcent ce mot évité par les capitaines, — ni le dépôt chez l'accusé des *pretiosa* et des lettres du prince, ni la bibliothèque, qu'il devait envoyer à Hambourg. Ils relèvent les griefs omis par les capitaines, à savoir : les relations avec les ministres étrangers, l'intrigue avec Hotham et Guy Dickens, la connaissance des lettres écrites au roi d'Angleterre, et ce grief surtout que l'accusé n'aurait pas dû, pour sa défense, invoquer le mauvais traitement que le prince royal recevait de son père, car il n'appartient pas à un officier et à un vassal de s'immiscer dans les affaires entre père et fils, entre roi et successeur. En conséquence, ils déclarent que, bien que la désertion n'ait pas été effectuée, il résulte clairement des points énumérés que Katte mérite d'être porté de vie à trépas par l'épée.

Les lieutenants-colonels, attendu que cet homme — *dieser Mensch* — aurait dû tout faire pour détourner le prince royal des projets irréfléchis conçus par ce jeune seigneur ; attendu que, si l'acte avait été accompli, il eut été la cause du plus grand trouble pour Sa Majesté, et que d'autres mauvaises suites en auraient pu être la conséquence, concluent que Katte doit perdre la vie par l'épée, pour servir d'exemple ; mais, considérant qu'il n'a pas exécuté complètement son méchant dessein, et vu la déclaration faite par le prince royal que, si la peine de mort est appliquée à l'accusé, Son Altesse n'aura, de toute sa vie, la conscience tranquille, ils prient Sa Majesté de vouloir bien, dans sa grâce, atténuer la peine.

Les colonels opinent aussi pour la mort, mais prient Sa Majesté de vouloir bien réfléchir, dans sa grâce et miséricorde, que cette entreprise, si bien méditée, n'a pourtant sorti aucun effet ; qu'il y a, dans tout cela, « beaucoup de jeunesse » et que l'accusé témoigne un très grand et cordial repentir. Ils prient donc Sa Majesté de bien vouloir commuer la peine de mort en celle de l'arrêt de forteresse à perpétuité.—Les généraux, après avoir, par deux fois, rappelé que Katte, à son témoignage et à celui du prince royal, a entravé par des difficultés la fuite projetée, concluent après avoir mûrement réfléchi et pesé les choses, que Katte a mérité la peine de l'arrêt de forteresse à perpétuité.

En ce qui concerne le prince, les capitaines, déclarent d'abord qu'alors même qu'ils seraient en état de le juger comme officier, ils ne pourraient regarder comme une vraie absence — *Absentirung* — un projet de fuite non réalisé : le prince leur paraît assez puni par la destitution de sa charge de colonel, et par le rigoureux arrêt à Cüstrin. Puis, considérant que le chef principal d'accusation est la désobéissance à la volonté paternelle, ils se récusent. Comme ce sont choses qui se sont passées entre père et fils, comme le prince royal s'est humilié devant Sa Majesté et soumis en toute chose à sa volonté, comme il ne demande rien que sa grâce, et promet de faire tout ce que Sa Majesté exige et commande, ils ne peuvent, en leur qualité de vassaux et sujets, prononcer sur le fils et la famille de leur roi.

Les majors, après avoir chargé Katte, sans la complaisance et complicité duquel le dessein serait resté matière à discours, font, pour le prince, la distinction dont ils ont refusé le bénéfice à Katte, entre l'intention et l'acte ; ils concluent aussi que l'affaire est entre père et fils ; ils rappellent la soumission et les promesses du prince, et se déclarent incompétents : c'est à la puissance paternelle et à l'autorité royale de punir ; un jugement de justice usurperait sur cette puissance et autorité ; aucun officier, vassal et sujet, n'a qualité pour juger sur le fils de son roi, et un tel jugement ne serait pas valable.

Les lieutenants-colonels énumèrent longuement les griefs contre le prince, mais l'en déchargent en partie sur les très méchants hommes qui l'ont conseillé ; ils rappellent son repentir, ses promesses, la rigueur de son arrêt, et, attendu qu'ils ne trouvent ni lois, ni édits, ni coutumes applicables à la circonstance, déclarent ne pouvoir faire autre chose, sur leur serment, devoir et conscience, que de remettre le prince à la très haute et paternelle grâce de Sa Majesté.

Les colonels, après avoir protesté qu'ils ont pesé une chose si délicate, conformément au solennel serment qu'ils ont prêté à Sa Majesté et à toute sa maison, se croient obligés, en leur science et conscience, comme fidèles et dévoués vassaux, comme juges responsables non seulement devant le monde, mais devant le sévère tribunal de Dieu, à représenter en toute obéissance, soumission et humilité, qu'ils se sentent beaucoup trop faibles et petits pour juger sur la personne de l'Altesse Royale du prince royal. Ils considèrent que la retraite, — *Retirade* — projetée est une affaire d'État et de famille, entre un grand roi et son fils, que c'est un acte relevant de la puissance paternelle, et où aucun conseil de guerre ou juge laïque ne doit avoir l'audace de s'immiscer. Ils terminent sur le repentir, la soumission, les promesses du prince qui s'est jeté aux pieds de Sa Majesté, son grand et juste roi, qui est aussi le plus gracieux et le plus hautement doux des rois.

Les généraux, après mûr examen des actes, ont trouvé, non seulement d'eux-mêmes, mais par les aveux et soumission de Son Altesse, que le prince a offensé Sa Majesté; mais ils y voient aussi que le prince implore en toute humilité la grâce du roi son père. En leur qualité d'officiers et de fidèles et obéissants vassaux, en vertu de leur devoir inné, du serment qu'ils ont prêté au roi et à toute sa maison royale, et qu'ils tiendront jusque dans la mort, ils concluent, dans leur petit entendement et après consciencieux examen, qu'un officier et vassal manquerait à l'obligation de ses devoirs, s'il se croyait autorisé à prononcer en pareille affaire une sentence légale.

Restait le *votum* du président. En rapprochant les *vota*, le général trouva, en ce qui concernait Keith, l'unanimité pour la peine de mort; en ce qui concernait le prince, l'unanimité pour l'incompétence du Conseil; en ce qui concernait Ingersleben, une voix pour l'arrêt de deux mois en sus de la peine déjà subie; une, pour l'arrêt de six mois avec déduction du temps de prison préventive; deux, pour l'arrêt de six mois pleins; une, pour l'arrêt de trois mois; en ce qui concernait Spaen, l'unanimité pour la cassation; deux voix pour l'arrêt de deux ans; une, pour l'arrêt de six ans; une, pour l'arrêt indéfini; une, pour l'arrêt de deux ans; en ce qui concernait Katte, deux voix pour l'arrêt perpétuel; trois, pour la mort.

Le général président conclut à la peine de mort pour Keith et à l'incompétence en ce qui concernait le prince; pour Ingersleben, il joignit sa voix à celle qui proposait l'arrêt de six mois, avec déduction de la peine subie; pour Spaen, il vota la cassation et l'arrêt de trois ans.

La vie de Katte était dans ses mains : il la sauvait, s'il votait pour l'arrêt à perpétuité. Cette partie de son *votum* est aussi étendue que les autres articles réunis. Il y expose que, si Katte a donné de mauvais conseils au prince et lui a promis à plusieurs reprises son aide pour la fuite, il n'en est pas venu à l'effet; qu'il n'y a eu ni lieu ni jour fixé, et qu'ainsi a manqué la condition d'une exécution du projet certaine et infaillible. Attendu qu'en son bon sens il ne peut s'empêcher de penser que, même pour les plus grands crimes, il y a une différence entre la perpétration et la préparation, selon sa science et conscience, et le solennel serment de juge qu'il a prêté, il ne peut se résoudre à conclure à la peine de mort et se rallie à celle de la prison perpétuelle.

En conséquence fut rendu le jugement par lequel le conseil de guerre, sur des motifs qui résumaient les considérants des *vota*, remettait le prince royal à la très haute et paternelle grâce de Sa Majesté; condamnait Katte à l'éternel arrêt de forteresse; Keith à l'exécution en effigie, après les citations coutumières; Spaen à la cassation de sa charge et à trois ans de forteresse; Ingersleben à six mois de forteresse, avec déduction de l'arrêt déjà subi.

Ce jugement a été rendu par de braves gens, et qui étaient habiles. Sur eux pesait la terreur répandue dans la cour et dans l'armée, l'obscure volonté du roi, le sentiment qu'en jugeant le fils et ses complices, ils jugeaient aussi le père, c'est-à-dire leur maître, et cela devant le royaume, devant l'Allemagne, devant l'Europe. Absoudre le fils, c'était condamner le père ; mais condamner le fils, quelle injustice ! Il est trop clair que le prince a eu des raisons de fuir. L'accusé que les juges avaient devant eux, ce n'était pas un colonel Frédéric coupable d'une tentative de désertion, c'était un fils battu, outragé, déshonoré par son père. Ce fils est un prince, un prince royal, le *Kronprinz* de Prusse. Distinguer entre les deux qualités de *Kronprinz* et de colonel, était impossible. La première, qui contenait la seconde, dominait et dépassait le conseil de guerre.

De nos jours, dans les monarchies limitées et discutées, la personne des princes demeure privilégiée ; même dans notre république, les héritiers des droits à une couronne brisée dont les diamants ont été criés aux enchères, sont mis hors du droit commun, et soumis, comme êtres exceptionnels, à des lois d'exception. Il y a, pour eux, quand ils tombent sous le coup de ces lois, un régime particulier de prison, et un logis dans une tour du vieux palais de saint Louis. Comment des Prussiens, il y a un siècle et demi, sujets d'une royauté naissante, qui était la raison d'être de la patrie, ou plutôt toute la patrie, ne se seraient-ils pas sentis trop petits, trop « faibles », trop « impuissants », comme disent les juges de Köpenick, pour juger l'héritier de la couronne ? Il fallait donc que le Conseil renvoyât le fils à son père : ce qu'il a fait, mais avec toute sorte de précautions.

Les juges ont pesé leurs mots, un à un. Ils accordent, sans chicaner un détail, le grief de préméditation de la fuite avec actes préparatoires, mais ils cherchent et trouvent, pour désigner l'acte incriminé, des mots qui le diminuent, l'atténuent, le font évanouir : *Retirade, Échapade, Absentirung.* Ils relèvent entre tous le grief de désobéissance au père et roi, pour le renvoyer au père et roi, comme au seul juge compétent. De ce jugement même, ils préjugent adroitement, délicatement, forçant la grâce par l'étalage de la soumission et du repentir du coupable. Dans le libellé du jugement, ils rendent au prince ses honneurs, le titre d'Altesse, que le roi a biffé, la qualité de *Kronprinz*, dont il l'a dépouillé. Ils font entendre au roi que leur devoir inné de fidélité s'adresse non seulement à la personne, mais à toute sa maison. Ils s'excusent, en sous-entendus, de ne point faire ce qu'ils supposent sa volonté, sur leur dévouement même, leur respect profond, leur religieuse fidélité, et ils se retirent, après un salut d'officiers au roi chef de guerre, après un agenouillement de vassaux devant le roi suzerain.

Quant au principal complice, Katte, à l'avance, tout le monde le croyait perdu. Il ne pourra, écrivait le ministre de France « se dispenser de perdre la tête ». Il aura bien du mal, disait Grumbkow « à se tirer d'affaire ». Sans nul doute, cette opinion a pesé sur les juges, et peut-être ont-ils voulu, sans se l'avouer, faire en quelque point la volonté du roi. D'ailleurs, Katte était très coupable. Il est bien, lui, un officier qui a voulu déserter. Par obéissance au maître futur, il s'est mis en révolte contre le maître présent. Il est certain qu'il a « fortifié » le prince dans son dessein, qu'un refus de concours eût fait abandonner; certain, que son ambition trouvait son compte dans son dévouement chevaleresque au prince. En stricte justice, il est possible de la peine de mort; mais la stricte justice, quelle injustice! Les circonstances atténuantes abondent au procès : celle-ci d'abord, que le prince, le principal accusé après tout, est renvoyé indemne ; cette autre que l'exécution n'a pas suivi l'intention, enfin le « beaucoup de jeunesse » qu'il y avait dans tout cela. Deux votes ont accordé à Katte le bénéfice des circonstances atténuantes; deux autres, en prononçant la peine de mort, ajoutent la prière au roi de vouloir bien lui-même accorder ce bénéfice au condamné; un seul, celui des majors, porte la mort sans phrase de réticence.

Le lieutenant-général Schulenbourg, qui est honnête homme, très religieux, et qui, à soixante-dix ans, ne redoute plus rien des hommes et n'espère plus rien d'eux, met dans l'urne le suffrage de Minerve. Grâce à lui, les juges de Köpenik ont bien jugé.

LA JUSTICE DU ROI

Au reçu du jugement, le roi écrivit ce billet, où il y a deux mots illisibles :

Votum Regiis (sic).

« Ils doivent juger selon le droit, et non pas épousseter avec un plumeau, et comme Katte a bien..., le conseil de guerre devra se réunir de nouveau, et... juger autrement...[1] »

1. *Protokolle des Köpenicker Gerichts...*, p. 34.

Quelques jours après, il commentait cet ordre en accusant les juges d'intentions viles : « Je croyais avoir choisi des gens d'honneur, qui n'oublieraient pas leur devoir, qui n'adoreraient pas le soleil levant, et ne consulteraient que leur conscience et l'honneur de leur roi. » Il appelait le jugement « une infidélité commise envers lui, et dont la cause était que ces gens-là « regardaient déjà vers l'avenir ». Ces gens-là, il les connaissait mieux à présent, et il se promettait de ne pas manquer l'occasion « d'anéantir ceux qui tenaient pour ses enfants contre lui ». Enfin il se sentait condamné par cette indulgence : « Ils ont voulu faire passer le projet du prince et de ses courtisans pour un jeu d'enfant, qui ne méritait pas une telle punition [1]. »

Le billet du roi fut envoyé au général président qui écrivit au dos : — 5. livre Moïse, chap. XVII; v. 8 à 12. — 2. livre de Samuel, ch. XVIII, v. 10 à 12; — 2. livre Chron., XIX, v. 5, 6, 7.

L'Écriture dit, au passage cité du livre de Samuel :

« 10. Et un homme ayant vu cela, le rapporta à Joab et lui dit : Voici, j'ai vu Absalon pendu à un chêne. 11. Et Joab répondit à celui qui lui disait ces nouvelles : Quoi? tu l'as vu? Et pourquoi ne l'as-tu pas tué, en le jetant par terre. Et c'eût été à moi de te donner dix pièces d'argent et un baudrier. 12. Mais cet homme-là dit à Joab : Quand je compterais dans ma main mille pièces d'argent, je ne mettrais pas ma main sur le fils du roi, car nous avons entendu que le roi t'a fait ce commandement, et à Abiscaï

---

[1]. Paroles du roi, dites à table, *über öffentlicher Tafel*, rapportées par Seckendorff, 11 nov. 1730. Förster, III, p. 15.

et à Itiaï, en disant: Prenez garde chacun au jeune homme Absalon ».

L'Écriture dit, au passage cité des *Chroniques* :

« 5. Et il établit des juges dans le pays, par toutes les villes fortes de Juda, de ville en ville. 6. Et il dit aux juges : Regardez à ce que vous ferez, car vous n'exercez pas la justice de la part d'un homme, mais vous l'exercez de la part de l'Éternel, lequel est au milieu de vous en jugement. 7. Maintenant donc, que la crainte de l'Éternel soit sur vous; prenez garde à faire votre devoir, car il n'y a pas d'iniquité dans l'Éternel notre Dieu, ni d'acception de personne, ni de réception de présents. »

A l'endroit cité du *Deutéronome*, l'Écriture dit :

« 8. Pendant six jours, tu mangeras du pain sans levain, et, au septième jour, qui est l'assemblée solennelle à l'Éternel ton Dieu, tu ne feras aucune œuvre. 9. Tu te compteras sept semaines : tu commenceras à compter ces sept semaines depuis que tu auras commencé à mettre la faucille dans la moisson. Puis tu feras la fête solennelle des semaines à l'honneur de l'Éternel ton Dieu, en présentant l'offrande volontaire de ta main, que tu donneras selon que l'Éternel ton Dieu t'aura béni. 10. Et tu te réjouiras en la présence de ton Dieu, toi, ton fils, ta fille, ton serviteur, ta servante et le lévite qui est dans tes portes, l'étranger, l'orphelin et la veuve qui sont parmi toi, au lieu que l'Éternel ton Dieu aura choisi pour y faire habiter son nom. »

Ainsi l'Écriture défendait, au livre de Samuel, de « porter la main sur le fils du roi, » elle ordonnait dans les *Chroniques*, de ne pas juger « de la part d'un homme ».

Elle voulait que celui qui avait mis la faucille dans la moisson, en enfermant son fils dans le cachot de Cüstrin, sept semaines auparavant, célébrât la fête des semaines en l'honneur de l'Éternel et se réjouît en la présence de Dieu avec son fils et sa fille. Les juges, qui avaient pensé ainsi leur jugement en Dieu et en l'Écriture, ne pouvaient le modifier sur un billet du roi. Le Conseil de guerre se réunit une seconde fois, le 31 octobre, et se rallia au suffrage qu'exprima son président en ces termes : « Après avoir encore une fois mûrement pesé et bien réfléchi si la sentence prononcée peut demeurer entière, je me trouve convaincu, dans ma conscience, que ce que j'ai voté selon ma meilleure science et conscience, et selon le solennel jugement de juge que j'ai prêté, doit demeurer. Le changer serait contre ma conscience et n'est pas en mon pouvoir [1]. »

Alors, le roi jugea à son tour. Il se déclara satisfait du jugement en ce qui concernait les lieutenants Spaen et Ingersleben ; il pardonna même tout à fait au dernier, en considération du long arrêt qu'il avait subi. « En ce qui concerne le lieutenant Katte, et son crime, et la sentence portée par le conseil de guerre, Sa Majesté, il est vrai, n'est pas habituée à aggraver les arrêts des conseils de guerre ; bien plutôt les adoucit-elle d'ordinaire, mais ce Katte n'est pas seulement un officier au service dans mon armée, il est des gendarmes de la garde. Et si, dans toute l'armée, tous mes officiers doivent m'être fidèles, à plus forte raison doit-il en être ainsi des officiers de régi-

---

1. *Protokolle...*, p. 35.

ments comme ceux-là, qui ont ce privilège d'être attachés immédiatement à la très haute personne de Sa Majesté Royale et à sa royale maison... Comme donc ce Katte a comploté une désertion avec le soleil de demain et qu'il a intrigué avec des ministres et envoyés étrangers... Sa Majesté ne sait pas quelles mauvaises raisons ont empêché le conseil de guerre de le condamner à mort. De cette façon, Sa Majesté ne pourra plus se fier à aucun officier ni serviteur qui sont aujourd'hui en serment et devoir; car les choses qui sont arrivées une fois dans le monde peuvent arriver souvent encore, et ceux qui feraient la même chose, prenant prétexte de ce qui s'est passé pour Katte, qui se serait tiré d'affaire si facilement et si bien, croiraient qu'il en adviendrait de même pour eux. Sa Royale Majesté qui est allée aussi à l'école pendant sa jeunesse, y a appris le dicton latin : *Fiat justicia et pereat mundus!* Elle veut donc, de par le droit, que Katte, quoiqu'il ait mérité conformément aux lois, à cause du crime commis de lèse-majesté, d'être tenaillé avec des pinces ardentes et pendu, soit porté de vie à trépas, en considération de sa famille, par l'épée. En annonçant la sentence à Katte, le conseil lui dira que cela fait de la peine à Sa Majesté, mais qu'il vaut mieux qu'il meure, et que la justice ne s'en aille pas du monde [1]! »

Lettre terrible, puisqu'elle a donné la mort, terrible par ce ton si sérieux, si familier et si solennel. Mais ce juge aussi doit être jugé à son tour. En droit, il a raison. Katte a voulu déserter. Il a conspiré avec des ministres

---

1. *Protokolle...*, pp. 35, 36.

étrangers; il a commis un acte de haute trahison; mais le roi ne devait-il pas rentrer en lui-même, chercher et trouver sa responsabilité, s'avouer enfin qu'il avait été, après tout, coupable envers le prince, et que son fils, d'autre part, avait été l'instigateur du crime de Katte? En équité, devant Dieu, il devait une réparation de ses torts envers son fils, et des torts de son fils envers Katte, et cette réparation, c'était la clémence; mais, justement, ce qui était la vraie circonstance atténuante en faveur de Katte, à savoir que l'initiative venait du prince, aggravait le crime aux yeux du roi.

Ce n'est plus le juge impartial qui parle de complot tramé avec le soleil de demain, c'est Frédéric-Guillaume, avec ses passions, son inquiétude et sa jalousie. Il se représente ce qui se passera, au lever de ce soleil : les portes de la forteresse s'ouvriront pour Katte, et le roi Frédéric, deuxième du nom, et Katte, son favori, se moqueront de lui quand il sera couché dans la tombe. En attendant, le monde croira que « ce projet du prince et de ses courtisans n'était qu'un jeu d'enfant ». Si le procès se termine sur le jugement du conseil de guerre, c'est le roi qui l'a perdu. Les raisons de discipline publique et d'honneur militaire qu'il donne dans ses considérants sont graves et justes; il les dit sincèrement, mais il se trompe, s'il croit qu'il n'en a pas d'autres, plus secrètes, de celles qui agitent les bas fonds des consciences et les déterminent. Il voulait à la fois se venger et se justifier : pour cela il fallait, non pas le plumeau, mais le glaive.

L'EXÉCUTION DE KATTE

Le 2 novembre, Katte fut amené devant le conseil de guerre. Tenu au secret rigoureux, surveillé comme une proie, il avait hésité, pendant ces longues semaines, entre la crainte et l'espoir.

Lorsque les juges lui lurent leur jugement et celui du roi, il fit bonne contenance : « Je me résigne, dit-il, à la volonté de la Providence et du roi. Je n'ai commis aucune mauvaise action, et, si je meurs, c'est pour une bonne cause ! » Il essaya pourtant de défendre sa vie. Il écrivit à son grand-père, le feld-maréchal d'Alvensleben, pour le prier d'intercéder auprès du roi. Du crédit de son père, il n'espérait plus rien. Le général Katte, en effet, avait adressé au roi, après l'arrestation de son fils, une lettre suppliante, mais n'avait obtenu d'autre réponse que celle-ci : « Son fils est une canaille ; le mien aussi ; nous n'y pouvons rien, ni l'un ni l'autre. » Le vieux feld-maréchal serait peut-être plus heureux. Katte le pria de faire parvenir au roi une supplique toute brûlante de la passion de vivre : « L'erreur de ma jeunesse, ma faiblesse, mon étourderie, mon esprit qui ne songeait pas à mal, mon cœur rempli d'amour et de pitié, la vaine illusion de ma jeunesse qui ne cachait pas de mauvais desseins, demandent, en toute humilité, grâce, miséricorde, compassion, pitié, clémence. » Il se recommandait de Dieu, roi et maître des maîtres, qui fait passer la miséricorde avant le droit, et ramène par sa bonté l'égaré dans le droit chemin. Il citait les exemples d'illustres repentis : « Saül, disait-il, n'a pas tant désobéi, David n'a pas eu tant soif du mal qu'ils ont eu ensuite de sincérité dans leur conversion. »

Lettre touchante, même dans son style façon maniéré :
« On épargne même un arbre desséché, quand il reste l'espoir de le voir reprendre. Pourquoi mon arbre, qui montre déjà de nouveaux bourgeons de nouvelle soumission et fidélité, ne trouverait-il pas grâce devant Votre Majesté ? Pourquoi doit-il tomber, encore dans sa fleur ! »

En transmettant au roi cet appel désespéré, Alvensleben y joignit ses supplications. Il espérait que son très gracieux seigneur « écouterait les prières et les larmes d'un très vieil homme ». Toutes les peines, il les acceptait pour son petit-fils. Il demandait seulement « la vie de l'infortuné, pour qu'il pût bien connaître sa faute, s'en repentir au fond du cœur, et ainsi sauver son âme ». « Le Dieu tout-puissant rendra avec abondance, disait-il, à Votre Royale Majesté ce qu'elle aura, dans sa grâce très haute, accordé à un vieillard consterné. » Il rappelait le sacrifice de sa vie si souvent offert à l'empire, la fidélité avec laquelle il avait servi Sa Royale Majesté, et les périls que le père de l'infortuné avait courus si souvent au service de ladite Majesté, et de sa maison royale. « Je garde en toute soumission la confiance que Votre Royale Majesté, puisque cette poignée de sang ne peut plus la servir, daignera nous la rendre, sur notre prière et nos larmes, et ne voudra pas que je porte ma tête grise dans la tombe avec un pareil chagrin¹. »

Le roi répondit qu'il était peiné dans son cœur du malheur qui frappait le lieutenant Katte, puisque celui-ci tenait de si près au feld-maréchal. Mais il rappelait les considérants de la condamnation prononcée par lui. « Je ne suis pas en état de pardonner, disait-il. » Il défendait toute intercession nouvelle : « De cette affaire personne ne peut se mêler, si je ne lui en ai donné l'ordre. » Toute la grâce qu'il pouvait faire, il l'avait faite déjà : « Cet homme aurait bien mérité d'être déchiré par les tenailles rougies. Cependant, en considération de M. le général feld-maréchal et de M. le lieutenant-général Katte, j'ai adouci la peine, en ordonnant que, pour l'exemple et l'avertissement des autres, il ait la tête coupée. Je suis votre bien affectionné roi². »

Le 3 novembre, Frédéric-Guillaume informait le général Lepell que Katte allait être mené à Cüstrin pour y être justicié. L'exécution serait faite sous les fenêtres du prince : « S'il ne se trouve pas là une place suffisante, vous en choisirez une autre, de façon que le prince puisse bien voir³. » Le même jour, le major Schack, du régiment des gendarmes, se présentait avec une escorte de trente gendarmes devant la prison⁴ ; il entrait dans la chambre de Katte : « J'ai l'ordre de Sa Majesté, lui dit-il,

---

1. Fontane, *Wanderungen*, II, pp. 316-17.
2. 3 nov. 1730. Förster, III, p. 14.
3. Koser, à l'appendice, pp. 236, 237.
4. Il existe un rapport sur les dernières journées et l'exécution de Katte, adressé par le major Schack au lieutenant-général Katte, et qui est en grande partie dans Fontane, *loc. cit.*, pp. 317 et suiv. J'analyse ici ce rapport.

d'être présent à votre exécution. Deux fois, j'ai voulu refuser, mais il me faut obéir. Dieu sait ce qu'il m'en coûte! Fasse le ciel que le cœur du roi change, et qu'au dernier moment j'aie la joie de vous annoncer votre grâce! » «Vous êtes trop bon, répondit Katte! Je suis content de mon sort. Je meurs pour un seigneur que j'aime, et j'ai la consolation de lui donner par ma mort la plus grande preuve de dévouement. »

Dans la voiture qui l'emporta, prirent place le commandant Schack, un sous-officier et le révérend Müller, aumônier du régiment des gendarmes. Dès que le cortège fut sorti de la ville, le pasteur entonna des cantiques, parmi lesquels celui-ci : « Loin de mon cœur, les pensées! » Arrivé à l'endroit où l'on devait passer la nuit, Katte exprima le désir d'écrire à son père ; on le laissa seul, mais lorsque le major rentra, il le trouva allant et venant: « C'est trop difficile, dit-il. Je suis si troublé que je ne trouve pas le commencement. » Il écrivit pourtant, et une belle lettre sincère.

Il allait enfin au fond de lui-même. Il rappelait la peine que son père s'était donnée pour son éducation, dans l'espoir que sa vieillesse serait consolée par les succès de son fils. Lui-même, il avait cru s'élever dans le monde. « Comme je croyais à mon bonheur, à ma fortune; comme j'étais rempli de la certitude de ma grandeur! Vain espoir! quel néant que les pensées des hommes! Comme elle finit tristement, la scène de ma vie! Comme mon état présent est différent de celui que je portais dans mon esprit! Je dois, au lieu du chemin de l'honneur et de la gloire, prendre celui de la honte et de la mort infâme! » Mais ce chemin, c'était Dieu qui l'avait choisi pour lui : les chemins de Dieu ne sont pas ceux de la foule, et les chemins des hommes ne sont pas ceux de Dieu! « La maudite ambition qui se glisse dans le cœur, dès l'enfance », l'aurait perdu en l'éloignant de Dieu à tout jamais. « Comprenez bien, mon père, et croyez bien que c'est Dieu qui dispose de moi, Dieu sans la volonté duquel rien n'arrive, pas même la chute d'un moineau sur la terre!... Plus le genre de mort est amer et rude, plus agréable et plus douce, l'espérance du salut! Qu'est-ce que la honte et le déshonneur de cette mort, en comparaison de la splendeur future? Consolez-vous, mon père! Dieu vous a donné d'autres fils auxquels il accordera peut-être plus de bonheur sur cette terre, et qui vous donneront, mon père, la joie que vous avez espérée vainement de moi, ce que je vous souhaite du fond de mon âme! Je vous remercie avec un filial respect du fidèle amour paternel que vous m'avez témoigné, depuis mon enfance jusqu'à ce jour. Que Dieu le tout-puissant vous rende au centuple cet amour que vous m'avez donné! Qu'il vous garde jusque dans une longue vieillesse! Qu'il vous nourrisse en bonheur, qu'il vous abreuve de la grâce de son esprit!! »

Il ajouta quelques mots pour la femme de son père, qu'il avait aimée comme si elle était sa mère, et pour ses frères et ses sœurs, s'excusant de ne point leur exprimer tout son cœur : « Je suis aux portes de la mort! Je dois penser à y entrer avec une âme purifiée et sanctifiée. Je

---

1. Fontane, *loc. cit.*, pp. 318, 320.

n'ai pas de temps à perdre ! » Il voulait pourtant recopier sa lettre, écrite sur une feuille volante, mais, le pasteur lui ayant dit que son temps était trop précieux, il se contenta de prier le major de la faire mettre au net. Il mangea et but, et reprit avec le pasteur l'entretien spirituel. Sa piété s'y exaltant, il se faisait croire qu'il allait à l'échafaud avec joie, et que, s'il lui était permis de choisir entre la vie et la mort, il prendrait la mort, car jamais il ne se retrouverait aussi bien préparé qu'il l'était alors ! A dix heures, après s'être fait prier, il se mit au lit et dormit d'un ferme sommeil.

Le lendemain, pendant la route, il se défendit d'avoir jamais été un athée. A la vérité, il avait quelquefois soutenu la thèse de l'athéisme, mais pour faire briller son esprit, parce qu'il avait remarqué que, dans les vives causeries de société, cela paraissait charmant. On logea encore en route, car ce voyage vers la mort qui aurait pu s'achever en un jour, se faisait, par ordre, avec une lenteur désespérante. Le soir, Katte fut tranquille, et but avec plaisir son café, qui était sa nourriture favorite.

Le 5 novembre, vers midi, on était en vue de Cüstrin. Comme l'escorte arrivait au pont de l'Oder, la pluie, qui n'avait pas cessé de tomber, s'arrêta ; un rayon de soleil parut : « Voilà un bon signe, dit-il ; ici commence à luire pour moi le soleil de la grâce. » Voulait-il parler seulement de la grâce divine ? Mais déjà le colonel Reichmann est là, pour recevoir livraison du prisonnier, à la porte de la forteresse. Il le prend par la main et le mène dans une chambre, au-dessus de la porte d'entrée ; deux lits y avaient été préparés, l'un pour Katte, l'autre pour le pasteur. Schack apprit alors du colonel que l'exécution était pour le lendemain à sept heures, et qu'il devrait, escorté de ses trente gendarmes, mener le condamné jusqu'à un cercle de cent cinquante hommes pris dans la garnison. Aussitôt il se rendit auprès de Katte, et lui dit avec un tremblement de cœur : « Votre fin est plus proche peut-être que vous ne le croyez. » Sans trembler, Katte répliqua : « Quand ? » Et, sur la réponse du major : « Tant mieux ; plus vite ce sera, plus je serai content. »

Des âmes charitables s'employèrent à rendre plus douce cette dernière journée. Le général Lepell envoya un repas avec de la bière et du vin. Le président de la Chambre des domaines, Münchow, en envoya un second, avec du vin de Hongrie. Katte fit honneur aux deux repas. Le révérend Müller manda auprès de lui son collègue, l'aumônier de la garnison de Cüstrin, dont il réclama l'assistance. L'entretien pieux recommença. La nuit était venue. A huit heures, Schack et d'autres officiers entrèrent dans la chambre, et ils prièrent et chantèrent avec les pasteurs et avec Katte. Une heure après, sur l'invitation des deux prêtres, qui voulaient rester seuls avec le condamné, ils se retirèrent.

C'est peut-être dans cette dernière soirée que Katte écrivit quelques lignes pour le prince. Il y disait qu'il sortirait du monde sans rejeter sur lui la cause de sa mort et sans lui en vouloir ; que Dieu l'avait mené par un rude chemin, pour le réveiller et l'exciter au vrai repentir ; que la vraie cause de son malheur était son ambition et le mépris de Dieu. Il priait le prince de ne point concevoir de colère contre le roi, puisque sa mort était un acte de la seule justice de Dieu ; de se soumettre à la Majesté Royale de son père, qui était son seigneur et roi. Il l'adjurait par les blessures du Christ, d'être obéissant envers cette Majesté, et de se souvenir des promesses divines du quatrième commandement. Il espérait que son malheur apprendrait au prince le néant des desseins que Dieu n'a pas consentis, car le prince voulait combler Katte de bienfaits et de grandeur, et voilà où avaient mené ces beaux projets ! Que le prince rentre donc en lui-même et donne son cœur à Dieu[1].

Parmi ces conseils et ces exhortations à la piété envers le roi et envers Dieu, Katte glissait sa justification personnelle : il prenait le prince à témoin qu'il l'avait une fois adjuré de se soumettre à la Majesté de son père, en lui citant l'exemple d'Absalon, et qu'il lui avait fait de vives représentations dans le camp de Saxe, et lors de la visite nocturne à Potsdam. Pourquoi ces lignes pour sa défense, qui sous-entendent des reproches à l'adresse du prince ? Il me semble que, sans se l'avouer, le malheureux avait gardé quelque espoir. Un contre-ordre arriverait peut-être. Peut-être ce testament passerait-il sous les yeux du roi, et le roi serait-il touché, en rencontrant parmi ces effusions de piété, cette protestation discrète.

Les heures passaient. A onze heures, Schack, qui ne

---

1. Cette sorte de testament destiné au prince est inséré dans un rapport du pasteur Müller au roi, *Beitrag zur Lebensgeschite Friedrichs des Grossen, welcher einen merkwürdigen Briefwechsel über den ehemaligen Aufenthalt des gedachten Königs zu Cüstrin enthält.*

pouvait dormir, rentra dans la chambre. Plus troublé que Katte, il avait besoin de se réconforter à son courage. Jusqu'à une heure, il pria et chanta avec lui. Il crut voir alors à la couleur du visage du prisonnier que la chair et le sang livraient bataille à la volonté. A la prière du pasteur, Katte consentit à se mettre au lit vers trois heures, s'endormit et fut réveillé deux heures après, en entendant relever les sentinelles.

A la même heure, le colonel Reichmann et un capitaine entraient dans la chambre du prince et l'éveillaient. Frédéric ignorait le jugement du conseil, la sentence du roi, et que son ami eût passé la nuit si près de lui. Nous ne savons pas bien comment il a vécu dans sa prison. On disait à Berlin qu'il était tombé malade, qu'il « menaçait ruine », et que les desseins de Grumbkow et de Seckendorff, consentis par le roi, allaient s'accomplir. Grumbkow prétendait, au contraire, que le prince était très gai et bien portant ; que, s'il restait au lit, c'était pour éviter la peine de se déshabiller ; qu'il était toujours aussi impertinent : quand on lui a dit que sa dépense était réduite à 8 groschens, il a répondu qu'affamé pour affamé, il aimait autant l'être à Cüstrin qu'à Potsdam[1]. Il est probable qu'entre ces témoignages contradictoires, celui de Grumbkow est le vrai. Frédéric ne se croyait pas menacé de mort et il ne pouvait, à son habitude, se retenir des plaisanteries dangereuses. Il souffrait surtout de l'ennui, mais des amis en adoucissaient la rigueur ; malgré la défense du roi, on lui fit passer des livres, et Frédéric

---

1. Sauveterre, A.-E. Prusse, 1730, 27 sept. et 21 oct.

trouvait délicieux les livres, même lus dans un cachot, à la lueur d'une chandelle. Il avait aussi une plume et de l'encre à sa disposition et le moyen de communiquer avec le dehors, car il adressait à sa sœur, le 1er novembre, la lettre suivante :

Ma chère sœur,

L'on va m'hérétiser après le conseil de guerre qui va se tenir à présent ; car il n'en faut pas davantage pour passer pour hérétique que de n'être pas conforme en toute chose au sentiment du maître. Vous pouvez donc juger sans peine de la jolie façon dont on m'accommodera. Pour moi, je ne m'embarrasse guère des anathèmes qui seront prononcés contre moi, pourvu que je sache que mon aimable sœur s'inscrit en faux là contre. Quel plaisir pour moi que ni verrous, ni grilles ne m'empêchent de vous témoigner ma parfaite amitié. Oui, ma chère sœur, il se trouve encore d'honnêtes gens dans ce siècle quasi corrompu, qui me prêtent les moyens nécessaires pour vous témoigner mes soumissions. Oui, ma chère sœur, pourvu que je sache que vous soyez heureuse, la prison me deviendra un séjour de félicité et de contentement. *Chi ha tempo ha vita!* Consolons-nous avec cela. Je souhaiterais du fond du cœur n'avoir pas besoin d'interprète pour vous parler, et que nous revissions ces heureux jours où votre *principe* et ma *principissa* se baiseront, ou, pour parler plus net, où j'aurai le plaisir de vous entretenir moi-même et que rien ne peut diminuer mon amitié pour vous. Adieu. Le prisonnier [1].

Chi ha tempo ha vita. C'était le secret de la patience de Frédéric. Il avait gardé en effet son impertinence, sa façon un peu précieuse de plaisanter, son sourire à la mode de France, mais d'une lèvre plus raide que la nôtre. Or ce furent des choses terriblement sérieuses que lui dirent, en l'éveillant, le colonel et le capitaine. « Seigneur Jésus, s'écria-t-il, prenez-moi plutôt ma vie ! » Pendant deux heures, il gémit, pleura, se tordit les mains. Il envoya vers Katte pour lui demander son pardon. Il implora un sursis de l'exécution : une estafette aurait vite fait de courir à Wüsterhausen, pour y porter, en échange de la grâce de Katte, sa renonciation à la couronne, son consentement à la prison perpétuelle pour lui-même, et même l'offre de sa vie, s'il la fallait au roi. Mais les visages de ceux qui l'écoutaient disaient qu'il priait et pleurait en vain.

Cependant Katte avait reçu la communion. A Schack, revenu auprès de lui, il avait dit ses dernières volontés : il laissait ses vêtements à l'ordonnance du major, qui l'avait assisté, pendant la dernière nuit, lui avait fait son café et s'apprêtait à le servir sur l'échafaud ; sa bible, à un caporal qui avait dévotement chanté avec lui le cantique : « Loin de mon cœur, les pensées ! » A sept heures, l'escorte des trente gendarmes était prête. « Il est temps, demanda le condamné ? » « Oui. »

1. *Œuvres de Fr. le Gr.*, XXVII, I, p. 3.

La porte s'ouvrit. Katte alla se placer au milieu des gendarmes, entre les deux prêtres qui priaient. Il marchait librement, très calme, le chapeau sous le bras. Parti de la porte de la forteresse, qui fait face à la ville, il contourna le bâtiment pour se rendre dans une cour longue, comprise entre le corps de logis et le rempart baigné par l'Oder. Frédéric était enfermé dans une des chambres qui donnaient sur le fleuve. Par ordre du roi, les deux officiers l'avaient conduit à la fenêtre. Dès qu'il aperçut Katte, qui levait vers lui son regard, il lui envoya un baiser : « Mon cher Katte, cria-t-il, je vous demande mille pardons! » Katte fit la révérence et répondit que le prince n'avait rien à se faire pardonner [1]. Arrivé au cercle formé par des hommes de la garnison, il entendit sans émotion lecture de sa sentence. Il appela près de lui les officiers des gendarmes, et leur dit adieu ainsi qu'à toute l'assemblée. Il reçut dévotement la bénédiction des prêtres, ôta sa perruque qu'il tendit à l'ordonnance de Schack, et mit sur sa tête un bonnet blanc; il se fit enlever son habit et ouvrit largement le col de sa chemise, tranquille toujours, comme un homme qui bravement « se prépare à une affaire sérieuse ». Alors il s'agenouilla sur le tas de sable qui avait été préparé là. « Seigneur Jésus, dit-il! » Mais l'ordonnance lui voulait bander les yeux; il l'écarta

1. Les documents contemporains ne rapportent pas de la même façon les paroles de Katte et du prince. Guy Dickens (Raumer, p. 546) et Sauveterre, qui, pendant toutes ces journées, est évidemment inspiré par son collègue d'Angleterre, donnent ce dialogue : « Mon cher Katte, je vous demande bien pardon de vous avoir entraîné dans ce malheur. » « Monseigneur, il n'y a pas de quoi. » Voir, dans Koser, à l'appendice, pp. 237-41, la bibliographie de l'exécution de Katte. — Katte et Frédéric ont parlé en français.

de la main, et reprit : « Seigneur Jésus ! » Le coup d'épée interrompit sa prière.

Le prince royal s'était évanoui sous le dernier regard de la victime.

LA GRACE DU PRINCE

Du lieu de l'exécution, le pasteur Müller se rendit tout droit auprès du prince, qui crut voir entrer la mort. Müller essaya de lui parler, mais le voyant si faible et dans l'épouvante, il le laissa. Frédéric se remit à sa fenêtre, le regard appelé toujours vers le tas de sable, où le corps de Katte avait été laissé, recouvert d'un drap noir. A deux heures seulement, des bourgeois apportèrent un cercueil, où ils déposèrent la dépouille, qu'ils conduisirent au cimetière des officiers. Le prince les regarda faire. Müller revint alors auprès de lui, et l'entretien dura jusqu'à cinq heures. A sept heures, il fut encore rappelé par Frédéric [1].

Le roi avait prescrit à Müller sa tâche dans une lettre qu'il lui avait fait tenir, le 3 novembre :

« Je ne vous connais pas, mais j'ai entendu beaucoup de bien de vous, et que vous êtes un pieux et probe ministre et serviteur de la parole de Dieu. Comme vous

[1]. Tout le récit des rapports du prince avec Müller est établi d'après les curieux documents contenus dans la brochure citée plus haut (p. 297, n° 1). — Cette brochure contient, outre la lettre du roi, qui va être citée, cinq lettres de Müller au roi (6, 7, 8, 10, 14 nov.), et trois lettres du roi à Müller (8, 12, 17 nov.).

allez à Cüstrin à l'occasion de l'exécution du lieutenant Katte, je vous commande de monter, après l'exécution, chez le prince royal, de raisonner avec lui, et de lui représenter que celui qui abandonne Dieu, Dieu l'abandonne; et si Dieu l'abandonne et lui retire sa bénédiction, l'homme ne fait plus rien de bien, il ne fait plus que le mal.

« Qu'il rentre en lui-même; qu'il demande pardon à Dieu de tout cœur, pour le grave péché qu'il a commis, et pour avoir séduit des hommes, dont un a dû le payer par son corps et sa vie. Si vous trouvez le prince abattu, vous devez l'amener à tomber à genoux avec vous, et aussi les officiers qui sont avec lui, et à demander pardon à Dieu, avec des cœurs pleurant. Mais vous agirez de la bonne manière et avec prudence, car c'est une tête pleine de ruses et vous prendrez bien garde, si tout se passe avec un vrai repentir et un cœur brisé. Vous devez aussi lui représenter de la bonne manière dans quelle erreur il est plongé, en croyant qu'un tel est prédestiné de telle façon, cet autre de telle autre, de sorte que celui qui serait prédestiné au mal ne pourrait faire que le mal, pendant que celui qui serait prédestiné au bien ne ferait que le bien, et que rien ne pourrait être changé...

« Comme donc j'espère que la circonstance présente et l'exécution, toute fraîche dans son esprit, lui aura touché et amolli le cœur, je vous fais une affaire de conscience de faire tout l'humainement possible, de bien représenter au prince royal tous les passages de l'Écriture sur *la grâce*, de le convaincre et de démontrer clairement vos paroles, et, comme c'est une tête ingénieuse, de répondre à chacune de ses objections clairement, mais pertinemment et à fond. Vous l'amènerez sur ce discours d'une bonne manière, sans qu'il s'en aperçoive. Si vous trouvez que le Prince royal est content de votre conversation, et qu'il accueille vos bonnes doctrines, et que cela lui va au cœur, vous resterez à Cüstrin, et tous les jours vous monterez chez le prince et vous pénétrerez par votre parole jusque dans sa conscience, de façon qu'il rentre en lui-même et se convertisse de cœur à Dieu. Si vous ne trouvez pas d'accès, vous vous en irez et vous m'écrirez, et, si je vais à Berlin, vous viendrez me parler. Mais, si vous trouvez un cœur brisé, vous devez me l'écrire et rester là. »

Il faut rapprocher cette lettre de l'ordre donné, le même jour, au général Lepell au sujet de l'exécution de Katte. Lorsqu'il a écrit ces deux documents, le roi avait pris enfin son parti. Non seulement, il est décidé à laisser vivre son fils, mais il ne pense plus à le déshériter : il lui rend le titre de Prince royal, qu'il évitait auparavant de lui donner. Après tant d'hésitations, il a choisi le supplice qu'il infligera au rebelle : il condamne Frédéric à l'émotion d'un spectacle terrible. Il a composé lui-même tout le drame, et prévu jusqu'au dernier détail.

Dans l'ordre au général, il règle l'exécution, le lieu où elle s'accomplira, la tenue des gendarmes, qui seront à pied (pour ne pas cacher le condamné, qui doit être vu des fenêtres); il dit la façon dont l'escorte introduira Katte dans le cercle, le moment où sera lue la sentence; il nomme le magistrat qui fera la lecture. « Aussitôt le jugement de mort lu, doit le pasteur dire une prière, et l'exécuteur couper la tête. » Il dit comment le corps sera exposé, jusqu'à quelle heure, et dans quel cimetière le cercueil sera porté par des bourgeois « d'une tenue décente, *hübsche Bürger.* » Il désigne les officiers qui se rendront auprès du prince avant l'exécution, pour « lui commander en mon nom de la regarder avec eux », et qui, tout de suite après, iront chercher le pasteur des gendarmes : « Celui-ci doit, avec le prince, parler, raisonner et prier. »

Dans la lettre au pasteur, le roi lui donne la matière de ses paroles et de ses raisonnements, et jusqu'au ton des prières.

Sur la terreur de l'exécution encore « toute fraîche », il veut que l'on verse la parole de Dieu et l'exhortation au repentir. Si son fils est capable d'être touché, il le sera sans doute à ce moment-là. Aux raisons qui ont décidé le roi à condamner le malheureux Katte, il faut ajouter l'espoir de remuer jusqu'au fond l'âme de Frédéric. Le roi s'est représenté le coup de théâtre du prêtre entrant dans la cellule, avant que le bourreau eût achevé d'essuyer son épée [1].

Müller obéit de point en point aux ordres du roi. Dans ce premier jour d'entrevue, il remet à Frédéric le testament de Katte, pour aviver encore son émotion, pour « briser » et faire « pleurer » son cœur. Le prince, au milieu des larmes et des sanglots, reconnut que tout ce qu'avait écrit son malheureux ami était vrai. Il protesta

---

[1]. Le père de Katte, dans une lettre navrante à un de ses parents, donne, parmi ses motifs de consolation, celui-ci : « N'est-il pas consolant que l'exécution ait dû être faite à Cüstrin, pour faire comprendre à tout le monde, pourquoi mon fils a été sacrifié, *warum er ein Sacrifice* » ; Fontane, *loc. cit.*, p. 338.

hautement que, quant à lui, depuis le commencement, il avait eu un vrai repentir au cœur. Il ajouta, faisant allusion à ses demandes répétées de grâce et de pardon, que le roi n'avait pas dû les connaître, puisqu'il avait fait faire cette exécution sous les yeux de son fils, qui s'était repenti de son péché et s'était soumis, comme il se soumettait encore, à toute sa volonté.

La nuit fut mauvaise pour le prisonnier. Il n'avait pas mangé de toute la journée, et il était très faible. Les trois personnes, qui se relevèrent auprès de son lit, l'entendirent délirer. En s'éveillant, il dit : « Le roi s'imagine qu'il m'a pris Katte, mais je le vois toujours devant mes yeux. » Il reçut le médecin auquel il déclara qu'il était bien portant; il lui demanda pourtant de lui prescrire une poudre qu'il avait coutume de prendre; il commençait donc à se réconcilier avec la vie. Au pasteur, il témoigna un repentir plus vif encore que la veille. Son péché, dit-il, lui apparaissait encore plus grand. Il regrettait l'effronterie qu'il avait montrée au cours de son interrogatoire devant la commission. Si seulement, dès le début, un homme lui avait parlé avec sensibilité, sans dures menaces, son esprit ne serait pas allé aux extrémités qu'il regrette à présent. Il remerciait Dieu et son père de l'humiliation qu'ils lui avaient infligée, et se soumettait à la volonté royale et paternelle de Sa Majesté.

Le prince et le pasteur reprennent ensuite la conversation sur les choses divines. Frédéric, à qui Müller avait dû, dès la veille, reprocher son hérésie particulariste, met de lui-même, le discours sur la grâce et la fatalité. Il expose sa doctrine, et provoque son interlocuteur à la contredire. Müller cite ce passage de saint Pierre : « Le Seigneur Jésus a racheté ceux qui étaient effectivement damnés. » Le prince est surpris : il n'avait jamais vu, dit-il, ce passage de l'Écriture, qui lui paraissait prouver en effet que l'intention de Dieu est de sauver même les plus méchants des hommes. Müller invoque en outre des témoignages de saint Paul, non moins concluants. Le prince essaye de se défendre par des comparaisons : « L'arrangement des rouages d'une montre ne détermine-t-il pas le mouvement des roues ? » « Sans doute, répond le pasteur, mais ces roues n'ont pas une volonté pour résister. » — « La force du feu contre le bois n'est-elle pas nécessairement d'une seule sorte et d'un effet unique ? » « Oui, mais, si l'on trempe auparavant dans l'eau une partie du bois, la force du feu ne sera plus unique. » Müller prend ensuite l'offensive : « Deux hommes sont tombés dans le fossé du château ; à chacun, on jette une corde. On les avertit qu'ils n'ont qu'à la prendre, et que, par ce moyen, ils seront sauvés. Il y en a un qui ne veut pas prendre la corde ; s'il n'est pas sauvé, c'est par sa faute. »

Pendant que le pasteur et lui discutaient en propos puérils sur la primordiale et obscure question de notre liberté, le prince ménageait sa retraite. Il savait que le roi ne lui pardonnerait pas son entêtement dans l'hérésie. Il n'était pas encore rassuré sur son sort. De temps en temps, il se mettait à la fenêtre, et regardait le tas de sable, qu'on avait laissé, et qu'il pria le gouverneur de faire enlever. A la fin, il confessa son erreur. « Il n'y a donc point de fatalité, dit-il, et, seul, je suis cause de la mort de Katte et de mon malheur. » Müller l'assura qu'il était sur le vrai chemin, en reconnaissant la grandeur de sa faute et en la sentant ; il n'avait qu'à se laisser conduire par Dieu au vrai repentir. Alors le prince : « De tout mon cœur, si seulement il y a encore grâce pour moi, et si je n'ai de compte à rendre qu'à Dieu seul. » Le pasteur continuait à ne parler que de Dieu : « Dieu vous a fait sentir sa colère pour vous forcer à crier vers sa grâce ! » Mais Frédéric savait fort bien qu'avec Dieu il s'arrangerait toujours : « Je le crois aussi, reprit-il, mais je crains de ne pas rentrer en grâce, de ma vie, auprès du roi. »

C'est du roi qu'il voulait obtenir le pardon de ses péchés. Chaque fois que Müller parlait grâce de Dieu, Frédéric répondait grâce du roi. Il craignait que le pasteur ne lui cachât un horrible secret ; il hésitait à lui poser la question précise, qui lui montait aux lèvres. Il tournait tout autour, et cherchait à faire comprendre au prêtre son anxiété. A la fin, comme Müller s'obstinait dans les propos théologiques, il se risque : « Ne dois-je pas conclure de votre visite que vous voulez me préparer à la mort, moi aussi ? » Müller a compris enfin ; il se récrie, et se donne toute la peine du monde pour retirer cette idée de l'esprit du prince : « Si et combien de temps Votre Altesse doit demeurer ici, cela dépend de Votre Altesse. » Frédéric un peu rassuré se met en prière. Plus calme, il demande au pasteur de rester encore auprès de lui, de coucher au château, s'il est possible, afin qu'il le puisse voir aussi souvent qu'il voudra, et s'entretenir avec lui pour son édification. Müller obtint la permission de demeurer au château, dans un appartement au-dessus de la chambre du prince, qui n'avait qu'à frapper pour qu'il descendît.

Le brave homme croyait à la sincérité du repentir de Frédéric et de sa conversion. Il affirma au roi devant Dieu qu'il n'avait pas découvert en lui la plus petite trace de fausseté. Il le suppliait en même temps de « faire bientôt briller un regard de sa grâce royale », car il craignait que le prince, « par la crainte et attente des choses qui lui pourraient advenir, et par l'effet d'une tristesse persistante et croissante, ne tombât dans une dangereuse maladie d'esprit. » Le quatrième jour, il reçut et lut avec joie la réponse.

Le roi lui commandait de rester encore à Cüstrin, et d'adjurer le prince de rentrer en lui-même, et de confesser tous les péchés qu'il avait commis envers Dieu, envers le roi, envers lui-même et son honneur, car « emprunter de l'argent quand on sait qu'on ne pourra pas le payer, et vouloir déserter, cela ne vient pas d'un honnête homme, mais des enfers, des enfants du diable, ainsi point des enfants de Dieu ».

« Vous m'avez, sur votre conscience et devant Dieu, ajoutait-il, assuré que le prince, à Cüstrin, s'est converti à Dieu, que mille et mille fois il demande pardon à son roi, seigneur et père, de tout ce qu'il a fait, et qu'il a souffrance de cœur de ne s'être pas soumis de bon gré à la volonté de son père. Si donc vous trouvez le prince disposé à promettre cela fermement devant Dieu; s'il est vrai que son cœur souffre de ses péchés; si c'est sa vraie intention de s'améliorer sûrement et de la façon que je viens de dire, vous pourrez lui signifier en mon nom qu'à la vérité je ne puis encore lui pardonner tout à fait, mais que cependant, par une grâce qu'il ne mérite pas, je lèverai son arrêt, et je lui donnerai de nouveau des gens qui veilleront sur sa conduite.

« C'est toute la ville qui sera sa prison. Il n'en pourra pas sortir. Je lui donnerai, du matin jusqu'au soir, des occupations auprès de la Chambre de guerre et des domaines, et du gouvernement. Il travaillera dans les choses économiques, recevra les comptes, lira les actes et fera des extraits. Mais, avant que cela n'arrive, je lui ferai faire le serment d'agir en toute obéissance, conformément à ma volonté et de faire en toute chose ce qui convient et appartient à un fidèle serviteur, sujet et fils. Mais s'il revire et se cabre de nouveau, il perdra la succession à la couronne et à l'électorat, et même, selon les circonstances, la vie... Je vous avertis de représenter au prince en mon nom que je le connaissais bien. Croit-il que je ne le connaissais pas? Il devrait être convaincu que je connaissais bien son méchant cœur.

« Si ce cœur n'est pas plié et changé, s'il demeure dans l'ancien état, s'il a l'intention d'abjurer ce serment, il se contentera de le murmurer, il ne l'exprimera pas d'une voix haute. Dites-lui donc en mon nom que je lui conseille, comme fidèle ami, de jurer haut et clair, et de se croire obligé à tenir son serment textuellement. Ici, nous n'entendons rien aux réserves mentales. Nous ne comprenons que ce qui est écrit. S'il veut violer et briser ce serment, il n'aura plus d'excuse. Qu'il y pense bien. Qu'il contraigne et change son mauvais cœur par l'assistance divine ; car il s'agit d'une chose importante et grave.

« Que Dieu le Très Haut donne sa bénédiction ! Et, comme souvent, par des conduites merveilleuses, des chemins miraculeux, des pas amers, il conduit les hommes dans le royaume du Christ, qu'il ramène à sa communion ce fils inconsidéré ! qu'il prosterne son cœur impie ! qu'il l'amollisse et le change ! qu'il l'arrache des griffes de Satan ! qu'ainsi le veuille le tout-puissant Dieu et Père, en considération de Notre-Seigneur Jésus-Christ, de ses souffrances et de sa mort... *Amen...* »

Cette fois c'était bien la grâce, enveloppée dans un prêche véhément. Dès qu'il eut reçu la lettre, Müller se rendit chez le prince. Il le trouva lisant la Bible et plongé dans les profondeurs d'une méditation. Frédéric ne vit point sans doute sur la mine de Müller que celui-ci avait du nouveau à lui dire ; autrement, il n'aurait pas commencé par faire au révérend un discours sur les mérites de notre Sauveur et la dette qu'à cause de sa mort nous avons contractée envers lui. Müller le laissa dire ; il prit même occasion de cette effusion de piété, pour le presser de confirmer ses promesses d'amendement par un serment qui enlèverait au roi toute méfiance et mauvaise volonté. Le prince ne voyait pas où il en voulait venir, ni comment le roi lui rendrait sa grâce contre un serment. Le pasteur s'ouvrit enfin, et parla, cette fois, au nom du roi, comme il en avait l'ordre. « Est-ce possible ? » s'écria le prince, dont les yeux se remplirent de larmes. Müller tira la lettre de sa poche et la lui mit dans les mains. Frédéric la lut, et vit enfin qu'il était sauvé.

Il commença par exprimer sa reconnaissance envers

son père ; puis il expliqua qu'il savait très bien ce que c'était qu'un serment, qu'il n'y fallait pas faire de réserve mentale, qu'il fallait, au contraire, le prêter dans le sens et esprit de celui qui l'avait prescrit. Certainement, il jurerait à haute et intelligible voix. Pour prouver qu'il prenait la chose au sérieux et voulait s'engager à fond, il exprima l'espérance que le roi ne prescrirait par la formule rien qui ne fût « paternel et acceptable » ; il priait Sa Majesté de lui communiquer à l'avance ladite formule « afin qu'il ne précipitât rien, et pût se préparer en conscience, avec une suffisante réflexion, à bien prononcer et bien observer tous les points du serment. » Le bon Müller transmit cette prière au roi et la lui recommanda.

Il ne restait plus qu'à régler les formalités dernières de la mise en liberté du prince royal. Le roi les concerta avec Seckendorff et avec Grumbkow. Seckendorff se donnait l'air empressé d'un sauveur. Pour achever le succès de son intrigue, il voulait faire croire que le prince devait son salut uniquement à l'intercession de l'empereur. Il n'en était rien. Frédéric-Guillaume a certainement pris son parti de lui-même. Les représentations venues de l'étranger n'auraient pas suffi à le déterminer. Quand il apprend par son ministre à Londres le sévère jugement de l'Angleterre sur l'exécution de Katte, il répond : « Quand même il y aurait cent mille Katte comme cela, je leur ferais couper la tête à tous ensemble... Tant que Dieu me laissera vivre, je me soutiendrai comme seigneur despotique, *als Herr despotique souteniren würde...* Les Anglais devraient savoir que je ne tolérerai jamais de co-régent à côté de moi. » L'empereur même aurait été très mal venu à vouloir jouer ce rôle. Au reste, il n'y prétendit pas, et son intervention fut discrète. Seckendorff avait bien envoyé à sa cour, dès le 2 octobre, le modèle d'une lettre à écrire par l'empereur en faveur du prince, mais il ne voulait rien presser. Il a eu la satisfaction de s'entendre supplier par son ennemie vaincue, la reine, qui lui a dit que l'empereur seul pouvait sauver son fils; il a répondu qu'il lui était impossible de se mêler des affaires de la maison royale, tant que le roi ne l'y autoriserait pas, Sa Majesté n'ayant pas besoin d'un secours étranger « pour se procurer son repos domestique ».

Quand il eut reçu la lettre impériale, il écrivit à Vienne qu'il la garderait, jusqu'au moment où il serait sûr que le roi voulait pardonner. Il attendit en effet la permission du roi pour lui remettre la missive autographe de son souverain. Il est vrai que le roi déclara ensuite que son fils devait son pardon à l'empereur : « Pour le pardon du prince royal, écrit-il à son ministre à Vienne, nous avons considéré surtout l'intercession en sa faveur de Sa Majesté Impériale Romaine. » Mais il écrivit aussi à son ministre à Saint-Pétersbourg : « Pour le pardon du prince royal, nous avons considéré surtout l'intercession en sa faveur de Sa Majesté Impériale Russe. » Le grand Frédéric sauvé par le père de Marie-Thérèse, c'est donc une histoire à reléguer dans les légendes; mais il convenait au roi de Prusse, très irrité alors contre la France et l'Angleterre et ramené à sa ferveur impérialiste, de faire croire à son fils qu'il devrait à l'Autriche sa liberté et la conservation de ses droits à la couronne [1].

Il avait donc prié Seckendorff de régler lui-même les conditions de la grâce et de l'élargissement du prince. C'est Seckendorff qui lui avait proposé d'exiger le serment solennel, puis de mettre le prince en demi-liberté dans la ville de Cüstrin, en l'obligeant à travailler à la Chambre des domaines [2]. Il avait demandé en outre à être envoyé à Cüstrin avec les commissaires désignés pour recevoir le serment. Il pensait que nul ne serait mieux qualifié pour faire savoir au prince « que l'empereur, en véritable ami de Sa Majesté Royale, avait intercédé pour lui » : il voulait lui lire la lettre impériale, et lui donner à entendre que, par égard pour Sa Majesté Impériale, le roi « avait préféré grâce à justice ». Mais Frédéric-Guillaume ne permit pas qu'un étranger parût dire le dernier mot d'une si grande affaire. C'est Grumbkow qu'il envoya avec cinq autres généraux à Cüstrin, où ils arrivèrent le 15 novembre.

Le lendemain, Grumbkow eut un long entretien avec le prince. Ce qui s'y passa, nous ne le savons point. Grumbkow était homme à dire juste ce qu'il fallait, à pleurer et à rire avec le prince, à le consoler et à le conseiller, à lui donner tort sur certains points et raison sur d'autres. Il n'a pas manqué d'expliquer sa propre conduite, comment et pourquoi il avait dû faire ce qu'il

---

1. Rapports de Seckendorff, 9, 28, 31 oct., dans Förster, III, pp. 9-10 et 12... Lettre du roi à l'empereur dans Preuss, *Urkundenbuch*, t. II, p. 169, à ses ministres à Vienne et à Pétersbourg, dans l'appendice de Koser, pp. 241-2.

2. Le « projet » de la grâce du prince par Seckendorff est dans Preuss, *Urkundenbuch, loc. cit.*, pp. 164-6.

avait fait, combien il lui avait coûté de contrarier les projets de Son Altesse. Il lui a certainement promis son aide et son dévouement pour l'avenir. Le prince était homme à tout comprendre, même les sous-entendus les plus subtils. Ils avaient besoin l'un de l'autre, et leur conscience à tous les deux était docile aux mouvements de leur intérêt ; ils s'entendirent. Pour témoigner sa reconnaissance envers ce nouvel allié, le prince lui fit don, avec larmes et sanglots, du testament de Katte. Ce testament, il semble bien qu'il aurait dû le garder jusqu'à sa mort.

Le 17 novembre, le prince prêta, sans doute à haute et intelligible voix, le serment « d'obéir strictement aux ordres du roi, de faire en toutes choses ce qui appartient et convient à un fidèle serviteur, sujet et fils ». Il souscrivait à l'avance, au cas où il retomberait dans les anciens errements, à la perte de ses droits héréditaires. Il fut alors mis en liberté, avec la ville pour prison. Le général gouverneur lui rendit son épée, mais sans le porte-épée d'officier, car la grâce du roi n'allait pas jusqu'à réintégrer son fils dans l'armée. Les postes ne devaient pas sortir à son passage pour lui présenter les armes ; il était défendu aux militaires de le saluer. Frédéric, sensible à ces marques d'indignité, adressa tout de suite à son père la prière de lui rendre sa qualité de soldat. Le roi lui répondit qu'un déserteur avait perdu le droit de porter l'uniforme, et il ajouta : « Il n'est pas nécessaire que tous les hommes fassent le même métier ; tel doit travailler à devenir soldat ; tel autre s'appliquer à l'érudition et à d'autres choses semblables. »

Puis il lui faisait entendre des paroles sérieuses et vraiment royales. Il fallait maintenant, disait-il, que le prince « apprît, en mettant la main aux affaires, qu'aucun État ne subsiste sans l'économie et une bonne constitution. Le bien d'un pays exige que le prince lui-même soit bon économe et administrateur; autrement le pays demeure à la disposition de favorites et de premiers ministres, qui en tirent leur profit et mettent tout en confusion... Il faut que le prince royal voie, par les exemples qui ne manquent pas, que la plupart des princes tiennent misérablement la maison, et que, même en ayant les plus beaux pays du monde, ils ne savent pas s'en servir, mais, au contraire, font des dettes et se ruinent [1]. »

Ainsi finit la prison du prince royal de Prusse. Dans la lutte qui s'est engagée entre le père et le fils, tous les deux ont eu des torts graves; le père, en refusant à son fils le droit de vivre selon sa nature, et en étouffant dans cette jeune âme, par son odieuse brutalité, toute disposition à la piété filiale; le fils, en trompant son père, en intriguant contre lui, en ne l'aimant point, en provoquant sa colère par toute la conduite de sa vie. Tous les deux ont souffert : le père a été torturé par l'inquiétude, par l'incertitude de la décision et par la fureur; le fils, par la vue du sang de Katte, et par la crainte de mourir; mais ni l'un ni l'autre n'a droit à être plaint. Leurs souffrances ne sont pas de celles qui émeuvent : ils y gardent tous les deux, chacun à sa façon, un sang-froid surhumain, le père en arrangeant le drame, le fils en jouant son rôle comme

---

1. Lettre du roi du 21 nov. 1730, analysée dans Koser, pp. 71, 72.

il l'a joué. Le jeune homme a pleuré, sans doute, et crié, et il s'est tordu les mains, et il a demandé la mort au Seigneur Jésus, mais, le lendemain, il a commandé une poudre à son médecin : il a discuté avec une parfaite liberté, comme s'il y prenait un intérêt réel, la question de savoir si le Christ est mort pour tous les hommes ou seulement pour des élus. A travers la théologie et la métaphysique, il a glissé adroitement la préoccupation de son propre sort, interrogé le pasteur, insinué son repentir et les paroles les plus propres à fléchir le roi, sachant bien qu'elles seraient redites. Il n'a pas hésité à signer le pacte de réconciliation que lui offrait Grumbkow, et, comme gage de son amitié, il a remis à ce Grumbkow, un des auteurs de la catastrophe, les dernières lignes écrites par la victime. Bientôt nous entendrons dire que Son Altesse royale est « gaie comme un pinson ». Plus tard, Frédéric accusera Katte d'avoir été maladroit. Ce jeune homme est prêt pour les hasards et périls de la vie de prince ; il est prêt pour la grande politique.

Dans une lettre, où il rend compte au prince d'Anhalt de la façon dont il a « réglé la mauvaise affaire de Cüstrin », Frédéric-Guillaume dit, en parlant de son fils : « S'il devient un honnête homme, ce sera un bonheur pour lui, mais j'en doute fort. »

---

1. *Wo er ein* honet home *wird, daran Ich sehr zweifle, ist es vor ihn ein Glück...* Lettre du 16 nov. 1730, *Zeitschrift für preussische Geschieht und Landeskunde...* IX, p. 594.

CHAPITRE CINQUIÈME

LA SECONDE ÉDUCATION DU PRINCE ROYAL

LES SIX PREMIERS MOIS A LA CHAMBRE DES DOMAINES

Le 19 novembre 1730, le prince royal de Prusse sortait de sa prison. Le lendemain, il était introduit dans la Chambre de guerre et des domaines de Cüstrin. Sa fonction et son travail avaient été réglés par le roi dans un ordre adressé à Münchow, président, et à Hille, directeur de la Chambre. Il avait qualité d'auditeur, devait siéger à une petite table « tout en bas », et signer les pièces, non pas sur la même ligne que les conseillers, mais « tout en bas ». Le roi voulait le maintenir en modestie et humilité, comme il convenait à un pénitent non encore réconcilié. Mais cette petite table, c'était, au sortir de la terrible prison, un siège au paradis. Le prince goûtait la joie d'être sûr de vivre, et la douceur de sa demi-liberté. Il prenait part aux délibérations de la Chambre et s'y amusait. Un préposé à la navigation auprès de Cüstrin, se croyant victime d'une injustice, s'avisa de s'adresser à lui. Ce fut la première affaire du nouvel auditeur. Il commença par dire que, comme il se conduisait très bien, il espérait que la Chambre lui donnerait un petit département. « Tous ceux de terre ferme » étant déjà distribués, il réclamait celui de la marine. Or l'Oder, dit-il, se jette dans la mer Baltique; le cas du préposé à la navigation était donc de son ressort. Sur quoi, M. le président von Münchow se mit à rire, et M. le directeur Hille fut ravi de voir que « Son Altesse Royale était gaie comme un pinson [1] ».

Frédéric savait bien qu'après tout, il était et demeurait le prince héritier de Prusse. Il ne lui échappait pas que ses « supérieurs » le savaient aussi. Le président Münchow était un brave homme, qui lui avait prouvé, dans le cachot de Cüstrin, ses bons sentiments, en un moment où il risquait de les payer de sa tête. Le directeur Hille, qui se considérait comme le précepteur du prince en économie et en morale, prenait son rôle au sérieux, mais Frédéric aimait en lui un savoir étendu, la connaissance approfondie des lettres françaises, et il lui savait grand gré d'avoir de « la sensibilité » et de l'esprit. Il a à reçu de lui de vertes leçons, mais bien données, et le jeune homme pardonnait tout à l'esprit ; quand on le faisait rire à ses propres dépens, il était désarmé, parce qu'il avait ri. En somme, avec ce président et ce directeur, l'existence était tolérable à la Chambre des domaines. A la maison, Frédéric vivait avec son maréchal de cour, von Wolden, et deux jeunes nobles attachés à la Chambre,

---

1. Hille à Grumbkow, 19 déc. 1730, Koser, p. 242. La correspondance de Hille, de Wolden et de Grumbkow est en français. Frédéric écrit toujours en français, sauf à son père.

von Natzmer et von Rohwedell. Le maréchal avait les meilleures intentions du monde. D'ordre du roi, il adressait à celui-ci de fréquents rapports, mais il les écrivait de façon à toujours adoucir de plus en plus l'humeur du père à l'égard de son fils. Il espérait que le prince, « mon subordonné », comme il dit, lui donnerait raison par sa bonne conduite et ne le ferait pas mentir [1]. Quant aux deux jeunes gens, ils ne pouvaient être des surveillants redoutables. Plus encore que Münchow et Hille, ils songeaient à l'avenir. Frédéric les entretenait de ses espérances et de ses projets; avec eux, sans précautions, il faisait le prince héritier.

Cependant la gaieté du pinson ne se soutint pas. Le secret de la bonne humeur du prince, c'est qu'il espérait que le régime où il avait été mis ne durerait pas longtemps. Un mois ne s'était point écoulé, et Hille confessait à Grumbkow ses inquiétudes : il faudrait entretenir l'espérance du prince, « fût-ce par une toute petite chose ; autrement, je ne sais pas ce qui arrivera. » Mais le roi, de loin, faisait sentir qu'il n'avait point pardonné, qu'il se défiait toujours.

Il a lu, dans un rapport de Wolden, que son fils persiste dans la doctrine de la prédestination. Vite, il expédie un courrier à Cüstrin, avec une lettre, qui fait regretter au pauvre Wolden son imprudence. « Le scélérat ne veut pas démordre de sa fausse prédestination. S'il veut aller au diable, qu'il y aille ! Je n'ai rien à me reprocher !... Pourtant, il faut que tous les trois, vous

---

1. Koser, p. 74.

ne vous lassiez pas de lui reprocher son erreur, en prenant vos preuves dans la Sainte Écriture... Enfin, vous apprendrez à connaître le saint de mieux en mieux avec le temps. Vous verrez qu'il n'y a rien de bon en lui; mais sa langue est bonne. Oh! pour la langue, il n'y a rien à redire. » Puis vidant, comme de coutume, sa mauvaise humeur, il reproche à son fils toute sa façon d'être : « Le scélérat ne se fait point raser; quand le scélérat marche, il marche en *cadence, en faisant un coupé,* ou bien, il fait *un pas de passe-pied,* ou un *contre-temps.* Il marche sur la pointe de ses pieds. Il ne se plante pas sur ses pieds. Il marche et se tient courbé... Il ne regarde jamais dans les yeux un homme d'honneur[1]. » Les lettres se succèdent, de plus en plus furieuses. Le roi veut savoir qui a prêché à son fils la doctrine satanée. Il établit à Berlin un tribunal d'inquisition, où il fait comparaître tous ceux qu'il soupçonne. Le prince, sommé de livrer des noms, envoie des listes de livres où il a trouvé les raisons de sa foi. « Les livres n'ont ni pieds, ni ailes, réplique le roi. Quelqu'un les a apportés. Qui? Qui? » Comme le prince ne veut trahir personne, le roi, qui vient d'apprendre qu'il est tombé malade, lui souhaite la mort sans oser l'espérer : « Il est *prédestiné;* tout ira. S'il y avait en lui quelque chose de bon, il mourrait; mais il n'y a pas de danger qu'il meure. Mauvaise herbe pousse toujours. »

Au reçu de ces lettres, le personnel de Cüstrin était jeté dans la consternation. « J'y perds mon latin, écrit

1. Le roi à Wolden, 29 nov., Koser, pp. 76-77. Les mots en italiques sont en français dans la lettre du roi.

Hille. » « Puisque la soumission jusque dans le plus petit détail ne sert à rien, autant vaut, dit le prince, me cabrer et périr avec honneur. » Pourtant il se ravisa. Hille le convainquit que le raisonnement sur lequel la prédestination était établie reposait sur un jeu de mots. Après tout, conclut Frédéric, « cela ne vaut pas le martyre. » Il écrivit donc à son père qu'il renonçait à sa doctrine, persuadé qu'il avait été trompé par des arguments philosophiques et politiques, heureux d'ailleurs de l'abjurer, puisqu'elle lui déplaisait [1].

Pour éviter le retour de pareilles tempêtes, Wolden, Münchow et Hille recourent à la protection de Grumbkow, dont le crédit était plus ferme que jamais. L'habile homme voulait, en même temps qu'il servait le roi, ménager le prince. Il envoyait des instructions et des avis. Cüstrin lui demande jusqu'au modèle de la lettre que le prince doit écrire à son père pour la nouvelle année. « Je recommande toute notre boutique à la protection de Votre Excellence, lui disait Wolden. » Grumbkow accepta cette charge épineuse, et la boutique reprit sa vie tranquille.

Trop tranquille, hélas! Le prince n'a pas de quoi s'occuper. Les séances ne durent que quelques heures dans la matinée; l'après-dîner, il doit, pendant deux heures copier des pièces, mais quand même il ferait cette besogne régulièrement, la journée serait longue encore. Wolden demande pour lui la permission d'étudier au moins quelques ouvrages de finances et d'administra-

1. Pour cette correspondance, voir Koser, pp. 77-78.

tion : « Pourquoi ne pas lui rendre tout de suite flûte et violon, répond le roi? Non, point de livres, si ce n'est la Bible, le Psautier et le *Vrai christianisme* d'Arnd. Les livres, ça n'apprend rien. Ce qu'il faut, c'est pratiquer. C'est la lecture d'un tas de livres inutiles qui a mis le prince à mal. Qu'il étudie dans les registres de la Chambre les vieux papiers du temps de l'électeur Frédéric-Guillaume, et les actes du margrave Jean de Cüstrin. »

Il est probable que Frédéric n'a point regardé ces vieux papiers. Que faisait-il donc? Il causait avec les « trois messieurs ». Le roi avait permis ce divertissement; il l'avait même réglé. La conversation devait rouler seulement sur la parole de Dieu, la constitution du pays, les manufactures, la police, la comptabilité, l'affermage, la procédure. Si le prince s'avisait de parler de paix, de guerre ou d'autres choses politiques, les messieurs lui devaient fermer la bouche. Ceux-ci n'obéissaient pas assurément. Le prince parlait souvent politique avec Natzmer, qui était fort heureux de lui donner la réplique, car il se croyait né pour les très grandes affaires; mais les sujets s'épuisaient vite, et les quatre interlocuteurs, ne trouvant plus rien à se dire, se taisaient.

Il était défendu de renouveler les visages autour du prince. Celui-ci ne dînera jamais dehors, jamais. Il dînera toujours avec les « trois messieurs », sans inviter personne. Pas de musique, pas de danse : « Il n'est pas à Cüstrin pour s'amuser, *um sich zu divertiren.* » Ils vivent donc à quatre dans une toute petite maison de bourgeois, avec une économie bourgeoise. Le roi a défendu les huîtres, le poisson de mer, les chapons de Hambourg et autres délicatesses. Le budget de prévision du premier mois est de 147 thalers, 8 groschens, sur lesquels il faudra payer trois laquais (22 thalers), le cuisinier (7 thalers, 8 groschens), le loyer (6 thalers, 8 groschens), la nourriture (60 thalers), la lumière et le bois (20 thalers), les chaussures (20 thalers). Le reste était pour faire face aux dépenses imprévues. Le prince devait tenir ses comptes lui-même; il n'y manquait point, car le roi les examinait de près. Dans les comptes du second mois, Frédéric s'excuse d'avoir payé le beurre trop cher : » Il y a une épizootie, d'où est venue la rareté du beurre, *daher entstandene Raritet der Buter.* » Il se gardait de se plaindre de la parcimonie paternelle. La moindre réclamation, le plus simple et plus naturel souci de sa personne devenaient des crimes. Il aurait voulu, l'été venu, avoir des vêtements d'été. Le roi refusa : « Ce n'est pas une mode prussienne, ni brandebourgeoise; c'est une mode française. » Voilà où en est réduit ce prince, « porté à la magnificence. »

Il s'ennuie, les messieurs s'ennuient. Cüstrin bâille dans ses lettres confidentielles. Hille signale la constante décroissance de la bonne humeur du prince. Il dit : « Son Altesse commence à s'ennuyer. « Nous autres du couvent, nous crèverons tous, si ce train de vie continue », ajoute Wolden, à qui son médecin vient de prescrire de l'*helleborum nigrum*[1].

[1]. Voir, pour cette correspondance, Köser, pp. 79-82, et, dans Förster, III, pp. 40 et suiv., dix rapports de Hille et de Wolden à Grumbkow.

On dirait une petite troupe de naufragés, jetée par la tempête dans une île déserte et sans ressources ; elle vit sur elle-même, ne se suffisant plus, l'œil à l'horizon muet. Frédéric et les trois messieurs sont enfermés dans une petite ville, aux rues étroites, peuplée de bourgeois pauvres, de fonctionnaires provinciaux pédants, de militaires mécaniques. Ils peuvent voir, du haut des remparts, couler l'Oder et la Wartha, et la plaine s'étendre, mais les poternes ne les laissent pas passer. Le roi a défendu de sortir. Il n'a fait qu'élargir la prison de son fils ; il le tient enfermé, avec sa jeunesse, son impatience, ses rêves, entre ces murs au pied desquels le sang de Katte a coulé.

Cependant, ces journées de Cüstrin, si longues et si vides, comptent dans la vie de Frédéric. Bon gré, mal gré, il apprenait les affaires dans les séances quotidiennes de la Chambre. Il y voyait arriver, faits par faits, toute l'économie du royaume de Prusse : fermages, contributions, accise, moulins, brasseries, manufactures, douanes, ces éléments de la puissance financière qui produisait la puissance militaire. Hille lui enseignait la finance et le commerce. Il avait le talent de se rendre intéressant, en grandissant les sujets qu'il traitait. Un jour, à la fin d'une leçon sur le commerce, il trace à grands traits l'histoire commerciale du Brandebourg. Il dit comment la ville de Francfort-sur-l'Oder avait été le centre de la région, au moyen âge, alors qu'elle recevait par Venise et Augsbourg les marchandises du Levant, et les entreposait, pour les distribuer, dans la Marche, en Pologne, en Prusse, en Poméranie, en Mecklembourg. Après la découverte de la route du cap de Bonne-Espérance, les produits du Levant arrivent par la mer du Nord et la Baltique. Francfort perd alors « son pays de derrière », le versant de la Baltique, mais gagne la Silésie et la Bohême, qui ne recevaient plus rien de l'Italie. Malheureusement, le commerce de Francfort a été longtemps entravé par les Suédois, maîtres de la Poméranie, c'est-à-dire des bouches de l'Oder. A présent, la Poméranie appartient au roi de Prusse, mais le haut Oder coule sous les lois de l'Autriche, qui possède la Silésie, et le roi Frédéric-Guillaume, en abaissant les douanes à la frontière silésienne pour faire plaisir à l'empereur, permet aux marchands de ce pays de faire concurrence à ses propres sujets. « Il n'y a point à espérer un bon commerce pour le Brandebourg, concluait Hille, tant que les Silésiens ne seront pas débusqués de leur commerce immédiat. Comment cela se fera-t-il? C'est ce que nous laissons à décider à de plus hauts et plus habiles que nous [1]. »

En prononçant cette conclusion, Hille pensait en lui-même: A bon entendeur, salut! Et le futur conquérant de la Silésie était un bon entendeur. Il n'est pas possible que Frédéric, en écoutant cette leçon, n'ait pas compris la grande loi, qui s'y trouve impliquée, du développement de la monarchie prusienne. Le Brandebourg, cœur de cette monarchie, était un pauvre pays de plaine, entre la montagne et la mer, séparé de l'une et de l'autre, coupé par des fleuves parallèles, qui étaient des

1. Mémoire de Hille, déc. 1730, Koser, pp. 93-4, et, à l'appendice, p. 247.

chemins d'invasion, dont il ne tenait ni le point de départ, ni l'aboutissement. Ouvert à l'Ouest et à l'Est comme au Nord et au Sud, balayé par tous les vents, sorte de Pologne germanique, il aurait péri, comme la Pologne, s'il n'avait point compensé par la force de ses lois la faiblesse et les défauts de sa constitution, s'il ne s'était point solidement « planté sur ses pieds » dans la salle de Brandebourg, s'il n'avait enfin, remontant et descendant ses fleuves, conquis la montagne et la mer. Frédéric, disait Hille, « savait jusqu'au bout des doigts la poétique d'Aristote, mais il ignorait si ses ancêtres avaient gagné Magdebourg aux cartes ou d'une autre façon. » Son nouveau maître lui apprenait à quoi servent les conquêtes et qu'elles étaient, pour la Prusse, l'unique moyen de vivre.

J'imagine, d'ailleurs, qu'à cette date, dans les premiers mois du séjour à Cüstrin, le prince ne s'intéressa point pour de bon à l'économique. Il fut un auditeur docile, parce qu'il avait envie de se lever du « petit siège », de sortir de cette ville, de fermer son livre de comptes de cuisine et de s'en aller. Pour cela, il fallait flatter la manie paternelle. Il se donnait donc des airs d'économiste. Wolden affirme qu'au bout de quatre mois, le prince savait « tout ce qu'on peut apprendre de l'économie par la théorie ». Il défiait M. le président Münchow de faire « un meilleur *Anschlag* que notre illustre *auscultator*[1] »; mais le maréchal de cour était aussi pressé que son élève de « sortir de la galère ». Hille déclare que le

---

1. Wolden à Grumbkow, 28 avril 1731, Förster, III, 41-2.

prince a composé, tout seul, un mémoire envoyé au roi « sur le relèvement de l'industrie *linière* », mais Hille fait valoir son élève, et il a certainement aidé Frédéric à faire son devoir, comme disent les écoliers, s'il ne l'a pas fait tout entier. Le roi ne s'y trompe pas : « Vous m'étonnez beaucoup, écrit-il ; vous vous imaginez que je vais croire que le prince est l'auteur d'un pareil projet ! Je sais très bien ce qu'il en est. D'ailleurs, cela ne me plaît pas du tout qu'il commence par faire des projets. Je vous ai dit que vous deviez l'introduire dans le solide. Je ne veux pas entendre parler de choses en l'air. Pour fabriquer du vent, on n'a besoin de maître [1]. »

« Ce qu'il en est », c'est que le prince apprend et comprend vite, mais veut faire croire que son apprentissage est fini. Les gens de Cüstrin cherchent tous les prétextes pour se donner de l'air. Lorsque la princesse Wilhelmine est enfin fiancée, Wolden demande que le prince soit invité comme témoin au mariage de sa sœur : « Refusé, écrit le roi en marge ; un homme aux arrêts devrait être enfermé. » Il sait bien d'ailleurs, dit-il à Grumbkow, que le prince est content comme un roi d'être là-bas, sans son père. Il veut qu'il mène une vie tranquille et retirée : « Si j'avais fait ce qu'il a fait, je serais honteux jusqu'à la mort, et je ne me laisserais voir par personne. Il doit obéir à ma volonté, chasser hors de sa tête la manière française et anglaise, ne penser qu'en Prussien, être fidèle à son seigneur et père, et avoir un cœur allemand, chasser de son cœur cette damnable

[1]. Le mémoire du prince est de janvier 1731 ; la lettre du roi, du 2 février, Koser, p. 79.

fausseté de *petit maître* à la française, appeler avec ardeur la grâce de Dieu, avoir Dieu devant les yeux toujours, et alors Dieu arrangera les choses pour son bien, dans ce monde et dans l'autre. » De rechef, Wolden se lamente de ne pas voir « la fin de sortir de la galère ». Il espère que le roi voudra que son fils assiste à la grande revue du printemps; mais la date est arrivée, et Frédéric n'est pas appelé. Il redouble ses instance auprès de Grumbkow. Celui-ci pense que le prochain voyage du roi en Prusse sera une bonne occasion de demander une entrevue. Sur cet avis, Wolden implore pour le prince la faveur d'aller « embrasser l'habit du roi ». Le roi répond : « Doit rester à Cüstrin. Je saurai bien le moment où ce méchant cœur sera corrigé pour de bon, vraiment, sans hypocrisie. » Enfin un jour, Wolden reçoit du roi l'ordre d'annoncer à « son subordonné » une prochaine visite paternelle : « Tout de suite, ajoutait-il, dès que je l'aurai regardé dans le blanc des yeux, je jugerai s'il s'est amélioré ou non [1]. »

LA VISITE ROYALE

Frédéric-Guillaume avait choisi pour le jour du revoir, son propre jour de naissance, le 15 août [2]. Arrivé à Cüstrin, il se rendit tout droit à la maison du gouverneur,

---

[1]. Pour cette correspondance, Koser, pp. 83-4. La dernière lettre du roi est du 5 août.
[2]. Toute cette scène est racontée dans un protocole écrit, le lendemain, par Grumbkow pour Seckendorff, Förster, III, p. 50. Grumbkow assistait à l'entrevue.

où il fit amener son fils. Le prince se jeta aux pieds du roi, qui lui commanda de se relever, et lui adressa un discours.

Ce fut un étrange discours. D'abord des reproches sur « le projet impie »; un ton solennel : « J'ai tout essayé au monde, bonté, dureté, pour faire de vous un homme d'honneur; » un ton familier : « Quand un jeune homme fait des sottises, qu'il courtise les dames et ainsi de suite, on peut lui pardonner ces fautes de jeunesse. » Puis la colère : « Mais faire avec préméditation des choses impies, cela est impardonnable! » Et la menace : « Écoute, mon gars, quand même tu aurais soixante ans, soixante-dix ans, tu n'as pas d'ordres à me donner. Je me suis jusqu'à présent soutenu contre tout le monde, et je saurai bien te mettre à la raison! » Un intermède de comédie : le père avare reproche au fils prodigue d'avoir fait des dettes, quand il savait bien qu'il ne pourrait pas les payer, et de n'avoir pas vérifié les comptes de ses usuriers. Mais le roi reparaît : « Vous n'avez pas eu confiance en moi, en moi qui fais tout pour l'agrandissement de la maison, de l'armée et des finances, et qui travaille pour vous; car ce sera pour vous, tout cela, si vous vous en montrez digne! »

Quelle figure faisait cependant Frédéric? Regardait-il son père dans les yeux, comme celui-ci voulait être regardé? Mais, tout à coup, le père lui reproche tous les efforts qu'il a faits pour gagner son amitié, efforts vains! A ce mot, Frédéric tombe à genoux, pleurant. Le roi, obsédé par la pensée du « projet impie », presse le coupable : « Voyons, c'est en Angleterre que vous vouliez aller? » Sur la réponse affirmative, il dit ces mots terribles : « Eh bien ! écoutez les suites. Votre mère serait tombée dans le plus grand des malheurs ; car je l'aurais soupçonnée d'être votre complice. Votre sœur, je l'aurais mise, pour sa vie durant, dans un lieu où elle n'aurait vu ni le soleil, ni la lune. Je serais entré en Hanovre avec mon armée, et j'aurais fait brûler et flamber le pays, eussé-je dû sacrifier ma vie, mon pays et mes gens. Voyez ce qu'auraient été les fruits de votre conduite impie. Aujourd'hui, je voudrais vous employer dans des commissions militaires et civiles. Mais comment oserais-je après une telle action, vous présenter à mes officiers et serviteurs? Vous n'avez qu'un moyen de vous relever, c'est de chercher à réparer votre faute, au prix de votre sang. »

Pour la troisième fois, Frédéric s'agenouilla. Alors, le père, toujours à l'idée fixe : Est-ce toi qui as corrompu Katte, ou bien Katte qui t'a corrompu ? — « Je l'ai corrompu. » — « Ah ! enfin ! cela me fait plaisir que vous disiez une fois la vérité ! » Ici, un moment de détente, et cette ironie : « Comment vous plaisez-vous à Cüstrin ? Avez-vous toujours autant d'aversion pour Wüsterhausen, et pour votre suaire, comme vous disiez ? Je comprends bien que ma compagnie ne vous plaise pas. C'est vrai : je n'ai pas les manières françaises, moi ; je ne sais pas faire de *bons mots*, ni des façons de petit-maître... Je suis un prince allemand, moi ! Tel je suis, tel je veux vivre et mourir. » Et il reprend encore tous les vieux griefs. Toutes les fois qu'il distinguait quelqu'un, Fritz le méprisait. Un officier était-il mis aux arrêts? Fritz le plaignait. Beau personnage en vérité, ce Fritz ! Grand personnage ! C'était bien la peine de faire tant d'embarras ! Aujourd'hui, « personne en Prusse, ni à Berlin, ne s'occupe plus de lui. On ne sait pas s'il est encore au monde, ou s'il n'y est plus. Si tel et tel, arrivant de Cüstrin, n'avaient pas raconté qu'ils l'avaient vu jouer au ballon et coiffé à la française, on ne saurait pas s'il est vivant ou mort. »

Pour finir, Dieu. Le roi prêchant contre la prédestination, remontre à son fils « les horribles suites de cette doctrine, qui fait de Dieu l'auteur du péché, et qui nie que Christ soit mort pour tous les hommes ». Mais le prince se hâte de déclarer son adhésion « à la doctrine chrétienne et orthodoxe de Sa Majesté ». Paternellement, doucement, son père l'adjure alors de se méfier des impies. S'il en rencontre qui l'excitent contre ses devoirs, contre Dieu, le roi et la patrie, qu'il se mette à genoux, pour prier Dieu fermement de le délivrer, par l'intervention de son Saint-Esprit, de ces pensées mauvaises et de le conduire dans des voies meilleures. « Et si vous y allez de tout votre cœur, Jésus, qui veut que tous les hommes soient sauvés, vous exaucera. » Enfin, le roi prononça le pardon : « Je pardonne tout le passé, dans l'espoir d'une meilleure conduite. » Frédéric, à ces mots, baisa avec des larmes les pieds de son père.

Le roi passa dans une autre chambre : Frédéric le suivit. Là, on parla du jour de fête de Sa Majesté. Le prince n'osa point faire son compliment, mais il s'agenouilla encore une fois. Le roi le prit dans ses bras. La visite terrible était terminée ; le roi sortit et monta en voiture,

Devant la foule assemblée, Fritz baisa une fois encore les pieds de son père; devant la foule, le père embrassa son fils.

LE NOUVEAU RÉGIME DE VIE

Quelques jours après, Frédéric-Guillaume, pour faire sentir « quelque peu à son fils sa grâce paternelle et royale », lui prescrivait un nouveau régime de vie. Trois jours par semaine, le matin, le prince ira à la Chambre de guerre et des domaines, où il siégera, non plus en bas, tout en haut, au contraire, à côté du président; mais il laissera vide la place du roi, à la gauche de laquelle il s'assiéra. Du reste du temps, il disposera. Il sortira de la ville, à condition d'informer chaque fois le gouverneur, pour aller visiter des domaines dont la liste était donnée. Il s'agit, à présent, d'apprendre par la pratique l'économie dont il connaît la théorie. Quelqu'un de la Chambre l'accompagnera toujours, pour lui expliquer l'exploitation d'un domaine : comment on laboure, fume et sème; la différence qu'il y a entre une bonne et une mauvaise exploitation; comment il faut élever et soigner les animaux; comment on brasse et tous les détails de la brasserie, depuis la préparation du malt jusqu'à l'entonnement de la bière. Il faudra raisonner avec lui sur tout, lui faire comprendre pourquoi telle ou telle chose se fait de telle ou telle façon, et s'il y a lieu, qu'elle aurait pu être faite autrement et mieux; lui montrer comment les fermiers arrivent à payer leur fermage, et font argent de tout, sans jamais rien perdre. Wolden sera toujours de ces petits voyages. Il aura soin d'obtenir du prince qu'il interroge « de lui-même » sur tout ce qu'il verra, et qu'il s'informe, « de lui-même, et à fond. » Ces excursions ne donneront point prétexte, bien entendu, à des parties. L'employé du domaine qui recevra le prince ne mettra que cinq couverts, à huit *groschens* par personne [1].

Le roi voulait en outre que Wolden « fît de temps à autre un plaisir » au prince, tel que promenade sur l'eau, chasse, et autres choses permises, mais il devait lui apprendre à se servir de ses mains et à charger son fusil « lui-même ». Le prince aura le droit d'inviter deux hôtes à chaque repas, et de dîner en ville deux fois par semaine, mais aucune femme n'assistera au repas. Un des « trois » devait toujours l'accompagner, dormir à côté de lui, l'empêcher de parler seul à seul avec qui que ce fût, surtout avec aucune fille et aucune femme. Les livres français, les livres allemands « laïques », la musique, le jeu, la danse sont interdits, comme devant, car Wolden doit « conduire dans les choses solides » son subordonné. Bien entendu, il faut remercier Dieu de tout cœur d'avoir changé, par sa grâce, le mauvais cœur du prince, et de l'avoir ramené dans les voies de Jésus-Christ. Il faut continuer à invoquer sa puissante assistance, et, pour cela, le matin et le soir, prier, chanter des cantiques, lire un chapitre de la Bible, avec le recueillement et la dévotion convenables [2].

1. Instruction pour Wolden, 21 août 1731, Förster, I, pp. 386 et suiv.
2. *Id., ibid.*

Le roi de Prusse était sévère, jusque dans ses grâces ; les exilés de Cüstrin avaient espéré mieux, mais ils se résignèrent. Ils avaient fait une étape vers la liberté. C'était beaucoup aussi que le roi eût prononcé le mot pardon, qui ne tombait pas aisément de ses lèvres. « Je n'ai pas cru jusqu'ici, dit le prince à Hille, que mon père eût le moindre sentiment d'amour pour moi. J'en suis convaincu à l'heure qu'il est... Enfin il faut que le diable même se mêle, ou cette réconciliation sera éternelle... [1] » Pour que le diable ne s'en mêlât point, Grumbkow continua ses bons offices. Il écrivit, lui aussi, sa petite instruction pour les gens de Cüstrin.

L'habile homme connaissait à merveille « le terrain glissant et scabreux », où il manœuvrait depuis longtemps, sans glisser. Il recommande d'abord la religion, « cette source dont tout le bonheur de la vie et la tranquillité intérieure dépend. » Envers le roi, il conseille une conduite « unie, naturelle et respectueuse ». Le prince donnera toujours au roi le titre de Majesté. Dans ses conversations avec son père, il répondra précisément aux questions, ne variera pas, donnera son avis quand il sera demandé ; il aura soin, s'il prévoit que cet avis ne sera pas conforme aux idées paternelles, de se servir toujours de cette expression : « Si Votre Majesté me l'ordonne, et que je dois dire mon sentiment, il est tel ou tel, mais je puis néanmoins fort bien me tromper, et mon peu d'expérience me peut faire errer facilement. » Surtout, point d'esprit railleur, ni d'expressions badines,

---

1. Hille à Grumbkow, 20 et 21 août 1731, Förster, III, pp. 58-9.

quand même cela ne toucherait que le moindre des domestiques. Mais, non plus, point d'air austère, réservé, sombre. Le roi déteste la raillerie, mais aime un air riant.

Dans tout ce que le prince fera en présence du roi, il faudra toujours qu'il affecte d'y prendre plaisir, quand même il n'en éprouverait aucun. « Il est très important que le prince paraisse se plaire mieux en la compagnie des généraux et officiers du roi qu'en celle des autres : une petite mine gracieuse et un sourire obligeant adressé aux civils feront compensation. Éviter ceux qui ont le malheur de déplaire au roi; ne pas leur témoigner trop de compassion, ne pas imiter la conduite de celui dont il est parlé au livre second de Samuel, chapitre xv, versets 2, 3, 4, 5, 6. Se garder de laisser voir une préférence pour la reine, car « les soupçons qu'on a eu sur cette préférence ont causé bien du chagrin à l'illustre mère et au bien-aimé fils. L'incomparable princesse royale a droit, par mille endroits remarquables, à la tendresse, confiance et amitié de son frère, mais dans le commencement, il y faudra mettre de certaines bornes. » Il faut enfin être bien prudent avec les ministres étrangers, préférer ceux dont les intérêts sont communs avec ceux du roi, et que Sa Majesté distingue. Pour les affaires, soit militaires, soit politiques, soit domestiques, ne s'en mêler d'aucune manière, ni directement, ni indirectement, ne pas même témoigner la moindre curiosité. Si Son Altesse Royale veut savoir quelque chose qui lui tient à cœur, elle ne devra s'adresser qu'à des gens sur lesquels on peut compter, et qui ont la confiance du roi, et de la droiture et de l'honneur.

Au reste Grumbkow se fiait, pour suppléer à tout ce qui pourrait manquer dans ses conseils, à l'esprit et au discernement de Son Altesse. Il donnait un dernier avis. Quand le prince viendra à Berlin, qu'il prie le roi d'assembler dans un appartement les ministres et les généraux. Qu'il leur déclare par un petit discours son repentir d'avoir déplu à son père, et son désir de racheter sa faute avec son sang, quand il trouvera des occasions où la gloire et les armes du roi soient intéressées; le serment fait à Cüstrin pouvant être considéré comme forcé, il le renouvellera, le confirmera. Il pourrait terminer en levant les deux doigts, et en disant : « Moi, Frédéric de Prusse, je jure à Dieu le tout-puissant que je resterai fidèle à mon roi, seigneur et père, jusqu'à ma mort. Si je dis vrai, que Dieu me soit en aide, par Jésus-Christ. *Amen.* »

En terminant, Grumbkow louait le désintéressement de ses amis. Il ne demandait d'autre faveur au prince que de le croire le fidèle serviteur du roi et le sien, et de ne pas ajouter foi aux sinistres idées qu'on voudrait lui donner sur son compte. Au reste, disait l'honnête homme, je ne mets ma confiance qu'en Dieu. *In te, Domine, speravi, non confundar in æternum* [1].

Frédéric était, en effet, doué « d'assez d'esprit et de discernement » pour avoir pris un malin plaisir à lire ce manuel du courtisan de son père, qui aspirait à devenir le sien. Il haïssait Grumbkow. Il comptait bien, quand il deviendrait le maître, confondre dans le temps cet homme

---

[1]. Instruction de Grumbkow pour le prince royal de Prusse, Förster, III, pp. 54 et suiv. Ce document est en français.

qui se flattait de n'être point confondu dans l'éternité. Mais il avait résolu de faire bonne mine au « cher général », comme à tous ceux dont il redoutait les mauvais offices.

Il était admirablement docile, et paraissait se contenter des plaisirs permis, mais il y ajoutait. Il est impossible que ses « supérieurs » lui aient refusé des livres « laïques »[1]. Frédéric ne pouvait pas ne pas lire, lui qui, tout enfant, se relevait pour dévorer des romans, à la lumière d'une lampe cachée dans une cheminée. Nous ne savons pas bien son histoire intellectuelle pendant les jours de Cüstrin; ses compagnons de vie se sont bien gardés de l'écrire dans leurs rapports. Quelques confidences dans les lettres de Hille à Grumbkow, et de Grumbkow à Seckendorff, nous apprennent pourtant qu'il continuait à mordre aux fruits défendus. Il était toujours « Frédéric le Philosophe ». Son entêtement dans la doctrine de la prédestination, et sa rechute si périlleuse, c'est encore de la philosophie : ce dogme l'intéressait, parce qu'il enveloppait la grande question philosophique, qui l'occupera toute sa vie, celle de la liberté humaine. Il la discute avec Hille, comme il l'a discutée avec Müller, dans la prison, comme il la discutera bientôt avec Voltaire. C'est un des nobles plaisirs de ce jeune homme de raisonner, disserter, argumenter sur ces hautes matières. Déjà, il se croyait un « moraliste ». La science sollicite aussi son intelligence ; il a la curiosité des grands pro-

[1]. Le roi, par un ordre de nov. 1730, avait permis les journaux de Berlin et de Hambourg, et, d'une façon générale, les *Intelligenzblätter*. Koser, à l'appendice, p. 244.

blêmes et des réponses qu'y cherchait alors la physique.
« Je suis devenu, disait-il, physique et méchanique [1]. »
Il disait aussi : « Je suis musicien, » mais surtout, il se
croyait un « grand poète ». « Il sait par cœur la *Poétique*
d'Aristote, » c'est-à-dire l'admirable traité des façons
trouvées par l'esprit d'exprimer en langage d'élite les
passions humaines. Odes, satires, épigrammes, idylles,
épopées, tragédies, il connaît les règles de tous les genres,
par la traduction d'Aristote, et certainement aussi par
Boileau, pour lequel il confessera plus tard son admiration. Mais il ne se contente pas d'admirer les maîtres :
il s'essaie à les imiter et s'applique si fort à la besogne,
qu'il « se ronge les ongles à se blesser ». Hille ne peut
lui refuser d'entendre la lecture de ses poésies. Il raille
le débutant, en lui rappelant la scène du sonnet dans
le *Misanthrope*. « Ah ! les beaux vers, que ceux de
Molière », s'écrie le prince ! Mais il ne se décourage, et il
continue à faire des vers comme ceux-ci, par exemple,
qu'il adresse à Grumbkow [2].

CONSEIL A MOY-MÊME

Sur l'air : Badiner.

Parmi les tristes circonstances
Souffrez avec patience,
Jamais n'allez outre cela.
Raisonnez, mais restez-en là.

---

1. Seckendorff au prince Eugène, 19 juin 1731, Förster, III, p. 75.
2. Koser, *Annexes*, pp. 265, 266.

Ne donnez point dans la tristesse,
Fuyez surtout la paresse;
En bon train alors vous voilà.
Raisonnez, mais restez-en là.

Faites bien des chansonnettes
Car ce seront pour vous des fêtes,
Badinez avec tout cela.
Raisonnez, mais restez-en là.

La chambre et les commissaires
Qui font le métier des corsaires,
Vous pourrez avec tous ceux-là
Raisonnez, mais restez-en là.

Ne faites à personne de querelle,
Restez à vos amis fidelle,
Et pour le reste, lon, lan, la.
Raisonnez, mais restez-en là.

Donnez tout le respect au Maître,
Gardez-vous toujours des traîtres
Et faites tout pour ce but là.
Raisonnez, mais restez-en là.

Ennuyez-vous bien pour complaire
Et faites toutes vos affaires
Et soyez content, lon, lan, la.
Raisonnez, mais restez-en là.

Reconnaissez bien les services
D'un ministre les bons offices,
Aimez-le toujours pour cela,
Raisonnez, mais restez-en là.

Hille à qui le prince a demandé son avis sur ce morceau, répond que ces vers-là sont « bons pour un prince, mais qu'ils ne vaudraient pas grand'chose pour un particulier. » C'est vrai, mais le jeune homme qui, parmi tant d'ennuis, se divertit par une chanson sur l'air : *Badiner*, sera l'homme qui dans les revers, les soirs de catastrophes, se laissera ravir aux consolations de la philosophie et de la poésie.

Frédéric eut à Cüstrin l'occasion de s'essayer aux vers d'amour. Quelques jours après la visite de son père, il dînait, pour la première fois, à Tamsel, tout près de la ville, chez le colonel de Wreech. L'endroit est fort joli ; quelques collines, d'une esquisse légère, l'abritent d'un côté ; puis, s'ouvre la plaine sans fin, arrosée par la Wartha, lent cours d'eau, qui va se confondre un peu plus loin dans l'Oder, lent comme lui : vrai paysage hollandais, en eau et en ciel. La maison était belle aussi. Elle avait été bâtie par le feld-maréchal von Schoning, un héros brandebourgeois du temps du grand électeur, qui s'était illustré en combattant les Infidèles sous les murs d'Ofen. Il avait laissé une légende. Les paysans de Tamsel racontaient qu'il était parti pour aller combattre les Turcs, à la tête d'un bois de pins ; arrivé devant Ofen, il avait changé ses arbres en soldats géants, qui avaient emporté la place d'assaut. Schoning était, pour le temps et pour le pays, un grand seigneur. C'est un vrai château qu'il avait fait bâtir, avec de hautes fenêtres ouvertes sur le parc, où des arbres montent la pente d'un monticule. Il avait fait lambrisser et orner de reliefs les appartements par des ouvriers grecs, qu'il avait ramenés de sa campagne d'Orient. L'escalier et la salle des aïeux toute en boiserie, qui subsistent encore, donnaient grand air à la résidence.

C'était de quoi plaire à Frédéric, au sortir de la petite maison bourgeoise de Cüstrin, car il aimait l'élégance et les jolis milieux. Mais la perle du logis, c'était la petite-fille du légendaire feld-maréchal, Mme la colonelle de Wreech[1].

Elle était beaucoup plus jeune que son mari. Blonde, avec « un teint de lis et de roses », elle avait de l'esprit, de la grâce, et une pointe de coquetterie. La joie, l'orgueil de recevoir un prince royal, et qui venait, si jeune encore, de courir une si terrible aventure, la rendirent plus aimable encore. Bref, ses vingt-trois ans s'accordèrent vite avec les dix-huit ans de Frédéric. Après quelques jours, le prince avait obtenu la permission de ne plus dire : madame ; il disait : ma cousine. Il écrivit, en prose, d'abord, mais il a rencontré aux bords de l'Oder la muse Uranie, qui lui a reproché de ne pas louer en vers celle qu'il aime. Il faut, lui a-t-elle dit, que vous soyez bien insensé et bien allemand. Il se met donc à rimer, hélas !

> Permettez-moi, Madame, en vous offrant ces lignes,
> Que je vous fasse part de cette vérité,
> Depuis que je vous vois, j'ai été agité,
> Vous êtes un objet qui en êtes bien digne !

Ces vers sont les pires que la muse odérane ait dictés au prince, mais les autres ne valent guère mieux. Le jeune poète n'est pas maître de sa forme ; il n'est pas sûr de sa langue. Sa mythologie, son Apollon, ses muses,

---

1. Fontane. *Wanderungen...*, t. II, pp. 347 et suiv.

sont égarés en Brandebourg, comme les temples grecs, et les portiques italiens, et les statues à l'antique, qu'on voit dans les parcs des châteaux d'Allemagne, et qui semblent avoir froid, exilés du Midi, sous les nuages du Nord. Si quelque sensibilité vraie s'y trouve, je ne l'y ai point vue.

A la première déclaration poétique de Frédéric, la colonelle a répondu par des vers de même façon, mais avec une jolie malice à la fin :

> C'est toute ma maison qui y a concouru.....

Toute la maison, c'est-à-dire le colonel lui-même. Rien ne prouve qu'elle ait jamais eu un secret pour M. de Wreech : les bruits qui coururent à Cüstrin et à Berlin, lorsqu'elle devint grosse, semblent calomnieux. Elle prenait plaisir à ce badinage; elle en était flattée, rien de plus. Le prince lui a-t-il demandé davantage? Il y a, dans son fait d'amoureux de dix-huit ans, un peu trop de littérature. Même ses lettres en prose sont d'un jeune homme de lettres, qui prévoit l'imprimeur.

Cependant il a pour la cousine quelques jolis sentiments : il admire sa beauté, sa majesté, ses manières, toute sa tenue, qui lui font passer en éclat même les princesses. Il aime ce qui vient d'elle parce qu'il y trouve de l'esprit et de la grâce ; il a du respect pour la jeune femme, et, s'il a commis une « bêtise » devant elle, il s'en excuse humblement. Bref, il a passé de douces journées à Tamsel et ressenti quelques impressions délicates, les seules de cette sorte qu'il goûtera dans sa vie. C'était une fête pour lui de retourner dans « l'île de Calypso », comme Wolden appelait le parc, entouré par la Wartha. Quand il quittera Cüstrin, il enverra son portrait à la « cousine », avec une lettre où il exprimera le désir qu'elle daigne regarder de temps en temps son image, en pensant : « C'était un assez bon garçon, mais il me lassait, car il m'aimait trop, et me faisait souvent enrager avec son amour incommode. » Il y a de la grâce et comme un petit air de mélancolie dans ces adieux. Tamsel est une oasis dans la vie d'un cœur prématurément desséché [1].

Frédéric faisait aussi de la prose, même de la prose très prosaïque en écrivant au roi. Il lui rendait compte de ses visites dans les domaines : l'économique est le fond de sa correspondance, sur lequel il brode maints détails, qui sont là comme par hasard, mais qu'il choisit avec un art exquis, pour composer la physionomie d'un fils selon le cœur de son père.

Trois jours après la visite à Cüstrin, il remercie des grâces qui lui ont été faites; il confesse encore une fois ses fautes; il s'avoue plus coupable encore que son père ne l'a cru, et révèle enfin l'engagement qu'il avait pris en secret envers la reine d'Angleterre de n'épouser qu'une princesse anglaise. Puis, avec les plus grandes instances, il demande à redevenir soldat, non « par flatterie, » mais du fond du cœur : « Faites de moi tout ce que vous voudrez au monde; je serai content de tout; je serai ravi, pourvu que je sois soldat. » S'il sert et veut

1. Correspondance de Frédéric et de Mme de Wreech, *Œuvres de Fr. le Gr.*, t. XVI, pp. 9 et suiv.; Koser, à l'appendice, pp. 245-6; Fontane, pp. 369 et suiv.

servir son père, c'est « par amour, plus que par devoir [1] ».
— Il s'applique à l'économie et au « ménage ». Il a visité le domaine de Wollup, d'où le roi ne tirait autrefois que 1,600 thalers et qui en rapporte aujourd'hui 2,200, ce qui est admirable. Pourtant, il est possible encore d'y faire « un tas d'améliorations », et d'obtenir, en desséchant des marais, une plus-value de 1,000 thalers, car c'est une terre à blé [2]. A Carzig, la terre n'est pas aussi bonne qu'à Wollup; il y a beaucoup de sable, et, par endroits, de la chaux. Un bois de ce domaine a brûlé. Voilà un défriché à faire; si on laisse repousser le bois, il faudra attendre trente ans un revenu. L'intendant pense qu'il vaut mieux établir là une métairie : le prince est de cet avis; il estime que l'opération rapportera un revenu de quelques centaines de thalers. Il a visité la bergerie et l'écurie qui sont très bien tenues [3]. A Lebus, les semailles sont faites; le temps est très bon pour la culture. Le prince a vu un grand gars destiné au régiment du roi, et, en le regardant, il a senti saigner son cœur. Le roi lui a envoyé un livre de piété : il l'en remercie, car il reconnaît, en toute soumission, les bonnes et sacrées intentions de son père [4]. Il a fait le plan, état et contrat pour la ferme de Carzig; on n'y récoltera que du seigle et de l'orge, mais les prairies qu'on y pourra aménager rapporteront 10 p. 100. A Himmelstadt, les bâtiments d'exploitation sont en très mauvais état; la brasserie

1. Le prince au roi, 18 et 21 août 1731. *Œuvres de Fr. le Gr.*, t. XXVII, III, pp. 15-18.
2. 1ᵉʳ sept. 1731, *ibid.*, pp. 21-2.
3. 8 sept. 1731, *ibid.*, p. 23.
4. 22 sept. 1731, *ibid.*, pp. 26, 27.

tombe en ruine. Une église abandonnée, tout près, pourrait être transformée en brasserie, à peu de frais. Les écuries devront être rapprochées : elles sont à trois cents pas ; c'est trop loin et il est impossible de surveiller le bétail. Le prince est retourné à Wollup, pour s'instruire auprès de l'intendant, qui est très fort, et fait des *améliorations solides* [1]. Entre temps, il parla de ses chasses, où il regrette d'être encore maladroit, car il a manqué des canards et un cerf.

Ainsi, même les marionnettes, qu'il détestait, l'intéressent aujourd'hui. Le voilà trop parfait. Le père, lisant ces lettres, n'en peut croire ses yeux ; il ne les en veut pas croire. Il répond sur un ton amical, donne au prince du « Mon cher fils », le tutoie. Il le félicite d'apprendre l'économie, par théorie et par pratique. Il discute les propositions du prince, lui recommande « de tout observer par lui-même, exactement, à fond, d'aller dans le détail, *in das Detail gehen;* mais, dans le Fritz du Cüstrin, il revoit toujours le Fritz d'autrefois. « Tu me dis que tu veux redevenir soldat. Je crois que cela ne vient pas du cœur. Tu as seulement voulu me flatter. » Il a tout fait, dit-il, pour inspirer à son fils l'amour du militaire, mais il n'a pas réussi. Quiconque aime le militaire doit aimer les plaisirs virils, non des occupations de femme, ne pas se ménager, ne craindre ni chaud, ni froid, ni faim, ni soif. Et lui, Fritz, dans toutes les occasions, s'est toujours ménagé, préférant au service et à la fatigue, un livre français, des bons mots, une comédie ou sa flûte. Il a

---

1. 29 sept. et 6 oct. 1731, *ibid.*, pp. 28-30.

négligé sa compagnie de cadets, qui était pourtant si belle, si bonne ! « Ah ! si je faisais venir de Paris un maître de flûte, une douzaine de fifres, une bande de comédiens, un grand orchestre, deux douzaines de maîtres de danse, une douzaine de petits-maîtres, si je faisais bâtir un beau théâtre, cela te plairait bien plus que des grenadiers ; car, des grenadiers, c'est de la canaille, à tes yeux, au lieu qu'un petit-maître, un petit Français, un bon mot, une petite musique, un petit comédien (*ein petit-maître, ein französchen, ein bon mot, ein musiqueschen*), voilà qui est noble, royal, digne d'un prince (*das scheinet was nobleres, das ist was Königliches das ist* digne d'un prince). Connais-toi bien toi-même. Voilà tes vrais sentiments jusqu'à Cüstrin. Ce que sont maintenant tes inclinations, je ne sais, mais je le verrai par ta conduite. » — Redevenir soldat, soit ! Mais il faut d'abord être un bon économe. Un soldat qui ne se suffit pas avec son argent, qui fait des dettes, est un soldat inutile. Charles XII était un brave soldat, mais un mauvais administrateur. Quand il avait de l'argent, il le dépensait. Il a laissé crever son armée, et n'a pu se refaire, après qu'il a été vaincu. « Occupe-toi donc de ton ménage ; apprends l'art d'acheter à bon marché ; épargne chaque fois quelque chose ; ne dépense pas ton argent en petites tabatières, petits étuis [1]... »

Il est visible pourtant que le roi ne demandait qu'à se laisser convaincre, peu à peu. Les lettres, où Fritz, le

1. Cette lettre, du 28 août 1731, est la première qui ait été écrite après la visite du roi à Cüstrin ; c'est la suite du sermon du 15 août ; *Œuvres de Fr. le Gr.*, loc. cit., pp. 18, 20.

joueur de flûte, le Fritz des tabatières, des étuis et des bons mots, le petit Français Fritz, lui parlait ferme, brasserie, bergerie, étaient faites pour lui plaire. Il devinait que le jeune homme répétait des leçons qu'on lui avait faites. Ce n'était pas Fritz assurément qui avait découvert « des tas d'améliorations » possibles dans le domaine de Wollup : c'était l'intendant. Ailleurs le roi devait reconnaître la main de Hille, mais son fils avait écouté, puisqu'il répétait ; il avait compris ; le Fritz des belles manières était entré dans les écuries, et ses fines narines avaient senti la bonne odeur du fumier. La preuve que le roi était insensiblement gagné, et qu'il était disposé à adoucir l'épreuve et à l'abréger, c'est qu'il permit au prince de venir à Berlin, à la fin de novembre 1731, pour assister au mariage de sa sœur.

LE MARIAGE DE WILHELMINE

Le roi de Prusse allait donc enfin marier sa fille aînée.

Après les scènes terribles du mois d'avril 1730, Wilhelmine était demeurée prisonnière dans son appartement du château, à Berlin.

Le roi était décidé à régler le sort de sa fille, afin qu'elle ne fût plus pour lui une cause d'embarras, de trouble et de fureur, mais il ne savait encore à quel parti s'arrêter. Depuis longtemps, il avait pensé à la marier, s'il fallait renoncer au mariage d'Angleterre, soit au margrave de Schwedt, soit au duc de Weissenfels. Le duc était prince d'empire; nous savons que le margrave était de la maison de Brandebourg, d'une branche issue du second mariage du grand électeur. Entre temps, Frédéric-Guillaume parlait d'envoyer sa fille « à la campagne » et de la faire coadjutrice de Herford. Puis on sut qu'il avait jeté son dévolu sur le prince héritier de Baireuth, de la branche franconienne des Hohenzollern. Enfin, on disait encore qu'il n'avait pas renoncé au mariage d'Angleterre pour Wilhelmine. Il est certain que la reine continuait à négocier à Londres, et qu'elle s'acharnait à ses espérances. Il est probable que le roi lui-même, dans le fond tumultueux de sa pensée, agitait ce projet comme les autres, et qu'il eût été satisfait, si le roi Georges, par une démarche décisive et définitive, lui avait demandé la main de Wilhelmine pour le prince de Galles; mais il avait mis les choses en un point où l'Angleterre, qui n'avait d'ailleurs, montré aucune générosité dans toute cette négociation matrimoniale, ne pouvait lui donner le plaisir d'une amende honorable. Elle voulait bien s'arranger du double mariage de Wilhelmine avec le prince de Galles et de Frédéric avec la princesse Amélie, parce qu'il eût impliqué une concession de la part du roi de Prusse. Pour le mariage simple, elle refusait de faire les avances ardemment sollicitées et mendiées par la reine.

Wilhelmine a raconté [1], avec un grand luxe de détails,

---

1. Cette partie des *Mémoires de la Margrave* (année 1731) est très contestée par Droysen (*loc. cit.*), et par J. Pierson, *König Friedrich Wilhem I in den Denkwürdigkeiten der Markgräfin Wilhelmine von*

l'histoire des journées, des semaines et des mois, pendant lesquels elle a souffert de l'attente de son malheur, c'est-à-dire d'un mariage qu'elle tenait pour une mésalliance.

Un jour, le roi la fait prévenir par le concierge Eversmann qu'elle ait à se résigner, et que, décidément, elle va devenir duchesse de Weissenfels. Le concierge avait commencé par lui déclarer qu'il l'avait toujours aimée, l'ayant portée mille fois dans ses bras, quand elle était petite, et « la favorite de chacun ». Il lui raconta ensuite ce qui se passait à Potsdam, où le roi faisait souffrir mille martyres à la reine, qui devenait maigre comme un bâton. Wilhelmine lui répondit avec hauteur, mais le lendemain, comme elle s'éveillait, elle trouva Eversmann devant son lit. Il lui conta une nouvelle scène qui s'était passée la veille à Potsdam, et l'ordre qu'il avait reçu de faire des emplettes pour les noces, et les menaces horribles que le roi avait proférées contre tous ceux qui s'opposeraient au mariage, en particulier contre M{}^{lle} de Sonsfeld, qu'il ferait fouetter publiquement par tous les carrefours de la ville [1]. Se tournant vers la gouvernante, Eversmann la plaignait d'être condamnée à une pareille infamie, tout en lui disant le plaisir qu'il aurait à voir

---

Baireuth. Il s'y trouve assurément des exagérations et quelques inventions, mais aussi beaucoup de vérité. J'en ai gardé les faits qui me paraissent tout à fait vraisemblables, et j'ai marqué les endroits, importants et nombreux, où le témoignage de Wilhelmine est confirmé par d'autres. — Pour la négociation des mariages, voir les dépêches de Sauveterre, A.-E. Prusse, 1730, 2, 12 et 30 déc.; 1731, 13 et 16 janvier, 17 mars, 15 et 19 mai, 2, 4, 17 et 23 juin, 31 juillet, 13 oct., 10 et 20 nov.

1. Guy Dickens raconte, dans une dépêche du 19 mai 1731, « que le roi menaçait la Sonsfeld de l'enfermer dans une prison de filles publiques, si elle ne faisait pas céder Wilhelmine, Raumer, p. 559. »

l'appétissant spectacle de la blancheur de son dos, relevée par le sang qui en découlerait.

Pendant que « ce vil domestique » s'acquittait des ambassades du roi, la femme d'un valet de chambre apportait à Wilhelmine les messages de la reine. Celle-ci conjurait sa fille de ne consentir à rien : « Une prison, disait-elle, valait mieux qu'un mauvais mariage. » Mlle de Sonsfeld, que la menace du roi n'avait pas émue, conseillait à la princesse, avec de grandes instances, d'obéir à la reine. Wilhelmine, ne sachant comment se « défaire de ces tourments », s'enferma dans sa chambre, et se mit à son clavecin. Un domestique entra tout effaré, annonçant que quatre messieurs étaient là, qui avaient à lui parler de la part du roi. « Qui sont-ils? » demanda-t-elle. Mais, dans sa frayeur, le domestique n'avait pas reconnu les visages. Mlle de Sonsfeld alla au-devant des messieurs : c'était une ambassade d'État, conduite par Grumbkow. Introduits auprès de la princesse, ils prièrent la gouvernante de se retirer, et fermèrent la porte soigneusement. Wilhelmine était « dans une altération effroyable, en se voyant au dénouement de son sort ».

Grumbkow exposa que les négociations relatives au mariage étaient rompues. Il rappela les malheurs que l'obstination de la cour d'Angleterre et les intrigues de la reine avaient attirés sur la maison. Il en annonça d'autres, qui allaient tomber sur la reine, sur la princesse et sur le prince royal, qui traînait une vie misérable à Cüstrin. La paix de la famille dépendait de la résolution de la princesse. Il est vrai qu'elle avait été élevée dans des idées de grandeur et s'était flattée de porter une couronne, mais les grandes princesses sont nées pour être sacrifiées au bien de l'État. D'ailleurs, dans le fond, les grandeurs ne font pas le bonheur solide. Le mieux est donc de se soumettre aux décrets de la Providence. Que la princesse obéisse : le roi l'avantagera au double de ses autres enfants, et lui accordera, immédiatement après les noces, l'entière liberté de son frère. Si elle s'opiniâtre, l'ordre que porte Grumbkow et qu'il lui montre, de la conduire dans la forteresse de Memel, sera exécuté sur-le-champ, et Mlle de Sonsfeld et les autres domestiques seront traités avec la dernière rigueur.

Au cours de la harangue, le ministre avait nommé l'époux désigné. Ce n'était plus le « gros Weissenfels »; c'était le prince héréditaire de Baireuth. « Il est de la maison de Brandebourg, dit Grumbkow, et sera possesseur d'un très beau pays, après la mort de son père. Comme vous ne le connaissez pas, madame, vous ne pouvez avoir d'aversion contre lui. »

Wilhelmine répondit avec son habileté coutumière que tout ce qu'elle venait d'entendre était sensé et raisonnable, et qu'elle ne trouvait rien à y redire. Elle ne savait point, ajouta-t-elle, par où elle avait mérité la disgrâce du roi. Ce prince la méconnaissait. Pourquoi ne lui avait-il jamais parlé, à elle-même, de son mariage? Il ne s'était jamais adressé qu'à la reine, et s'était servi, pour lui porter ses ordres, de cet Eversmann, auquel elle n'avait pas daigné répondre, ne jugeant pas à propos de se compromettre avec un vil domestique. Maintenant qu'elle apprenait que la tranquillité de sa famille dépendait de sa résolution, elle était déterminée à se soumettre aux volontés du roi. Elle demandait seulement la permission d'obtenir le consentement de la reine. Mais les quatre messieurs se récrièrent : « Vous exigez des choses impossibles, disait Grumbkow. » « Il y va du tout pour le tout, » ajoutait un autre, en pleurant. Wilhelmine courait çà et là par la chambre, cherchant un expédient. Trois des messieurs se retirèrent à la croisée ; le quatrième, Thulemeier, qui était du parti de la reine, de la France et de l'Angleterre, prit le temps pour s'approcher de la princesse; il lui conseilla de souscrire à tout ce qu'on exigeait d'elle, lui promettant que son mariage ne se ferait pas. Il se chargeait de faire comprendre à la reine que l'annonce du mariage du prince de Baireuth était le seul moyen de tirer de l'Angleterre une déclaration favorable. Ainsi l'éternelle intrigue se retrouvait dans ce moment tragique. Trois hommes apportaient les ordres du roi : un quatrième, l'avis de feindre l'obéissance. Wilhelmine entrevit l'échappatoire ; elle se rapprocha de Grumbkow, lui déclara qu'elle se sacrifiait pour sa famille, et, sous sa dictée, écrivit une lettre au roi. Lorsqu'elle fut seule, elle se laissa tomber dans un fauteuil, où Mlle de Sonsfeld et « la compagnie » la trouvèrent en larmes. Tout ce monde consterné se mit à pleurer avec elle [1].

En même temps qu'à son père, Wilhelmine avait écrit à la reine. Elle lui avait demandé pardon de la faute qu'elle avait commise en obéissant au roi ; mais elle était

---

1. Sauveterre, A.-E. Prusse, 1731, 19 mai, parle de cette scène, à la suite de laquelle, dit-il, la princesse resta trois jours sans boire ni manger.

trop heureuse de devenir l'instrument du bonheur de sa chère mère et de son frère. Elle reçut bientôt les réponses : le roi lui disait qu'il était bien aise qu'elle se fût soumise à ses volontés, que Dieu la bénirait, et ne l'abandonnerait jamais; quant à lui, il aurait soin d'elle, toute sa vie, et lui prouverait, en toute occasion, qu'il était son fidèle père. La réponse de la reine était qu'elle ne la reconnaissait plus pour sa fille ; qu'elle ne lui pardonnerait jamais de l'avoir sacrifiée à la coterie de ses persécuteurs, et qu'elle lui jurait une haine éternelle.

Wilhelmine apprit bientôt par Eversmann que le roi et la reine allaient rentrer à Berlin. Quand elle se trouva en présence du roi, elle fut étonnée de lui voir un visage furieux. Mais à la question : « Voulez-vous m'obéir? » elle répondit, en se jetant aux pieds de son père et en jurant d'être soumise. Toute la physionomie du terrible homme changea; il la releva, l'embrassa, lui donna une pièce d'étoffe pour se parer, et l'envoya chez la reine, qui l'accabla de son mépris. Sophie-Dorothée n'était point résignée à la perte de ses espérances. Elle se faisait accroire que le roi jouait la comédie, pour contraindre enfin le roi Georges à dire le mot décisif; et comme le roi, les jours suivants, ne parlait plus du mariage, comme personne, d'ailleurs, ne savait des nouvelles du prince de Baireuth, que l'on croyait à Paris, elle prit une humeur charmante. Elle faisait de son mieux les honneurs du château à quantité de princes que son mari avait invités à l'occasion d'une grande revue de vingt mille hommes qu'il devait passer le 24 mai. Mais, la veille, le roi, après l'avoir priée de ne pas manquer d'aller à la revue, avec sa fille, lui commanda d'amuser, le soir, les « principautés » et de souper avec elles. Puis il alla se coucher, à sept heures. Les principautés jouèrent au pharaon jusqu'au souper. Au moment où la compagnie se rendait à table, une chaise de poste traversa la cour et s'arrêta au grand escalier. Les princes seuls avaient cette prérogative; mais aucun prince n'était attendu. La reine surprise demanda qui c'était; elle apprit que c'était le prince de Baireuth.

« La tête de Méduse n'a jamais produit pareil effroi que cette nouvelle en causa à cette princesse. » On juge de ce fut le souper. Quand les convives se furent retirés, Wilhelmine supplia la reine de la dispenser d'aller à la revue du lendemain, mais le roi avait ordonné : il fallait s'exécuter. La princesse passa une nuit blanche, veillée par Mlle de Sonsfeld. Elle se leva à quatre heures du matin, se mit « trois coëffes dans le visage pour cacher son trouble », et se rendit, en cet équipage, chez la reine, qui l'emmena.

Elles passèrent sur le front des troupes; puis le colonel qui conduisait la reine, ayant fait placer le phaéton auprès d'une batterie, dit à Sa Majesté qu'il avait ordre de lui présenter le prince de Baireuth, ce qu'il fit sur l'heure. La reine reçut d'un air fier son futur gendre, et, après quelques questions sèches, lui fit le signe de se retirer. Wilhelmine, incommodée par la chaleur et par l'émotion, descendit du phaéton pour aller se cacher dans le carrosse des gouvernantes.

Avant le dîner qui suivit la revue, le roi, d'un mouvement brusque, saisit la main du margrave et le conduisit auprès de sa fille. Pendant le repas, il demanda un grand verre à couvercle, et but à la santé du margrave, en s'adressant à Wilhelmine, qu'il força de boire à la même intention. Le trouble, l'angoisse et le désespoir de la princesse mettaient des larmes dans les yeux de l'assistance [1].

Le 31 mai, le roi mène le margrave chez la reine, le lui présente comme son gendre, et les laisse en tête-à-tête. Sophie-Dorothée, qui avait fait bon accueil à Baireuth, en présence de son mari, lui dit alors des « piquanteries ». Mais le prince ne perdit pas la tête, et, le soir, au moment où la reine se retirait, il lui fit un fort joli compliment. Il n'ignorait pas, dit-il, qu'elle avait destiné sa fille à porter une couronne, et que la seule rupture des deux cours d'Angleterre et de France lui valait l'honneur d'avoir été choisi par le roi. Il était le plus heureux des mortels, d'oser aspirer à une princesse, pour laquelle il se sentait le respect et tous les sentiments qu'elle méritait, mais ces mêmes sentiments la lui faisaient trop chérir, pour la plonger dans le malheur, par un hymen qui ne serait peut-être pas de son goût. Il suppliait donc la reine de s'expliquer avec sincérité sur cet article. La réponse ferait tout le bonheur ou tout le malheur de sa vie, car si la réponse n'était pas favorable, il romprait tout engagement avec le roi, quelque infortuné qu'il en pût devenir. La reine fut interdite, mais elle se défia de la sincérité du prince, et lui répondit qu'elle obéirait aux ordres du roi.

[1] Guy Dickens, 2 et 3 juin 1731, Raumer, pp. 559-61. Guy Dickens raconte, dans la même dépêche, la scène de la revue. Pour la scène du dîner, il invoque le témoignage de personnes présentes.

« Il m'a fait là, dit-elle à une de ses dames, un tour fort spirituel, mais je n'y ai pas été attrapée. »

Le 1ᵉʳ juin, les promesses furent célébrées. Le matin, le roi caressa fort Wilhelmine, en lui donnant la bague, qui était un gros brillant. Il ajouta le cadeau d'un service d'or, disant que ce n'était qu'une bagatelle, puisqu'il lui destinait des présents plus considérables, si elle faisait « les choses de bonne grâce ». Le soir, la cour et les principautés attendirent le roi dans les grands appartements. Le roi parut avec le prince. Il était très ému, au point qu'au lieu de faire les promesses dans la grande salle, où tout le monde attendait, il s'approcha tout de suite de sa fille, tenant le fiancé par la main, et les fit échanger l'anneau. La reine était dans une altération, que tout le monde remarquait. La princesse était pâle; ses mains et ses genoux tremblaient; si elle n'avait été soutenue par sa mère, et par une autre princesse, elle serait tombée[1]. Elle s'inclina devant son père pour lui baiser la main; le roi la releva et la serra longtemps dans ses bras; leurs larmes se confondirent, car il pleurait. Il pleura tout le soir, et, pendant que les fiancés commençaient le bal, il alla embrasser Mlle de Sonsfeld, qu'il menaçait naguère du fouet en public.

Il fut triste comme tout le monde, pendant le repas lugubre qui suivit le bal. Jamais, dit le ministre d'Angleterre, souper ne fut plus mélancolique. Tous les yeux étaient fixés sur la reine et sur la princesse : le silence et les larmes qui coulaient le long des joues, témoignaient

---

[1]. Guy Dickens, *ibid.*

de la compassion que cette scène de violence éveillait dans les cœurs[1].

De cette violence, l'auteur souffrait comme la victime. Depuis six ans, l'affaire du mariage tourmentait le roi. Il l'avait très mal menée, certes, mais d'autres y avaient commis des fautes ; l'Angleterre n'y avait jamais apporté une bonne volonté sincère ; la reine de Prusse, le prince royal et la princesse Wilhelmine y avaient intrigué jusqu'à la trahison. Le roi était donc résolu à en finir, mais il était troublé par la résistance et par les larmes de sa fille et de sa femme. Il sentait bien qu'en forçant la volonté de sa fille, il faisait une action méchante. Pour se distraire de son trouble, il avait recours aux moyens qui lui étaient familiers, aux dîners en ville et à l'orgie, que suivaient les insomnies et les cauchemars[2]. Il redoutait si fort les scènes de lamentations et de reproches, qu'il évitait les tête-à-tête avec la reine ou avec Wilhelmine. Plusieurs fois, nous l'avons vu correspondre avec elles par lettres ou par ambassades. Dans les journées qui précèdent les fiançailles, il trahit à tout moment son embarras et une sorte de honte intérieure. Il ne prévient pas la reine de l'arrivée du prince de Baireuth, qu'il lui fait présenter par un colonel. Au dîner après la revue, quand il installe le fiancé auprès de Wilhelmine et dans la cérémonie de l'échange de l'anneau, sa gêne se révèle par sa brusquerie. Enfin, il comble sa fille de cadeaux et de caresses ; il la couvre de ses larmes. Wilhelmine a bien vu qu'il « ne la mariait qu'à contre-cœur ».

1. Guy Dickens, *ibid*.
2. Voir pp. 121-2 de ce volume.

C'est à croire qu'une fatalité, pesant sur toute cette famille, en condamnait tous les membres à se faire souffrir les uns les autres.

Ces tristes fiançailles ne donnèrent pas le repos à la princesse. La reine, qui espérait encore rompre le mariage, défendit à sa fille de faire des politesses au prince de Baireuth, et même de lui adresser la parole. Elle cherchait toutes les occasions de « turlupiner » son gendre, lui vantant les grandes qualités de sa fille, et l'étendue des connaissances qu'elle lui avait données. « Savez-vous, lui demandait-elle, l'histoire, la géographie, l'italien, l'anglais, la musique ? » « Je sais aussi, répondit Baireuth, en riant, mon catéchisme et le *Credo*. » Le roi, de son côté, faisait la vie dure au prince, dont il n'aimait pas les manières polies et réservées ; il essayait de l'enivrer tous les jours, « pour approfondir son caractère et tâcher de le former ».

La situation du fiancé était singulière dans une pareille famille. Comme le mariage ne se devait célébrer qu'en novembre, il demanda un régiment au roi, qui le lui donna. Avant de partir, il eut avec Wilhelmine une explication. Il lui répéta ce qu'il avait dit à la reine, qu'il n'aurait jamais osé aspirer à sa main ; le roi lui en avait fait la première proposition, mais il était prêt, si elle le lui demandait, à rompre tout engagement, en se rendant malheureux pour la vie. Il disait en pleurant les premières paroles d'amour que Wilhelmine eût entendues. « Je n'étais point faite à pareil jargon, dit-elle. » Elle y trouva certainement un plaisir que l'arrivée de la reine interrompit. Sa mère ne la perdait pas de vue. Le soir même de cet entretien, comme Wilhelmine et le prince avaient cassé ensemble un bonbon à devise, elle se leva de table, et emmena la princesse à laquelle elle fit honte « de n'avoir plus de pudeur ».

Sophie-Dorothée attendait toujours d'Angleterre le bon courrier. Elle crut un jour l'avoir reçu. C'était à Würsterhausen, où le prince de Baireuth était venu rejoindre la famille royale. La reine s'enferma avec la princesse. « Aujourd'hui, lui dit-elle, votre fichu mariage sera rompu, et je compte que votre sot de prince partira demain, » mais elle se trompait une fois de plus. Cependant, elle ne se décourageait pas. Elle retenait sa fille auprès d'elle, tant qu'elle pouvait, la faisait surveiller, et, sur des rapports, l'accusait de jouer de la paupière avec son fiancé; mais les jours se succédaient, et les semaines. Le mariage était fixé au 20 novembre. Wilhelmine raconte que, le 19 au soir, après une journée, où elle avait accablé sa fille de caresses inaccoutumées, la reine la prit à part : « Vous allez être sacrifiée demain, lui dit-elle; » mais elle ajouta qu'elle attendait un courrier, qui donnerait au roi toute satisfaction, seulement elle ne savait pas au juste quand il arriverait. Comme elle ne trouvait aucun expédient pour empêcher la célébration des noces le lendemain, il lui était venu une idée, qui lui avait mis l'esprit en repos : « Promettez-moi, dit-elle à sa fille, de n'avoir aucune familiarité avec le prince et de vivre avec lui comme frère et sœur, puisque ce sera le seul moyen de dissoudre votre mariage, qui sera nul, s'il n'est consommé [1]. »

---

[1] Je garde ce détail, parce que je le crois vrai, si étrange qu'il soit. La reine était capable d'aberrations pareilles. (Voir, p. 266, les démarches qu'elle a faites après l'arrestation de son fils.) Wilhelmine invente

Le 20 novembre, à quatre heures, la princesse royale de Prusse se parait pour le sacrifice. La reine voulut présider à la toilette, mais elle était inhabile au métier de femme de chambre. Elle brouilla la coiffure, dont l'ordonnance se composait de vingt-quatre boucles de cheveux, grosses comme le bras, et surmontées de la couronne. Sous ce fardeau, vêtue d'une robe d'étoffe d'argent avec un point d'Espagne d'or, dont la queue, longue de douze aunes, était portée par quatre dames, la mariée s'avança vers la grande salle, où le roi de Prusse avait entassé tout son luxe : portraits encadrés d'argent, lustre d'argent pesant 50,000 écus, guéridons d'argent, balcon d'argent pour la musique. Au lieu de bougies, qui n'eussent pas été dignes de ce milieu ni de cette journée, des cierges répandaient leur fumée, qui noircissait les visages, et laissaient pleuvoir leur cire sur les têtes et sur les habits.

La bénédiction fut donnée, accompagnée des salves d'artillerie. Puis on se mit à table, où s'assirent trente-quatre principautés. Après le souper, on dansa aux flambeaux selon l'étiquette de la cour allemande. Les maréchaux de la cour portant leurs bâtons de commandement

manifestement dans cet endroit de ses mémoires, des histoires de courriers arrivés d'Angleterre et interceptés ou retardés par Grumbkow. Mais les dépêches de Sauveterre, A.-E. Prusse, 1731, 19 mai, 21 juin et 13 octobre, prouvent que la reine continuait à négocier à Londres. Dans la dépêche du 13 octobre, Sauveterre mande que Guy Dickens estime que la négociation relative au mariage pourrait bien se renouer. Après le mariage, il parle (18 déc. 1731) de démarches qui ont été faites, trois semaines avant les noces, pour obtenir le prince de Galles. « Tout a été rompu au dernier ressort, parce que le roi d'Angleterre n'a pas voulu se départir du double mariage. » Jusqu'au dernier moment, la reine a continué d'espérer et d'intriguer.

commencèrent la marche ; les généraux suivirent, tenant
chacun un cierge allumé. Les nouveaux époux firent deux
tours, en marchant gravement. La mariée prit alors les
princes l'un après l'autre, et fit faire un tour à chacun ;
le marié répéta la même figure avec les princesses. La
fête était finie. La margrave fut conduite d'abord dans une
chambre de gala, où ses sœurs la déshabillèrent, la reine
l'ayant jugée indigne de cet honneur, qu'elle lui devait
d'après l'étiquette ; puis elle se rendit dans son appartement, où son père lui fit réciter tout haut le *Pater* et le
Credo. Au souper, le roi avait eu la satisfaction de donner
enfin au marié « une pointe de vin [1] ».

LE PRINCE ROYAL AU MARIAGE DE SA SŒUR

Dans les jours qui avaient précédé son mariage, Wilhelmine avait réclamé l'exécution de la promesse, qui lui avait
été faite, de la grâce de son frère. A Cüstrin, la permission de partir était attendue avec impatience ; elle arriva
enfin, mais seulement pour le troisième jour des noces.
La reine, ni la princesse n'avait été avertie de l'arrivée
de Frédéric. Le roi le présenta à la reine, tout à coup, en
lui disant seulement ces paroles : « Voyez, madame, voilà
Fritz, qui est revenu. » Il y avait bal au grand appar-

---

[1]. Voir, dans les *Mém. de la Margrave*, toute cette année 1731. Dans
les pages qui précèdent, et dans celles qui suivent, j'ai quelquefois employé les expressions mêmes des mémoires.

tement, où sept cents couples dansaient. La mariée conduisait un quadrille dans la galerie des tableaux. « J'aimais la danse, dit-elle. J'en profitai. » Grumbkow la vint interrompre au milieu d'un menuet: « Madame, il semble que vous soyez piquée de la tarentule. Ne voyez-vous pas ces étrangers qui viennent d'arriver. » Elle s'arrêta court, et, regardant de tous côtés, vit un jeune homme habillé de gris, qui lui était inconnu. « Allez donc embrasser le prince royal, lui dit Grumbkow, il est devant vous. » « O ciel, mon frère ! s'écria-t-elle. » Mais elle cherchait encore; Grumbkow la conduisit auprès de l'étranger. Quand elle l'eut reconnu, non sans peine, car il était engraissé, et son visage n'était pas aussi beau qu'autrefois, elle lui sauta au cou, pleurant, riant, avec des propos interrompus. Puis elle se jeta aux pieds du roi, le remercia et le supplia de rendre son amitié à Fritz, qu'elle tenait par la main. De nouveau, elle caressa son frère, lui disant les mots les plus tendres. L'assemblée pleurait, mais Fritz ne répondait que par monosyllabes. Sa sœur lui présenta son beau-frère : il ne lui dit mot. « Il avait l'air fier, et regardait tout le monde du haut en bas. » Wilhelmine pensa que la présence du roi l'intimidait. A la fin de la soirée, elle lui fit quelques petits reproches sur son changement. Il répondit qu'il était toujours le même, et qu'il avait ses raisons pour en agir ainsi.

Le lendemain matin, Frédéric eut un long entretien avec sa sœur. Il lui conta ses malheurs; elle lui conta les siens et lui donna à entendre qu'elle s'était sacrifiée pour lui. Il lui en fit des remerciements, avec des caresses, mais qui ne partaient pas du cœur. Puis il entama un discours indifférent, pour rompre la conversation, et alla voir l'appartement. Il rencontra son beau-frère, qui s'était retiré discrètement de la chambre de la princesse, quand il y était entré. Il le « parcourut des yeux pendant quelque temps, depuis la tête jusqu'aux pieds, et, après lui avoir fait quelques politesses assez froides, il se retira ». Pendant tout son séjour, le prince garda cette attitude. A la fin seulement, au moment des adieux, l'émotion de la jeune femme gagna Frédéric. « Le congé fut plus tendre que notre première entrevue. »

« Je ne reconnaissais plus ce cher frère, qui m'avait coûté tant de larmes, et pour qui je m'étais sacrifiée, écrit la margrave. » Elle ne voyait clair, ni dans son propre cœur, ni dans celui de Frédéric. Son cœur, elle nous le laisse voir, sans qu'elle s'en doute, dans ses mémoires. C'est un pauvre cœur, point tendre de nature, et que la cruauté de la vie a endurci. Elle avait désiré avec passion le mariage avec le prince de Galles, parce qu'elle avait entendu dire tous les jours, depuis sa petite enfance, qu'elle était destinée à porter une couronne. Elle était, quoi qu'elle ait soin de dire, fière, ambitieuse, hautaine, et se sentait capable de jouer un rôle dans le monde. Elle avait de l'esprit et de la prudence; elle était vive et maîtresse d'elle-même, sereine dans la dissimulation. Elle aurait certainement compris les grandes affaires. La ressemblance avec son frère avait persisté : elle a le haut front, le grand œil clair et dur, la lèvre mince et retenue, et jusqu'à l'inclinaison de tête de Frédéric. Elle avoue que, le jour de son mariage, avec l'arrangement de ses cheveux, elle avait l'air d'un petit garçon. Elle n'est féminine que par une certaine grâce triste, les larmes, les cris et l'évanouissement.

Être reine de Grande-Bretagne, s'asseoir sur le trône que les protestants estimaient le premier du monde, quel rêve, surtout si sa mère disait vrai, si l'époux qu'on lui destinait était médiocre et facile à mener, car, alors, la reine aurait été le vrai roi ! Plusieurs fois, elle avait pensé toucher le but; mais les déceptions répétées, la connaissance qu'elle avait du caractère du roi et de la reine, des violences de l'un et des maladresses de l'autre, la mélancolie où elle vivait, l'avaient portée de bonne heure à ne rien espérer de bon pour elle. L'existence avait fortifié dans son esprit la croyance au fatalisme: elle s'était abandonnée. Dès le jour où la volonté du roi lui a été déclarée, elle semble s'être résignée au mariage avec le prince de Baireuth. Elle a sans doute des résistances et des révoltes. Quand elle entend dire que les Anglais murmurent contre leur roi, qu'ils désirent toujours la voir établie en Angleterre, et que le prince de Galles ne peut se résigner à l'idée de la perdre, son orgueil se réjouit, mais l'espoir ne revient pas. Elle veut se faire croire alors qu'elle n'a pas d'inclination pour le prince de Galles, et qu'il serait absurde qu'elle en eût une, puisqu'elle ne le connaît pas. Elle s'habitue peu à peu à l'idée du mariage avec le prince de Baireuth. Le jour où elle a reçu le premier compliment de son fiancé par une révérence sans paroles, elle a remarqué qu'il est grand et bien fait, que son air est noble, et qu'à défaut de beauté, sa physionomie ouverte est remplie d'agrément. Il est de grande maison d'ailleurs, puisque son sang est de Brandebourg ; Wilhelmine se laisse dire que la cour de Baireuth est magnifique et surpasse de beaucoup en richesse celle de Berlin. Ces beaux rapports la flattent ; elle cherche et trouve des raisons de se résigner.

On suit, dans les *Mémoires*, ses progrès dans l'art de se tromper elle-même. En écrivant, elle a revécu une à une ces journées de l'an 1731 où son sort a été décidé. Ce doit être au moment exact où sa résolution a été prise qu'elle place une petite digression sur la famille de Baireuth, et le portrait du prince héréditaire. Joli portrait d'un homme, qui a bien quelques défauts, un peu trop de légèreté, par exemple, et « un tel grasseyement qu'il a de la peine à s'expliquer », mais tant de bonnes qualités, « la force de maîtriser un sang vif, de la gaieté, la conception aisée, l'esprit pénétrant, la bonté, la générosité, la politesse prévenante, l'égalité d'humeur, toutes les vertus sans mélange de vices. » Bref, le parfait fiancé d'un mariage de raison. Mais le dessous, les sentiments qu'elle essayait de se cacher à elle-même reparaissent au même moment. Elle sent bien qu'elle est déchue, et mesure sa déchéance à la diminution du respect envers sa personne : « Je fus l'idole de chacun, tant que j'avais à espérer une éclatante fortune ; on me faisait la cour pour avoir un jour part à mes bienfaits. On me tourna le dos, dès que ces espérances s'évanouirent. » Avec son habitude de l'amertume dans l'expression : « J'étais [1], dit-elle, le rebut de cette cour. » Elle rendait à la cour dédain pour dédain, et, vaincue à la fin, « lasse d'être le jouet de la

---

1. Voir, pour cette psychologie de la margrave donnée par elle-même, les pp. 281, 282, 262, 266, 269, 267, 268, 269, 282.

fortune », elle avait pris son parti. Elle s'était mariée, pour en finir et pour s'en aller.

La margrave est si sincère en ces endroits, qu'elle laisse au second plan le sacrifice de sa vie au calme de la famille, au bonheur de sa mère et à la liberté de son frère. Ce dévouement, dans son âme comme dans ses *Mémoires*, était au second plan. Si elle finit par croire que son amour pour son frère a été la raison dernière de sa conduite, c'est un effet de ces ressources subtiles de notre amour-propre, qui trouve de nobles mobiles aux actions que nous avons consenties sans noblesse. Wilhelmine croyait dire vrai, sans doute, lorsqu'elle expliquait à son frère les « obligations qu'il lui avait. » Elle s'imaginait avoir droit de se plaindre de l'ingratitude du « cher frère qui lui avait coûté tant de larmes et pour lequel elle s'était sacrifiée ». Mais son frère savait la réalité des choses, la réalité triste et laide : de là, cet embarras de l'entrevue.

Lorsque Frédéric avait reçu à Cüstrin la première nouvelle du mariage de sa sœur, — c'était au mois de mai, — il était « entré dans des angoisses ». « Voilà, avait-il dit, ma sœur mariée à quelque gredin, et malheureuse pour le reste de sa vie. » Ce fut le premier mouvement, une révolte d'orgueil, en même temps qu'une douleur d'amitié fraternelle, car ces deux sentiments se confondaient l'un dans l'autre : « Il a une extrême tendresse pour cette digne princesse, écrit Hille, et souhaiterait de la voir sur le trône le plus brillant de l'Europe. » Mais, après des « heures de réflexion, il s'était un peu apaisé ». Il avait senti que sa sœur était dans des mains redoutables et qui ne la lâcheraient point. De sa part, à lui, toute résistance était inutile et périlleuse. Il ne se souciait pas de provoquer un conflit nouveau. « Dans l'état violent et ennuyé » où il se trouvait, il avait pris l'habitude de ne plus se plaindre. Chaque jour, « croissait l'envie de sortir d'ici. » Il se donna donc, lui aussi, des raisons de se résigner. « La gloire du roy », comme il disait, exigeait que la maison de Brandebourg ne s'humiliât point devant la maison de Hanovre. « Il pestait contre la hauteur d'Angleterre. » Il en vint à faire l'éloge de son futur beau-frère [1].

Dans cette disposition d'esprit, il est arrivé à Berlin. Il est tombé au milieu de la fête qui s'achève, invité de la dernière heure, étranger en habit gris. Depuis qu'il a quitté cette cour, il a passé des jours, où, de près, il a regardé la mort. Et cette cour danse. Sa sœur s'en donne à cœur joie; elle ne l'a point vu entrer : il faut interrompre le menuet; Grumbkow lui montre son frère qu'elle ne reconnaît pas; Grumbkow la met dans ses bras. Mais sur les sept cents couples, sur tout ce monde qui s'amuse, comme s'il n'était pas lui, le prince royal, encore à demi prisonnier, et détenu dans la roture d'une Chambre provinciale et la dégradation d'un vêtement civil, Frédéric promène un regard dédaigneux, méprisant, menaçant de prince héritier. Le lendemain, quand il se trouve en présence de son beau-frère, il oublie le bel éloge qu'il a fait de ce personnage; il toise « ce gredin »; il ne lui pardonne pas cette impudence d'avoir accepté la main de la princesse royale de Prusse. Il ne pardonne pas non plus à sa

---

[1]. Lettres de Hille à Grumbkow, 19 et 26 mai, 5 juin 1731; dans Förster, III, pp. 44-5, 48-9.

sœur d'avoir donné cette main. Que parle-t-elle de sacrifice? Le vrai sacrifice eut été de se laisser conduire à Memel, de tout endurer, pour réserver l'avenir. A l'avenir, Frédéric pensait sans cesse, pour se consoler du présent. Il y jetait son regard, qui allait loin. Je suis certain, pour ma part, qu'il avait fait entrer dans ses calculs l'utilité d'une sœur, reine d'Angleterre.

Wilhelmine et lui ne s'entendaient plus. Le temps était bien loin des jeux enfantins, où l'on posait ensemble, sous un parasol tenu par un nègre, devant le peintre de la cour; le temps où le petit frère écoutait les leçons de la Croze chez la grande sœur; même le temps, qui semblait si voisin, où les deux êtres se consolaient dans l'intimité, par leur tendresse, par la musique et par des malices, des misères de la vie, serrés l'un contre l'autre, sous l'orage. En présence l'un de l'autre, ils ne se retrouvaient plus. « Ses caresses, dit la margrave, ne venaient pas du cœur. » Mais, dans le cœur de Frédéric, il n'y avait plus de caresses. Chez lui aussi, la dureté du sort avait produit l'endurcissement. La fatalité de la vie pesait sur chacun d'eux. Elle les poussait à l'égoïsme, et les séparait, jetant le frère et la sœur chacun dans sa destinée, celui-là d'un côté, celle-ci d'un autre.

LES DERNIERS JOURS A CÜSTRIN

Frédéric, pendant son séjour à Berlin, avait fait un grand progrès dans la réconciliation avec son père. Le roi lui avait permis, le 29 novembre, d'assister à une grande parade. Une foule énorme, accourue pour le voir, fit de grandes démonstrations de joie, car la présence du prince à une revue était la meilleure preuve que le roi voulait lui pardonner. Trois jours après, les généraux, conduits par le prince d'Anhalt, allèrent supplier le roi de réintégrer son fils dans l'armée. Il leur promit de donner bientôt au prince un régiment, qui tenait garnison à Ruppin, et permit qu'il portât l'habit bleu, pendant la fin de son séjour. Frédéric était « colonel désigné », lorsqu'il repartit, le 4 décembre, pour Cüstrin [1].

Là, il reprit l'habit civil, et le travail de la Chambre, et les inspections de domaines, et la correspondance avec le roi. C'est toujours le même ton. D'abord, des remerciements à son père, pour lui avoir permis de porter quelques jours l'habit d'officier ; une effusion de protestations de fidélité, de respect, d'amour, de soumission, de reconnaissance. Comme il a été entêté dans la résistance, il sera constant dans le bien. Après notre seigneur Dieu, il ne connaît pas d'autre seigneur que son très gracieux père. S'il reste en lui une seule veine fausse, qui ne soit

---

[1]. Dépêches de Guy Dickens, août et nov. 1731, dans Raumer, pp. 561-3.

pas complètement dévouée à son père, que son père fasse de lui ce qu'il voudra [1]. Dans la lettre suivante, il envoie un « plan pour le commerce de la Silésie », où il expose les moyens de troubler le commerce de cette province, au profit de celui du royaume. Puis il raconte une visite à Marienwalde, où il a rédigé un nouveau bail avec un plus (*ein Plus*) de 640 thalers. Il a constaté une erreur d'arpentage, et fait recommencer l'opération. Il a remarqué que les paysans fournissent tous les jours un service de corvée avec un cheval, ce qui est une ruine pour eux. Ne vaudrait-il pas mieux ne leur demander ce service que trois fois la semaine, mais avec deux chevaux ? Tout le monde y gagnerait, les paysans qui auraient la pleine liberté d'une journée sur deux, et l'intendant du domaine, qui n'ayant pas besoin d'un service quotidien, aimerait mieux les corvées à deux chevaux. Un autre jour, il envoie des verres d'essai de la verrerie qu'il a établie à Marienwalde. Il propose les moyens d'obtenir une plus-value des verreries [2].

A travers tout cela courent des compliments, et des soumissions en humble langue. Frédéric annonce qu'il fera ses dévotions « aujourd'hui et demain ». Il demande à son « très gracieux père de lui permettre de solliciter de lui une grâce, qui est d'être assez gracieux » pour lui envoyer le nouveau règlement pour l'infanterie. Il ne peut donner à son père que son cœur et sa vie, mais son père les a déjà ; la seule chose qu'il puisse encore faire

---

1. 8 déc. 1731, *Œuvres de Fr. le Gr.*, t. XXVII, III, pp. 33-4.
2. 18 et 22 déc. 1731 ; 22 et 29 janv. 1732, *ibid. Ibid.*, pp. 35, 39, 49, 50, 51-2. — Voir, d'ailleurs, toute sa correspondance.

est de redoubler son instante prière au ciel pour que Dieu accorde au roi la bénédiction céleste, sans laquelle nous ne pouvons rien. Trois fois, il revient sur le règlement qu'il étudie « bravement ». Il a pour son père des attentions délicates. Comme il a été informé qu'une bête avait été abattue à Wollup, il a envoyé chercher un morceau, qui fera un rôti bien gras, et qu'il expédie, parce qu'il sait que son gracieux père aime le rôti gras. Quant à lui, il gouverne du mieux qu'il peut sa cuisine. Le roi lui a demandé si son cuisinier était « bon ménageux », s'il ne gâchait pas la viande et le beurre. En toute soumission, le prince confesse qu'au commencement, il tenait mal sa maison ; il faisait bien ses comptes chaque soir avec le cuisinier, mais il était cruellement (*grausam*) trompé, sans savoir au juste où, ni comment. Alors il a fait un accord, à tant par jour, et, comme le cuisinier reste dans les termes convenus, il ne voit rien à redire ; mais ce médiocre serviteur ne tient rien en ordre, et laisse toucher ses affaires par tout le monde. L'essentiel après tout, c'est que le prince fasse des économies sur son budget de chaque mois. Or en janvier, il a fait un « ménage » de 20 thalers et plus. Il s'habitue à boire de la bière ; la bière est bonne. Il est vrai qu'il a bu du champagne, mais c'était par ordonnance du médecin, et non par goût ; il n'en boit plus [1].

De tout cela, le roi croyait ce qu'il voulait croire ; mais il n'avait pas été mécontent du prince, pendant son séjour à Berlin. Il a dû remarquer avec plaisir que ses lettres

---

1. Voir la note 2 de la page précédente.

étaient plus précises et pénétraient *ins Detail*. Après la proposition relative au service des corvées, il est surpris et ravi, *sehr content* : « Si vous avez trouvé cela à vous tout seul, lui écrit-il, vous êtes déjà fort avancé en économie. » Et il lui promet un cheval, « un tout à fait bon cheval. » Bientôt même, il a un extraordinaire accès de générosité : « J'ai trois chevaux pour toi... Aie toujours Dieu devant les yeux ; sois seulement obéissant. Apprends à tenir ta maison avec ménage, à te tirer d'affaire avec votre argent, à ne rien dépenser qu'après avoir bien réfléchi s'il n'est pas possible d'avoir la chose à meilleur marché... Appliquez-vous à faire que je puisse de mieux en mieux me fier à toi. Alors ton état s'améliorera avec la grâce de Dieu, et je te donnerai un bon établissement. » En *post-scriptum*, il promet un service en argent [1].

Il semble donc que tout soit pour le mieux, et que le père et le fils s'entendent enfin et à merveille sur tous les points. Mais, au moment même où le roi de Prusse cesse d'injurier Frédéric dans ses lettres, et se reprend à le tutoyer, mêlant le *tu* au *vous*, comme dans les réconciliations d'amoureux, il lui prépare une épreuve, de tout point semblable à celle que Wilhelmine vient de subir ; il veut le marier à sa façon. Ses gentillesses ressemblent aux caresses que fait le cavalier sur les joues du cheval, afin que la bête ouvre la bouche, où il mettra le mors.

Avant d'arriver à cette crise nouvelle dans la vie du prince royal, il nous faut nous arrêter un moment, pour

---

[1]. 25 déc. 1731, et 17 janv. 1732, *ibid.*, pp. 41, 45.

chercher à quel point de son développement il est arrivé à Cüstrin après un an et demi de séjour.

Sa sœur ne l'a pas reconnu. Il est bien changé en effet. Un portrait, qui semble être de la dix-huitième année, avant la prison, lui donne une longue figure, ou, pour mieux dire, une figure allongée, un regard douteux, à demi triste, inquiet, et je ne sais quelle expression combinée de mélancolie et de vice. A Cüstrin, il s'est fortifié; il a pris de l'encolure; son visage s'est rempli. « Vous verrez, avait dit Hille à Grumbkow, avant le voyage à Berlin, Votre Excellence le trouvera changé. Il a la démarche ferme et aisée. Je ne lui trouve plus cet air de marquis qu'il avait cy-devant. » Un visiteur l'a trouvé « agrandi avec un air de santé et de gaieté ». C'est l'effet qu'il a fait à tout le monde quand il est venu à Berlin. Le roi, qui n'est pas facile à contenter, trouve bien qu'il se dandine encore, mais il a dû reconnaître que le gars se plantait mieux sur ses pieds. Voici ce qui a dû lui faire grand plaisir : Frédéric, engraissé, prenait de la ressemblance avec lui. Plusieurs fois, Hille a surpris dans des jeux de physionomie cet air de famille. Naturellement, c'est dans la mauvaise humeur que passe cet air redoutable : « Il est surprenant combien il ressemble à certain temps à Jupiter armé du tonnerre [1]. »

Plusieurs traits du caractère du prince inquiètent ceux qui l'observent : d'abord le goût immodéré « pour le brillant et ce que les Français appellent de l'esprit ». Le prince, dit Hille, se pique extrêmement d'avoir de cet

---

[1]. Hille à Grumbkow, 28 avril et 5 juin 1731, Förster, pp. 40-1, 49.

esprit. Le meilleur moyen de gagner son amitié sera de le louer par là, et non pas de lui procurer des recrues, eussent-elles trois aunes et demie de haut. Il est capable de se tromper plus tard dans le choix de ses conseillers, à cause de ce travers. Le bon sens tout nu ne lui plaira pas, même joint à toutes les connaissances, solidités et vertus... « Un sentiment avec l'assaisonnement d'un bon mot, d'une pointe, l'emportera sur le plus solide, dit nuement... Il ne connaît presque pas les Allemands. Il trouve que ceux qu'il a hantés à Potsdam ne remplissent pas l'idée qu'il s'est formée d'un homme spirituel et poli par la lecture des livres français. De là, son étrange prédilection pour cette nation. Il croit que les Français sont tels qu'ils se dépeignent dans leurs livres. Ceux qu'il voit ne le détrompent point, parce qu'il les croit un peu gâtés par le commerce des Allemands... Par prévention il leur trouve un mérite qu'ils ignoraient eux-mêmes[1]. »

Comme les Français, Frédéric se pique d'une « politesse fort scrupuleuse, même à l'égard des gens qui ne sont rien à proportion avec lui », mais sa politesse est d'un très grand seigneur. Il sait son rang et le marque. Après une conversation très familière, on lui présente des officiers : « il les reçoit en roi ». Il souffre « d'être réduit au niveau des particuliers d'une petite ville, tant par rapport à son entretien qu'à ses occupations ». Il a de l'orgueil, de la hauteur de prince royal et de gentilhomme, et ne peut retenir son dédain pour la roture. Il est ravi de de la mort d'un certain Thiele, qu'il déteste ainsi que son frère le

---

1. Koser, annexes, pp. 266-67.

colonel, parce que, n'étant pas nés nobles ; ils occupent de trop grands postes. Un jour, Hille, interrogé par lui, sur ce qui s'était passé à la Chambre, lui répond qu'on a examiné les comptes du *Londrath* de Selchow. Le prince se récrie, trouvant fort extraordinaire qu'un gentilhomme soit obligé de rendre des comptes à des bourgeois. Hille, qui est un bourgeois, trouve l'impertinence un peu forte. Il réplique qu'effectivement, « tout était renversé dans le monde, et que cela ne se remarquait mieux que quand on considérait que des princes, qui n'avaient pas le sens commun, et ne s'amusaient qu'à des bagatelles, commandaient cependant des gens raisonnables. Cela demeura là. S'il est fâché, j'aurai eu le plaisir de lui dire une vérité, qu'il n'entendra pas toujours [1]. » Il va sans dire que le prince est moqueur; il avoue que ce qui lui plaît le plus dans le monde, c'est d'observer le ridicule de chacun [1].

En morale, il est bien léger. Il a fort scandalisé par ses propos Schulenbourg, le président du Conseil de guerre de Köpenick, qui est allé le visiter à l'automne de 1731. Le vieillard avait entrepris de le prêcher. Il a passé en revue avec lui tous les devoirs de la vie. Sur l'obéissance filiale qui, « selon toutes lois divines et humaines, » disait Schulenbourg, doit être aveugle, Frédéric a fait mainte objection, donnant ainsi un singulier commentaire aux lettres à son père, si pleines de protestations de soumission absolue. « Je ne crains rien de plus, dit-il, que de me revoir toujours auprès du roi. » Pourtant il témoignait,

1. Hille à Grumbkow, 28 avril 1731, Förster, pp. 40-1. Voir, outre les lettres de Hille, trois rapports de Schulembourg, Förster, III, pp. 65 et suiv.

à l'ordinaire, de bons sentiments à l'égard du roi. Hille, à qui ces sentiments ont d'abord paru « fort douteux », a fini par y croire. « Il est sûr, écrit-il un jour, que ceux qui soupçonnent le prince de ne pas aimer son père et sa maison se trompent. » Qu'il aimât sa maison, cela est certain. Quant à son père, il est probable qu'il lui a su gré de s'être adouci à son égard, et même qu'il a commencé à lui rendre la justice qui était due à l'organisateur de la force prussienne, mais l'aimait-il? Un jour, comme il venait d'apprendre que sa sœur de Baireuth était grosse, il écrit au roi pour le féliciter, et lui exprimer l'espoir « que son très gracieux père verra les enfants de ses enfants, en tout contentement et santé [1] ». J'ai bien peur que Frédéric, qui mentira beaucoup dans sa vie, n'ai dit là un de ses plus gros mensonges.

Sur le mariage, les propos de Frédéric scandalisent toute la colonie de Cüstrin et le bon Schulenbourg. Comme il a des raisons de craindre un mariage contre son gré, il déclare tranquillement: « Si le roi veut absolument que je me marie, j'obéirai : après cela, je planterai là ma femme, et je vivrai à ma manière. » Schulenbourg, objecte que, premièrement, une pareille conduite est « contre la loi de Dieu, puisqu'il est dit expressément que les adultères n'hériteront pas du royaume des cieux, et, secondement, contre l'honnêteté, puisqu'il faut toujours tenir les engagements pris ». « Mais, réplique le prince, je laisserai à ma femme la même liberté. » Nouvelles exclamations de Schulenbourg. Le prince y répond

---

1. 19 janv. 1732, *Œuvres de Fr. le Gr.*, XXVII, III, pp. 47-8.

« en jeune homme ». Il répète qu'il est jeune et veut profiter de la vie. « — Prenez garde, reprend le mentor, ne vous abandonnez pas aux femmes : le roi, averti, vous donnerait mille chagrins ; vous ruineriez votre santé ; sans compter les chagrins qui accompagnent ces sortes de plaisirs. — Bah ! reprend Frédéric, qu'importe si je gagne la... : beaucoup d'honnêtes gens l'ont eue ; on peut fort bien en guérir. » Et, prenant l'offensive : « Quand vous étiez jeune, vous n'avez pas été plus sage, et même qui sait ce que vous avez fait à Vienne dans votre dernier voyage ? »

Schulembourg ramenait à tout propos le nom de Dieu. Le prince ne s'explique point sur le sujet de la religion. Il se contente de dire que Dieu est bon et qu'il pardonne les peccadilles, mais il est certainement devenu irréligieux, lui qui parle à son père de ses dévotions. Quand Hille exprime le vœu que Dieu donne au prince « un peu plus de piété », il emploie un euphémisme.

La façon de vivre qui lui est imposée et à laquelle il semble résigné dans ses lettres à son père, lui répugne absolument. Il mange peu, mais aime « les petits plats et les hauts goûts ». Il n'est pas vrai qu'il se soit habitué à la bière, ni qu'il n'ait bu du champagne que pour obéir aux médecins. Du reste, il boit peu ; le vin qu'il préfère à l'ordinaire est celui de Bourgogne avec de l'eau. Il continue à ne pas aimer la chasse, quelque apparence qu'il se donne d'y vouloir prendre plaisir. Un jour que Hille lui demande comment il arrangerait sa vie, s'il en était le maître : « Je vous assure, répond-il, mais n'en dites rien, que le plus cher de mes plaisirs est la lecture.

J'aime la musique, mais beaucoup plus la danse. Je hais la chasse, mais j'aime fort à courir à cheval. Si j'étais le maître, je ferais tout cela comme l'envie m'en prendrait ; mais j'emploierais une bonne partie de mon temps à mes affaires... Je raffinerais après cela que ma table fût proprement et délicatement servie, quoique sans profusion. J'aurais de bons musiciens, mais peu, et jamais au repas, parce que la musique me fait rêver et m'empêche de manger. Je dînerais seul et en public, mais, à mon souper, j'aurais des amis et je les traiterais bien. » Pour s'habiller, il porterait toujours l'uniforme, mais « avec des surtouts très magnifiques. » En disant tous ces projets pour le jour où il serait le maître, il « entrait dans une espèce d'extase [1] ».

En attendant qu'il fût le maître, Frédéric continuait à se moquer de l'économique et de son métier d'inspecteur des domaines. Quand il part pour Berlin, au mois d'octobre 1734, il envoie à Mme de Wreech un plan « qui se dresse actuellement » de son entrée dans la ville. « Je serai précédé d'un troupeau de cochons, qui auront ordre de crier de toutes leurs forces. En suite de quoi, viendra un troupeau de brebis et de moutons. Ceux-ci seront suivis d'un troupeau de bœufs de Podolie, qui me précéderont immédiatement... Monté sur un grand âne, dont le harnais sera simple au possible, au lieu de pistolets j'aurai deux sacs remplis de diverses semences...; au lieu de selle et de housse, j'aurai un sac de farine, où

---

[1]. Hille à Grumbkow, 30 sept. 1731, Förster, III, p. 63. — Voir, dans les rapports de Schulembourg cités plus haut, notamment les pp. 55, 65, 69 et 72.

ma noble figure sera assise dessus, tenant, au lieu de fouet, un gaulis à la main, et ayant, au lieu d'un casque, un chapeau de paille en tête... Autour, des paysans armés de faux ; derrière, des gentilshommes ; sur un chariot amoncelé de fumier, l'héroïque figure du sieur Natzmer; en haut d'un chariot de foin, l'effrayante figure du terrible Rohwedel. La marche sera conclue par le sieur de Wolden, qui aura la bonté de passer son temps sur un chariot rempli d'orge et de froment[1]. »

Il ne faut jamais croire Frédéric sur parole, quand il raille ainsi. Il se fait autre et fait pire qu'il n'est, à la façon française. Il a beau dire : il sait l'économie. Il a étudié les terrains, les cultures, les bêtes, les paysans. Il sait comment un fermier « convertit tout en argent », et ce qu'il en coûte à un laboureur, comme disait son père, pour épargner un thaler. Il a dit à Hille que, lorsqu'il s'occupera de ses affaires, il ne fera pas lui-même des *états* : « Là-dessus, je m'en fierai à vous autres », mais il pourra vérifier un état, tout aussi bien que son père. On voit déjà qu'il ne sera point prodigue. Hille remarque, et cela est d'importance, que pour ce qui est « de la générosité, il a besoin d'y être accoutumé. » Ce n'est pas en vain que son père l'aura forcé à apprendre le prix du beurre ; Frédéric ne gâchera jamais le beurre.

Ce qui l'intéresse le plus dans l'économie, ce sont les grandes affaires, où la politique est mêlée. Son « plan pour le commerce de la Silésie » a dû être fait avec la collaboration de Hille, qui avait traité la matière devant lui, mais

---

1. *Œuvres de Fr. le Gr.*, t. XVI, pp. 15-17.

il s'y est fort intéressé. « Je suis à présent dans mon commerce de Silésie par-dessus les oreilles, écrit-il à Grumbkow. » Le travail l'occupe à tel point que, lorsqu'on lui demande s'il veut de la moutarde avec son bœuf, il est en état de répondre : « Voyez le nouveau rôle de la douane. » Quand il s'occupe d'une chose, ajoute-t-il, il en a « par-dessus la tête [1]. » Or cela est la vraie façon de s'occuper des choses. Pour composer le mémoire, il a regardé la carte, la côte baltique que son père possède « presque toute entière, depuis la Peene jusqu'à Memel [2] », et cette Silésie, d'où vient tout le mal pour le commerce du royaume. Il a certainement fait au sujet de cette province, et au sujet de la Pologne, qui interrompait aux bouches de la Vistule la ligne prussienne, des réflexions dangereuses pour les voisins d'Autriche et de Pologne.

Il n'a pu s'empêcher de faire de la politique proprement dite. Un soir, il a eu avec Natzmer un entretien qui s'est prolongé fort avant dans la nuit, et qui est resté sans conclusion, le sommeil ayant surpris les deux jeunes gens, pendant qu'ils « débitaient leur marchandise ». Le prince a voulu conclure et résumer son « système » dans une lettre à Natzmer.

En deux mots, le voici : pour le présent, la paix ; car un roi de Prusse, dont les pays traversent diagonalement l'Europe, et n'ont pas « une assez grande suite, tout enclavés qu'ils sont de voisins, peut être attaqué de plus d'un côté ». Pour se protéger de toute part, il faudrait

---

1. Koser, p. 95.
2. Voir *Œuvres de Fr. le Gr.*, t. XXVII, III, pp. 36-39. *Plan wegen des Commercii nach Schlesien.*

employer toute l'armée à la défense, et il ne resterait rien pour l'offensive. Mais il n'en faut pas rester là. Ce serait « d'une très mauvaise politique, et d'une personne privée de toute invention et imagination. Quand on n'avance pas, on recule. » Il s'agit de procurer de plus en plus l'agrandissement de la maison.

Le plus nécessaire des projets est de rapprocher les pays prussiens, de « recoudre les parties détachées, qui appartiennent naturellement aux parties que nous possédons, telle que la Prusse polonaise »..... Ces pays étant acquis, non seulement on se fait un passage entièrement libre de Poméranie au royaume de Prusse, mais l'on bride les Polonais, et l'on se met en état de leur dicter des lois. » Mais, « passons plus outre. » Voici la Poméranie citérieure : « Elle n'est séparée de la nôtre que par la Peene et ferait un très joli effet, si elle était combinée avec la nôtre. On y gagnerait des revenus, mais les revenus, c'est chose qui regarde les financiers et les commissaires. » Le vrai profit de l'acquisition serait de mettre la maison à couvert de toutes les insultes que les Suédois lui peuvent faire, de rendre libre le corps d'armée considérable, qui serait obligé de défendre la Peene, d'arrondir encore le pays, et d'ouvrir ainsi « le chemin à une conquête, qui se présente pour ainsi dire d'elle-même, je veux dire le pays de Mecklembourg ». Avançant « de pays en pays, de conquête en conquête... comme Alexandre... » il court vers le Rhin. Aux pays prussiens de Clèves et de Mark, il veut ajouter, pour qu'ils ne restent point « si seuls et sans compagnie », Berg et Juliers. Une fois réunies, ces provinces pourront contenir une garnison de

30,000 hommes. Elles seront donc en état de résister, au lieu que le seul pays de Clèves, incapable de se défendre, n'appartient au roi qu'autant que les Français ont la discrétion de le lui laisser. Sur ces territoires, le Brandebourg a des droits, mais le prince ne les allègue pas; il ne « raisonne qu'en pure politique », et ne peut pas s'arrêter après chaque mot pour faire une « digression ». Il veut seulement prouver qu'il y a « nécessité politique » d'acquérir ces provinces. Il espère que l'on trouvera tout ce qu'il vient de dire assez raisonnable, car « lorsque les choses seraient dans l'état que je viens de les projeter, le roi de Prusse pourrait faire belle figure parmi les grandes de la terre, et jouer un des grands rôles... Je souhaite à cette maison de Prusse qu'elle s'élève entièrement de la poussière où elle a été couchée... [1] »

Si le roi Frédéric-Guillaume avait lu ce manifeste, il aurait été rassuré sur l'avenir de la Prusse. C'est bien cet avenir tout entier que prévoyait et voyait le prince royal. Sa théorie de la « nécessité politique » de certaines conquêtes, avec allégation postérieure et subsidiaire des « raisons de droit », lui d'abord, et d'autres ensuite l'ont appliquée. Il parle dans la perfection sur ce ton prussien très particulier, où l'ironie sèche, et qui coupe, alterne avec la phraséologie humanitaire et religieuse, et l'impudeur de la force avec le mysticisme d'une dévotion de prêtre, car lui aussi, le philosophe, il parle comme un prédicateur. Sur la même feuille de papier, à quelques lignes d'intervalle, après avoir proposé la conquête de la Poméranie suédoise

[1]. Lettre du prince royal à Natzmer, févr. 1731, *Œuvres de Fr. le Gr.*, t. XVI, pp. 3-6.

pour « arrondir » la Poméranie prussienne, et celle de Juliers et de Berg, pour donner une compagnie à Clèves et à Mark, qui sont « si seuls », il proteste que sa maison « n'a lieu de craindre aucun autre ennemi que la colère céleste ». S'il veut que la Prusse « s'élève de la poussière », c'est « pour faire fleurir la religion protestante », pour être « la ressource des affligés, le support des veuves et orphelins, le soutien des pauvres et minatrice des injustes. » Il aimerait mieux la voir s'abaisser, « si l'injustice, la tiédeur de la religion, la partialité ou le vice prenaient le dessus sur la vertu, ce que Dieu préserve à jamais !... »

On croirait entendre parler par cette seule bouche, M. de Bismarck et Guillaume Ier.

Frédéric avait dix-neuf ans quand il écrivit cette lettre, qui achève d'éclairer sa physionomie. Son génie n'est pas fait encore. Il s'y trouve des contrastes et des contradictions, qui étonnent et inquiètent ceux qui l'observent. Quelques-uns le jugent mal. Schulenbourg s'imagine « que les passions le domineront entièrement, et que le plaisir lui tiendra au cœur plus que toute autre chose »; mais Schulenbourg n'a fait que passer, et le prince s'est moqué de lui. Wolden admire fort son « subordonné ». Il lui trouve « toutes les qualités requises pour un grand seigneur ». Il voit tout le profit que le prince a retiré de son séjour à Cüstrin : « Outre que l'adversité lui a formé le cœur et l'esprit, le prince commence à avoir une idée juste de bien des choses dont il n'avait pas connaissance auparavant. » Puis « il est capable de tout, avec la pénétration qu'il a, » mais il n'est pas encore mûr, et Wolden répète deux fois le souhait que Dieu accorde au roi quelques années de vie. Autrement nous pourrions voir arriver des catastrophes bien tristes pour le pauvre pays, par un changement subit ». Hille sait mieux que personne la valeur de son élève. Il devine que Frédéric sera un des plus grands princes de la maison de Brandebourg, mais il trouve, comme Wolden, qu'il lui manque quelque chose. Ils avaient raison de garder quelque inquiétude : le vrai Frédéric n'était pas encore dégagé des contradictions de sa propre nature, et des influences opposées qui s'exerçaient sur lui. Ils avaient raison aussi d'espérer ; ils voyaient bien que l'aiglon de Prusse sortait de l'œuf. Ils n'étaient pas les seuls à le voir. Le prince Eugène, à qui la lettre à Natzmer a été communiquée, trouve que « les idées de ce jeune seigneur vont loin », et qu'il deviendra un jour « très redoutable à ses voisins ». Le vieux serviteur des Habsbourg pressentait les serres de l'aiglon.

CHAPITRE SIXIÈME

LE MARIAGE DU GRAND FRÉDÉRIC

LES INTENTIONS DE L'AUTRICHE

Nous avons fait plusieurs allusions, dans les pages qui précèdent, au mariage du prince royal. Il nous faut, à présent, reprendre l'histoire de cette épreuve nouvelle imposée à Frédéric par son père. Ce chapitre de la jeunesse de Frédéric achèvera de nous faire connaître notre personnage, et nous y verrons des traits curieux de mœurs politiques : de grands ressorts mis en mouvement pour obtenir de piètres résultats, et de grands personnages commettre solennellement des niaiseries, car l'histoire du mariage de Frédéric est celle d'une tentative faite par l'Autriche pour s'emparer du prince royal de Prusse, et le mettre dans sa dépendance.

La politique de la cour de Vienne était difficile, à ce moment du xviiie siècle. L'empereur Charles VI semblait le plus puissant monarque de la chrétienté. Le règlement de la succession d'Espagne et la paix de Passarowitz avaient ajouté aux vieilles provinces héréditaires et aux royaumes de Hongrie et de Bohême, d'une part,

Milan, Naples, et la Sardaigne, bientôt échangée contre la Sicile; d'autre part, le Banat, la Serbie septentrionale avec Belgrade, et la petite Valachie jusqu'à l'Aluta. La dignité impériale ornait du reste d'éclat qu'elle avait conservé cette mosaïque de royaumes et de principautés; elle donnait à l'empereur quelque autorité sur le corps germanique. Mais la maison d'Autriche avait beaucoup d'ennemis; d'abord les deux adversaires traditionnels, la France et la Turquie, puis les Bourbons d'Espagne qui convoitaient les Deux-Siciles. Contre une coalition toujours possible de ces trois puissances, l'Autriche ne pouvait s'appuyer sur l'Angleterre et la Hollande : ces pays ne lui étaient pas seulement hostiles par l'effet d'antipathies religieuses, qui n'étaient pas éteintes. Depuis que l'Autriche possédait les provinces belges et réclamait sa part du commerce de l'Océan, les deux puissances maritimes s'accordaient pour la lui refuser. Le domaine des Habsbourg s'étendait d'Ostende à Belgrade et de Breslau à Palerme, entre des périls.

Il était incohérent dans son ensemble et dans chacune de ses parties. Le royaume de Hongrie, par exemple, n'était pas simple. Ses annexes, Croatie, Slavonie, Transylvanie, n'étaient rien moins que hongroises. Les vieux pays héréditaires étaient de races mêlées. Même dans les groupes de race homogène, il y avait des différences, entre Tyrol et Brisgau, entre Naples et Milan. Il est vrai que les nationalités n'étaient pas encore éveillées. Elles vivaient d'une vie obscure, très différentes les unes des autres par la race et la langue, par la situation géographique, par les traditions, par les sentiments et les intérêts ; mais, pourvu qu'elles ne fussent pas troublées dans leurs habitudes locales, elles ne songeaient pas à se révolter. Chacun de ces fragments reconnaissait la souveraineté du Habsbourg.

L'empereur se conformait aux exigences de sa condition. Il ne prétendait pas soumettre au même régime tous ces êtres divers. Il n'était pas un souverain ; il était une collection de souverains, un congrès en une personne, mais cette multiplicité rendait l'activité difficile ; il y avait, au xviiie siècle, une inertie habsbourgeoise : l'Autriche ne tenait ensemble qu'à condition de remuer le moins possible. Or une grande crise la menaçait : Charles VI avait perdu, en décembre 1716, le fils qui lui était né au mois d'avril de la même année, après huit de mariage. Depuis, il avait eu deux filles, Marie-Thérèse en 1717, et Marie-Anne en 1718. Aucune prière, aucun pèlerinage n'avait obtenu du ciel le don d'un héritier. Dès lors, le démembrement de l'empire des Habsbourg fut prévu et attendu ; la succession d'Autriche entra dans les calculs de la politique, comme, au siècle précédent, la succession d'Espagne. Toute la politique de Charles VI eut pour objet de procurer à Marie-Thérèse l'intégralité de l'héritage paternel. La Pragmatique, qui réglait cette grande affaire, fut présentée, à toute occasion, aux puissances de l'Europe. Elle se couvrit de signatures, qui étaient autant de mensonges. Même dans cette froide Europe du xviiie siècle, qui ne connaissait pas les passions d'âmes de peuples, tout le monde sentait que le chaos habsbourgeois n'avait pas de raison d'être, et que l'Autriche, expression politique, n'était point nécessaire.

Le principal souci des hommes d'État de Vienne aurait dû être de s'assurer contre tout ennemi allemand, et même de trouver en Allemagne des alliés, en les payant le prix qu'il fallait. L'allié désigné, c'était le roi de Prusse.

Alors que l'Autriche n'avait que cent et quelques mille hommes pour défendre Belgrade contre le Turc, Milan contre le roi de Sardaigne, Naples contre le roi d'Espagne, Bruxelles contre le roi de France, le roi de Prusse pouvait jeter du jour au lendemain une grande armée sur la Silésie, toute ouverte et mal défendue. L'allié qu'il fallait bien payer, c'était lui. L'Autriche savait ce qu'elle avait à redouter de la Prusse, mais son orgueil de vieille puissance, une incapacité, qui s'est perpétuée jusqu'à nos jours, de faire à temps les sacrifices nécessaires, la retenaient. Elle crut qu'il suffirait de courtiser le roi de Prusse par des paroles, relevées de promesses vagues, de l'entourer, de l'espionner, de provoquer et de payer la trahison de ses ministres, de ses ambassadeurs, de ses fous et de ses domestiques. Pour tenir en bride ce maniaque, c'était assez de la présence de Seckendorff au collège du tabac, de quelques milliers de florins distribués chaque année, et de quelques vingtaines de recrues géantes envoyées à propos.

Le succès de cette politique était fait pour tromper la cour de Vienne. Le tumultueux roi de Prusse s'agitait continuellement, mais sans rompre la corde que Vienne tenait toujours, lâchant ou reprenant, selon l'heure. L'Autriche connaissait, aussi bien et mieux que le reste de l'Europe, l'indécision de l'esprit de Frédéric-Guillaume.

Elle était, en somme, contente de lui, et en toute sincérité, lui souhaitait longue vie.

Malheureusement, le roi de Prusse compromettait sa santé par toute sa façon de vivre. Sur cette santé, Seckendorff et le prince Eugène, l'un de près, l'autre de loin, veillaient avec sollicitude. Le plus grand plaisir du prince est de savoir que le roi se porte bien : « Je suis ravi, écrit-il un jour à Seckendorff, que vous ayez trouvé le roi en si bonne santé. J'espère que cela durera : je le souhaite du plus intime de mon cœur. Si seulement il voulait s'habituer peu à peu à la tempérance, s'abstenir de tant fumer et de tant boire [1] ! » Seckendorff faisait des représentations respectueuses, de sa part et de la part du prince Eugène : Vous fumez trop, sire ! Et le roi fumait quelques pipes de moins, pour faire plaisir au prince Eugène. Mais il retombait dans ses passions ; il ne se passe presque point d'année, sans qu'il coure le péril de mort. D'ailleurs, il paraît si près de la folie, qu'à tout moment il semble y être arrivé ; il n'y avait donc pas à faire fond sur lui ; pour assurer l'avenir, il fallait s'assurer du prince royal.

C'était un premier succès que d'avoir rompu le mariage d'Angleterre. Il fallait à présent rendre la rupture irrémédiable en mariant le prince, et choisir la future reine de Prusse parmi la clientèle de l'Autriche. A peine Frédéric était-il sorti de prison que le prince Eugène invitait Seckendorff à préparer le mariage de Frédéric avec une nièce de l'impératrice, la princesse Élisabeth de Bruns-

---

1. Le prince Eugène à Seckendorff, Förster, III, p. 99.

wick-Bevern. Seckendorff, dès le mois de décembre 1730 [1], requit l'aide de Grumbkow et le prince, quelques jours après, fut sondé sur ses intentions relatives au mariage. Ses premières déclarations ne furent pas encourageantes. Il dit à Hille qu'il ne se marierait pas jeune : une « gueuse de femme qui, chaque année, deviendrait plus vieille et plus laide », lui serait bientôt intolérable. Il épouserait donc, à quarante ans, une princesse de quinze ans, qui serait dans la croissance de la beauté [2]. Quelques mois après, en avril 1731, il lui vint une idée bizarre.

Une nuit à minuit, il envoie chercher Hille, qui se lève, se rend auprès de lui, et sous sa dictée, écrit un « projet », destiné à Grumbkow. Le prince commençait par se plaindre de l'inutilité des efforts qu'il avait faits pour regagner les grâces du roi. Comme il craignait que son père ne le soupçonnât d'avoir toujours des vues secrètes par rapport à son mariage, il déclarait que, s'il en avait eu, il y renonçait de bon cœur. Il était tout prêt à entrer dans les intentions du roi, si Sa Majesté en avait, comme il l'avait entendu dire, du côté de la maison d'Autriche. Il épouserait donc volontiers l'archiduchesse Marie-Thérèse, pourvu qu'on ne lui demandât pas de changer de religion, ce qu'il « protestait devant Dieu ne vouloir jamais faire, pour aucune considération humaine, de quelque nature et importance qu'elle puisse être ». Prévoyant que l'Europe s'alarmerait de voir joints ensemble les États héréditaires d'Autriche et de la maison de Prusse, il proposait de renoncer à ceux-ci, en faveur de

---

1. Le prince Eugène à Seckendorff, 12 déc. 1730; *ibid.*, p. 16.
2. Hille à Grumbkow, 18 déc. 1730, Koser, p. 98.

son frère Guillaume, pourvu qu'on lui assignât de quoi vivre avec dignité pendant la vie de l'empereur.

A la lecture de ce message étrange, Grumbkow « tomba des nues ». Il le renvoya tout de suite à Cüstrin, et pria Hille de brûler ce papier au plus vite. Le roi, disait-il, entrerait dans une belle colère, s'il avait vent de cette fantaisie ! Non seulement Sa Majesté n'avait jamais pensé à un pareil mariage, mais elle ferait pendre celui qui lui en voudrait seulement donner l'idée. L'honnête Grumbkow, avant de renvoyer ce document, dont il craignait si fort la révélation, en avait pris une copie, qu'il avait communiquée à Seckendorff. Celui-ci l'avait transmise au prince Eugène. Les deux Autrichiens se creusèrent la tête à chercher l'explication du mystère. Le bruit de ce mariage ayant été répandu par des nouvellistes, ils pensèrent que le prince avait voulu savoir ce qu'il en était, et qu'il avait ainsi donné une preuve nouvelle de sa « fausseté ». Il est probable qu'en effet Frédéric avait imaginé ce moyen de découvrir les projets du roi. En même temps, il avait saisi l'occasion de faire montre de sa docilité, et d'affirmer sa renonciation définitive « aux vues secrètes et désagréables », évidemment avec l'espoir de fléchir enfin le roi, et de sortir un peu plus tôt « de la galère ».

L'effet de cette fantaisie fut tout le contraire de celui qu'il attendait. Le prince Eugène avait trouvé le projet étonnant, *wunderlich*. Il l'avait rapproché de la lettre à Natzmer, sur la politique de la Prusse, et concluait de tous ces signes que, si le prince n'était pas encore très réfléchi, il ne manquait « ni de raison, ni de vivacité ».

Il revenait alors à l'idée du mariage qu'il avait imaginé, s'égarait dans cette illusion que la seule façon de corriger les faux « principes » de Frédéric était de lui faire accepter la princesse de Bevern : « Hors du mariage Bevern, rien à espérer [1]. »

LA DÉCLARATION DU ROI

Aussitôt dit, aussitôt fait. Huit jours après que le prince Eugène a envoyé ses ordres à Seckendorff, le roi de Prusse mande à Wolden de préparer son fils au mariage. C'était une de ces lettres étranges, où il mêlait en macédoine les comptes de ménage, la question du bois à chauffer, les reproches sur la trahison de son fils, les railleries sur ses façons de petit-maître, et l'invocation à la grâce de Dieu. « En outre, disait-il en terminant, et comme en *post-scriptum*, mon fils..., si je le trouve *à propos*, devra se marier et non pas avec une princesse de la maison d'Angleterre; je lui laisserai le choix entre quelques-unes. Vous pouvez lui dire cela, et je suis votre roi bien affectionné. »

« Bon Dieu! s'écrie Hille, quel malheur ne sera-ce, quand on voudra contraindre l'inclination du prince, qui

[1]. Projet de Frédéric dans la lettre de Hille à Grumbkow, 11 avril 1731; lettre de Grumbkow à Hille, 14 avril 1731; lettre de Seckendorff au prince Eugène, 17 avril, et réponse du prince Eugène, 12 mai 1731; Förster, III, pp. 21-24, 26-28.

n'est nullement disposé de choisir sans avoir vu et d'acheter chat en poche! » Pourtant, le prince a senti que la résistance serait impossible. Wolden assure qu'il a pris la chose « avec une entière résignation à la Providence et une soumission aveugle aux ordres de S. M. » Le bon maréchal veut se faire croire que, las de son train de vie, et souhaitant avec ardeur la fin des troubles domestiques, le jeune homme « s'accommodera tout de même, quand il s'agira de se marier, pourvu qu'on lui donne un peu de liberté, et que la personne qu'on lui destine lui plaise, et qu'il ait de quoi entretenir sa petite cour ». Mais ces conditions seront-elles remplies? Wolden est mélancolique. « Tout cela, dit-il, n'est pas fort réjouissant. » Comme Hille, il sentait venir de nouveaux orages [1].

Le roi prenait acte de la soumission de son fils : « Qu'il continue, écrivait-il, cela lui vaudra un beau profit. » Comme il avait promis au prince de lui laisser le choix entre quelques personnes, il chargea Grumbkow, à la mi-juin de 1731, d'aller porter à Cüstrin une liste de princesses. Il ne s'y trouvait que trois noms : Saxe-Gotha, Eisenach, Bevern. Grumbkow, qui savait le jeu, présenta la carte forcée. Frédéric fit semblant de la prendre : il se décida pour la Bevern ; mais à deux conditions : la première, que la princesse ne fût « ni sotte, ni dégoûtante » ; la seconde, que le roi lui donnât assez pour vivre. Du reste, il affectait à ce moment d'être détaché des affaires du monde. C'est alors qu'il se vanta auprès

1. Lettres du roi à Wolden, 25 mai 1731; de Hille à Grumbkow, 26 mai; de Wolden à Grumbkow, 2 juin 1731; Förster, III, pp. 45-8.

de Grumbkow d'être devenu un grand poète. Il ajouta qu'il ne « serait ni général, ni guerrier, ne se voulant mêler d'aucun détail de ses affaires, rendre son peuple heureux, et choisir de bons ministres et les laisser faire. » Seckendorff transmit au prince Eugène cet heureux pronostic [1].

Frédéric espérait toujours que quelque incident surviendrait, qui romprait les projets de son père. Il n'était pas résigné du tout. Le mariage revenait souvent dans ses conversations de Cüstrin. A l'avance, il prenait en haine la princesse de Bevern. « Elle est laide et niaise, disait-il à Hille! » « Mais, s'il en est ainsi, est-ce que vous pourriez l'aimer et vivre avec elle? » « Non, assurément, je la planterai là, dès que je serai le maître. On doit me pardonner, que je me tire d'affaire, comme je puis. » C'est le propos qu'il répétait quelques jours après à Schulenbourg, mais en y ajoutant une méchante parole. Comme Schulenbourg lui voulait faire craindre que le roi ne prît le parti de sa belle-fille abandonnée : « J'y mettrais si bon ordre, réplique-t-il, qu'elle n'oserait se plaindre [2]. »

Cependant Frédéric, comme sa sœur Wilhelmine, voyait les jours succéder aux jours, et rien ne venait qui pût lui donner quelque espérance. Après qu'il a eu la douleur d'assister au mariage de sa sœur, il sent que son tour approche. Il se débat. Sans doute, une des raisons

---

1. Seckendorff au prince Eugène, 19 juin 1731, après qu'il a reçu de Grumbkow un rapport sur la visite que celui-ci a faite à Cüstrin, Förster, III, p. 75.
2. Hille à Grumbkow, 30 sept. 1731, Förster, III, p. 62, et relation de Schulenbourg citée plus haut.

de sa répugnance pour la princesse de Bevern, c'est qu'elle n'est pas d'assez grande maison ; elle est, à ses yeux, quelque gredine, comme Baireuth était quelque gredin. Il aimerait mieux ne pas se marier du tout, dit-il à Grumbkow ; mais si l'on veut absolument qu'il en passe par le mariage, pourquoi n'épouserait-il pas, au lieu d'une nièce, une des filles de l'impératrice ? Il se contenterait de la seconde, pourvu qu'elle apportât « quelques duchés en dot ». Une autre fois, il parle d'épouser Anne de Mecklembourg, petite-fille d'Iwan, à condition qu'elle renonce au trône de Russie, et lui « apporte une dot de deux à trois millions de roubles ». Mais tout cela, c'étaient des expédients, et des façons de parler pour ne rien dire. Au bas de la lettre où il traite d'un mariage avec une fille de l'impératrice, il met un *post-scriptum* : « Non, je ne prendrai jamais femme, fût-ce des mains de madame la princesse de Baireuth. » Il s'exaspère de plus en plus contre la Devern, disant qu'il sait fort bien qu'elle est laide, maladroite comme une bûche, et quasi muette. Il répète que, si on le contraint à l'épouser, il la chassera dès qu'il sera le maître [1].

Au même moment, le prince Eugène, voyant que le séjour à Cüstrin touchait à sa fin, résolut de serrer les liens de l'intrigue dont il enveloppait le roi de Prusse et son fils. A la fin de janvier 1732, il envoie à Seckendorff des instructions, qui ressemblent à un plan de campagne. Seckendorff devra marcher à couvert, cacher à tout autre qu'à Grumbkow la part qu'il prend à l'œuvre

1. Deux lettres du prince à Grumbkow, du commencement de janv. 1732, Koser, p. 99.

du mariage, avoir l'air de ne pas s'en mêler du tout, ne donner aucun prétexte à la reine de dénoncer l'empereur à la cour d'Angleterre, qu'il fallait ménager et qui n'avait pas renoncé au mariage de Frédéric avec une princesse anglaise. Pourtant, il fallait faire vite, arranger, « aussitôt que possible », la première entrevue entre le prince royal et la princesse de Bevern, et alors « sans perdre une minute, marcher au mariage ». Il était de la plus haute importance de gagner la confiance du prince, mais à l'insu du roi, qui pourrait prendre ombrage de ces démarches. Pour cela, se concerter avec Grumbkow. Ne pas manquer une occasion de dire et de répéter au prince que la Majesté Impériale avait pour lui et sa maison une particulière inclination. Mais les paroles ne suffiraient pas sans doute : la meilleure façon d'être agréable au prince serait de le secourir, dans l'embarras d'argent où il se trouvait. La Majesté Impériale mettait donc à la disposition de Seckendorff une somme de 2,000 à 2,500 ducats, qu'il ferait tenir au prince, en plusieurs fois, avec la plus grande prudence, dans le « plus étroit secret » ; car personne ne devait être mis dans la confidence, excepté le prince et Grumbkow [1].

Au reçu de ces ordres du feld-maréchal prince Eugène, le général Seckendorff, qui avait mené habilement les premières opérations du siège, prit ses dispositions pour l'assaut.

C'est précisément à cette date, au commencement de l'année 1732, que les lettres du roi à son fils étaient

---

[1]. Le prince Eugène à Seckendorff, 29 janv. 1732. Förster, III, pp. 76-7.

devenues plus aimables ; qu'il lui avait donné un cheval, et annoncé l'arrivée de tout un service d'argent, couteaux, cuillers, fourchettes, plats, candélabres, « de quoi charger un âne [1]. » Comme le prince est malade, son père s'intéresse fort à sa guérison. Entre temps, il lui parle d'un bon établissement, *gutes Etablissement*, et lui promet qu'il aura bientôt des motifs d'être content. Ces lettres répétées, ce ton inaccoutumé, ces largesses durent mettre le prince « en angoisse ». Il était, à ce moment, troublé par l'idée d'un voyage qu'il devait faire à Berlin, pour saluer le duc de Lorraine, qui y était attendu. Il avait peur d'abord que ce prince, le fiancé de Marie-Thérèse, ne prît une piètre opinion de cette misérable cour, lui qui venait de voir celles de France et d'Angleterre. Il redoutait beaucoup plus encore de se retrouver avec son père. « Loin de Jupiter, disait-il, loin de la foudre. » Il allait jusqu'à se prendre d'une affection tardive pour Cüstrin, jusqu'à souhaiter de demeurer « longtemps ici, vivant dans une paix profonde ». Or, le 4 février 1732, à minuit, il fut réveillé par une estafette, qui apportait une lettre du roi. Cette lettre, à cette heure inaccoutumée, ne pouvait annoncer qu'une grave nouvelle. Elle commençait par une formule que le roi n'employait jamais : « Mon cher fils Fritz » ; d'ordinaire, il disait seulement : « Mon cher fils. » *Fritz* était une tendresse, ajoutée à toutes les gâteries qui avaient précédé :

1. Voir page 373.

« Potsdam, 4 février 1832.

« Mon cher fils Fritz,

« Je me réjouis beaucoup que vous n'ayez plus besoin de médecine. Il faut que vous vous soigniez encore quelques jours, à cause du grand froid, car moi et tous ici nous sommes très incommodés de rhumatismes. Ainsi tenez-vous bien en garde. Vous savez, mon cher fils, que quand mes enfants sont obéissants, je les aime bien. Quand vous êtes venu à Berlin, je vous ai pardonné de tout cœur, et, depuis ce temps que je ne vous ai pas vu, je n'ai pensé à rien qu'à votre bien-être et à vous bien établir, aussi bien à l'armée qu'avec une belle-fille comme il faut, et à vous marier encore de mon vivant. Vous pensez bien que j'ai fait examiner par d'autres les princesses du pays, autant que cela est possible, par rapport à leur conduite et à leur éducation... Alors la princesse de Bevern, l'aînée, a été trouvée bien et modestement élevée : c'est ainsi que devraient être toutes les femmes. Vous me direz tout de suite votre sentiment. J'ai acheté la maison de Katsch, qui sera pour le feld-maréchal gouverneur ; je ferai rebâtir (pour vous) la maison du gouverneur, et tout meubler. Je vous donnerai assez pour que vous puissiez vivre à votre ménage, et, au mois d'avril, je vous enverrai à l'armée. La princesse n'est pas belle, mais elle n'est pas laide. Vous ne parlerez de cela à personne, mais vous écrirez à votre maman que je vous ai écrit, et si vous avez un fils, je vous laisserai voyager. La noce ne se fera pas avant l'hiver qui vient. En attendant, je chercherai des occasions de vous mettre quelquefois en plein honneur, et je pourrai ainsi apprendre à vous connaître. Elle est une créature qui craint Dieu, et cela c'est tout. Elle sera comportable aussi bien pour vous que pour ses beaux-parents. Que Dieu bénisse cela! Qu'il vous bénisse, vous et vos successeurs! Qu'il te conserve bon chrétien, et aie toujours Dieu devant les yeux, et ne crois pas à la damnable foi particulariste, et sois obéissant et fidèle, alors tout ira bien pour toi dans le temps et l'éternité. Et que celui qui désire cela de tout son cœur dise : *Amen*. Ton père fidèle jusqu'à la mort.

« F. W. »

« Si le duc de Lorraine vient, je te ferai venir. Je crois que ta fiancée viendra ici. Adieu. Dieu soit avec vous[1]. »

LE DOUBLE JEU DU PRINCE ROYAL

En lisant ce chef-d'œuvre d'enjôlement, cette proposition de mariage, suivie du renseignement que la maison sera bientôt prête pour le nouveau ménage, ce portrait de la princesse, en deux morceaux, séparés, comme pour les faire mieux avaler, par la promesse d'un voyage,

[1]. *Œuvres de Fr. le Gr.*, t. XXVII, III, pp. 53-4.

après la naissance du premier enfant; enfin, dans le *post-scriptum*, le mot fiancée, avec l'annonce que la jeune fille va peut-être venir, et que lui aussi, on l'appellera peut-être, Frédéric comprit que tout était arrangé, décidé, consommé. Il écrivit donc à son père, « en toute soumission, » qu'il ne « manquerait pas d'obéir à ses ordres »; il écrivit à sa mère, comme le roi l'avait ordonné; mais il envoya en même temps à Grumbkow un très court billet, où il traitait la princesse de « vilaine créature ». Le billet fini, il a repris la plume : « *P. S.* Je plains cette pauvre personne, car, avec tout cela, il y aura une princesse malheureuse de plus en ce monde. »

Il est pris d'une fureur épistolaire. Le roi ayant annoncé que le mariage ne se ferait pas avant l'hiver : « Nous avons de temps *multum* », écrit-il à Grumbkow. Deux jours après, il répète au ministre ses promesses de soumission, mais il appelle la princesse le *corpus delicti;* il demande que l'on refasse au moins son éducation, et charge Grumbkow de « travailler à cette affaire ». Il ne veut pas avoir une bête, qui le fera enrager par des sottises, et qu'il aura honte de produire : il aimerait mieux être c.... Il hait les héroïnes de romans ; aussi craint-il les vertus farouches et, plutôt qu'une dévote, qui aura une demi-douzaine de cagots à ses mines, il aimerait mieux la plus grande p..... de Berlin. Que l'on fasse donc apprendre à la princesse, l'*École des maris*, l'*École des femmes* par cœur. Cela vaudra mieux que le *Vrai christianisme* du feu Jean Arnd. Si encore elle voulait danser sur un pied, apprendre la musique, et devenir plutôt trop libre que trop vertueuse! Mais si elle est stupide, qu'elle aille au diable! Le prince assure à Grumbkow qu'il épouserait plutôt mademoiselle Jette, sans avantages et sans aïeux. Mademoiselle Jette, c'est la propre fille de Grumbkow, qui, comparant ce passage aux précédents, a dû goûter fort cette impertinence de grand seigneur à domestique [1].

Grumbkow essaya de calmer le prince. Il lui représentait que la princesse Élisabeth était une personne tranquille et modeste, et que les femmes de cette sorte sont celles qui donnent le moins de désagréments à leurs maris, que ceux-ci soient de grands seigneurs ou de simples particuliers. « Mon très cher général, répond Frédéric, je vous en croirais sur tout au monde, hormis sur le sujet des femmes, quoique je sache bien que vous les avez fréquentées jadis... Je persiste fort dans mon sentiment, et il faudrait être grand philosophe pour me prouver qu'une femme coquette n'a pas beaucoup d'avance sur une dévote. » Grumbkow ne se décourageait pas. Il faisait au prince un portrait de la fiancée, évitant à dessein de la flatter, pour ménager à Frédéric la surprise de la trouver mieux qu'il n'avait imaginé. Il rapportait des conversations du roi, pleines de promesses : le roi laisserait à son fils le temps « de connaître la personne en question », avant de se décider; il

---

[1]. Les lettres écrites par Frédéric au roi et à la reine (après la lettre du roi du 4 févr. 1732) sont perdues. Nous avons la réponse de la reine à son fils. Elle le félicite, avec une sincérité douteuse, de la soumission qu'il témoigne à son père, et qui, « en cette circonstance est glorieuse ». Œuvres de Fr. le Gr., t. XXVI, p. 65. Lettres du prince à Grumbkow, 9 janv. 1732, dans Koser, p. 100, et du 11 févr. 1732, Œuvres de Fr. le Gr., t. XVI, pp. 36-39.

lui rendrait toute sa confiance, et le traiterait, non comme son fils, mais comme son ami; il lui donnerait un ménage à part; car « je comprends, disait S. M., qu'il ne faut pas que nous soyons toujours ensemble, et ce sera alors quelque chose de nouveau pour nous, quand nous nous verrons ; » bref il fera tout avec raisonnement et douceur, et, s'il est content de la conduite de Son Altesse, il lui donnera des occasions de voyager et de connaître le monde [1].

Le roi ignorait la correspondance du prince avec son ministre et s'en tenait à la première déclaration d'obéissance. Dès qu'il eut vu la fiancée, il en fut « coiffé » ; il écrivit à son fils pour lui vanter la jeune fille et se porter garant qu'elle lui plairait; en conséquence, il annonçait qu'il publierait le mariage, dès l'arrivée du prince à Potsdam. Frédéric répondit qu'il était charmé du portrait que son père faisait de la princesse, mais qu'alors même que celle-ci serait tout autre, il se soumettrait à la volonté paternelle. Le roi, au reçu de cette lettre, fut attendri. Il la montra au prince de Bevern, père d'Élisabeth, et à Grumbkow. « Tenez, dit-il à celui-ci, lisez... Qu'en dites-vous ? » — « Eh bien, Sire, répondit Grumbkow, que dites-vous de ce fils obéissant? Que pouvez-vous souhaiter davantage ? » Le roi reprit, les larmes aux yeux : « C'est le jour le plus heureux que j'aie goûté de ma vie. » Puis il s'en alla dans la chambre

---

[1]. Seckendorff au prince Eugène, févr. 1732 (*Relation... über den Briefwechsel des Kronprinzen mit Grumbkow*), Förster, III, pp. 157-160. Grumbkow au prince royal, 20 févr. 1731. *Œuvres de Fr. le Gr.*, t. XVI, pp. 43-4.

voisine avec le prince de Bevern, pour embrasser celui-ci tout à son aise. Grumbkow dut croire, à ce moment, que le prince s'était enfin résigné. Tout le monde était de de bonne humeur à Potsdam : la reine elle-même se montrait gracieuse envers les Bevern. L'après-dîner, elle donna le café dans sa maison hollandaise du parc. Grumbkow, rassuré, trouve la fiancée fort bien et ne se fait point scrupule de le confesser au prince : « J'avoue qu'elle a changé beaucoup à son avantage, et que, plus qu'on la voit, plus qu'on s'y accoutume, et plus qu'on la trouve jolie... et si l'embonpoint vient, et la gorge, qui se montre déjà, alors elle sera appétissante [1]. »

Deux jours après qu'il avait conté à Frédéric la joie du roi et la satisfaction de toute la famille, Grumbkow recevait à son tour une lettre où le prince nommait sa fiancée « l'abominable objet de ses désirs », et déclarait net qu'il ne l'épouserait jamais. Ni espoir de bien, ni raison, ni fortune ne le ferait changer de sentiment. « Malheureux pour malheureux, cela est égal. » Il voulait se marier, non pour le roi, mais pour lui. Le roi devrait réfléchir, en bon chrétien, « si cela est bien fait de vouloir forcer les gens, de causer des divorces, et d'être de tous les péchés, qu'un mariage mal assorti fait commettre. » Frédéric priait Grumbkow de lui venir en aide : « S'il y a des honnêtes gens dans le monde, ils doivent penser à me sauver d'un des pas les plus périlleux où j'aie jamais été. » S'il était abandonné, il ne prendrait conseil que de lui-même : « J'ai été malheureux

---

1. Lettre citée plus haut de Grumbkow, du 20 févr. 1732.

toute ma vie, et je crois que c'est mon destin de le rester. Enfin arrive ce qui veut. Je n'ai rien à me reprocher, j'ai assez subi pour un crime d'égarement, et je ne veux pas m'engager à étendre mes chagrins jusqu'au temps futur. J'ai encore des ressources et un coup de pistolet peut me délivrer de mes chagrins et de ma vie. Je crois que le bon Dieu ne me damnerait pas pour cela, et, ayant pitié de moi, en échange d'une vie misérable, me donnera le salut [1]. »

Grumbkow « tombant des nues » encore une fois, sentit le péril du double jeu qu'il jouait : « Comment, écrivit-il au prince, pendant que Votre Altesse Royale accorde tout au roi, elle parle en désespoir, et veut que je me tourne dans des affaires, qui me pourraient coûter la tête? Non, Monseigneur, la chemise m'est plus près que le justaucorps... Je ne suis pas obligé de me perdre et ma pauvre famille, pour l'amour de Votre Altesse Royale qui n'est pas mon maître, et lequel je vois qui court à sa perte. Je crains trop Dieu pour m'attacher à un prince qui se veut tuer, quand il n'en a aucune raison... Monseigneur, vous pouvez avoir tout l'esprit du monde, mais vous ne raisonnez pas en homme de bien et en chrétien, et, hors de là, point de salut. » Il essayait d'apitoyer le prince sur le compte de la reine, et de l'effrayer sur son propre sort. « Je me souviendrai toujours de ce que le roi m'a dit à Wüsterhausen, quand Votre Altesse Royale était au château de Cüstrin, et que je voulais prendre son parti : « Non, Grumbkow,

---

1. 19 févr. 1732, *Œuvres de Fr. le Gr.*, t. XVI, pp. 41-2.

pensez bien à ce que je vous dis : Dieu veuille que je me trompe, mais mon fils ne mourra pas d'une mort naturelle; Dieu veuille qu'il ne meure pas de la main du bourreau! » Grumbkow finissait en déclarant qu'il « se retirait entièrement des affaires du prince; il lui souhaitait « mille bénédictions », et citait la parole de Salomon : « Un homme raisonnable voit le malheur et se cache, un fou y court aveuglément. » En même temps, il écrivait à Wolden, qu'il lui laissait le soin de « démêler la fusée », et prenait très humblement congé de la société, n'ayant « pas assez d'esprit pour se faire couper la tête de bonne grâce ». Il dispensait le maréchal de lui répondre, et le priait de disposer Son Altesse Royale à l'oublier totalement [1].

Ces lettres arrivèrent à Cüstrin, au moment où Frédéric, mandé à Potsdam, s'apprêtait à partir. Grumbkow s'attendait à voir recommencer « les vieilles scènes ». Il contait à Seckendorff son anxiété : le prince n'est pas maître de ses passions; il se trahira; les sept sages de la Grèce eux-mêmes ne seraient pas capables de contenter le père et le fils. Mais Grumbkow, qui croyait pourtant bien connaître son prince royal, se trompait; tout se passa le mieux du monde. Frédéric arriva le 26 février à Potsdam. Deux jours après, le roi demandait officiellement aux Bevern la main de leur fille. Le roi donnait à son fils, pour qu'il en fit présent à la princesse, une belle montre d'or ornée de diamants, enfermée dans un bel étui. Il faisait retirer du trésor un anneau, d'une valeur

---

1. 22 févr. 1732, *Œuvres de Fr. le Gr.*, t. XVI, pp. 43-8.

de 24,000 thalers, un des bijoux de son père, qu'il avait gardé pour les cérémonies de fiançailles.

Le prince royal paraissait tout à son aise. Il disait à Grumbkow, il est vrai, qu'il ne pourrait jamais aimer la princesse, mais qu'il n'avait aucune aversion pour elle, que c'était un bon cœur et qu'il ne lui voulait pas de mal. Avec Seckendorff, il était gracieux et « à cœur ouvert ». Il se montrait donc parfaitement maître de lui. Même dans une lettre à sa sœur, deux jours avant les promesses, il ne disait sa pensée qu'à mots couverts : « La personne n'est ni belle, ni laide, ne manquant pas d'esprit, mais fort mal élevée, timide, et manquant beaucoup aux manières de savoir-vivre... Vous pouvez juger par là, si je la trouve à mon gré ou non. »

Le 10 mars 1732, les fiançailles furent célébrées. Au moment de l'échange de l'anneau, les yeux du prince se voilèrent de larmes. Il reçut les félicitations accoutumées, puis il fit quelques pas en arrière, et se mit à causer avec une jeune dame, sans plus regarder sa fiancée [1].

DES FIANÇAILLES AU MARIAGE

Le prince Eugène sortait donc vainqueur du premier engagement, mais la bataille n'était pas gagnée. Avec

---

1. Grumbkow à Seckendorff, 23 févr. 1732, Koser, pp. 108 ; Seckendorff au prince Eugène, 14 mars, Förster, III, 83 ; le prince à la margrave, 6 et 24 mars, *Œuvres de Fr. le Gr.*, pp. 4-5.

un fiancé comme Frédéric, les promesses, ce n'était pas encore le mariage.

Seckendorff, tout en manœuvrant comme un lieutenant docile et fort habile, craignait que l'on n'eût fait de mauvaise besogne. Il était convaincu que, si le roi mourait avant les noces, le prince royal reprendrait sa liberté. A supposer que le mariage s'accomplît, le prince ne s'y résignerait que pour avoir la licence de mener ensuite une vie dissolue : « Et il en voudra à l'empereur, et tout cela aura de mauvaises suites. » Il blâmait la précipitation que l'on avait mise dans toute cette affaire. Pourquoi n'avoir pas même laissé aux taches rouges que portait le visage de la fiancée, à peine relevée de la petite vérole, le temps de s'effacer? Aussi le rusé personnage prenait-il toutes les précautions pour paraître innocent de l'intrigue qu'il menait. Il se donnait même l'air de mettre des bâtons dans les roues: « Ni le roi, ni personne ne pourra m'accuser de m'être montré dans toute cette affaire, ni directement, ni indirectement. Le roi m'en a dernièrement parlé. Je lui ai conseillé de ne point se hâter. » Il ne manquait pas de faire savoir à Frédéric, par Grumbkow, les bons offices qu'il lui rendait ainsi [1].

Le prince Eugène, au contraire, était plein de confiance. Il donne de nouvelles instructions : obtenir du roi qu'il traite mieux son fils à l'avenir, et faire savoir au prince qu'il doit à Seckendorff et à Grumbkow cet heureux changement de l'humeur paternelle ; composer la petite cour des nouveaux mariés de « gens sur la fidélité, sur la

---

[1]. Seckendorff au prince Eugène, 23 févr. 1732, Förster, III, 78-83.

sincérité desquels » on puisse compter absolument, et qui ne donnent au prince « que des principes honorables, conformes à l'intérêt impérial, et soient attachés à Grumbkow et à Seckendorff. » La princesse Élisabeth de son côté saura bien gagner peu à peu l'amour de son époux, surtout si elle prend « une humeur plus libre », « une humeur plus joyeuse. » L'esprit du prince est encore flexible; les mauvaises impressions qui lui ont été données par des malintentionnés se dissiperont. En attendant, il faut lui faire plaisir par tous les moyens, par de l'argent, et autrement encore. « Avec ces esprits légers et incertains, il est nécessaire d'entrer dans leurs passions, pour se bien faire agréer par eux et pour bien opérer ensuite utilement. » Tout cela semble au prince Eugène très facile. Il voyait déjà le prince royal pénétré « d'idées capables de fortifier l'amitié des deux cours impériale et royale », et de sentiments de respect et d'amour pour la Majesté Impériale et pour l'auguste maison archiducale. Il conclut que les choses finiront par aller beaucoup mieux qu'on ne pouvait l'imaginer au début; mais il faut hâter le mariage, et par tous les moyens, *auf alle thunliche Weise*, car la santé du roi et sa façon de vivre donnent toujours beaucoup d'inquiétude; puis les affaires générales peuvent prendre une autre tournure. Il est donc très désirable d'obtenir du roi qu'il fixe une date, mais il ne faut pas avoir l'air de le presser, ni d'être pressé[1]. Le prince Eugène s'en remet à l'habileté de Seckendorff et de Grumbkow, qu'il ne

---

1. Le prince Eugène à Seckendorff, 9, 15, 23, 26 mars, 16 et 30 avr., Förster, III, 84, 86, 90, 98, 105.

sépare pas l'un de l'autre : il dit toujours Grumbkow et vous.

Seckendorff obéit de point en point. Il se donne beaucoup de peine pour composer la future cour du prince. Il avait pensé à lui donner pour maréchal le comte de Schulenbourg, et cette candidature fut longuement discutée entre lui, Grumbkow et le prince Eugène. De Vienne, Eugène envoyait des objections ; Seckendorff et Grumbkow y répondaient de Berlin. On finit par convenir que le vieux général était l'honnête homme qu'il fallait, et bon impérialiste, *gut kaiserlich gesinnt;* mais Schulenbourg se récusa. Wolden demeura donc en qualité de maréchal auprès de Frédéric. Comme il était insignifiant, Seckendorff et Grumbkow s'accommodèrent de lui. Ils réussirent à éloigner Natzmer, le confident politique du prince, son complice dans toutes les choses défendues, et notamment « dans les affaires d'amour »; mais leur plus grand succès fut la nomination de Mme de Katsch à la dignité de grande-maîtresse de cour auprès de la fiancée. Seckendorff mettait en cette dame « sa plus grande espérance », parce qu'elle était adroite, pleine de bonne volonté, capable d'exercer une action « bonne et salutaire » sur le prince. Comme elle ne devait recevoir des Bevern et du roi qu'un traitement de 100 thalers, il proposait au prince Eugène, ou, comme il dit, « au sens éclairé de Son Altesse hautement princière, » de donner à la grande-maîtresse une pension de 1,000 à 1,200 florins, moyennant laquelle elle pourrait subsister, « et serait tout à fait gagnée au très haut intérêt impérial. »

Seckendorff comptait aussi sur Mme de Katsch pour former les manières de la princesse Elisabeth, et il se proposait de l'aider de son mieux. Il était très content que les Bevern eussent quitté la cour une vingtaine de jours après les fiançailles, pour retourner à Wolfenbüttel. La princesse allait commencer une nouvelle éducation. Le prince s'étant plaint qu'elle dansât « comme une oie », Seckendorff avait fait venir de Dresde un maître renommé, pour lui apprendre à danser comme une personne. Il compte enfin que la fiancée embellira. « Elle a, en fait, les plus beaux traits de visage qui se puissent voir ! elle a un corps bien fait. La beauté de son visage gagnera donc sans faute : les dernières taches que la petite vérole a laissées s'en iront, et la gorge s'achèvera avec les années. »

Malheureusement, le fiancé demeurait très inquiétant : « Son principal défaut, écrit Seckendorff, est la dissimulation et la fausseté. On ne peut se fier à lui qu'avec les plus grandes précautions. Sa plus vive passion est l'amour. On dit que les forces de son corps ne secondent pas suffisamment l'inclination de son méchant vouloir, et qu'il cherche dans les galanteries une vaine gloire, plutôt que la satisfaction d'une passion vicieuse. Il ne manque pas d'intelligence, mais il y a en lui peu de solide. Il se préoccupe plus de dire un bon mot qu'une réalité. » Seckendorff pense que le meilleur moyen de gagner S. A. était, comme l'avait dit le prince Eugène, de lui donner de l'argent ; mais il fallait opérer en toute prudence. Dans sa maison, valets de chambre, laquais, pages, avaient ordre de faire au roi un rapport fidèle de tout ce qu'ils voyaient ou apprenaient, « sous peine de perdre corps, vie, honneur et réputation. » S'ils voyaient de l'argent en provision, cet événement extraordinaire ne manquerait pas de les mettre en défiance. Enfin le prince était très capable de dépenser le subside impérial avec des maîtresses au lieu de payer ses dettes. Voilà bien des difficultés: Seckendorff s'en tirera de son mieux. Il s'entendra en tout avec Grumbkow; il dit toujours : Grumbkow et moi, ou moi et Grumbkow. En fin de compte, il espère qu'à deux ils parviendront à effacer « les mauvaises impressions qui ont été données au prince sur les honnêtes gens »; et à « le conduire, à l'aide de la grâce de Dieu, dans des voies meilleures [1] ».

Il ne restait plus, pour satisfaire le prince Eugène, qu'à obtenir la date du mariage, mais, contre toute attente, le roi n'était pas très pressé. Peut-être hésitait-il, comme à l'ordinaire, devant l'accomplissement d'un acte qui l'engageait avec l'Autriche. Peut-être bien ne savait il pas ce qu'il voulait. La date fut plusieurs fois fixée et ajournée : quinze mois s'écoulèrent des fiançailles au mariage, qui furent remplis de péripéties.

Les deux complices passèrent par de grandes alarmes. Le mariage du prince royal était toujours considéré en Europe comme une affaire politique de grande importance, et l'Angleterre disputait à l'Autriche le futur roi de Prusse. Degenfeld, qui avait notifié à la cour de Londres les fiançailles de Frédéric et de la princesse Élisabeth, écrivait que la nation anglaise était « terriblement

1. Seckendorff au prince Eugène, 29 mars, 1, 5, 8, 28 avr. 1732, Förster, III, pp. 91, 93, 94, 96, 105.

piquée ». Il avait entrepris de jouer la partie contre Seckendorff et Grumbkow ; il faisait l'important, et, de retour à Berlin, entrait en faveur auprès du roi. Il hasarda bientôt des propositions : le prince de Galles épouserait une des filles du roi de Prusse, et Frédéric, la princesse Amélie. Grumbkow est inquiet. La reine, il est vrai, lui parlait du mariage Bevern comme s'il était accompli, et promettait d'avoir tous les soins imaginables pour sa belle-fille. Elle affectait même de la sympathie pour Élisabeth : « Elle n'a pas beaucoup de monde, disait-elle, mais elle a pourtant un bon naturel, et le reste viendra ; » mais Grumbkow savait bien qu'elle espérait « du changement » ; il n'avait aucune confiance en elle, et il avait raison [1].

La reine, en effet, détestait sa future belle-fille, et continuait à vouloir le mariage d'Angleterre. Dans l'intimité de sa petite cour, elle s'exprimait en toute liberté sur les Bevern : ses enfants savaient lui plaire en l'imitant. Au mois d'août 1732, Wilhelmine étant venue à Berlin, Frédéric obtint la permission de l'y visiter. Comme le roi n'était pas là, les langues prirent leurs aises. A table, la reine, parlant de la fiancée, dit à Wilhelmine : « Votre frère est au désespoir de l'épouser, et il n'a pas tort. C'est une vraie bête : elle répond à tout ce qu'on lui dit par un oui, ou par un non, accompagné d'un rire niais, qui fait mal au cœur. » Sur quoi, la princesse Charlotte, une délicieuse fille, qui avait, sous des cheveux blonds, des yeux célestes, interrompit pour

[1]. Grumbkow à Seckendorff, 17 mai, 17 août 1732, Förster, III, 108, 110.

dire : « Oh! Votre Majesté ne connaît pas encore tout son mérite! J'ai été un matin à sa toilette. J'ai cru y suffoquer. Elle pue comme une charogne. Je crois qu'elle a pour le moins dix ou douze fistules, car cela n'est pas naturel. J'ai remarqué aussi qu'elle est contrefaite. Son corps de jupe est rembourré d'un côté, et elle a une hanche plus haute que l'autre... » Cela devant les domestiques, si bien que le Prince Royal « changea de couleur [1] ».

Si encore Seckendorff et Grumbkow avaient été sûrs du roi! Mais le roi lui-même les inquiétait. « Dieu sait si nous n'y topons, » écrit Grumbkow au sujet des propositions d'Angleterre. Il voyait son maître passer par tous les sentiments, « crainte, désespoir, rage, impatience; » tantôt criant à table la santé de l'empereur: *Floreat l'Augustissimo;* tantôt très flatté des avances de l'Angleterre et multipliant les entretiens secrets avec Degenfeld. Il enrage, car il tient ce Degenfeld pour un piètre politique, et serait humilié que des hommes comme Seckendorff et lui fussent vaincus, comme jadis les Philistins, par « une mâchoire d'âne ». Le roi, il est vrai, parle toujours du mariage convenu, comme s'il devait se faire. A la nouvelle que la colonelle de Wreech était grosse et que le prince royal était accusé de ce méfait : « Cela me fait plaisir, a-t-il dit; il en fera autant à la Bevern, » mais il ne se hâtait pas de conclure. Il est bien capable, disait Grumbkow, « de ne consulter personne que soi-même, et de faire le contraire de ce qu'on lui con-

---

[1]. *Mém. de la Margrave*, pp. 375-6.

seillera. » Seckendorff, au fond, n'est pas plus rassuré. Il a vu le roi, recevant les lettres par lesquelles l'empereur le félicitait des fiançailles du prince royal, les baiser dévotement. « Moi et Grumbkow, écrit-il au prince Eugène, nous ne négligeons aucune occasion, de pousser le mariage sous main, *unter der Hand zu poussiren*; mais il sait fort bien que S. M. ne se laissera pas mener par le nez, et, somme toute, n'en fera qu'à sa tête [1].

Cependant, Seckendorff et Grumbkow essayaient, à qui mieux mieux, de circonvenir le prince royal. Une correspondance s'établissait entre ces trois personnages qui se haïssaient et se méprisaient, toute pleine d'esprit, de bonne grâce réciproque et de cordialité. Seckendorff avait commencé le placement des ducats de l'*Augustissimus* aussitôt après les fiançailles.

« Un véritable et très zélé serviteur de Votre Altesse Royale, avait-il écrit au prince, a tant à cœur l'harmonie heureusement rétablie dans la famille royale, qu'il ne peut s'empêcher d'avertir Votre Altesse Royale que tous nos soins doivent aller à la conserver, et, comme on craint que, pendant son séjour à Cüstrin, on n'aura pu s'empêcher de faire quelques dettes, il sera absolument nécessaire de les payer, sans que cela vienne encore à la connaissance du roi, qui pourra croire, s'il le saura, qu'on avait mal employé l'argent. On commence(ra) donc à faire tenir à Votre Altesse Royale 500 ducats, pour s'en servir à payer les dettes. Mais,

---

[1]. Grumbkow à Seckendorff, 17 mai, 20 août, 4 et 7 oct. 1732, Förster, III, 108, 111, 115, 116; Seckendorff au prince Eugène, 5, 8, 28 avr. 1732, Förster, III, 94, 95, 105.

comme on sera surpris, si les dettes se paient tout d'un coup, il sera de la prudence d'en payer une partie tous les mois, et faire accroire aussi à ses amis les plus intimes que ce paiement se faisait de l'argent qu'elle ménageait de ce que le Roy donne pour son entretien par mois, et des revenus du régiment. »

Seckendorff expliquait ensuite la façon de procéder. Le porteur de la lettre était un homme sûr, un fidèle serviteur de Grumbkow, et qui n'éveillerait aucun soupçon, car on avait l'habitude de le voir porter des livres au prince. S. A. lui dirait de venir chercher la réponse ; l'homme reviendrait, mettrait le paquet sur la table, et s'en irait. S. A. était priée de « casser » le présent billet » et d'avoir la bonne grâce d'en donner quelques morceaux déchirés au porteur des ducats.

Frédéric fut ravi de ce secours qui lui tombait du ciel. « Le livre que vous avez eu la bonté de m'envoyer, écrivit-il à Seckendorff, est charmant, et je vous envoie dans un couvert la chanson que vous m'avez demandée, » c'est-à-dire les morceaux de la lettre cassée. Il assurait son cher général que, bien qu'il ne fût pas « de beaucoup de paroles », il ne s'en disait pas moins avec beaucoup de considération, d'affection et d'estime, son très parfait ami et serviteur.

En envoyant la première « petite remise », Seckendorff avait dit au prince que si S. A. approuvait la manière dont on la lui faisait tenir, on se servirait toujours du même canal. Le prince approuve, et l'échange des lettres et des chansons continue. Seckendorff fait au prince une avance de 2,000 florins pour payer de grandes recrues venues d'Autriche. Le prince, qui sait que cette somme ne lui sera pas réclamée, remercie. Ses lettres deviennent de plus en plus « aimables et gracieuses ». Il en agit avec « Monsieur son très cher général » comme avec un vrai ami. Après qu'il a mangé 1,300 ducats, que son père lui avait donnés pour payer de nouvelles recrues, il envoie son créancier chez Seckendorff. Celui-ci paie, et dépasse le crédit que lui a ouvert le prince Eugène; il demande à Vienne des instructions, mais il est d'avis de faire les choses très largement. Quand le prince sera marié, dit-il, le roi ne lui donnera pas plus de 12,000 thalers par an, avec lesquels il lui sera purement impossible de vivre. Les 2,500 ducats de la pension impériale ne seront pas un supplément qui suffise. Si l'on ne veut pas abandonner le prince royal, il faudrait lui donner au moins une pension de 6,000 ducats, en prenant la précaution de lui déclarer qu'au delà de cette somme, il n'aura rien à prétendre de Sa Majesté Impériale. Si l'on aime mieux prêter que donner, « le prince n'aura aucun scrupule à faire un écrit, mais il serait plus glorieux et meilleur pour l'avenir de ne rien exiger de semblable [1]. »

Seckendorff aurait peut-être fini par croire qu'il était possible de gagner Frédéric, s'il n'avait eu communication des lettres que celui-ci adressait à Grumbkow. Le prince, avec l'assurance que lui donnait sa qualité d'héritier d'un roi malade, versait ses confidences dans le

---

1. Seckendorff au prince, 6 avril 1732, et réponse (non datée) du prince, *Œuvres de Fr. le Gr.*, t. XVI, pp. 27-8; Seckendorff au prince Eugène, 28 avril et 18 sept. 1732, Förster, III, 105, 113.

cœur de l'autre « cher général ». « L'on veut me rendre amoureux, monsieur, à coups de bâton, écrit-il à Grumbkow au reçu d'une lettre, où le roi lui reprochait de n'écrire pas assez souvent à sa Dulcinée ; mais, par malheur, n'étant pas du naturel des ânes, je crains fort qu'on n'y pourra pas réussir. » Il avoue qu'il n'écrit pas souvent à la princesse, mais c'est qu'il « manque de matière et ne sait souvent de quoi remplir sa page ». Il rappelle qu'on lui a « proposé ce mariage, *volens nolens*, et que la liberté en était le prix ». Puis il s'emporte ; il soupçonne que la pénurie de sa correspondance amoureuse a été dénoncée au roi par sa future belle-mère, qu'il appelle « la grosse tripière, madame la duchesse », et dont il souhaite que Dieu foudroie « la fontange altière ». Il répète les déclarations déjà faites sur la conduite qu'il tiendra dans le mariage. Il se mariera en « galant homme », c'est-à-dire en laissant agir madame comme bon lui semble, et faisant de son côté ce qui lui plaît, et « vive la liberté ! » Il espère que le roi ne se mêlera pas de ses affaires après les noces, sinon madame la princesse en pourra pâtir. « Le mariage rend majeur, et dès que je le suis, je suis souverain dans ma maison, et le roi n'a rien à y ordonner ; car, point de femme dans le gouvernement de rien au monde... Un homme qui se laisse gouverner par des femmes est le plus grand coïon du monde. » Enfin, il confesse tout son sentiment sur les femmes, comme il « le pense devant Dieu ». Il « aime le sexe, mais d'un amour bien volage, n'en veut que la jouissance, et, après, le méprise ». Il n'est « donc pas du bois dont on fait les bons maris. » Il

« enrage de le devenir, mais il fait de nécessité vertu ». Pour la dixième fois, sa menace : « Je tiendrai ma parole, je me marierai, mais après, voilà qui est fait, et bonjour, madame, et bon chemin! »

Cependant il s'est décidé à écrire à sa fiancée, et même au prince de Bevern, son futur beau-père. Celui-ci a pris au sérieux le compliment du prince et l'en a remercié. « Monsieur le duc me fait des remerciements, écrit Frédéric à Grumbkow, comme si j'étais l'homme le plus épris des grâces de sa fille ; il me fait son panégyrique, pour ajouter à la haute estime que j'ai déjà d'elle, et il me fait les honneurs de sa cour comme d'un cabaret. Tout ce que je viens de dire a fait tant d'effet sur moi, que lui souhaitant le suprême bonheur, je fais des vœux du fond de mon cœur, pour que l'empereur du Maroc devienne amoureux par réputation des charmes de cette princesse, et qu'il l'enlève et l'épouse. Impératrice du Maroc vaut de deux degrés une princesse royale de Prusse. Voyez après cela si je ne suis pas chrétien, et si je ne souhaite pas tout le bien à des personnes qui me causent tous mes chagrins... Je ne puis comprendre comment l'on peut être si bon... [1] »

En lisant ces lettres, Seckendorff retombait dans ses doutes. Il avait hâte d'en finir. Le roi ayant fixé pour le mariage la date du 15 janvier 1733 : « Dieu veuille que nous en soyons là ! écrit-il au prince Eugène [2]. » L'intrigue de la réconciliation avec l'Angleterre l'inquiétait

1. Le prince à Grumbkow, 4 et 29 sept. 1732, *Œuvres de Fr. le Gr.*, t. XVI, pp. 56-8, 64.
2. Seckendorff au prince Eugène, 18 sept. 1732, Förster, III, 112.

toujours. Il ne se doutait pas encore, mais il allait bientôt savoir que Vienne entrait dans cette intrigue, et travaillait à rompre le mariage Bevern.

L'INTRIGUE ANGLO-AUTRICHIENNE

L'empereur s'était réconcilié, dès l'année 1731, avec les puissances maritimes [1]. Il avait obtenu d'elles un de ces traités de garantie de la Pragmatique, que savait négocier le secrétaire d'État Bartenstein, auxquels il ne manquait rien et qui ne valaient rien. Il voulait entretenir la bonne intelligence avec ses nouveaux amis, ayant besoin de leur appui contre la maison de Bourbon dont les projets sur l'Italie n'étaient point dissimulés. Il était d'ailleurs préoccupé de la succession de Pologne, dont l'ouverture était attendue et qui amènerait, tout le monde le savait, de grands troubles en Europe. Or l'Angleterre demandait à l'empereur, entre autres satisfactions, de l'aider à marier le prince de Galles avec une princesse prussienne. Il était bien difficile à la cour de Vienne de défaire son œuvre, qui avait été si laborieuse; pourtant, le prince Eugène avait commencé par prescrire à Seckendorff un redoublement de précautions; il lui donnait à entendre de plus en plus clairement la nécessité de ménager l'Angleterre.

1. Koser, pp. 168 et suiv.

Au mois d'avril 1732, le roi de Prusse avait été pris d'une passion de voir l'empereur, qui devait faire un voyage à Carlsbad. Le prince Eugène, averti par Seckendorff, fut très embarrassé. « Cette visite, répondit-il, sera fort remarquée en Angleterre et ailleurs. Tâchez de contrecarrer ce projet, en vous y prenant le mieux possible, sous main, sans en avoir l'air. Si vous ne trouvez pas le joint, ne faites pas d'opposition ; déclarez au contraire au roi qu'il sera très agréable à Sa Majesté Impériale, qui le considère comme le plus précieux de ses amis, de l'embrasser. » Mais le roi s'entêta : « J'irai certainement voir l'empereur, disait-il ; il faut bien que je le connaisse personnellement ; rien ne pourra m'en empêcher. » Le prince Eugène dut s'exécuter : « Assurez Sa Majesté, écrivit-il enfin à Seckendorff, que Sa Majesté Impériale se fait une tout à fait vraie joie de faire sa connaissance personnelle. Pour moi, rien au monde ne pouvait m'arriver de plus agréable que de trouver enfin l'occasion tant désirée d'exprimer de bouche ma très soumise dévotion à Sa Majesté Royale. » L'entrevue eut lieu en effet dans un château de Bohême, à la fin de juillet. L'empereur s'était arrangé pour qu'elle fût aussi insignifiante que possible [1].

La cour de Vienne se crut bientôt obligée de donner un témoignage positif de sa bonne volonté à l'Angletere, qui s'obstinait à vouloir au moins une princesse prussienne pour le prince de Galles. Elle consentit à entrer dans un plan très compliqué.

1. Seckendorff au prince Eugène, 8 avr. 1732 ; le prince Eugène à Seckendorff, 16 et 30 avril 1732 ; Förster, III, pp. 96, 98, 105.

Avant les fiançailles du prince royal avec Élisabeth de Bevern, un mariage avait été décidé entre le frère de cette princesse, Charles, prince héritier de Bevern, et la princesse Charlotte, sœur de Frédéric. L'Autriche et l'Angleterre décidèrent que Charles de Bevern renoncerait à la main de Charlotte, et recevrait, en échange, celle de la princesse Anne d'Angleterre, pendant que Charlotte de Prusse épouserait le prince de Galles. Le prince Eugène fit part de la combinaison à Seckendorff. Celui-ci qui, depuis plusieurs années, chaque jour, s'employait à entretenir la mauvaise humeur du roi de Prusse contre l'Angleterre, fut bouleversé par cette communication : « De toutes les très hautes commissions, dont Sa Majesté Impériale m'a chargé, je n'en ai trouvé aucune plus difficile que celle que la très haute dite me fait transmettre au sujet de ce mariage à changer. » Il alla tout de suite conter à Grumbkow l'étonnante nouvelle.

Grumbkow était, depuis quelques semaines, de mauvaise humeur. Le retour offensif de l'Angleterre, la reprise de projets qu'il croyait définitivement enterrés, et l'importance que prenait Degenfeld le troublaient. Il se donnait les airs d'un homme qui veut s'en aller. Le bon Dieu, disait-il, lui ferait bien voir une porte pour sortir de cette galère. Il s'intéressait encore un peu aux affaires, mais « pour fermer la gueule aux autres », plutôt que pour servir son maître. Il était fatigué du père et du fils : « Je ne crois pas, qu'il y ait un pareil couple dans le monde que le père et le fils. » Crûment, il disait à Seckendorff qu'il se « dégoûtait de Sa Majesté ! » Le roi « dîna hier chez moi comme un loup, soupa de même, se soûla et s'en alla à minuit. » Grumbkow était dans ces dispositions d'esprit, lorsque Seckendorff lui apprit l'ordre arrivé de Vienne de soutenir les propositions anglaises. Alors « il tomba de son haut ». Demander à Frédéric-Guillaume de travailler à la réconciliation de l'empereur et de l'Angleterre, c'était le traiter en valet à tout faire. Le roi, dit Grumbkow, « n'est pas si sot qu'on croit. Il verra bien vite où on vise. » Alors Dieu sait ce qu'il fera ! Il est capable de rompre tous les mariages, celui du prince royal avec la Bevern, en même temps que celui de Charlotte. Grumbkow ne mêlera donc pas de l'affaire : il retire « sa main de la table ». Il a même des scrupules d'honnêteté : « Je ne suis pas de ces hommes qui soufflent le chaud et le froid ; j'aime plutôt mourir que conseiller à mon maître une chose contraire à son honneur. » Il veut d'ailleurs garder « le peu de bien qui lui reste pour sa pauvre famille ». Il est si fort en colère qu'il oublie, à la fin de cette lettre, où il tient ces fiers propos de loyal serviteur, qu'il a exprimé, au début ses vrais sentiments : Je suis dégoûté de cette cour, a-t-il dit, mais il a ajouté : « Je ne le suis pas de la vôtre. » Et il a demandé la récompense de ses bons services. Modeste comme il est, il n'ambitionne point de grandes promesses : « La moindre douceur réelle qu'on me voudra accorder de votre côté me fera plus de plaisir que des espérances d'une grande valeur reculées[1]. »

Seckendorff jugeait comme Grumbkow l'étrange revi-

[1]. Seckendorff au prince Eugène, 4 nov. 1732 ; Grumbkow à Seckendorff, 4 nov., et rapport de Grumbkow, 8-24 nov., Förster, III, pp. 116, 128.

rement de sa cour; mais il était obligé d'exécuter les ordres qu'il avait reçus. Son compère lui conseilla de présenter la chose, comme en raillant, et de ne point insister, si le maître se fâchait. Un jour que celui-ci lui faisait bonne mine, Seckendorff risqua une insinuation, mais le roi fut d'abord « altéré », puis « renversé ». Seckendorff lui représenta que cette proposition prouvait le sincère désir des Anglais de se réconcilier avec lui, et que personne ne perdait à la combinaison : « La princesse Charlotte devenait princesse de Galles, héritière d'une couronne, et Charles de Bevern épousait la princesse aînée d'Angleterre. » « Mais, répliqua le roi, que dira ma chère impératrice, à qui le mariage faisait tant de plaisir? Et Bevern? Et Charles? Que penseront-ils, si j'entre en un pareil changement! » Il demanda pourtant quelques jours de réflexion. Comme à l'ordinaire, il ne pouvait s'empêcher de chercher s'il ne pourrait pas tirer quelque avantage de cette situation nouvelle, mais la réflexion ne fit que l'exaspérer davantage. Il s'imagina que l'Angleterre voulait le compromettre et le « prostituer. » Il crut à une nouvelle machination du prince, qui, heureusement, n'était pas sous sa main, et de la reine, qu'il traita avec la plus grande dureté. C'était elle sans doute et son fils qui avaient mené cette mascarade, pour rattraper « l'Amélie ». « Eh bien, disait-il, puisqu'on me croit si variable, le prince royal ne se mariera pas du tout. J'ai encore trois fils, après tout. Et encore, j'aime mieux que toute ma maison périsse. Du moins, elle périra sans le blâme d'avoir changé le lendemain ce qu'elle a voulu la veille. »

Jamais, et ce n'est pas peu dire, on ne l'avait vu dans une telle rage. Il attendait d'être guéri de la goutte, pour se sauver à Potsdam, et ne plus voir personne. Toutes les affaires étaient suspendues [1].

Sur ces entrefaites, Bevern le père, que la cour de Vienne n'avait pas daigné mettre dans la confidence, et qui ne savait plus ce qu'allaient devenir ses enfants, écrivit au roi pour lui dire qu'il ne prêtait pas attention à ce que les malveillants osaient divulguer dans le monde : « Avec l'assistance divine, disait-il, nous verrons, au mois de juin ma chère Élisabeth entre les bras du prince royal, et le premier de famille, mon cher Charles, jouira des délices de son aimable princesse Charlotte. » Le roi lui répondit tendrement. Il l'assura qu'il avait « agi dans toute cette affaire avec une sincérité d'honnête homme », qu'il persisterait et même qu'il était d'avis de hâter les noces. Il écrivait de sa main, en *post-scriptum* : « J'ai la goutte, mais jusqu'à la mort, à vous et à ce qui vous appartient, pour jamais sans faux. Il faut faire vitement la fin. C'est mon petit sentiment [1]. »

Enfin, pour se débarrasser des importunités, il fit une grande scène dans la tabagie : « Non, cria-t-il, en regardant fixement Grumbkow, je ne le peux plus soutenir ! — Vouloir me faire faire une lâcheté, à moi ! à moi ! Non ! jamais ! Sacrées intrigues ! Que le diable les emporte !

---

1. Seckendorff au prince Eugène, 26 nov. 1732, Förster, III, p. 118.
2. Lettre du prince de Bevern au roi, 22 nov. 1732, en français, citée dans une lettre de Seckendorff au prince Eugène, du 30 nov. 1732, et réponse du roi au prince de Bevern, en français, jointe à une lettre de Seckendorff au prince Eugène, du 17 déc. 1732, Förster, III, pp. 120, 140-1.

Vouloir faire de moi un fripon ! » Et il disait que, s'il était malade, c'était à cause de tout cela, qu'il sentait son cœur se ronger, et qu'il en mourrait. Grumbkow se félicitait de ne s'être point compromis dans cette aventure. Il triomphait du mauvais succès de l'intrigue anglo-autrichienne, et du roi son maître, qui, après l'avoir voulu tenir à l'écart, avait maintenant recours à lui. « Je ne sais rien de rien, lui disait-il, mais je ne comprends pas l'inquiétude de Votre Majesté ! » Il gardait « un ordinaire et juste flegme » dans cette tempête, et reprenait : « Votre Majesté, pourquoi êtes-vous si agité ? Je ne comprends pas ce que vous dites, mais Votre Majesté est le maître. Elle a autour d'elle d'honnêtes gens... » « Oui, oui, répliquait le roi, » et il se laissait peu à peu calmer par Grumbkow. Celui-ci était donc rentré en crédit, mais il craignait ou feignait de craindre que le roi ne pardonnât jamais à Seckendorff, dont il avait parlé à mots couverts dans l'accès de rage. Seckendorff répara de son mieux la maladresse qui lui avait été imposée. Il fila doux dans un entretien que son ami lui ménagea avec le roi. Frédéric-Guillaume lui rendit peu à peu sa bienveillance ; il accepta même de lui une invitation à dîner : « A table, j'espère que nous ferons notre paix, » écrivait Seckendorff au prince Eugène, qui était un peu honteux que « la mine eût raté, » et recommandait à son agent de tout faire pour rétablir le crédit de Grumbkow et le sien [1].

---

[1]. Relation par Grumbkow de la tabagie du 6 déc. 1732 ; lettres de Seckendorff au prince Eugène, des 6, 9, 13, 16, 20, 22, 27 déc. 1732, et du prince Eugène à Seckendorff, 6 et 17 déc. 1732, Förster, pp. 135, 137, 138, 139, 141, 142, 144, 145.

Les choses reprirent donc leur cours vers les mariages de Charles de Bevern avec Charlotte de Prusse, et du prince royal avec Élisabeth de Bevern.

LE MARIAGE

Le prince royal avait eu vent de ces intrigues et de ces tempêtes. Il en avait certainement espéré quelque profit, mais s'était tenu coi. Sa correspondance continue avec les deux très chers généraux, comme si de rien n'était. Il n'a pas assez d'expressions de gratitude à l'égard de Seckendorff, et de Sa Majesté Impériale, qui lui a témoigné tant de bontés. On a eu, à Vienne, l'heureuse idée de faire une pension au pauvre Duhan, qui est toujours dans la disgrâce et la misère. « C'est une action, écrit le prince royal, digne de la magnanimité et de la générosité de l'empereur. » Il fait sa profession de foi de bon impérialiste : « Je me ferai une loi de témoigner en toutes les occasions, et autant que mon devoir le permet, l'attachement et la haute vénération que j'ai pour la personne de l'empereur, et cela plus par rapport à ses éminentes qualités, que par égard à la hauteur de son rang [1]. » Il ne demande qu'à contracter de nouvelles dettes de reconnaissance, tant il est sûr de les payer. « Mais, monsieur, ajoute-t-il, il nous reste en-

---

[1]. Le prince, qui a trouvé cette expression fort bonne, la répète à Grumbkow, 14 déc. 1732 (*Œuvres de Fr. le Gr.*, t. XVI, p. 74).

core une partie à soulager ; ma chère sœur de Baireuth, qui est dans une très triste situation, me ronge le cœur et l'âme. Pour l'amour de Dieu, s'il y avait moyen d'améliorer son sort auprès du roi ! Elle a des promesses très avantageuses de sa propre main, mais tout reste là ». « Auprès du roi », était une délicatesse d'expression : Seckendorff comprit ce nouvel appel à la bourse de l'empereur. Le prince, mis en goût par les bons procédés, amenait au bienfaisant médecin ceux qui souffraient de la même douleur que lui, c'est-à-dire du manque d'argent [1].

Il est vrai qu'il réclamait pour lui les soins principaux, comme étant le plus malade. Le roi l'envoyait à Brunswick chez la fiancée, sans vouloir « bonifier » ses dépenses : « J'avoue, écrit-il à Seckendorff, que je suis fort embarrassé, me trouvant à sec. Je vous avoue ici franchement, mon cher ami, que vous me tireriez fort d'affaire, en voulant me prêter quelque somme. » Quelque temps après, nouvelle demande. Le prince a le ton du parfait emprunteur. Il fait valoir qu'il pourrait s'adresser à d'autres : « Mais j'aime encore mieux me fier à vous, vous connaissant de mes meilleurs amis, qu'à aucun autre. » Du reste, il remboursera, dès qu'il le pourra, quand il sera marié, mais il gardera pourtant les obligations qu'il

---

[1]. Le prince à Seckendorff, 26 déc. 1732, *Œuvres de Fr. le Gr.*, t. XVI, pp. 30-1. — Voir la lettre du prince royal à Grumbkow, du 19 oct. 1732 : « Si je savais faire de l'or, je communiquerais d'abord ma science à ma pauvre sœur de Baireuth... Je souhaiterais de tout cœur à monsieur son beau-père qu'il pût passer le pas. Il se consolerait facilement à ce que je crois, s'il avait seulement l'assurance que l'on brasse de l'eau-de-vie au ciel. » *Ibid.*, pp. 67-8.

a au très cher ami. Seckendorff répond sur le ton du parfait créancier. Il appelle ses envois d'argent un petit secours, une remise, un dédommagement. Il a de jolies façons pour l'expédition. L'argent destiné au voyage de Brunswick sera envoyé à un maître de poste dans une boîte de tabac d'Espagne, aux initiales S. A. R. Le prince est supplié de ne pas se préoccuper du remboursement : « Rien ne presse, parce que le prêteur ne demande qu'une reconnaissance proportionnée aux intérêts de la maison. » Jamais il ne répond par un refus, il a même des airs d'aller au devant.

C'est que le roi l'inquiète. Grumbkow le croit en danger prochain de devenir fou, incapable qu'il est de supporter un chagrin : ne parle-t-il pas d'abdiquer et d'aller se retirer à Vérone, parce qu'on lui fait des misères à propos de recrutement? Seckendorff n'est pas content non plus de la santé de Frédéric-Guillaume. Il lui trouve bon air, au printemps de 1733, et de fraîches couleurs, mais l'ouïe ne revient pas, la jambe ne désenfle pas, les nuits ne sont pas bonnes, le sang s'agite ; bref, en vingt-quatre heures, Sa Majesté peut être enlevée : il faut donc absolument gagner le fils. Au moment même où il confie ces inquiétudes au prince Eugène, il adresse à Frédéric une récapitulation des bienfaits impériaux, mais très discrète. Il en promet d'autres : on fera mieux pour Duhan, dont le sort est assuré déjà; on fera « tout au monde pour la consolation de la digne princesse royale » ; on verra auprès de l'impératrice si l'on ne peut pas trouver quelques milliers de florins pour elle. On fera autre chose encore, si cela est nécessaire : « Heureux, ceux qui ont le bonheur d'être estimés de Votre Altesse Royale. Ils ne seront jamais négligés de la cour impériale, parce qu'on y sait déjà que Votre Altesse Royale aime les gens de mérite. » Bref, le prince peut compter sur l'assistance de l'empereur « jusqu'à ce que le bon Dieu voudra changer en mieux le sort de Son Altesse Royale », c'est-à-dire fera mourir le roi. Du reste, on est convaincu que le prince sera, comme son père, un ami de l'empereur. « L'union et la parfaite intelligence entre les maisons d'Autriche et de Brandebourg ont procuré depuis plus de dix ans de tels avantages réciproques, que Sa Majesté Impériale verra avec plaisir que Votre Altesse Royale continue dans ces principes salutaires pour le bien public. »

Seckendorff, à force de répéter l'antienne, finissait par y croire. Il trouve le prince charmant, vraiment reconnaissant de ce qui a été fait pour lui et pour sa sœur, vraiment cordial, *treuherzig*. Il espère non seulement que Frédéric reconnaîtra « le prix et l'utilité de la très haute grâce impériale », mais encore que la princesse de Baireuth agira auprès de son frère dans le bon sens. Naturellement Wilhelmine aussi se montre reconnaissante; câline, comme elle sait être, elle promet que le prince royal, deux ans après son mariage, aura juste autant d'amour pour sa femme qu'il ressent d'aversion pour sa fiancée. Seckendorff a encore quelques doutes [1], mais il ne se demande qu'à se laisser persuader. Ne fût-ce que par amour-propre, par refus de s'avouer que toutes ses

---

1. Seckendorff au prince Eugène, 28 févr. et 11 avr. 1733. Förster, III, 146, 148; Seckendorff au prince royal, avr. 1733, *Œuvres de Fr. le Gr.*, t. XVI, p. 33.

peines à cette cour avaient été inutiles, il devait croire au succès définitif.

Pourtant le prince royal continuait à marquer à Grumbkow des dispositions inquiétantes. Au moment de partir pour une visite à sa fiancée, il se lamente : « Je ne sens pas grande impatience pour le voyage à Brunswick, sachant déjà d'avance tout ce que ma muette me dira. C'est pourtant sa meilleure qualité, et je suis d'accord avec vous qu'une sotte bête de femme est un bienfait du ciel. Enfin je jouerai la comédie de Brunswick qu'il n'y manquera rien. » En attendant, il étudie des compliments pour cette visite en allant à la chasse au sanglier, car « entre Wesphalien et porc (le Wesphalien étant né, et ayant été élevé parmi les porcs), il n'y a pas de différence ». Puis, ce sont des plaisanteries sur les cadeaux que lui envoie la pauvre fille, des saucisses de Brunswick et une tabatière en porcelaine : « Ma princesse m'a envoyé une tabatière en porcelaine que j'ai trouvée cassée dans sa boîte, et je ne sais si c'était pour marquer la fragilité de son p...., de sa vertu, ou bien de toute la figure humaine. Je l'ai pris pour un fort mauvais pronostic, car une tabatière cassée, selon la philosophie occulte d'Agrippa, signifie quelque petit débordement d'amour [1]. »

Frédéric était résigné du reste. Il ne se débattait plus, et l'on serait arrivé sans encombre au jour fixé pour les noces, si l'intrigue anglo-autrichienne n'était venue encore une fois se mettre à la traverse. L'Angleterre ne

---

1. Le prince à Grumbkow, 25 et 27 janv. 1733, *Œuvres de Fr. le Gr.*, t. XVI, pp. 77, 79.

lâchait pas prise. Il lui fallait maintenant Frédéric pour une de ses princesses. Quand le jour du mariage du prince fut arrêté et publié, elle exigea de la cour de Vienne un nouvel effort. Or le roi de Pologne était mort, le 1ᵉʳ février 1733; Louis XV avait déclaré qu'il défendrait, de toutes ses forces, la liberté des élections en Pologne, et considérerait une violation de cette liberté comme un attentat à la paix de l'Europe. L'Autriche, qui s'était engagée par traité avec la Russie, à empêcher l'élection de Stanislas Lecszinski, sentait approcher la guerre. Elle avait besoin de plaire au cabinet de Londre; le prince Eugène ordonna donc à Seckendorff une nouvelle démarche auprès du roi. Cette fois, l'Autriche et l'Angleterre laissaient Charlotte au prince de Bevern, mais offraient au prince royal la main d'Amélie d'Angleterre.

L'ordre arriva, le 11 juin tout au matin à Seckendorff, à Salzdalum en Hanovre, où devait se célébrer le mariage. Les deux familles étaient réunies depuis la veille. Seckendorff, en lisant la lettre du prince Eugène, eut un mouvement d'effroi. Il était bien obligé d'obéir, et tout de suite, mais qu'allait-il se passer entre le roi et lui? Il courut chez Grumbkow, lui lut sa dépêche, et lui demanda la façon de s'y prendre. Grumbkow lui montra les dangers de cette démarche insensée, mais il prêchait un converti; Seckendorff le lui dit et réclama son aide. Le vieux complice se récusa pour des raisons de politique générale et d'intérêt particulier. Il ne comprenait pas comment l'Autriche se pouvait employer à mettre une Anglaise sur le trône de Prusse;

mais cela n'était pas son affaire après tout : ce qui le regardait et le touchait, c'était la nécessité où on le voulait mettre de faire triompher la politique qu'il avait toujours combattue, de s'humilier devant la faction des autres ministres, et d'exposer sa pauvre famille à la ruine et son cou au couteau. Tout ce qu'il pouvait promettre, pour montrer son absolu dévouement à Sa Majesté Impériale, c'était de ne pas combattre la proposition, si le roi lui demandait son avis.

Il fallut donc que Seckendorff s'aventurât seul. Il fit dire au roi qu'il était chargé par l'empereur, d'une communication d'importance, mais non pas désagréable. Le roi, qui était encore couché, donna ordre de l'introduire. Seckendorff s'approcha du lit, et, le sourire aux lèvres, dit au roi qu'il avait reçu par courrier, au moment même, l'ordre de lui proposer une ouverture sur une chose grave; il n'oserait pourtant pas s'acquitter de sa commission, si Sa Majesté ne lui promettait pas de l'écouter avec patience, et de ne point se fâcher. La promesse faite, il exposa l'affaire. Le roi se contint : « Si je ne vous connaissais, dit-il; si je ne savais que vous êtes un honnête homme, je croirais rêver. Si vous m'aviez tenu ce langage, il y a trois mois, je ne sais pas ce que j'aurais fait par affection pour Sa Majesté Impériale, quoi qu'il soit contre son intérêt et contre le mien que mon fils aîné épouse une princesse anglaise; mais maintenant! Je suis ici avec la reine! Tout l'Europe sait que le mariage est pour demain! Voyez-vous, c'est encore là une finesse anglaise, pour me faire passer, aux yeux du monde, comme un homme sans honneur, ni parole. »

Comme, après tout, le roi demeurait calme, Seckendorff, très étonné sans doute, reprit la parole, et la garda très longtemps, noyant dans un flux de mots l'étrange proposition. Il accorda qu'en effet, il n'était pas de l'intérêt de Sa Majesté Impériale que les deux rois d'Angleterre et de Prusse fussent unis étroitement, mais le bien de l'Europe, et, en particulier, de la patrie allemande, exigeait cette union, à laquelle Sa Majesté Impériale sacrifiait l'avantage de sa propre maison. Le roi écoutait toujours; Seckendorff lui dit qu'il avait sur lui une lettre du prince Eugène à Sa Majesté, et une copie de cette lettre. D'après ses instructions, il devait lire au roi, avec sa permission, cette copie; si le roi ne croyait pas pouvoir accepter l'original, Seckendorff n'en ferait pas la remise. Sa Majesté, après avoir entendu la lecture, déclara qu'elle ne se ferait aucun scrupule d'accepter la lettre et d'y répondre. Seckendorff tendit alors l'original, et recommença un discours. Il représenta que l'animosité entre l'Angleterre et la Prusse deviendrait plus forte encore, après que le roi aurait repoussé une proposition si polie. Il est vrai, dit-il, que tous les préparatifs étaient faits pour le mariage du lendemain; mais il suggérait un moyen de ne les point perdre et de tout concilier. Au lieu du prince royal et de la princesse de Bevern, on marierait Charles de Bevern et Charlotte; puis, plus tard, on célébrerait en même temps les noces du prince de Galles avec la princesse de Bevern, et du prince royal avec la princesse Amélie.

Frédéric-Guillaume laissa passer cette effronterie, sans

doute parce qu'en écoutant, il cherchait encore une fois s'il ne pourrait rien pêcher en cette eau trouble. Il ouvrit la lettre du prince Eugène, et la rendit aussitôt à Seckendorff, avec ordre de la porter à Grumbkow, et de lui dire le sens de la réponse, qui était qu'aucun avantage au monde ne serait capable de le décider à salir son honneur et sa parole. Au reste, il ne demandait pas mieux que de se remettre en bonne intelligence avec l'Angleterre. Pour faire plaisir à l'empereur, il donnerait au prince de Galles une de ses princesses. Il prendrait même une princesse anglaise pour son second fils, si l'Angleterre le voulait aider à faire élire ce cadet prince de Courlande, ce qui le mettrait en état de bien nourrir sa femme. Sur quoi, il congédia Seckendorff, en lui disant qu'il avait exécuté en homme d'honneur les ordres qu'il avait reçus.

Seckendorff se rendit auprès des ministres, qui rédigèrent le projet de réponse. Quand ils l'apportèrent au roi, celui-ci laissa éclater l'humeur qu'il avait contenue. Encore une fois, il accusa la reine et le prince royal de complicité dans l'intrigue, et il envoya Grumbkow leur demander une explication. Le prince royal jura qu'il était innocent. Il ajouta qu'il ne comprenait pas du tout la conduite de la cour de Vienne ; quant à lui, — et il priait Grumbkow de le dire au roi, — la mort seule le pourrait empêcher de tenir la parole donnée à la princesse de Bevern [1].

Sur cette assurance, la journée s'acheva tranquillement. Le soir, il y eut, à la cour, une bergerie ; le prince

---

[1]. Rapport de Seckendorff au prince Eugène, 13 juin 1733, Förster, III. pp. 148-155.

royal y joua le rôle d'un paysan amoureux ; Apollon, qui survint, lui donna le prix. Le lendemain, 12 juin, le mariage fut célébré. A midi, le jeune époux écrivit à sa sœur : « Ma très chère sœur, justement à présent, toute la cérémonie vient de finir, et Dieu soit loué que tout soit passé. [1] »

Il y avait donc dans le monde « une princesse malheureuse de plus ».

Élisabeth de Bevern ne méritait pas cette destinée. Les témoignages de ses contemporains lui sont tous favorables ; même sa redoutable belle-sœur, la margrave de Baireuth, n'est point trop sévère pour elle : « La princesse royale, dit-elle, est grande ; sa taille n'est pas fine : elle avance le corps, ce qui lui donne très mauvaise grâce. Elle est d'une blancheur éblouissante, et cette blancheur est relevée des couleurs les plus vives. Ses yeux sont d'un bleu pâle, et ne promettent pas beaucoup d'esprit. Sa bouche est petite. Tous ses traits sont mignons sans être beaux, et tout l'ensemble de son visage est si mignon et si enfantin qu'on croirait que cette tête appartient à un enfant de douze ans. Ses cheveux sont cendrés et bouclés naturellement, mais toutes ses beautés sont défigurées par ses dents, qu'elle a noires et mal rangées. Elle n'avait ni manières, ni la plus petite façon, beaucoup de difficultés à se faire entendre, et l'on était obligé de deviner ce qu'elle voulait dire, ce qui était fort embarrassant[2] ».

Ce portrait est complété par quelques traits dans une

---

1. Le prince à la margrave, 12 juin 1733, à « douze heures », Œuvres de Fr. le Gr., t. XXVII (1re partie), p. 9.
2. Mém. de la Margrave, p. 401.

lettre de la fille de Grumbkow à son père. On y lit que la princesse promise était très timide dans le monde et devant sa mère : « Quand elle est devant madame sa mère, elle n'ouvre pas la bouche, et rougit toutes les fois qu'on lui parle, ce qui vient qu'elle est tenue fort rigidement, et n'a aucune liberté, pas même de recevoir les dames dans sa chambre... Pour moi qui ai eu l'honneur de parler avec elle aux redoutes, où elle était seule et pas gênée, je puis assurer papa qu'elle ne manque ni d'esprit, ni de jugement et qu'elle raisonne sur tout très joliment, et est compatissante, paraissant avoir un très bon naturel. Elle aime fort à se divertir... Pour bon air, je ne puis pas dire qu'elle l'a et elle se laisse fort aller... Si elle avait quelqu'un qui le lui dise, cela changerait beaucoup... » La princesse aimait Berlin, souhaitait d'y retourner, et « désirait » le jour de son mariage [1].

Portrait attendrissant d'une pauvre fille, point laide, point sotte, élevée par des parents sévères, tout enfant, mignonne, craintive, qui ne demandait qu'à être rassurée, caressée, aimée et qui méritait qu'on l'aimât, et dont la vie sera une longue mélancolie, supportée avec la résignation d'une sainte et la dignité d'une héroïne.

Dans l'histoire que nous venons de conter, une seule personne est intéressante : c'est cette malheureuse épousée.

Le trio, prince Eugène — Seckendorff — Grumbkow, est d'une laideur vilaine. La gravité d'Eugène et de Seckendorff donne à leur hypocrisie une solennité comique.

---

1. Lettre en français à Grumbkow, Förster, III, pp. 175-6.

Grumbkow, du moins, a de la gaieté; il avoue son cynisme à demi, et refuse franchement au péril sa tête et le bien de sa pauvre famille; mais, comme les deux autres, il parle la langue de Tartufe. Dieu est le commun recours des trois personnages; lorsqu'un fil de l'intrigue menace de se rompre, Seckendorff le recommande à Dieu. Tous les trois se vantent de leur qualité de chrétiens, et ils ont toujours à la bouche le mot honnêteté. Eugène et Seckendorff s'accordent à reconnaître que, s'ils en sont venus à leurs fins, ils le doivent « à la seule honnêteté de Grumbkow, *Grumbkows Ehrlichkeit* ». Ils doivent, mais ils paient. Grumbkow a reçu la petite « douceur » qu'il espérait, quarante mille ducats, en sus de sa pension annuelle de mille ducats. « Si un homme au monde mérite une grâce, c'est celui-là, » avait dit Seckendorff, dans le projet de budget qu'il avait proposé au prince Eugène.

Sur ce budget, Grumbkow figure en singulière compagnie. Avant lui passent le prince royal, et la margrave de Baireuth, spécialement recommandée, parce que si quelqu'un est capable de donner de bons « principes » à son frère, c'est cette princesse. Après lui, viennent le portier Eversmann, cet homme de confiance du roi, qui reçoit de l'Autriche une rente de cent ducats, et Reichenbach, l'ancien ministre du roi de Prusse à Londres. De Reichenbach, Sa Majesté Impériale a lieu d'être très contente, dit le prince Eugène, parce qu'il a travaillé « à maintenir et à accroître la mésintelligence entre les deux cours de Berlin et de Londres ». Ces consciences étaient, d'ailleurs, à bon marché : Reichenbach a commencé par un traitement de 600 thalers en 1731 ; il en a 900 en 1733. Il est vrai, que, s'il est obligé à cause de son zèle pour le service de l'empereur, de quitter celui du roi de Prusse, il a promesse de trouver en Autriche un bon accueil et une charge de conseiller secret ; mais le prince Eugène veut que Reichenbach ne se retire de Prusse qu'à la dernière extrémité, attendu que l'amitié même qui existe entre l'empereur et le roi lui assure de l'avancement en Prusse [1].

Ceci est le fin du fin de la perfidie.

Le prince Eugène, Seckendorff et Grumbkow se plaignent de la « dissimulation » du prince et de « sa fausseté ». Le plus piquant, c'est qu'ils jugent cette fausseté aux gentillesses que leur prodigue Frédéric. « Faut-il qu'il soit hypocrite, dit Seckendorff, pour écrire à Grumbkow en termes si obligeants ! » Mais le prince, qui les connaissait bien, les payait en leur monnaie. Il sait la méchanceté de ses ennemis, et en même temps, leur sottise, car, s'il est odieux de disposer, sans façon, de ces couples de jeunes gens que l'on marie et démarie, et de pratiquer dans l'Europe chrétienne une traite de princes et de princesses, il est ridicule de se donner la peine de ces mensonges et de toute cette rouerie, pour s'assurer de la personne du prince royal. Grumbkow et Seckendorff surveillant les progrès de la gorge de la fiancée, Seckendorff lui procurant un maître à danser, le vieux prince Eugène lui souhaitant une humeur plus libre,

---

1. Comptes secrets de Seckendorff ; lettre du même au prince Eugène, 4 oct. 1733 ; lettre du prince Eugène sur Reichenbach, 4 juill. 1731, Förster, III, pp. 231-34.

etwas freieren Humor, pour qu'elle attire et retienne dans « le très haut intérêt impérial », celui qui sera le grand Frédéric, quelle niaiserie !

Quant au roi de Prusse, il a méchamment marié son fils. Il a voulu en finir avec lui, comme avec Wilhelmine, mais s'il était de son droit de père et de roi de lui interdire tout mariage, qu'il jugeait nuisible aux intérêts de sa couronne, ce mariage forcé est un acte odieux de tyrannie paternelle.

Le prince royal est fort à plaindre, puisqu'il épouse par force une femme qu'il n'aime pas ; mais qui le plaindrait ? Ni l'intrigue dont il est victime, ni l'impossibilité de lutter contre un brutal omnipotent, n'excuse l'absolue soumission exprimée au roi par lui, à l'heure même où il charge Grumbkow de résister pour lui. Pas une fois, ni par paroles, ni par lettres, ni par l'insinuation la plus timide, il n'a laissé voir au roi ses sentiments. L'occasion pourtant en valait la peine : il ne s'agissait point de lui seulement ; il s'agissait aussi d'une femme ; mais le prince a pensé qu'il fallait d'abord se marier, et qu'on verrait ensuite. Sur la suite, il a compté aussi pour se venger de l'empereur, mais, en attendant, il prend l'or d'Autriche et il en redemande ; il est humble dans ses lettres à Seckendorff ; il est bas dans l'expression de sa reconnaissance envers M. le prince de Savoie, et de son admiration pour les grandes qualités de l'empereur.

Il a beaucoup parlé, pendant cette crise du mariage, et ses paroles ont été conservées ; il a écrit beaucoup de lettres que nous avons. Pas une des plaintes qu'il y profère ne vient du cœur. Il raille, il persifle et à merveille ;

je voudrais qu'il pleurât. Il a versé une larme le jour de ses fiançailles : je voudrais qu'elle fût de douleur, mais je ne le crois pas. Si encore ses plaisanteries sur l'amour, ses obscénités sur le mariage, si pénibles à entendre des lèvres d'un si jeune homme, étaient des façons de dire, imitées de France ou d'Italie, des réminiscences d'érudit en théâtre! Mais, la part faite au style et à l'emprunt de notre manière de traiter les choses sérieuses, il reste je ne sais quoi d'effrayant, qui est bien à lui. Notre raillerie, il ne la faut croire qu'avec des précautions. Dans le théâtre de Molière, auquel Frédéric renvoie sa fiancée, il y a, sur l'amour et sur le mariage, du sérieux, même des larmes : il ne semble pas qu'il les y ait vus.

CONCLUSION

Le 27 juin 1733, le prince royal et la princesse faisaient leur entrée solennelle à Berlin. Devant la porte de Köpenick, étaient réunis pour la revue annuelle quatre régiments de cavalerie, onze régiments d'infanterie, et le corps des hussards. La princesse, qui était en voiture découverte avec la reine, assista aux divers exercices : le roi, qui chevauchait à la portière, les lui expliquait. Toute l'armée défila devant les Majestés et les Altesses ; ensuite le cortège, composé de soixante voitures à six chevaux, entra dans la ville.

Quelques semaines après, le prince royal partait pour Neu-Ruppin, petite ville située à dix milles de Berlin. Il s'y était établi, deux mois déjà avant son mariage, en avril 1733, et il y avait pris le commandement du régiment d'infanterie, que le roi lui avait donné. Au printemps de l'année suivante, son père lui fit présent de la terre de Rheinsberg, située près de la frontière du Mecklembourg. Le prince ordonna tout de suite les travaux d'appropriation du château, qui était en ruine, et des jardins, depuis longtemps abandonnés. Il préparait la résidence où il devait attendre, que « Dieu, comme disait Seckendorff, eût changé son sort ».

Il sera très heureux à Rheinsberg : il l'était déjà à Neu-Ruppin ; pour la première fois, il se sentait chez lui, loin de « Jupiter », et il goûtait, en vertu de l'adage *Procul a Jove, procul a fulmine*, le sentiment d'une certaine sécurité. Il organisait sa vie à peu près comme il l'entendait, et cette vie lui paraissait bonne. Il appelait Neu-Ruppin « la garnison chérie ».

Une nouvelle période va donc commencer dans la vie de Frédéric ; nous l'y suivrons bientôt, j'espère ; mais le lecteur jugera sans doute que nous avons déjà beaucoup appris sur la personne du prince royal de Prusse.

Ce jeune homme est beau, fin, délicat ; il répugne aux grandes fatigues, aux gros vins, à la grosse nourriture, aux grosses gaietés qu'aime son père. Il n'a de goût que pour les plaisirs de l'esprit ; son intelligence est sollicitée par toutes les curiosités. Quelques-uns diraient aujourd'hui que c'est « un intellectuel ».

Les croyances religieuses n'ont fait que glisser sur son âme. A douze ans, il écrit sa *Manière de vivre d'un prince de grande maison*, qui est toute évangélique ; à quinze ans, il signe « Frédéric le Pfilosophe ». Dieu et la religion ne sont bientôt plus pour lui que des termes obligés de phraséologie royale.

Il n'a aucune sorte de moralité. A quatorze ans, il prévoit la mort ou l'internement de son père, prend ses dispositions, complote avec des ministres étrangers auxquels il fait des confidences que ceux-ci ne veulent pas confier au papier. Il est en relations d'amitié et d'intimité avec des gouvernements que le roi considère comme ses ennemis. Les abominables traitements qu'il subit n'excusent pas sa conduite ; cette conduite au contraire explique en partie la cruauté de son père.

Il n'a point de bonté. Le mot bonté n'est pas une fois prononcé, même par ceux des témoins de sa vie, qui le jugent avec la plus grande bienveillance. Il aime sa mère et sa sœur, mais qui pensent comme lui et intriguent avec lui. Il aime ses amis, et même il leur parle sur un ton singulier de tendresse brûlante, mais l'amitié ne devient un mérite que lorsqu'elle paie en sacrifices les joies dont elle est la source. Frédéric aurait-il montré du dévouement à ses amis, s'ils s'étaient réclamés de lui? Quand il a vu passer Katte marchant à l'échafaud, il a offert, pour le sauver, de renoncer à la couronne, même de mourir; mais quelques semaines après la tragédie, sûr de vivre et hors de son cachot, il est « gai comme un pinson ».

Il paraît avoir éprouvé un moment un sentiment qui ressemble à de l'amour, mais son cœur n'y a pas été pris tout entier; c'est sa tête d'écolier et de jeune homme de lettres qui lui fournit la rhétorique et la poésie de ses déclarations à Mme de Wreech. Il n'éprouve pas de plaisir en la compagnie des femmes; il ne les aime pas. Il ne veut d'elles que le plaisir, « la jouissance », et, après il « les méprise ». L'idéal qu'il décrit de l'épouse qui lui conviendrait est à peu près le portrait d'une fille publique. L'amour chez ce jeune homme n'est qu'un vice; peut-être même n'est-il qu'une fanfaronnade de vice. Un de ceux qui l'observent avec le plus de perspicacité remarque qu'il y porte un tempérament médiocre. La façon dont Frédéric parle et pense sur l'amour est une cause ou un indice de déformation morale.

Frédéric a grandi dans un étrange milieu, parmi un tumulte de passions vilaines, en la compagnie de ministres et de valets vendus à d'autres qu'à leur maître, dans une atmosphère de commérages, d'espionnage, d'intrigues, dans la malpropreté d'une cour où le seul honnête homme peut-être est le roi. Il ne s'y est pas senti dépaysé. Avec les plus roués, il joue au plus fin, et il est plus fin que les plus roués. Dans la crise de son mariage, il alterne entre le mensonge raffiné et l'audace de tout dire. Assurément la tyrannie de son père et le détestable exemple d'un entourage malsain étaient faits pour le corrompre, mais la nature l'avait prédestiné à une maîtrise dans l'art de duper les hommes.

Il est si dissimulé qu'il cache à tout le monde un certain Frédéric qui est en lui, que son père souhaitait et qu'il eût adoré. Il appelle son uniforme un suaire ; lorsque son père le contraint d'apprendre son métier de prince à la Chambre des domaines de Cüstrin, il affecte dans ses lettres un si grand zèle par des expressions si outrées que le roi n'y veut voir que de l'hypocrisie. Il eût été confirmé dans ce sentiment, s'il avait su de quel ton dédaigneux le prince parlait de l'économique et traitait

> La Chambre et les commissaires
> Qui font le métier des corsaires.

La vérité, qui paraîtra plus tard, c'est que le prince est un excellent colonel, et qui tient son régiment aussi bien que personne ; c'est que les leçons du major Senning sur l'art militaire ont été données à l'esprit le plus capable de les aimer, de les comprendre, de les pratiquer et de les surpasser ; c'est que « le jeune *auscultator* » de la Chambre de Cüstrin a bien vite compris toute « l'économie ». Il est sûr de posséder l'art de régner, et rêve déjà aux moyens de l'appliquer au détriment des autres. Il voit tout un avenir de politique et de guerre, tout son règne et toute la destinée de la Prusse.

Des cruautés et du despotisme de son père, il a tiré grand profit. Moitié par nature, moitié par forfanterie, il glissait dans le dilettantisme ; pour un prince, héritier d'un tel État, il aimait trop ses livres, sa flûte et sa robe de chambre. Il s'habillait et se coiffait en petit-maître, se tenait mal, se laissait aller, s'abandonnait. Sans doute, le soldat et l'homme d'État, qui, en lui, attendaient l'heure, se seraient retrouvés, mais le hasard a voulu que Frédéric, presque au lendemain de son avènement, eut à mettre en œuvre ses forces innées et acquises. Il ne s'y trouva pas tout de suite complètement prêt. Sa première victoire fut une singulière aventure ; il s'enfuit du champ de bataille de Molwitz, et si vite et si loin qu'il apprit seulement le lendemain matin la victoire remportée par son infanterie, que son père avait dressée, et qui ne savait pas fuir. De son propre aveu, il s'est instruit à l'école de ses propres fautes. N'aurait-il pas été surpris par l'heure fugitive de l'occasion, s'il avait employé sa jeunesse à lire des poètes et à jouer des duos avec sa sœur Wilhelmine ?

La ressemblance avec son père, qu'il dissimulait et

reniait, apparaîtra, quand il sera le maître. Frédéric-Guillaume est contenu dans Frédéric II, mais Frédéric II a le génie, qui manquait au père, et dont nous avons aperçu les premiers éclairs, courts et rapides. Il a l'intelligence et le goût des lettres et des problèmes de la philosophie. Les « Muses » le charment, le consolent, le font penser et parler sur la vie comme un sage antique ; elles contribuent à la force de son âme. Nous avons entrevu en ce jeune homme un mélange d'épicurien et de stoïque, qui se retrouvera dans le roi, et avec son génie, ses vertus de prince, ses défauts et ses vices, son mépris de toute loi, le cynisme de sa perfidie, une sensibilité d'humanitaire, toute de tête, et l'inhumanité indispensable aux conducteurs d'hommes, composera le grand Frédéric.

TABLE

	Pages.
Préface	v
Bibliographie	xi

CHAPITRE PREMIER
LES PREMIÈRES ANNÉES

La naissance. Le grand-père. L'avènement du père.	1
La gouvernante; les premiers maîtres; le gouverneur et le sous-gouverneur.	7
L'instruction aux gouverneurs.	21
Les germes du conflit entre le père et le fils.	35

CHAPITRE DEUXIÈME
LE PÈRE DU GRAND FRÉDÉRIC

Les idées et façons de gouvernement de Frédéric-Guillaume.	47
Le gouvernement par le roi	63
La création de la force prussienne	69
L'inaction du roi de Prusse	78
La personne de Frédéric-Guillaume.	99
Les plaisirs de Frédéric-Guillaume	106
Violences, folie et despotisme.	119
La religion de Frédéric-Guillaume.	126

CHAPITRE TROISIÈME

LE CONFLIT ENTRE LE PÈRE ET LE FILS

Premiers symptômes et causes du conflit	134
La mère de Frédéric	141
La sœur aînée	149
La mère, la fille et le fils	153
Les projets de mariage pour Frédéric et Wilhelmine	159
Le roi et les projets de mariage	165
Le parti du prince	170
Le congé au précepteur. Les plaisirs défendus	178
L'automne de 1728 à Wüsterhausen	188
La reprise de la négociation des mariages	196
La mission de sir Charles Hotham	210

CHAPITRE QUATRIÈME

LA TENTATIVE D'ÉVASION ET LE CHÂTIMENT

Essai de fuite et arrestation	233
L'instruction	249
Le jugement	274
La justice du roi	284
L'exécution de Katte	290
La grâce du prince	302

CHAPITRE CINQUIÈME

LA SECONDE ÉDUCATION DU PRINCE ROYAL

Les six premiers mois à la Chambre des domaines	318
La visite royale	329
Le nouveau régime de vie	333
Le mariage de Wilhelmine	348
Le prince royal au mariage de sa sœur	362
Les derniers jours à Cüstrin	370

CHAPITRE SIXIÈME

LE MARIAGE DU GRAND FRÉDÉRIC

	Pages.
Les intentions de l'Autriche	386
La déclaration du roi	393
Le double jeu du prince royal	400
Des fiançailles au mariage	407
L'intrigue anglo-autrichienne	420
Le mariage	427
Conclusion	442

Paris. — Typographie Gaston Née, 1, rue Cassette. — 3013.

www.ingramcontent.com/pod-product-compliance
Lightning Source LLC
Chambersburg PA
CBHW060517230426
43665CB00013B/1548